HEYNE ‹

Heribert Schwan

SPIONE

im Zentrum
der Macht

Wie die Stasi alle Regierungen
seit Adenauer bespitzelt hat

WILHELM HEYNE VERLAG
MÜNCHEN

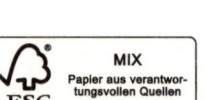

Verlagsgruppe Random House FSC® N001967

Originalausgabe 2019

Copyright © 2019 by Wilhelm Heyne Verlag, München,
in der Verlagsgruppe Random House GmbH,
Neumarkter Straße 28, 81673 München
Lektorat: Tilman Jens
Redaktion: Heike Wolter
Umschlaggestaltung: Hauptmann & Kompanie Werbeagentur, Zürich,
unter Verwendung eines Fotos von © picture-alliance / Sven Simon
Satz: Satzwerk Huber, Germering
Druck und Bindung: GGP Media GmbH, Pößneck
Printed in Germany
ISBN: 978-3-453-20286-3

www.heyne.de

Inhalt

Vorbemerkung

Verdammt lang her! Im März 2005 stellte ich beim »Bundesbeauf-
tragten für die Unterlagen des Staatssicherheitsdienstes der ehemaligen DDR« einen Antrag auf Herausgabe von Aktenkopien, die über
die Ausspähung der Bundeskanzler und Kabinettsmitglieder von
1949 bis 1989 durch die Staatssicherheit der DDR Auskunft geben. In
insgesamt 66 Fällen wurden ehemalige Kanzler, Bundesministerinnen und Bundesminister über mein Forschungsprojekt in Kenntnis
gesetzt. Keiner hatte Einwände. Im September 2008 waren die Nachfragen der Behörde abgeschlossen. Mir wurde ein schwindelerregender Berg von über 81.000 Blatt Aktenmaterial übergegeben.

197 Inoffiziellen Mitarbeitern konnte eine »wissentliche und wil-
lentliche Zusammenarbeit« mit dem Ministerium für Staatssicherheit (MfS) nachgewiesen werden. Sie waren auf die Bonner Kabinette von Konrad Adenauer, Ludwig Erhard, Kurt Georg Kiesinger,
Willy Brandt, Helmut Schmidt und Helmut Kohl angesetzt. Diese
wahre Heerschar von Spitzeln versorgte Ost-Berlin mit Informationen über die Bonner Regierungen und die Politprominenz in der
provisorischen Hauptstadt am Rhein. Die tatsächliche Zahl der
Spitzel war vermutlich etwas höher, da mancher nicht entschlüsselt
werden konnte. Bekanntlich wurden die meisten Dokumente der
DDR-Auslandsspionage (HVA) in den Wendemonaten 1989/90
vernichtet. Bei den in diesem Buch geschilderten Fällen werden die
Klarnamen in der Regel genannt; auch wo – aus persönlichkeits-
rechtlichen Gründen – nur ein Initial angeführt wird, sind die Namen dem Verfasser bekannt.

Dieses Buch handelt von den Mitteln und Methoden des Ministeriums für Staatssicherheit mit denen das Kanzleramt und die Bonner Ministerien ausspioniert wurden, und vor allem von den erstmalig erlangten Inhalten der erbeuteten Informationen.

Wo waren die Spitzel platziert? Wie gelangten sie an ihre Informationen, die dem SED-Staat so wichtig erschienen? Wie war der Transport der geheimen Berichte und Unterlagen organisiert? Wie wurden die IMs im »Operationsgebiet« – wie die Bundesrepublik hieß – rekrutiert, angeworben und ausgebildet? Aus welchen Milieus stammten sie, und was hat sie zu ihrem Verrat bewogen? Wie gelang es den MfS-Offizieren, zu den »Kundschaftern für den Frieden« – so wurden die Westspione im Stasijargon genannt – ein Vertrauensverhältnis aufzubauen? Fragen über Fragen!

»Spione im Zentrum der Macht« verknüpft die Erkenntnisse der spät entschlüsselten und ungemein aufschlussreichen Datenträger des DDR-Geheimdienstes mit den Ermittlungsergebnissen und Urteilen der bundesdeutschen Justiz. Diese Verflechtung ermöglicht es, die Geschichte der ersten 40 Jahre der Bundesrepublik aus gänzlich ungewohnter Perspektive, anhand der Spionagetätigkeit Ost-Berlins zu beschreiben – und zugleich einen zeitgeschichtlichen Einblick in die mit raffiniertesten Mitteln betriebene Arbeit des DDR-Ministeriums für Staatssicherheit zu gewinnen. Dabei habe ich viel sachkundige Unterstützung erfahren.

Mein allererster Dank gilt Roberto Welzel, der als Sachgebietsleiter des Referats Forschung und Medien in der Stasiunterlagenbehörde, nicht nur für dieses Projekt, bei Recherche und fachlicher Beratung wahrlich Herausragendes geleistet hat. Vor allem in den letzten Monaten, als der Abgabetermin des Manuskripts näherrückte, war er unverzichtbarer Ansprechpartner, auf dessen fachliche Kompetenz ich immer wieder bauen konnte. Ohne seine himmlische Geduld, ohne Welzels Bereitschaft, sein über die Jahre erworbenes Wissen über den militärischen Apparat des MfS mit mir zu teilen, hätte dieses Buch so, wie es nun ist, kaum entstehen können.

Großer Dank auch an den ehemaligen Bundesanwalt Joachim Lampe. Ich hatte die Möglichkeit, bei der Karlsruher Bundesanwaltschaft, in rechtlich zulässigem Rahmen, Einsicht in Urteile, Urkunden und richtungsweisende Entscheidungen und Urkunden zu nehmen. Dabei stand mir der heutige Anwalt und langjährige Experte für die deutsch-deutsche Spionage im Kalten Krieg verlässlich und mit hoher juristischer Kompetenz zur Seite.

Heinz Fehlauer, Sachbearbeiter beim Bundesarchiv in der Abteilung Bereitstellung, überprüfte über 50 Bonner Minister und Ministerinnen nach einer möglichen Mitgliedschaft in der NSDAP oder einer ihrer Unterorganisationen. Dank seiner großen Kenntnis konnten die Angaben der Stasi-Rechercheure über vermutete Verstrickungen Bonner Spitzenpolitiker in nationalsozialistische Verbrechen gegengeprüft werden.

Roswitha Schwan-Michels, seit meiner Dissertation vor fast einem halben Jahrhundert stets meine erste Lektorin, war mir – wie bei allen Publikationen zuvor – einmal mehr eine kritische und kluge Ratgeberin. Auch ihr gebührt besonderer Dank.

Last, but not least Tilman Jens – diesmal in der Rolle des Lektors. Meinem Freund und Kollegen verdanke ich so manchen hilfreichen und gelegentlich unumgänglichen Änderungsvorschlag. Ihm gelang es auch, die Sprache des Geheimdienstes auf ein möglichst erträgliches Maß zu reduzieren und Juristendeutsch, wo immer möglich, zu vermeiden. Großes Lob!

Während der langen Arbeit am Schreibtisch, die meinem Rücken zusetzte, verhalf mir der Physiotherapeut Alexander Finzel von der PhysioSport zu einem nahezu schmerzfreien Zehn-Stunden-Tag am heimischen Computer. Auch bei ihm möchte ich mich an dieser Stelle bedanken.

Köln, im Juli 2019

1. Auf den Kanzler kommt es an

Ende 1989/Anfang 1990: Die Mauer war gefallen und in Berlin verhandelte man über die Zukunft der DDR. Währenddessen hatten zahlreiche Mitarbeiter des Ministeriums für Staatssicherheit einen geheimen Auftrag zu erledigen: Sie sollten all die pedantisch angelegten Akten und Spitzelberichte vernichten. Keine Operation der HVA, der mit dem Auslandsnachrichtendienst befassten Hauptverwaltung Aufklärung, sollte ans Licht kommen. Die verdeckten Spionage-Angriffe aufs Bonner Kanzleramt, diese Stiche ins Herz des Klassenfeindes, sollten schon gar nicht publik werden.

Um ein Haar wäre das generalstabsmäßig durchgeführte Verdunklungsmanöver in Gänze gelungen und eine zentrale Hinterlassenschaft des Kalten Krieges für immer ausgelöscht worden. Doch aller Gründlichkeit und allen Vertuschungsversuchen im Zuge der Selbstauflösung zum Trotz: Der Versuch, Tabula rasa zu machen, hatte, wie wir heute wissen, Schwachstellen. In Parteiakten, in Rechenschaftsberichten an andere Abteilungen des Ministeriums für Staatssicherheit blieb so manches Aktenstück erhalten.

Dann lieferte 2003 der amerikanische Geheimdienst CIA die sogenannten Rosenholz-Dateien an die Bundesrepublik aus: 381 CD-ROMs, auf denen vor allem mikroverfilmte Karteikarten der HVA festgehalten waren: persönliche Angaben zu den IMs, der Heerschar der Inoffiziellen Mitarbeiter, ihr Auftrag, das Datum der Anwerbung. Insgesamt 350.000 Dateien! Nur zu deutschen Staatsangehörigen. Die Originale hatten die Mitarbeiter auf Weisung vernichtet, eine Sicherungs-Kopie aber blieb unter bis heute mysteriösen Umständen erhalten. Noch mysteriöser ist, dass gerade die CIA diese mikroverfilmte Sicherungskopie erhalten hat.

Ein hochexplosiver Schatz, dokumentieren diese Karteikarten – obwohl aufgrund vernichteter Aktenvorgänge häufig keine konkrete Zuordnung zu einem Klarnamen möglich ist – doch das gewaltige Ausmaß der DDR-Auslandsspionage auf dem Gebiet der Bundesrepublik.

Schon zuvor war es dem Spezialisten Stephan Konopatzky von der Stasiunterlagenbehörde 1998 nach jahrelanger Kärrnerarbeit gelungen, das elektronische Datenbanksystem der HVA zu dechiffrieren: SIRA, das »System zur Informations-Recherche der HVA«. Hier fanden sich weitere wichtige Details zu Personen und verdeckten Operationen, die – nach dem Willen der Geheimdienstler der untergegangenen DDR – unter keinen Umständen öffentlich werden sollten. Ganz aufgegangen ist die Rechnung nicht.

Allein diesem Buch über die systematische Unterwanderung der Bonner Regierungen von 1949 bis 1989 liegen exakt 81.766 Blatt aus Akten sowie aus den Rosenholz- und SIRA-Dateien zugrunde. Lauter unfreiwillige, trotz des gewaltigen Umfangs nur rudimentäre Hinterlassenschaften der HVA zumeist, die in Erich Mielkes Ministerium für Staatssicherheit eingegliedert war und 34 Jahre vor allem einem einzigen Mann gehorchte: Markus Wolf. Lange – bis zu einem Foto, das 1979 endlich auftauchte – galt er als »Mann ohne Gesicht«, was die Arbeit seiner Hauptverwaltung umso mysteriöser machte. Seit 1952 war Wolf der Leiter des »Außenpolitischen Nachrichtendienstes« der DDR, zuletzt im Range eines Generalobersten. Er lenkte die Geschicke des riesigen Apparates von Hauptamtlichen und Inoffiziellen Mitarbeitern, deren einzige Aufgabe es war, Spionage – vor allem in der Bundesrepublik – zu betreiben.

Diese Spionage diente dem Klassenkampf. Ging es nach dem Willen von Wolf und anderen, sollte sie der DDR unmittelbare Einflussnahme beim Klassenfeind ermöglichen: in der Wirtschaft, beim Militär – und besonders in der Politik. Die Maßnahmen erwiesen sich als unterschiedlich erfolgreich. Die Abteilung A1 – »BRD-Staatsapparat« – zählte zu den »erfolgreicheren«. Immer wieder gelang es ihren Mitarbeitern, in das Machtzentrum der Bundesrepublik vorzudringen, dort brisante Informationen zu erlangen und hin und wieder gezielt Einfluss auf politische Entscheidungen zu nehmen.

Eines der aufregendsten Dokumente über diese Abteilung, das der Zerstörung 1989/90 entging, ist eine vergilbte Dissertation aus dem Jahr 1974. Verfasser waren zwei Absolventen der einstigen Juristischen Hochschule des Ministeriums für Staatssicherheit in Potsdam. Wolfs Getreue haben die Vernichtung der akademischen Schrift von Otto Wendel und Rudolf Genschow vermutlich schlichtweg vergessen. Der Titel ist so holzig wie das Papier des Typoskripts: »Probleme des Aufbaus operativer Vorgänge zum systemischen Eindringen in die exekutive Führungszentrale des westdeutschen Bundeskanzlers«. Doch die Studie, freigegeben »Nur für den Dienstgebrauch«, hat es in sich. Sie illustriert, ohne Scheu vor Details, die frühen Abenteuer der DDR-Auslandsspionage in der Ära Adenauer – und war damit die Blaupause für die Bespitzelung aller deutschen Bundeskanzler.

Markus Wolf persönlich hat die wissenschaftliche Untersuchung angeregt und befördert. Die Autoren, beide verstorben, hatten offenkundig weitreichende Einsicht in die Dokumente, die eigentlich Staatsgeheimnis waren. Geradezu detailversessen und stramm linientreu schildern sie, wie es der DDR-Auslandsspionage gelang, in die Administration des ersten Bundeskanzlers einzudringen. Garanten des Erfolges waren dabei die sogenannten Residenten – geschickt platzierte, ideologisch gestählte Undercover-Agenten auf dem Terrain des Klassenfeindes. Allesamt waren sie ausgestattet mit sorgsam gefälschten Identitäten. Spionage als Reißbrett-Arbeit, kaltes Kalkül vom ersten bis zum letzten Tag der Mission.

Einer dieser Residenten war Albert Weißbach, Oberleutnant des Ministeriums für Staatssicherheit (MfS). Am 18. August 1961, fünf Tage nach dem Bau der Berliner Mauer, wurde er mit dem »Ehrenzeichen der Deutschen Volkspartei«, der Medaille in Bronze für »Treue Dienste« ausgezeichnet. Über Jahre hatte er als Hauptamtlicher Inoffizieller Mitarbeiter (HIM) des MfS »wertvolle Pionierarbeit« im Operationsgebiet, so hieß die Bundespolitik Deutschland im Stasijargon, geleistet. Seine Vorgesetzten in Ost-Berlin bescheinigten ihm »hohe Einsatzbereitschaft, Klassenbewusstsein, Mut und Disziplin«. Sogar als er in Bonn schließlich unter Verdacht geriet, professioneller Zuträger des MfS zu sein, habe Weißbach »Mut und Umsicht« bewiesen und sich dem »Zugriff des Feindes« – gemeint war der bundesdeutsche Verfassungsschutz – durch Flucht entzogen und »dadurch politisch-operativen Schaden verhindert«. Im Jahr 1962 war er in die DDR zurückgekehrt. Als lebende Wanze in der Kommandozentrale der Bonner Republik, als »Resident«, hatte er für alle Tage ausgedient.

Am Ende seines Einsatzes bescheinigten ihm die Vorgesetzten, »Voraussetzungen zum Eindringen in ein feindliches Spitzenobjekt geschaffen zu haben«, in Konrad Adenauers Bundeskanzleramt, ins Palais Schaumburg. Der Mann hatte Bahnbrechendes geleistet. Ein wahrer Pionier!

Kein Geringerer als Markus Wolf, der feingeistige, aber nicht eben zimperliche Befehlshaber über eine Armada von DDR-Auslandsagenten, hatte in einem »streng geheimen« Papier vom Oktober 1952 vorgeschlagen, Weißbach unter dem Decknamen »Franz Schwarz« zu führen und ihn in langjähriger Kleinarbeit auf seine Geheimmission beim Klassenfeind vorzubereiten. Nach Wolfs Angaben wurde Weißbach 1922 im Erzgebirge geboren, besuchte acht Jahre die Volksschule und drei Jahre die Berufsschule, war Mitglied bei der Hitlerjugend und wurde 1941 zur Wehrmacht eingezogen. Soldat, Kanonier an der Ostfront, Dienstgrad: Obergefreiter. Am Tag der Kapitulation 1945 geriet er in sowjetische Gefangenschaft, wo er die Antifa-Schule besuchte. Nach seiner Heimkehr 1949 trat er der SED bei und arbeitete bei der Nationalen Front sowie der FDJ. In einer Maschinenausgleichsstation (MAS) war er Kulturleiter. 1950 schickte ihn die Partei zum Zweijahreslehrgang der Deutschen Verwaltungsakademie »Walter Ulbricht«. Dort wurde er von einem Genossen angesprochen und fürs MfS angeworben.

Markus Wolf kümmerte sich persönlich um Weißbach. In einer abermals »streng geheimen« Notiz schrieb er: »Obwohl Schwarz (Albert Weißbach) von Beruf Bäcker ist und aus einem kleinen Dorf im Erzgebirge stammt, macht er jetzt den Eindruck eines gut gebildeten, intelligenten und redegewandten Menschen. Er hat ein solides politisches Grundwissen, neigt allerdings nach Besuch der Verwaltungsakademie ein wenig zum rein theoretischen Herangehen an die Fragen. Seine gesamte Familie befindet sich auf dem Gebiet der DDR, sodass er beim Einsatz in Westdeutschland unter anderem Namen gehen müsste, zumal die Tatsache seines Studiums an der Verwaltungsakademie dem Gegner bekannt sein kann. Schwarz erkennt die Bedeutung des Kampfes um die Einheit Deutschlands und ist bereit, seinen Beitrag zur Durchführung dieser Aufgabe auf besonderem Gebiet zu leisten.« Wolf schlug vor, »Schwarz« zum Residenten auszubilden und ihn systematisch auf seinen Einsatz vorzubereiten.

Der Stasiunterlagenbehörde zufolge verfügte die Ost-Berliner Auslandsspionage HVA noch 1988 über 32 Residenten in der Bundesrepublik. Genosse Albert Weißbach alias Franz Schwarz war einer der ersten. Anfang Oktober 1952 wurde mit seiner systematischen Schulung begonnen. Sie dauerte bis zum Januar 1953. Weißbach erhielt seinen Decknamen »Franz«. Bei der Polizei und beim Wohnungsamt hingegen wurde er unter dem Namen »Albert Nagel« geführt. Noch während der Ausbildung zum Agenten fiel die Entscheidung, ihn unter falschem Namen in die Bundesrepublik zu schleusen. Dabei galt es zunächst, einige Hürden zu überwinden: So hatte der künftige Resident keine Verwandten in Westdeutschland, die eine erste Möglichkeit zur Kontaktaufnahme geboten hätten. Mehrere Versuche, Verbindung zu Bekannten in der Bundesrepublik aufzunehmen, schlugen fehl. Und selbst an einem »gangbaren Beruf« fehlte es.

Schließlich entwickelten die Verantwortlichen einen Plan, der vielversprechend schien. Denn »Franz« konnte sich eines Stiefbruders entsinnen, der in der Fremdenlegion gefallen war. Auf Geheiß des Ministeriums für Staatssicherheit setzte sich »Franz« umgehend mit der französischen Militärbehörde West-Berlin in Verbindung, unter dem Vorwand, er wolle in der Bundesrepublik seinen gefallenen Bruder suchen. Er glaube nicht an dessen Tod. Über einen Bekannten aus sowjetischer Gefangenschaft bekam »Franz« eine Aufenthaltsgenehmigung in Solingen. Da er keinesfalls unter seinem richtigen Namen nach Westdeutschland einreisen konnte, wurde er von seinem Stiefvater pro forma adoptiert, nahm den Namen Gläser an und machte sich im April 1953, rundum getarnt, auf ins Bergische Land. Alles von langer Hand geplant!

Dank der Unterstützung eines Geschäftsmanns, den er zufällig kennengelernt hatte, fand »Franz« bald einen Posten im Interzonenhandel und bekam damit die für seine Mission so wichtige unbefristete Aufenthaltsgenehmigung im Westen. Den Einsatzbefehl aus Ost-Berlin befolgend, gelang es ihm binnen kürzester Frist, in Bonn eine Wohnung zu mieten, in der er fortan als Resident für den DDR-Geheimdienst tätig werden konnte. Das war die Grundvoraussetzung für seinen zentralen Auftrag: Adenauers Kanzleramt auszuspähen. Es sollte allerdings mehr als drei Jahre dauern, bis dem Inoffiziellen Mitarbeiter »Franz« ein erster Erfolg beschieden war: eine Angestellte im Bonner Bundeskanzleramt als Spionin für die DDR zu gewinnen. Die näheren Umstände sind wegen der großangelegten Dokumentenvernichtung weitestgehend unbekannt. Gesichert ist allerdings, dass es sich bei der Angeworbenen um die 1922 in Bonn geborene Erna K. handelte. Für sie wurden im Mai 1956, MfS-intern, Karteikarten angelegt. In den Rosenholz-Dateien sind unter dem Decknamen »Knorr« die Grunddaten zur Person, zum vorgangsführenden Mitarbeiter, das Datum, an dem die Kartei angelegt wurde sowie eine Archiv- und Registriernummer vermerkt. Der Karteikarte zu entnehmen ist auch, dass Frau »Knorr« mehr als zehn Jahre lang für den Ost-Berliner Geheimdienst tätig war. Aber über den tatsächlichen Umfang und den konkreten Inhalt des jahrelangen Verrats existieren keinerlei Dokumente mehr. Unklar bleibt auch, wie »Franz« die damalige Mitzwanzigerin erst für sich eingenommen, dann für das MfS angeworben und für eine Zusammenarbeit mit dem Ost-Berliner Geheimdienst gewonnen hat. Ebenso wenig wissen wir, wann und warum »Knorr« sich von ihrem Residenten »Franz« trennte, und doch weiterhin der DDR-Auslandsspionage zu Diensten stand.

Unzweifelhaft ist: Der zeitliche wie ökonomische Aufwand der Aktion war beträchtlich. Die Quelle »Knorr« muss in den Augen der DDR-Staatssicherheit von großer Bedeutung gewesen sein. Ob Aufwand und Ertrag in angemessenem Verhältnis standen, ist allerdings keineswegs sicher. In der Hysterie der deutsch-deutschen Eiszeit wurden auch ausgekundschaftete Banalitäten, insbesondere aus dem Zentrum der Macht, als wertvolle Beutestücke, als Pretiosen, gehandelt.

Der offenkundig abservierte »Franz«, damals Mitte 30, sah blendend aus, pflegte Umgang mit der besseren Gesellschaft der Hauptstadt und machte schon bald nach »Knorrs« Abgang erneut die Bekanntschaft einer Sekretärin, die im Palais Schaumburg, also direkt im Bundeskanzleramt, arbeitete. Wie ein Geschenk des Himmels muss er den abermaligen Kontakt zu einer Insiderin des Bonner Machtzentrums empfunden haben. Als empfindsamer Spion schätzte er die Bedeutung dieser Verbindung richtig ein. Nach Rücksprache mit der Ost-Berliner Zentrale legte ihm sein damaliger Führungsoffizier Helmut Reinhold dringlich nahe, am Ball zu bleiben. Auftragsgemäß organisierte IM »Franz« eine Wochenend-Sause mit

mehreren Bekannten, zu der, versteht sich, auch die Sekretärin eingeladen wurde. »Aus Gründen der Konspiration«, so heißt es in
der Dissertation aus dem Hause Wolf, ließ »Franz« zunächst kein
besonderes Interesse an der attraktiven Frau erkennen. Dem Spio-
nageprofi kam es zunächst lediglich darauf an, mehr zur Person der
Adenauer-Bediensteten in Erfahrung zu bringen und erste »Bear-
beitungsmöglichkeiten« zu erkunden.

Unterdessen wurde der Bonnerin stasi-intern der Deckname
»Gudrun« verpasst. Der Resident hatte mittlerweile einiges heraus-
bekommen und meldete der Zentrale in Ost-Berlin: »Gudrun ist
Sekretärin beim Referenten des Bundeskanzlers Adenauer. Sie ist
34 Jahre alt, ledig, ohne festen Freund. Ihr Vater ist verstorben. Zu
ihrer Mutter unterhält sie enge Verbindung. Näheres über ihre Geschwister wurde nicht bekannt. ›Gudrun‹ legt viel Wert auf gute
Garderobe.« Sie zeige Interesse für politische Tagesfragen, ohne
dass man daraus auf ihre politische Grundhaltung schließen könne.
»Gudrun ist intelligent, besitzt eine gute Allgemeinbildung und ein
sicheres Auftreten. Sie ist gesellig und tanzfreudig.« Allerdings habe
sie während des Kontaktes zu IM »Franz« keinerlei Angaben über
ihren Chef, einen Referenten des Bundeskanzlers, gemacht.

Im Ost-Berliner Hauptsitz des MfS wurden nun augenblicklich
die Angaben zu Person und Arbeitsstelle überprüft. Hinter dieser
»Gudrun« verbarg sich Grete B., 1922 in Boppard am Rhein geboren, wohnhaft in Bad Godesberg. Sie besaß aus Sicht der DDR-Auslandsspionage wiederum »einen hohen nachrichtendienstlichen
Wert«. Die Einschätzung erwies sich als zutreffend.

Umgehend jedenfalls folgte die Weisung, mit der »operativen Bearbeitung« – also mit der Anwerbung – zu beginnen. Doch, leider, es
gab Probleme: »Gudrun« ließ keinerlei Sympathien für den gleichalt-
rigen Mann aus dem Erzgebirge erkennen. Die HVA reagierte schnell,
um den vermeintlich dicken Fisch nicht vom Haken zu lassen.

Also begab sich der für »Gudrun« zuständige Ost-Berliner
Führungsoffizier Helmut Reinhold auf die Suche nach Ersatz.

Beizuschaffen war ein verlässlicher Inoffizieller Mitarbeiter mit ausgeprägten Werberqualitäten und der Fähigkeit, einen stabilen Kontakt zu »Gudrun« herzustellen. So schlug die Stunde von IM »Astor«, dessen Klarname nicht mehr zu ermitteln ist. Wir wissen: Er war 56 Jahre alt und entstammte einer gutbürgerlichen Hamburger Familie. Bereits vor dem Zweiten Weltkrieg – so vermerkt es die von Markus Wolf geförderte Dissertation – war er leidenschaftlicher Flieger, während des Krieges dann Offizier im Generalstab. Bei Kampfhandlungen geriet er in sowjetische Gefangenschaft, wo er, so die akademische Erhebung, »politisch progressiv« beeinflusst werden konnte »und sich die marxistisch-leninistische Weltanschauung aneignete«. Nach seiner Entlassung aus der Gefangenschaft hielt er sich kurzfristig in der DDR auf und wurde auf politisch-ideologischer Basis als IM des MfS verpflichtet. Danach kehrte er in seine Heimatstadt Hamburg zurück.

»Astor« war geschieden, ungebunden, also auch willens und in der Lage, spezielle Dienste im Auftrag der DDR-Auslandsspionage zu leisten. Er schien für die kommende Aufgabe geradezu prädestiniert, »weil er über große Lebenserfahrungen und eine attraktive gesellschaftliche Position verfügte, um bei einer ledigen weiblichen Person Interesse für eine Bekanntschaft zu wecken«. Er hatte »Gudrun« etwas zu bieten. Und bei eventuellen Sicherheitsüberprüfungen waren keine Gefahren zu befürchten. Aber hatte »Astor« bei »Gudrun« eine Chance? Würde sich die Mitarbeiterin des Kanzlers tatsächlich in den Agenten verlieben?

Noch hatte sich »Franz« nicht ganz aus der Operation zurückgezogen und gab »Astor« den Hinweis, »Gudrun« werde bald zu einem Kuraufenthalt in die Nähe von Frankfurt am Main reisen. Die beiden IM entwickelten den Plan, »Gudruns« Kuraufenthalt zur direkten Kontaktaufnahme zu nutzen. Beide waren sie – nicht frei von männlichem Chauvinismus – der festen Überzeugung, dass ledige Frauen auf Kur besonders empfänglich für eine Anwerbung seien.

»Astor« ließ sich also eine Heilbehandlung just in jenem Ort verschreiben, an dem sich »Gudrun« aufhielt. Der gewiefte Spion bekam ihre Anschrift heraus und mietete sich im Kurhotel ein, in dem auch sie logierte. Damit waren alle Voraussetzungen geschaffen, um sich unauffällig der Zielperson zu nähern. Zwei Tage lang beobachtete der Agent ihr Verhalten, ihren Umgang. Schließlich sprach er sie in einem Tanzlokal an. Er wurde erhört. Zu fortgeschrittener Stunde vertraute sie »Astor« ein Geheimnis an und gab zu verstehen, dass sie Sekretärin eines Referenten des Bundeskanzlers sei. »Astor« gab vor, das nicht zu glauben und forderte so ihre Mitteilsamkeit heraus. Dabei erfuhr er Namen und Wohnort von »Gudrun« und ihrem Chef. In gelöster Stimmung plaudernd bis in die frühen Morgenstunden, nahm die nichts Böses ahnende Frau »Astors« Angebot an, sie am Ende des Kuraufenthalts mit seinem Pkw nach Mannheim zu fahren, wo sie mit ihrem Chef verabredet war.

Die Begegnung im Kurort war zwar nur kurz, dennoch hatte der neue Resident erste wichtige Erkenntnisse gewonnen. Die Sekretärin im Bonner Zentrum der Macht war unzufrieden und klagte über das Missverhältnis zwischen intensiver Arbeit und geringer Entlohnung. Außerdem ließ sie durchblicken, dass sie den Umgang mit seriösen, materiell gesicherten älteren Herren schätze. All das haben die Verfasser der Dissertation, dieser einzigartigen Quelle, minutiös dokumentiert.

»Astor« hatte in der Zwischenzeit für seine Geschäfte in Köln ein Büro eingerichtet und baute seinen repräsentativen Freundeskreis weiter aus. Er war im Kölner Luftwaffenring, einem Verein von Freunden der alten und der neuen Luftwaffe, aktiv und wurde Mitglied im Internationalen Aero-Club, ebenso im Godesberger Luftsportclub. Er erneuerte seine Flugscheine und verkehrte, besonders in Godesberg, mit der Prominenz – mit Ministern der Bonner Regierung, mit Diplomaten und Industriellen. Kurzum: Der Stasi-Resident war blendend vernetzt.

Von »Gudrun« aber kannte er zunächst nur Vor- und Zunamen. Und er wusste, dass sie in Bonn-Bad Godesberg wohnte. Ihre Adresse stand nicht im Telefonbuch. Ein älterer Herr, den »Astor« während des Kuraufenthalts kennengelernt hatte, half weiter. »Astor« zögerte keinen Moment und besuchte »Gudrun« überraschend in ihrer Wohnung. Er übermittelte artig Grüße ihres Bekannten. Vor allem aber wolle er sein Versprechen aus der Kur einlösen und sie zu einer Flugsportveranstaltung einladen. »Gudrun« zeigte sich erstaunt, aber keineswegs abweisend. Sie klagte über Einsamkeit. Außer ihren Verwandten habe sie niemanden und würde deshalb kaum ausgehen.

Scheinbar spontan, aber natürlich wohlüberlegt lud »Astor« die Frau aus dem Kanzleramt »zu einem vergnüglichen Spaß« nach Düsseldorf ein. Sie nahm dankend an und willigte auch ein, ihn zum Flugfest des Clubs zu begleiten. Während der Spion in »Gudruns« Wohnung war, brachte ein Godesberger CDU-Mitglied eine Einladung für eine Wahlversammlung vorbei, auf der Bundeskanzler Adenauer sprechen sollte. »Astor« bekundete größtes Interesse, den Kanzler einmal aus der Nähe zu erleben. »Gudrun« versprach, ihm eine Karte zu besorgen. Gleichzeitig gab sie ihm ihre Telefonnummer am Arbeitsplatz, um für ihn auch kurzfristig erreichbar zu sein. Das nennt man einen Volltreffer!

Schon am nächsten Tag erhielt »Astor« tatsächlich die gewünschte Eintrittskarte. Es war sogar ein Ehrenplatz. Nach der Veranstaltung trafen sie sich wieder; »Gudrun« stellte ihm ihren Chef aus dem Kanzleramt vor. In Ost-Berlin war man rundum zufrieden mit dem Beginn der Aktion.

»Astor« blieb am Ball, führte die neue Bekanntschaft beim Godesberger Luftsportclub ein und machte »Gudrun« mit seinen Freunden bekannt. Wie versprochen, unternahm er mit ihr einen Rundflug, was die heftig hofierte Sekretärin offensichtlich genoss. Sie äußerte den Wunsch, bald auch einmal den Wohnort ihrer Mutter zu überfliegen.

Die HVA des Markus Wolf hatte mit der Verpflichtung von IM »Astor« auf die goldrichtige Karte gesetzt. Der Hanseat erfüllte alle Anforderungen, um mit der Angestellten des Bundeskanzleramtes in näheren Kontakt zu treten. Hinzu kam, dass er als Bürger der Bundesrepublik eine gesicherte materielle Existenz nachweisen konnte und einen guten Leumund hatte. Seine Vorgesetzten in Ost-Berlin waren des Lobes voll. Er sei ihren Instruktionen exakt gefolgt, ohne auf einen voreilig schnellen Erfolg bedacht gewesen zu sein. »Astor« wurde bescheinigt, Psyche und Mentalität der zu kontaktierenden Person genau beobachtet und analysiert zu haben.

In den folgenden Wochen entwickelte sich ein zunehmend enges freundschaftliches Verhältnis zwischen »Astor« und »Gudrun«. Er konnte sie im Amt jederzeit anrufen oder von dort abholen. »Gudrun« wiederum besuchte »Astor« wiederholt in seinem Kölner Büro. Gemeinsam fuhren sie zu Gudruns Mutter. Der clevere »Astor«, augenscheinlich mit einem recht prallen Spesensäckel ausgestattet, beschenkte die Bonner Freundin mit mehreren Einrichtungsgegenständen für ihre Godesberger Wohnung. Großen Wert legte »Gudrun« auf ihren Ruf im Wohngebiet und achtete peinlich genau darauf, dass »Astor« nicht über Gebühr lange bei ihr blieb. Herrenbesuch nach 22 Uhr: undenkbar! – Diese Agentengeschichte ist nicht zuletzt ein bundesrepublikanisches Sittengemälde aus den 1950er-Jahren. Das Autorenduo der Dissertation notiert freilich in verstocktem Geheimdienst-Jargon: »Ungeachtet dessen kam es bald zu ersten intimen Handlungen«.

Gezielt arbeitete Astor daran, »Gudruns« Vertrauen in ihn zu vertiefen. Sie erhielt Kenntnis vom Briefwechsel mit seinem Sohn, der ein vermögender Finanzmakler in Hamburg war und mit Millionenbeträgen jonglierte. Die von der Stasi Erwählte zeigte zunehmend Interesse, den Freund bei seinen Handelsgeschäften zu unterstützen und langfristig mit ihm zusammenzuarbeiten. Die Verbindung schien ihrerseits auf Dauer angelegt.

Als »Astor«, von der Genealogie seines Decknamens Spross einer der reichsten Familien der Welt, einen Dienstwagen benötigte, rief Gudrun einfach im »Auftrag des Bundeskanzleramtes« beim Generalvertreter der Mercedes-Werke in Köln an und wies darauf hin, dass das Bundeskanzleramt wünsche, dass »Astor« einen Mercedes mit allen Extras erhalte. Sie hatte im Amt augenscheinlich einen Posten mit Einfluss. Der Benz-Vertreter erschien jedenfalls prompt in »Astors« Kölner Büro, um die Details zu besprechen. Gleichfalls im »Namen des Bundeskanzleramtes« erwirkte »Gudrun« durch ein Telefonat mit dem zuständigen Beamten der Stadt Bonn für ihren Romeo eine Baugenehmigung, die den geltenden Richtlinien eigentlich widersprach.

Sie tat alles für ihn: »Gudrun« informierte »Astor«, dass seine Person von der Bonner Sicherungsgruppe überprüft werde. Aber es fand sich offenbar kein Hinweis auf seine geheime Tätigkeit als IM. Ost-Berlins Führungsagenten drängten den erfolgreichen Schnüffler auf feindlichem Territorium, nun mit der unmittelbaren Anwerbung von »Gudrun« zu beginnen. Die wachsenden finanziellen Wünsche der Bonnerin stießen bei der Stasi durchaus auf Gegenliebe. Wenn es ums Kanzleramt ging, flossen Devisen zuhauf. Der Kalte Krieg war nicht zuletzt eine Materialschlacht. Kopfzerbrechen allerdings bereiteten die intimen Beziehungen. Es schien, zumal in der sittenstrengen Adenauer-Zeit, nur eine Frage der Zeit, bis »Gudrun« die Heirat einfordern würde. In diesem Fall, so lautete die Order, solle sich »Astor« hinhaltend auf sein Alter berufen und sein Zögern mit einem Plädoyer für die freie Liebe verbinden. Offenkundig hat sich »Gudrun« damit arrangieren können. Für sie schien das, wenn auch nicht legitimierte, Verhältnis zu »Astor« gefestigt. Aus ihrer Liebe machte sie keinen Hehl. So nahm sie ihn auch zur Abschiedsfeier ihres früheren Chefs im Kanzleramt mit. Dabei lernte Markus Wolfs Kundschafter weitere Mitarbeiter der Adenauer-Administration, darunter den Sicherheitsbeauftragten, kennen.

Eines Tages erkrankte »Gudrun«. Es folgte ein längerer Klinik-Aufenthalt. »Astor« nutzte diese Situation, um das Verhältnis zu ihr noch enger zu knüpfen. Er bemühte sich um gute ärztliche Betreuung, verständigte ihre Verwandten und erledigte ihre Privatangelegenheiten: Miete und Banküberweisungen. Als sie aus dem Krankenhaus entlassen wurde, holte er sie ab und brachte sie zu ihrer Mutter.

Wenige Tage später erhielt »Astor« von der Amoure überraschend einen die geheime Mission gefährdenden Brief, in dem sie ihm vorwarf, er habe zu viele Beziehungen. Das würde sie, die bekennend konservative Frau, befremden. Ihr Vertrauen sei geschwunden. Er möge sie nicht mehr besuchen. »Astor« schrieb zurück: Ihm sei ihr Verhalten unverständlich. Er wünsche ihr trotzdem alles Gute für die Zukunft. Und schloss seinen Brief mit herzlichen Grüßen. Bereits zwei Tage später rief sie wieder an und lud ihn für den nächsten Abend zu sich ein. Offenbar stand »Gudrun« zwischen dem Einfluss gewisser Kreise im Kanzleramt und ihren Gefühlen für »Astor«. Aus Sicht der Stasi musste »Gudrun« nun bald zu einer Entscheidung gezwungen werden. Erneut griff »Astor« zur Feder und fragte sie freiheraus, ob sie nun seine Partnerin sein wolle oder nicht. »Gudrun« reagierte erfreut und bat ihn, bald zu ihr zu kommen.

Doch dann durchkreuzte das Schicksal die so vielversprechend begonnene Unternehmung. Während eines Wochenendes, das der Agent mit »Gudrun« in der Schweiz verbrachte, erkältete sich »Astor« schwer. Die Sekretärin kehrte allein ins Rheinland zurück; Wolfs Spion musste zurückbleiben. Einige Tage später erfuhr er von seiner schweren Krankheit, die einen sofortigen und längeren Aufenthalt in einem Schweizer Spezialkrankenhaus erforderlich machte. Auch dies dokumentiert die akkurate Dissertation der beiden DDR-Geheimdienstler.

Der Kontakt zu »Gudrun« brach vorübergehend ab. Die schwere Erkrankung veranlasste die Zentrale, zu empfehlen, »Gudrun«

unmittelbar anzuwerben, sobald der Liebhaber wieder reisefähig sei. Für die Ost-Berliner Hintermänner hatte »Astor« für diesen Schritt alle Voraussetzungen geschaffen, mit Geduld und Zielstrebigkeit den Kontakt zu »Gudrun« ausgebaut und seine wahren Beweggründe mit Perfektion verschleiert. Es war ihm gelungen, die persönliche Verbindung zu ihr offensiv zu nutzen. Nun sollte der Romeo »Gudrun« unter Offenlegung seiner geheimdienstlichen Tätigkeit anwerben. Als er sich ein wenig erholt hatte, lud »Astor« die Frau aus dem Kanzleramt ein, einen Teil ihres Urlaubs bei ihm in der Schweiz zu verbringen. Sie sagte zu. Umgehend mietete er ein Apartment an, das für diskrete Gespräche geeignet schien. Die ersten beiden gemeinsamen Tage verliefen rundum entspannt. Dann, am Abend des dritten Tages, kam es zur ersten entscheidenden Unterredung. »Astor« erklärte, taktisch geschickt, seine Krankheit hätte ihm mit Erschrecken vor Augen geführt, dass er noch gar nicht für ihre Zukunft gesorgt habe. Sie müsse mehr aus seinem Leben wissen.

»Astor« begann, über den 20. Juli 1944 zu sprechen, den Widerstand gegen Hitler, und deutete an, dass er damals am Rande beim gescheiterten Attentat mitgewirkt habe. Er erklärte ihr die unterschiedlichen Strömungen im Kreise der Verschwörer. Während die einen Hitler stürzen wollten, um selber an die Macht kommen und den Krieg fortzusetzen, hätten die anderen augenblicklich Frieden schließen wollen. Letzteres sei auch seine Auffassung gewesen. Er habe es nicht länger mitansehen können, wie die jungen Frontsoldaten als »Kanonenfutter« verheizt worden seien. »Gudrun« hörte ihm aufmerksam zu. Dann kam er zur Sache und offenbarte, scheinbar freimütig, seine Verbindung zum sowjetischen Geheimdienst. Er bekannte, Offizier der Roten Armee zu sein. »Gudrun« erschrak, fing an zu weinen und beklagte die Lage, in die sie nun geraten sei. Dennoch ließ sie zu, dass »Astor« sie in den Arm nahm. Sie drückte ihn selbst noch fester an sich und wiederholte immer wieder, wie sehr sie ihn liebe. – Passagenweise liest sich die Dissertation wie ein

Lore-Roman aus dem Kalten Krieg. – »Astor« nannte plausible Gründe für sein Geständnis: Sollte seine Krankheit böse enden, würde sie vermutlich unvorbereitet in eine prekäre Lage kommen. Auch sei nicht auszuschließen, dass dann seine nachrichtendienstliche Tätigkeit posthum auffliegen würde. Die Sicherheitsleute hätten dann einen Beweis, wo die undichte Stelle im Bonner Kanzleramt sitze, wer den Verrat begangen habe. Dann würde sie vermutlich im Gefängnis landen. Also müsse er sie jetzt warnen. Die Argumentation war rundum durchtrieben.

»Astor« erzählte der Freundin von seinen »großen Erfolgen« und davon, dass der sowjetische Geheimdienst außerordentlich stark sei. Sollte sie sich trotz allem für ihn entscheiden, würde sie in das Sicherheitssystem der Sowjetunion einbezogen. Eher beiläufig ließ »Astor« erkennen, dass er über »Gudrun« Dinge wusste, die sie ihm nicht gesagt hatte, die er also »dienstlich« erfahren haben musste. Nach zwei Tagen, in denen sich sein Gesundheitszustand erheblich verschlechterte, wollte er das weitere Vorgehen endgültig klären. Er schlug ihr vor, gegenüber Dritten in Bonn und Godesberg die Legende einer Trennung zu konstruieren: Seine schwere Krankheit lasse sich vermutlich nicht heilen, und außerdem habe sie festgestellt, dass er zu alt sei.

»Gudrun« protestierte. Daran dächte sie nicht, denn sie habe ihn viel zu gern. Sie wollte wissen, was geschähe, wenn die Geheimdienst-Geschichte herauskäme. »Astor« schlug ihr vor, in diesem Falle in die Schweiz zu gehen. Er würde dort für sie Geld deponieren. Im Gegenzug solle sie ihm ein Schriftstück mitgeben, aus dem sein Vorgesetzter ersehen könne, dass sie ihn nicht verraten und dass ihre Liebe zu ihm selbst die misslichste Lage überwinden werde. »Gudrun« zeigte Verständnis und erklärte sich bereit. Kurz vor der Abreise aus der Schweiz gingen sie zusammen zur Bank, um ein Konto zu eröffnen. »Astor« zeigte ihr im Bankgebäude seinen Safe und stellte in Aussicht, ihr eine Vollmacht zu erteilen. Am Tag ihrer Abreise verfasste »Gudrun« den gewünschten Brief. Auf Bitten

»Astors« unterschrieb sie mit einem Decknamen. Die beiden vereinbarten, dass »Gudrun« nach schriftlicher Aufforderung in die Schweiz fahren und sich eventuell auch mit einem Vertreter von »Astor« treffen solle, falls ihn seine Krankheit daran hindere, selber zu reisen. Sie verabredeten ein Erkennungszeichen. Dann trat »Gudrun« den Heimweg nach Bonn an. Schon am ersten Arbeitstag nach dem Urlaub meldete sich »Astor« aus der Schweiz telefonisch bei »Gudrun« im Kanzleramt an. Sie sei freundlich und ohne jede Verstimmung gewesen. Sie habe ihm gute Erholung gewünscht und ihn ermuntert, ihr bald zu schreiben.

In der Ost-Berliner Stasizentrale bestanden erhebliche Zweifel, ob »Astor« angesichts seiner schweren Krankheit noch die Kraft besitzen würde, seinen Auftrag zu Ende zu führen. Alle Möglichkeiten bedenkend, wie es nun einmal die Art der HVA war, hatte man schon eine neue Konzeption zur Weiterführung des Werbevorgangs erarbeitet. Sie sah vor, einen gewissen IM »Hansen« in die Operation einzubinden. So sollte weiterhin ein zügiger Verlauf der Aktion gewährleistet bleiben.

Während »Gudrun« und »Astor« fleißig korrespondierten und telefonierten, reiste »Hansen«, ein angeblicher Kunstmaler, mit zahlreichen Landschaftsbildern im Gepäck in Richtung Zürich. Beide MfS-Mitarbeiter verständigten sich und bereiteten ein gemeinsames Treffen mit »Gudrun« vor. Ihr Besuch in der Schweiz ließ nicht lange auf sich warten. Gleich zu Beginn des Wiedersehens machte »Astor« der Freundin ein interessantes Angebot, das »Gudrun« spontan annahm. Während seiner Abwesenheit wegen einer längeren Behandlung in der Sowjetunion solle sie seine Zürcher Wohnung mieten. Dabei lenkte »Astor« das Gespräch auf ein Bild, das neuerdings in seinem Zimmer hing. Er habe das Bild von einem Künstler geschenkt bekommen. Das sei der Mann, der ihn künftig vertreten werde. Nach kurzem Zögern war »Gudrun« bereit, ihn kennenzulernen. Um einen kleinen Einblick in dessen künstlerisches Schaffen zu bekommen, hatte »Astor« seinen Dienstkollegen »Hansen« gebeten, einige Aquarelle in der Wohnung zu deponieren. »Gudrun« muss von ihnen recht angetan gewesen sein. Auf »Astors« Frage, wo und wie sie seinen Vertreter kennenlernen wolle, entschied sie sich für einen gemeinsamen Restaurantbesuch.

Die Verabredung verlief ganz nach Plan. Die erste Unterhaltung war zwanglos. Ein gutes Zeichen. »Hansen« und »Gudrun« konnten einige Modalitäten für den Fall eines erforderlichen Zusammentreffens vereinbaren. »Gudrun« hatte von »Hansen« einen guten Eindruck und war überrascht, dass ein Künstler zugleich ein sowjetischer Aufklärer sein konnte. Der Gentleman schenkte ihr ein Bild. »Gudrun« nahm dankend an. Um sich eine Gelegenheit für eine weitere Zusammenkunft zu sichern, versprach er, das Bild noch rahmen zu lassen.

Beim Abschied auf dem Bahnhof in Zürich war »Gudrun« gefasst und ruhig. Sie sagte zu »Astor«, ihr Leben, ihre Zukunft lägen nun in seiner Hand. Selbst wenn sie seinetwegen eingesperrt werden sollte, würde niemand ein Wort von ihr erfahren. Es sollte die letzte persönliche Begegnung zwischen den beiden sein.

Beim nächsten Besuch in der Schweiz traf sie erstmals allein mit »Hansen« zusammen. Er überbrachte Grüße nebst einer Aufmerksamkeit von »Astor« und erklärte, dass sich dessen Gesundheitszustand leider noch nicht gebessert habe. Der kranke Freund bedauere außerordentlich, dass er die weite Reise derzeit nicht antreten könne. Er mache sich aber viele Gedanken über seine nachrichtendienstliche Tätigkeit, vor allem aber um »Gudruns« Sicherheit. Er bitte sie inständig, alle offenen Fragen und Probleme mit ihm, »Hansen«, vertrauensvoll zu beraten. Für den Fall, dass sie aus irgendeinem Grunde »Astor« direkt eine dringliche Nachricht zukommen lassen wolle, könne »Hansen« ihr eine Ost-Berliner Postadresse geben. Allerdings müsse der Brief so abgefasst sein, dass daraus keine Rückschlüsse auf beteiligte Personen oder auf Sachzusammenhänge gezogen werden könnten.

»Gudrun« war einverstanden und stellte die Frage, ob sie denn »Astor« auch einmal besuchen könne, wenn er in der Klinik sei. »Hansen« erklärte, »Astor« werde in einer Militärklinik behandelt und habe darum gebeten, von Besuchen Abstand zu nehmen, da das möglicherweise seine Sicherheit gefährde, und er dann vielleicht nie mehr in die BRD zurückkommen könnte.

»Hansen«, mit allen Wassern geheimdienstlicher Tricks gewaschen, schilderte »Gudrun« eindrucksvoll, wie stark die Beschaffung geheimer Nachrichten für die Sowjetunion durch Astors Erkrankung ins Stocken geraten sei. Jetzt leide ihr Freund darunter, dass sein Verantwortungsbereich nicht mehr effektiv arbeite. Sie, »Gudrun«, könne »Astor« eine große Hilfe sein, wenn sie sich bereit erkläre, ihm zu Insider-Informationen aus dem Kanzleramt zu verhelfen. Der malade Amigo würde auf diese Weise auch sehen, welch großes Vertrauen sie ihm entgegenbrächte. Dies wäre sicherlich für ihre Beziehung ebenso von Vorteil.

»Astor« hatte das Terrain gut vorbereitet. Die jahrelangen vertrauensbildenden Maßnahmen zahlten sich aus. »Gudrun« erklärte treuherzig, dass sie gern alles tun werde, um »Astor« zu helfen, damit er recht schnell wieder gesund werde und sein Ansehen als guter Nachrichtendienstmann behalte. Allerdings wandte sie ein, dass sie einen Vertrauensbruch zum Schaden der Bundesrepublik begehen würde. »Hansen« gelang es, »Gudrun« davon zu überzeugen, dass sie durch die Preisgabe von Dienstgeheimnissen letztlich edlen Prinzipien folge. Dann wurde »Hansen« grundsätzlich: Die Bonner Regierung würde, nach außen wie nach innen, schon lange auf der Basis des Vertrauensbruchs arbeiten. Adenauer verschleiere auf raffinierte Weise die imperialistischen, kriegstreibenden und revanchistischen Ziele seiner Politik.

»Gudrun« erklärte sich schließlich bereit, zu liefern. Nach anfänglichem Zögern übermittelte sie bald schon, so ist es jedenfalls in der Dissertation zu lesen, mündlich wie schriftlich wertvolle Berichte und Dokumente aus dem Kanzleramt. Doch einmal mehr sind aufgrund der umfänglichen Vernichtung der HVA-Akten keine inhaltlichen Details ihrer Spionagetätigkeit zu ermitteln. Bekannt aber ist: »Gudrun« machte ihre weitere Zusammenarbeit mit dem MfS stets abhängig von der Aussicht, mit »Astor« wieder zusammenzukommen, mit ihm eine gemeinsame Zukunft zu haben. Für die Ost-Berliner Stasileute war es zunehmend schwierig, diese Perspektive glaubhaft aufrechtzuerhalten. Doch die Schlapphüte mühten sich wacker, mit persönlichen Briefen und vermeintlichen Geschenken »Astors«, auch mithilfe eines vorgetäuschten Testaments, dem zu entnehmen war, dass sie im Falle seines plötzlichen Ablebens materiell abgesichert sein würde.

Nach dem Tod »Astors«, sein genaues Sterbedatum liegt im Dunkeln, beendete »Gudrun« jegliche Zusammenarbeit mit dem feindlichen Geheimdienst. Nur wenig später schied sie auf eigenen Wunsch – und ohne Mitteilung an die Stasileute zu machen – aus den Diensten des Bundeskanzleramtes aus und entzog sich jeder weiteren Kontaktaufnahme.

In der Dissertation finden sich keine Informationen über den weiteren Lebensweg von »Gudrun«, die im Westen Grete B. hieß. Allerdings gelang es Roberto Welzel von der Berliner Stasiunterlagenbehörde, Sachgebietsleiter des Referats Forschung und Medien, den Klarnamen des vermeintlichen Kunstmalers »Hansen« zu ermitteln. Es handelt sich um Kurt M. aus Berlin-Pankow, am 13. November 1909 geboren, Diplom-Ingenieur und zuletzt stellvertretender Direktor der Deutschen Bauakademie in Berlin. Unter der Registriernummer XV/8085/60 wurde seine Stasiakte 1958 angelegt und 1971 beendet. Seine Führungsoffiziere waren Helmut Reinhold und Rudolf Genschow. Letzterer war pikanterweise einer der Autoren der hier so oft herangezogenen akademischen Arbeit, die an diesem frühen Beispiel so plastisch beschreibt, wie es gelingen konnte, das Machtzentrum der Bundesrepublik zu infiltrieren.

Für das Ost-Berliner Ministerium für Staatssicherheit hatte die Einschleusung von Inoffiziellen Mitarbeitern ins Bonner Machtzentrum höchste Priorität. Die Anlandung von »U-Booten« im Kanzleramt am Rhein war immerhin ein kleiner Sieg im Klassenkampf. Bei derartigen Manövern schien angesichts strenger Sicherheitsüberprüfungen die Anwerbung eher niederrangiger Bediensteter – von Sekretärinnen oder Schreibkräften – der bestmögliche Weg. Als besonders geglückte Operation wird in der Dissertation der Fall einer zwanzigjährigen Stenotypistin dokumentiert, die in den Stasiakten unter dem Decknamen »Schneider« geführt wurde. Bei ihr blieb es nicht bei einem auf privaten Gefühlen basierenden Willen zur Unterstützung der Spionage.

Den einschlägigen Dokumenten zufolge verbarg sich hinter der Tarnung Elvi C., 1936 in Danzig geboren, nach ihrer Flucht aus Polen zunächst in Schleswig-Holstein gelandet und später wohnhaft in der Bundeshauptstadt. Ein gewisser IM »Renner«, dessen Identität von der Stasiunterlagenbehörde nicht ermittelt werden konnte, lernte »Schneider« bei einer Ausflugsfahrt in die Eifel kennen. Daraus entspann sich eine Unterhaltung, die mit einer Verabredung zu einem gemeinsamen Kinobesuch endete. Sie begannen, einander Briefe zu schreiben. Schließlich kam der Agent zu Besuch nach Bonn. Dorthin hatte »Schneider« sich 1957 erfolgreich als Stenotypistin beim Bundesfinanzministerium beworben. »Renner« charakterisierte die Zielperson als »gute Erscheinung«, intelligent, aufgeschlossen, kontaktfreudig und redegewandt. Wohl auch darum erhielt er von der Ost-Berliner Zentrale den Auftrag, seine Verbindung mit »Schneider« zu intensivieren und die Möglichkeit einer Anwerbung auszuloten.

Für den MfS-Agenten war es offenkundig einfach, »ein Liebesverhältnis herzustellen«, wie das die Autoren der Dissertation nennen. »Unter Ausnutzung« desselben versuchte Renner dann, eine »Verpflichtung auf politisch-ideologischer Basis zu erreichen«. Doch »Schneider« wollte heiraten. Nun ließ »Renner« seine Maske fallen und erklärte unumwunden, er sei Bürger der DDR, politisch für die westdeutsche KPD und auch für den Nachrichtendienst in Ost-Berlin tätig. Ihm sei daran gelegen, Interna über die politische Klasse in Erfahrung zu bringen. Nach langen Diskussionen willigte »Schneider« ein und unterschrieb eine Verpflichtungserklärung. Fortan fertigte die Stenotypistin im Bonner Finanzministerium fleißig Kopien an und kaufte sogar Filme, um Dokumente abfotografieren zu können. Nach einigen Wochen äußerte sie den Wunsch, selbst Mitglied in der KPD zu werden. Ausschlaggebend für ihre Verratsbereitschaft waren vor allem die persönlichen Gefühle, die sie IM »Renner« entgegenbrachte.

Wegen interner Veränderungen musste er allerdings sein Operationsgebiet im Westen schon bald verlassen. Die HVA, die – das Frauenbild scheint bezeichnend – an die nahezu beliebige Austauschbarkeit ihrer Romeos glaubte – übertrug nun einem gewissen IM »Mirbach« die weitere Betreuung von »Schneider«. Der hauptamtliche Stasimann hieß mit Klarnamen Hans V., war 1928 in Jena geboren und hat sich vermutlich im Zeitraum von 1956 bis 1965 als Geheimdienst-Resident in der Bundesrepublik aufgehalten. Doch das Bäumchen-wechsel-dich-Spiel der HVA missglückte. »Schneider« wollte nur »Renner«. In ihm – und in keinem anderen! – sah sie ihren künftigen Ehemann. Sie war davon überzeugt, die Trennung von ihm sei nur vorübergehend. Für »Mirbach« konnte sie sich nicht erwärmen. Zur Klärung der Situation fuhr »Schneider« auf eigene Initiative nach Berlin. Ihr wurde ein neuer Führungsoffizier, Deckname »Schade«, vorgestellt. Doch auch der hinterließ bei ihr zunächst keinen überzeugenden Eindruck. »Schade«, das war Klaus S., geboren 1935 in Berlin, von Beruf Ingenieur.

Während des konspirativen Treffens in Ost-Berlin stellte »Schneider« erneut den Antrag, Mitglied der SED zu werden. Dem wurde von höchster Stelle stattgegeben. Etwa zur selben Zeit bewarb sich »Schneider« um eine Anstellung im Bundeskanzleramt. Sie wurde genommen. Über Monate wurde sie sicherheitsmäßig überprüft.

Dann erhielt sie einen Arbeitsvertrag, einen Dienstausweis, musste eine Erklärung abgeben, dass sie keine Schulden habe und loyal sei gegenüber dem Bonner Staat.

Jetzt müssen in Ost-Berlin die Korken geknallt haben. Ohne großes Zutun hatte das Ministerium für Staatssicherheit eine neue Quelle im Bundeskanzleramt erschlossen, die, so die beiden Obristen in ihrer Dissertation, verlässlich zu Diensten stand. »Schneider« erhielt vom MfS mehrere Auszeichnungen und wurde in die SED aufgenommen. Wiederum existieren keine präzisen Angaben über den Umfang und die Inhalte der von West nach Ost durchgestochenen Informationen. Auch in diesem Fall haben Markus Wolf und die Seinen dafür gesorgt, dass die Berichte nicht beim verhassten Klassenfeind im Westen landeten.

Nach wie vor sah »Schneider« in der Beziehung mit »Renner« die Erfüllung all ihrer Wünsche. Doch immerhin: Sie ließ sich (ver-)trösten. »Schade« gelang es – auftragsgemäß – ein persönliches Verhältnis aufzubauen, das alsbald auch intim wurde. Doch dann folgte das unerwartete Desaster: »Schades« MfS-Dienstausweis verschwand aus einem Erdversteck. In der Westpresse erschien ein Foto des Spions. Dem Enttarnten blieb nur der augenblickliche Abzug aus dem Operationsgebiet. »Schneider« schrieb ihm daraufhin, dass sie sich von ihm trenne, da sie keine gemeinsame Perspektive mehr sehe. Die Enttäuschung, das erneute Alleinsein und, mag sein, ein schlechtes Gewissen machten ihr zu schaffen. Romeo-Affären, das zeigt auch diese Zweckamoure, finden selten ein glückliches Ende. Der schlechte Gesundheitszustand der Zuträgerin, bei gleichzeitig hoher Arbeitsbelastung im Bonner Kanzleramt, machte die Sache nicht besser. Elvi C. alias »Schneider« entschloss sich, aus dem Staatsdienst auszuscheiden. Diesen Schritt unternahm sie ohne Absprache mit den Osterberliner Agenten.

Im Bundeskanzleramt war man ahnungslos und zunächst nicht bereit, ihre Kündigung anzunehmen. Schließlich aber wurde

»Schneiders« jüngere Schwester als Ersatz akzeptiert. Adeltraud C., Jahrgang 1932, gelangte so ins Machtzentrum der Bonner Politik. Und wiederum hatte die DDR-Auslandsaufklärung allen Grund zur Freude. Denn in weiser Voraussicht war auch diese ledige Stenotypistin, zuvor im Bundesverkehrsministerium tätig, von »Schade« angeworben worden. Sie trug den Decknamen »Bauer«. Merke: Zwei Trojanische Pferde leisten mehr als nur eines. Auch diese in Adenauers direktem Umfeld erschlossene Quelle sprudelte – weit über seinen Rückzug hinaus – bis 1970, bis in die Ära Brandt. Es gab so manchen IM, der mehr als nur einen Kanzler ins Visier nahm. Wichtiger als die Person war das Amt.

Die Hauptamtlichen Mitarbeiter der Staatssicherheit – nach dem Vorbild des sowjetischen Geheimdienstes KGB auch »Tschekisten« genannt – verloren, wie wir sehen werden, das Palais Schaumburg niemals aus dem Blickfeld, wobei die Operationen gelegentlich kein gutes Ende nahmen. Auch dies verschweigen die zwei Doktoranden nicht. Sie rekonstruieren etwa den Fall des Hamburger Rechtsanwalts Dr. Heinrich Wiedemann, jenes langjährigen, 1889 geborenen SPD-Mitglieds, der 1955 als IM »Weide« in die Dienste der Stasi trat – und dafür stolze 3.000 D-Mark pro Monat aus Ost-Berlin kassierte. Geld spielte bekanntlich keine Rolle, wenn es um den Zutritt zum Kanzleramt ging.

»Weide« war ein Rekrutierungsspezialist vor dem Herrn: Es gelang ihm, die 29 Jahre jüngere Sekretärin Ilse S. – Deckname »Iris« – für die Stasi zu gewinnen – einmal mehr »auf der Basis intimer Beziehungen«. Auftragsgemäß bewarb sich »Iris« ins Bundeskanzleramt. Doch das Ansinnen scheiterte. Vergebliche Liebesmüh! Immerhin landete die von der Kanzler-Administration Verschmähte kurz darauf im Bundesministerium für Bildung und Wissenschaft. Auch dort habe die Stasifrau »Iris«, so formulieren es Genschow und Wendel beinah schon trotzig, »wertvolle Dienste« geleistet.

»Weide« versuchte nun – über einen gleichfalls als IM geführten Freund, den Ministerialrat im Kanzleramt Dr. Adolf K. alias

»As« –, an brisante Informationen aus Adenauers unmittelbarer Nähe zu kommen.

Die Operation stand zunächst unter einem guten Stern, sollte aber nicht lange währen. Als Mitglied des Bundesverteidigungsrats war »As« befasst mit Vorgängen der höchsten Geheimhaltungsstufe. Er war für die Staatssicherheit ein idealer Kandidat und pflegte überdies engen Kontakt zu einer ungemein mitteilungsfreudigen Sekretärin im Palais Schaumburg, die »Weide« bei gemeinsamen Unternehmungen nach allen Regeln der Kunst abschöpfte. Stasi-intern wurde sie als IM »Rose« registriert. Die Irrungen und Wirrungen, auf deren Entfachung sich die Stasi wie wohl kein zweiter Geheimdienst verstand, nahmen ihren Lauf. IM »As« war kein Kind von Traurigkeit und begann eine Affäre mit der Sekretärin. Die uneheliche Verbindung wurde ruchbar und dürfte für einen veritablen Skandal im Palais Schaumburg gesorgt haben, wo der Hausherr auf Sitte und Anstand pochte. »Rose« kündigte. »As« wurde aus dem Zentrum der Macht in eine andere Dienststelle versetzt. Die Quelle versiegte.

Doch da Wolfs Spione über den Tag hinausdachten, arbeitete »Weide« weiterhin als Bonner Resident für die Behörde in Berlin-Lichtenberg. Was er alles verriet, wissen wir nicht. Aber Ilse S. alias IM »Iris«, die er einst als Romeo erobert hatte, wohnte in späteren Jahren bei ihm, als vermeintlich verwitwete Untermieterin. Erst spät, im Februar 1970, da war »Weide« schon über 80, kam der bundesdeutsche Verfassungsschutz dem rätselhaften Paar auf die Schliche. Bei ihrer Verhaftung wurden in der Wohnung allerlei Spionage-Utensilien – Mikrofilme, Kameras, ein Kurzwellenfunkgerät – sichergestellt. Die spektakuläre Enttarnung der beiden war der erste erfolgreiche Schlag gegen das weit verzweigte Netzwerk der DDR-Agenten in der Bundesrepublik.

Die Dissertation, der wir, gelegentlich im wahrsten Sinne des Wortes, intime Einblicke in die wenig skrupulösen und höchst aufwendigen

Methoden des DDR-Geheimdienstes verdanken, wurde, auf Geheiß von Markus Wolf, bei ihrer Abgabe zugleich als Dissertation angenommen. Genschow und Wendel waren nun über Nacht Doktores der Rechtswissenschaften. Sie hatten, was 1974 noch niemand ahnte, mit ihrer Spurensicherung einen Dienst für die Ewigkeit geleistet. Die Benotung des akademischen Insiderberichts konnte sich sehen lassen: »magna cum laude«.

2. Feindbild Adenauer

Die Hartnäckigkeit, die immensen personellen wie finanziellen Anstrengungen, mit denen die HVA des Markus Wolf versuchte, in den Machtapparat des ersten deutschen Bundeskanzlers einzudringen, waren tief in der Ideologie des DDR-Staats verankert. Konrad Adenauer, von 1949 bis 1963 im Amt, galt als Inkarnation der hässlichen Bundesrepublik, des Klassenfeindes schlechthin. Noch im Lexikon »Biographien zur Weltgeschichte«, kurz vor der Wende von führenden DDR-Historikern herausgegeben, wird er mit Worten des Abscheus bedacht: »Seit 1945 und besonders 1948/49 als Präsident des Parlamentarischen Rates betrieb Adenauer die Restauration des deutschen Imperialismus, die Spaltung Deutschlands, und die Einbeziehung der Westzonen in das westliche Bündnissystem. Er betrieb die Remilitarisierung der BRD und deren Eintritt in die NATO sowie eine autoritäre antikommunistische Innenpolitik.«

Mit welch dumpf-agitatorischen Schlagworten haben ihn die führenden Köpfe des SED-Politbüros nicht alles bedacht: »Separatist«, »Spalter«, »Handlanger des Monopolkapitals« oder auch »Schutzherr der alten Nazis«! Albert Norden, KPD-Mitglied seit 1920, in den DDR-Gründerjahren Leiter der Hauptabteilung Presse im Amt für Information, hat Adenauer bereits 1949, im Vorfeld der Wahlen zum ersten Deutschen Bundestag, im SED-Zentralorgan »Neues Deutschland« mit Agit-Prop-Getöse charakterisiert – als »Veteran des Landesverrats«, der als Befehlsempfänger der USA allein den imperialistischen Interessen des Westens folge.

Ein Jahr später legte Norden in der »Täglichen Rundschau«, dem Organ der sowjetischen Besatzungsmacht, nach und kommentierte den jüngsten Berlin-Besuch Adenauers, der in der Frontstadt lautstark die Wiedervereinigung gefordert hatte, auf drastische Weise: »Dieser Prototyp des nationalen Verrats, der Nachfolger Wilhelms II. und Hitlers, der Deutschland in den dritten Weltkrieg hetzen will, hat die Stirn, in Berlin als Advokat der Einheit aufzutreten.«

Für das 1950 gegründete Ministerium für Staatssicherheit war dieses Adenauer-Feindbild wegweisend und über Jahre prägend. Mein ehemaliger Deutschlandfunk-Kollege Karl Wilhelm Fricke, der Kölner Stasi-Experte, ist freilich der Überzeugung, »dass die Staatssicherheit auch ihrerseits auf das Adenauer-Bild der SED Einfluss genommen hat, indem sie Informationen und Erkenntnisse aus der Spionage zur politischen Meinungsbildung der Parteiführung zur Verfügung stellte. Das geschah etwa in den von ihr erarbeiteten Analysen und Lageberichten, und indem sie auch persönliche Daten und geheime Dokumente für Zwecke der Desinformation und Agitation in beiden deutschen Staaten zur Veröffentlichung freigab.«

Ende 1952 zählte die Geheimpolizei der DDR bereits 8.800 Mitarbeiter. Die meisten von ihnen glaubten der Staats-Propaganda, dass die Regierung Adenauer aktuelle Kriegsvorbereitungen unternähme und »begriffen daher ihren Dienst in der Staatssicherheit als Beitrag zur Friedenssicherung«, schreibt Fricke.

Anfang der Fünfzigerjahre hatte die DDR-Auslandsspionage mit dem Aufbau des »Außenpolitischen Nachrichtendienstes« (APN) begonnen. Er war als »Institut für wirtschaftswissenschaftliche Forschung« getarnt. Markus Wolf wurde 1952 mit 29 Jahren zum Leiter des APN berufen. Er fand schon damals ein weltweites Agentennetz mit 4.600 Hauptamtlichen und über 10.000 Inoffiziellen Mitarbeitern vor. 1.500 dieser Kundschafter agierten in der Bundesrepublik. 1953 dann wurde der »Außenpolitische Nachrichtendienst« in das Ministerium für Staatssicherheit eingegliedert, mit ihm nach dem Volksaufstand in der DDR heruntergestuft und dem

Innenministerium unterstellt und 1956 in die »Hauptverwaltung Aufklärung« umgewandelt.

An der Kanzlerschaft Adenauers haben sich die Dunkelmänner aus dem Ostteil Berlins 14 Jahre lang abgearbeitet. Das Aktenkonvolut zu seiner Person und seinen Amtsgeschäften, das mir die Stasiunterlagenbehörde in Kopie übergab, umfasst vier Aktenordner mit insgesamt rund 2.500 Blatt. Ob die auf den alten Herrn aus Rhöndorf angesetzten Agenten noch weitere Papiere lieferten, die in den Wochen nach dem Mauerfall 1989 vernichtet wurden, liegt im Dunkeln. Jedenfalls scheinen die Überlieferungen lückenhaft. Auf der »Rosenholz«-Karteikarte sind die üblichen Grunddaten zu Adenauers Person erfasst. Angaben über die für ihn zuständige Diensteinheit des MfS sind ebenfalls festgehalten. Die Kartei wurde am 24. März 1954 angelegt und trägt die Registriernummer XV/19793/60. Die erspitzelten Informationen enden – eher zufällig – am 29. Juni 1964 und wanderten dann ins Stasiarchiv.

Die Akten beginnen mit einem vierseitigen Dokument vom 17. Dezember 1953. Seit dem niedergeschlagenen Volksaufstand war genau ein halbes Jahr vergangen. Die DDR-Staatssicherheit plante »operative Maßnahmen«, den Einsatz von GM (Geheime Mitarbeiter) und GI (Geheime Informatoren) anlässlich einer bevorstehenden Viererkonferenz in Berlin. Vom 25. Januar bis zum 18. Februar 1954 sollten sich die Außenminister der Siegermächte des Zweiten Weltkrieges nach fünf Jahren erstmals wiedertreffen. Auf der Tagesordnung der Beratungen in den Räumen des Alliierten Kontrollrates im Stadtteil Schöneberg stand nicht weniger als der kühne Versuch, die deutsche Frage zu lösen.

Angeblich lagen dem »Staatssekretariat für Staatssicherheit«, wie das MfS in der Phase der Abwertung zu einem Teil des Innenministeriums offiziell hieß, Informationen vor, wonach der amerikanische Geheimdienst mithilfe der ihn unterstützenden »deutschen Verbrecher-, Spionage- und Terrororganisationen« beabsichtige, sowohl vor der Konferenz als auch währenddessen Provokationen auf dem Gebiet der Deutschen Demokratischen Republik und im Osten Berlins zu organisieren und auch die Verteilung von Flugblättern zur Beunruhigung der Bevölkerung zu organisieren. Die Verfasser des Geheimdokuments echauffieren sich, in Westdeutschland und in West-Berlin werde »eine zügellose und gemeine Hetze gegen die Deutsche Demokratische Republik entfaltet, um eine feindliche Stimmung innerhalb der westdeutschen und Westberliner Bevölkerung gegen die DDR und besonders gegen die Sowjetunion zu erreichen«.

Zur Koordinierung aller operativen Maßnahmen und zur Auswertung der eingehenden Berichte, Meldungen und Hinweise wurde ein hochrangig besetzter Abteilungsstab gebildet. Augenfällig war der schon damals immense Personalaufwand, den Ost-Berlins Schlapphüte trieben: Einsatzbereit waren im Westsektor Berlins 43 GM und 41 GI. Im Ostteil der Stadt, »im demokratischen Sektor«, wie er im Jargon der DDR-Propaganda hieß, schoben 4 GM und 114 GI ihren Dienst. Zur Durchführung von Treffs standen 45 konspirative Zimmer und sechs Häuser zur Verfügung. Außerdem konnte – falls erforderlich – auf 17 Pkw zurückgegriffen werden, davon sechs mit Fahrern, die zugleich GM oder GI waren.

Schwerpunkte der »Aufklärung und Erkundung« waren die Bezirke Tempelhof und Schöneberg. In Tempelhof das Areal rund um den Flugplatz, in Schöneberg besonders die Elßholzstraße, wo der Alliierte Kontrollrat residierte. Spionage als konspiratives Geländespiel!

Erkundet werden sollte die Stimmung in der Bevölkerung. »Feindliche Personenkreise« waren zu orten. Vor allem aber, so der Auftrag, gelte es »die DDR schädigende Handlungen« zu verhindern: in der Wirtschaft, im Verkehr, in der Versorgung, dem Kulturleben, der Produktion. Die Gefahr von Streiks und Sabotage, von Attentaten, ja sogar von einem Staatsstreich wurde raunend beschworen. In den Augen der Stasi, der die Revolte des 17. Juni

1953 noch in den Knochen steckte, war der Arbeiter- und Bauern-
staat von Feinden umzingelt in diesen Tagen der Viermächtekonfe-
renz. Große Geheimdienst-Paranoia!

Alle geheimdienstlichen Operationen rund um die Berliner Au-
ßenministerkonferenz wurden vom Staatssekretariat für Staatssicherheit als Aktion »Frühling« deklariert. Der damalige Generalleutnant Erich Mielke leitete die Unternehmung persönlich und
ließ sich Tag und Nacht telefonisch über die Geschehnisse informieren. Sonderlich viel ist nicht passiert. Weder im Osten noch im
Westen gab es auch nur den Anflug eines Übergriffs zu vermelden.
Als die Vertreter der Alliierten, ohne den kleinsten Konsens erzielt
zu haben, wieder abgereist waren, wurde beim Geheimdienst im
Osten der Stadt ungewohnt selbstkritisch, geradezu vernichtend Bilanz des grotesk monumentalen Maulwurf-Einsatzes gezogen. Ein
siebenseitiges Geheimpapier der Staatssicherheit benennt eklatante
Fehler. Vor allem die Abstimmung, die Koordination mit den aus-
gesandten GM und GI, habe in keiner Weise funktioniert. Einige
der meist wenig substanziellen Berichte sind im Aktenkonvolut zu
Adenauer dokumentiert.

Wenige Tage nach dem Scheitern der Viererrunde hielt der Bundeskanzler dann, am 23. Februar 1954, in der Ostpreußenhalle am
Funkturm eine Rede, die sich, mit allerlei handschriftlichen Korrek-
turen, in Adenauers Stasiakten wiederfindet. Der Bonner Regierungschef sagte, die Lage sei ernst. Das habe ihn nach Berlin geführt.
Die Deutschlandfrage: noch immer ungelöst, die Wiedervereinigung, wie sie der Bonner Bundestag Monate zuvor noch einmal offiziell gefordert hatte, in weiter Ferne. »Das ist für Sie in Berlin und für
die Deutschen in der Sowjetzone eine bittere Enttäuschung«, sagte er
den Berlinern.

Und dann fand der Kanzler, wenn der Bericht des Kundschafters
zutrifft, offenbar recht pathetische Worte:

»Ich bin zu ihnen geeilt, um ihnen zu sagen, dass alle Deutschen,
wo immer sie in der Welt sein mögen, mit ihnen fühlen. Und es

sind nicht nur die Deutschen, die so denken, es sind die Angehöri-
gen aller Völker der freien Welt, alle Menschen auf Gottes weiter
Erde, die ein Gefühl haben für Freiheit und Menschenwürde, für
Recht und Gerechtigkeit«.

In den Akten findet sich ein akkurater Stimmungsbericht:
»Die Kundgebung wurde in zwei Sälen durchgeführt. Vor dem
Funkturm wurden Flugblätter in großen Mengen verteilt […] Während der Kundgebung sowie auch nachher kam es zu keinen Zwi-
schenfällen. Die Polizei versuchte, die Menschen am Aufsammeln
der Flugblätter zu hindern. Alle lasen aufmerksam die Flugblätter
und diskutierten anschließend über den Text, jedoch war es dem
GM nicht möglich, an Diskussionen teilzunehmen.«

Eine handschriftliche Seitennotiz des Vorgesetzten vermerkt:
»Der GM ist zuverlässig, gezeichnet Gnatzy, Oberleutnant«

Im Anschluss an seinen umjubelten Auftritt gab Adenauer vor
rund 150 in- und ausländischen Journalisten eine Pressekonferenz.
Ein GM lieferte der Stasizentrale einen kompletten Mitschnitt des
Frage- und Antwortspiels, das vom Bundespressechef Felix von
Eckhardt geleitet wurde. Nur – worin mag da der geheimdienstliche
Erkenntniswert gelegen haben?

Die systematische Observierung des Bundeskanzlers hielt an. Von
besonderem Interesse für das SED-Politbüro und damit auch für
das Staatssekretariat für Staatssicherheit waren schon bald die Pariser Verträge. Die im Oktober 1954 unterzeichneten und im Mai
1955 in Kraft getretenen Abkommen beendeten für die Bundesrepublik Deutschland das Besatzungsstatut und vereinbarten vertrag-
lich den Beitritt zur NATO und zur Westeuropäischen Union
(WEU).

Die Pariser Verträge provozierten Ost-Berlin zu scharfen Attacken gegen die Adenauer-Regierung. Die Anwürfe kamen auch aus
der Stasizentrale. Mein Kollege Karl Wilhelm Fricke hat einige Ton-
bandaufzeichnungen von Reden ausgegraben, die er in der Berliner

Stasiunterlagenbehörde fand. Wie hat etwa der Stasi-Oberst Gustav Röbelen im April 1955 auf einer Tagung des Stasi-Parteiaktivs gegen den NATO-Beitritt der Bundesrepublik gewettert. Er sprach von einer »im Entstehen begriffene[n] Aggressionsarmee«, einer neuen »westdeutsche[n] Wehrmacht«, ja sogar einer »Kriegsfront Adenauers«. Kein Wunder, dass die Mitarbeiter mit wortreichen klassenkämpferischen Reden politisch auf die Arbeit im Operationsgebiet, in der Bundesrepublik, eingestimmt werden sollten.

In Adenauers Stasiakten findet, was kaum überrascht, auch die berühmte Moskaureise breite Erwähnung. Bekanntlich war der deutsche Bundeskanzler vom 8. bis 14. September 1955 auf Einladung der sowjetischen Regierung nach Moskau gereist. Das Ergebnis der Verhandlungen war die Aufnahme diplomatischer Beziehungen. Im Gegenzug ließen die Sowjets die restlichen deutschen Kriegsgefangenen frei. Rund 10.000 Mann! Die deutschlandpolitische Rechtsposition der Bundesregierung blieb ausdrücklich bewahrt. Für Adenauer stand die Notwendigkeit, nach Beendigung des Besatzungsstatuts diplomatische Beziehungen zur Sowjetunion aufzunehmen, schon lange außer Frage. Für ihn lag der Schlüssel zur Wiedervereinigung in Moskau. Wollte Bonn jemals ernsthaft über die Wiederherstellung der deutschen Einheit verhandeln, waren direkte Beziehungen mit der UdSSR unverzichtbar.

Das Tauwetter zwischen Bonn und Moskau muss für die Ost-Berliner SED-Elite und deren Informationsbeschaffer, das Staatssekretariat für Staatssicherheit, einmal mehr ein bedrohliches Szenario gewesen sein. Der »Kriegstreiber Adenauer« verhandelte mit Nikolai Bulganin, dem Ministerpräsidenten des »sowjetischen Brudervolks« auf Augenhöhe. Der Bundeskanzler, der »weltpolitische Hauptfeind«, hatte einen diplomatischen Erfolg ersten Ranges erzielt.

Schon dreizehn Tage vor Adenauers Ankunft in Moskau hatte Generalleutnant Erich Mielke, damals Stellvertreter des Staatssekretärs für Staatssicherheit, die Dienstanweisung Nummer 29/55 erlassen. In einer Aktion namens »Fahrplan« sollten ab sofort Maßnahmen eingeleitet werden, um im Vorfeld der Reise Informationen – und möglichst dokumentarische Unterlagen – über die folgenden Punkte zu erhalten:

a) »die Pläne und Absichten der Adenauer Regierung und der Westmächte im Zusammenhang mit der Reise und der Genfer Konferenz,
b) die Zusammensetzung der Delegation, Charakteristik der Personen,
c) die Auffassung der verschiedenen politischen Parteien und der Wirtschaftskreise zu diesen Fragen, insbesondere die Differenzen innerhalb der Regierungskoalition und zwischen den einzelnen Parteien,
d) die Haltung der SPD und die Differenzen innerhalb der SPD-Führung,
e) die Absichten der Feindzentralen«.

Zudem ordnete Mielke an, alle Kontakte zu wichtigen Personen aus dem politischen und dem Wirtschaftsleben in Westdeutschland, die über sachkundige Informationen verfügen könnten, zu überprüfen und mit ihnen Verbindung aufzunehmen. Jeder Hinweis sei unverzüglich unter dem Kennwort »Fahrplan« zu melden. Bei der heiklen Aktion seien nur besonders qualifizierte Agenten einzusetzen, die Verlässliches aus erster Hand beschaffen könnten.

Was aus der personell wie zeitlich aufwendigen Aktion »Fahrplan« geworden ist, was die Stasi-Schnüffler herausfanden und welche Konsequenzen daraus gezogen wurden, ist dem Aktenkonvolut über Adenauer nicht zu entnehmen. Wieder einmal klaffen große Lücken, die sich nur mit der generalstabsmäßigen Aktenvernichtungsaktion der HVA nach dem Mauerfall erklären lassen.

Immer wieder aber blieben Einzelakten erhalten, oft als »Streng geheim!« klassifiziert. So zum Beispiel ein Maßnahmenkatalog einer

Aktion, die sich »Klarheit« nannte. Hier hat Generalmajor Markus Wolf im Oktober 1958 Vorschläge zur massiven Einmischung in den bevorstehenden Wahlkampf um die Sitze im West-Berliner Abgeordnetenhaus gemacht. Ziel der Geheimdienstoperation war, »der Adenauer-CDU in Westberlin eine Niederlage zu bereiten, die Regierungskoalition CDU/SPD zu sprengen, die Bildung eines bürgerlichen Sammelblocks zu verhindern und die demagogischen und provokateurischen Vorschläge des Westberliner Senats zu entlarven«. Zu diesem Zweck galt es, so der Auftrag, kompromittierendes Material über die wichtigsten Kandidaten zu beschaffen.

Geplant war etwa der Versand von Drohbriefen an die CDU-Kandidaten und die Verteilung von Flugblättern mit diffamierendem Lebenslauf inklusive vermeintlich faschistischer Vergangenheit der Bewerber. Außerdem sollten GM oder GI Wahlveranstaltungen der bürgerlichen Parteien mit unbequemen Fragen aufmischen, insbesondere natürlich die Versammlungen der Christdemokraten.

Im Rahmen dieser Aktion sollte überdies ein Artikel in der West-Berliner Presse lanciert werden, der die »Junge Union« mit den Schlägertrupps des sogenannten Landesordnungsdienstes in Verbindung brachte. Angeprangert werden sollte, dass diese faschistoide Eingreiftruppe von der JU hoch gegen Invalidität und Todesfall versichert werde, was sich durch faksimilierte Dokumente aus dem CDU-Landesverband belegen ließe. Da wurde zur groß angelegten Schlammschlacht geblasen, zu der auch ein aufrüttelnder Brief eines West-Berliner Pfarrers gehörte, den Markus Wolf und die Seinen zu streuen gedachten. Darin wandte sich der evangelische Geistliche besorgt an seine Mitbrüder im Amt. Die CDU, heißt es im Entwurf aus dem Hause Wolf, wolle im Falle eines Wahlsiegs gegen protestantische Pfarrer vorgehen, die sich nicht den politischen Leitlinien der Partei fügten. Die Conclusio ließ an Klarheit nichts zu wünschen übrig: Ein aufrechter Gottesmann dürfe die Union keinesfalls wählen.

Am Schluss des 13-seitigen, in Adenauers Stasiakte verwahrten Maßnahmenkatalogs wurde empfohlen, über die westdeutsche und West-Berliner Presse alarmierende Informationen unters Wahlvolk zu bringen, wonach der »Verteidigungsausschuss« der CDU Alarmierendes zur Selbstverteidigung der Frontstadt plane, zum Beispiel: den privaten Bau von Kleinbunkern, das Anlegen einer Lebensmittelreserve für zwölf Tage und den Kauf eines von der Industrie entwickelten Schutzumhangs, der in Friedenszeiten als Regencape getragen werden könne.

Über den Erfolg der Aktion ist in Adenauers Akten nichts zu erfahren. Die Effizienz der Unternehmung darf allerdings bezweifelt werden. Zwar wurde die SPD bei den Wahlen vom 8. Dezember 1958 wiederum stärkste Partei, doch auch die CDU des von der Stasi inkriminierten Kanzlers legte um satte 7,3 Prozentpunkte zu.

Die Bespitzelung Adenauers setzte sich in den folgenden Jahren fort – die Lücken in der Überlieferung sind groß.

1959 beispielsweise berichtete ein IM »Claus« ausführlich über die Besprechungen zwischen Adenauer und de Gaulle in Marly-le-Roi. Bei dem Treffen im März 1959 ging es um die Schaffung einer entmilitarisierten Zone auf den Territorien beider deutscher Staaten. Der Spitzel scheint genauestens informiert und erteilt eine Lektion in Zeitgeschichte: Bei der Verteidigungspolitik habe der Bundeskanzler seinem Gegenüber breite Unterstützung versprochen.

Und in Sachen Algerien habe de Gaulle unumwunden zugegeben – so wusste IM »Claus« –, dass seine Versuche einer friedlichen Beilegung des Algerienkrieges gescheitert seien und nun möglichst bald eine militärische Entscheidung fallen müsse. Ein brisantes Thema, auch für die DDR und den Ostblock, der ein vitales Interesse hatte, die um staatliche Unabhängigkeit ringenden ehemaligen Kolonien für die sozialistische Sache zu gewinnen. De Gaulle habe Adenauer gebeten, die Möglichkeiten für einen schnelleren Aufbau der Bundeswehr zu eruieren, damit noch mindestens zwei französische NATO-Divisionen aus Westdeutschland nach Algerien abgezogen werden könnten. Der deutsche Kanzler habe eine Prüfung zugesagt, jedoch keine definitive Zusage gegeben.

Am 14. September 1959 erreichte die unbemannte sowjetische Rakete »Lunic 2« den Mond. Im Zeichen dieses Erfolges im Weltraum begann einen Tag später die Reise Nikita Chruschtschows durch die USA. Vor der Vollversammlung der Vereinten Nationen hielt der Regierungschef aus dem Kreml eine Rede, die weltweite Beachtung fand. Er schlug der UNO die totale Abrüstung innerhalb von vier Jahren vor. In Camp David traf Chruschtschow dann mit dem amerikanischen Präsidenten Eisenhower unter vier Augen zusammen. Da schien für Momente das Ende des Kalten Krieges nah. Erstmalig in der Geschichte wurde der »Geist von Camp David« beschworen. Auch die HVA interessierte sich für dieses Geschehen: Wie Konrad Adenauer das historische Ereignis erlebte, lässt sich einem »streng geheimen« Papier in seiner Akte entnehmen. Er war keineswegs erbaut. Die Rede ist von einer allgemeinen Missstimmung im engsten Umfeld des Kanzlers, dem der Überraschungscoup aus Moskau nicht gefallen konnte. In einem weiteren Dokument des DDR-Nachrichtendienstes heißt es, die US-Botschaft in Bonn registriere eine starke Aktivität des Kanzlers, die amerikanische Befriedungspolitik durch eine gemeinsame westeuropäische Aktion zu dämpfen. Er setze dabei auf ein verstärktes militärisches Engagement der Amerikaner in Westeuropa und die Ablehnung jeder auf Europa begrenzten Abrüstung. Er hoffe zudem, der ökonomische Konkurrenzkampf zwischen Amerika und Russland werde sich auch auf Europa ausdehnen. Aus welcher Quelle das Papier stammte, welche Inoffiziellen Mitarbeiter aus dem Bonner Machtzentrum all die Interna lieferten, lässt sich nicht feststellen.

Die Urheber anderer brisanter oder weniger wichtiger Informationen aus dem Umfeld des Kanzlers lassen sich freilich ermitteln, etwa der Verfasser einer sogenannten Einzelinformation über ein »Manöver der Bonner Regierung zur Sabotierung einer internationalen Entspannung«. Hierbei soll es sich um einen Mitarbeiter des Hamburger Axel-Springer-Verlages gehandelt haben, der vorgab, die Angaben teils von amerikanischen und westdeutschen Pressekorrespondenten in Bonn und Hamburg, aber auch vom liberalen Verleger Gerd Bucerius, der Mitglied der CDU war, ja sogar aus Kreisen der Bonner Regierung erhalten zu haben. Eine Kungelei unter ideologischen Feinden. Dass ausgerechnet ein Bediensteter Axel Caesar Springers, dieses Frontsoldaten des Westens zu Zeiten des Kalten Krieges, sich mit der DDR-Staatssicherheit eingelassen haben soll, grenzt ans Groteske. Wieder stand Adenauer im Mittelpunkt des Spitzelberichts. Nach dem Besuch Chruschtschows in den USA, so protokolliert der Stasibericht, forderte der Kanzler in Bonn eine koordinierte Politik der westeuropäischen Staaten. Im engeren Kreis habe er erklärt, jetzt, »auf dem letzten Stück des Wegs zur europäischen Einigung«, dürften die Integrationsbemühungen nicht durch die sowjetischen Entspannungsvorschläge zum Scheitern gebracht werden. Wirtschaftliche Einzelinteressen seien hintanzustellen. Vor allem gelte es, den USA vor Augen zu führen, dass Westeuropa noch mindestens drei bis vier Jahre brauche, um zu einem gemeinsamen Markt zusammenzuwachsen, was dann aber auch der amerikanischen Wirtschaft unschätzbare Vorteile bringe.

Mindestens ebenso wichtig, so das Geheimpapier, war dem weitsichtigen Adenauer, dass für die DDR eine völkerrechtliche Definition getroffen werde müsse, die zu beinhalten habe, dass die DDR als ein »Landesteil Deutschlands« gelte. Dieser werde lediglich »bis zur Wiedervereinigung von einer von der Sowjetunion eingesetzten Regierung verwaltet«. Die sechsseitige Information über die Befindlichkeiten in Bonn schien Erich Mielke, mittlerweile Minister für Staatssicherheit, so wichtig und »wertvoll« zu sein, dass er im Oktober 1959 »persönlich« dem Ersten Sekretär des SED-Zentralkomitees und späteren Staatsratsvorsitzenden, dem Genossen Walter Ulbricht, ein Exemplar zukommen ließ. Nur ihm, und keinem anderen sonst.

Wenige Wochen später bekam Ulbricht wiederum Post von seinem Duzfreund Mielke: vertrauliche Informationen über einen neuen Deutschland-Plan der USA und die Reaktionen in Bonn. Zuträger war eine »noch nicht genügend überprüfte Quelle«, einmal mehr wohl ein Journalist des Springer-Verlags, der bis heute nicht identifiziert werden konnte. Wie aufgeweicht die Frontlinien zwischen Ost und West mitunter doch waren! Der amerikanische Deutschland-Plan umfasste, so das konspirative Aktenstück, acht Punkte. Danach sollten die vier Siegermächte beide deutsche Teilstaaten beauftragen, eine paritätisch zusammengesetzte Kommission zu bilden, die den Siegermächten vierteljährlich über die Fortschritte bei der gegenseitigen Annäherung Bericht erstatten sollten. Ziel der Beratungen sei die Bildung einer gesamtdeutschen Regierung, bei Verbleib beider deutschen Staaten in ihren bisherigen politischen und militärischen Paktsystemen. Die vier Siegermächte würden dann eine gemeinsame Kommission bilden, die einen Friedensvertrag für ganz Deutschland entwerfen solle.

Mielkes Maulwurf schien genauestens im Bilde. Der Kanzler sei mächtig verstimmt gewesen über den Plan, ja, er sei sogar, lesen wir, in eine »schwere Depression« gefallen. Der amerikanische Botschafter in Bonn, David Bruce, habe dem bundesdeutschen Regierungschef wörtlich gesagt: »Herr Bundeskanzler, es gibt nur diesen Plan oder Ihren Verzicht auf die deutsche Einheit, Sie haben die Wahl.« Adenauer widersetzte sich mit Erfolg. Im Rückblick scheint das Vorhaben der USA kaum mehr als eine Fußnote der deutschen Geschichte zu sein. Erstaunlich aber ist, ausgerechnet aus einer Stasiakte von der beharrlichen Geradlinigkeit des ersten deutschen Bundeskanzlers zu erfahren.

Die Stasiakten Adenauers sind nicht zuletzt Beleg dafür, wie eng die Zusammenarbeit zwischen Mielkes Ministerium und Staatschef Walter Ulbricht war, der sich nach Auffassung seiner Biografen gern als Gegenspieler Adenauers gerierte. Ob es nun um »Fakten zur atomaren Aufrüstung der Bundeswehr« oder um deren vermeintliche »Blitzkriegsstrategie« ging: Der erste Empfänger von Spitzelberichten aus dem Operationsgebiet war stets Walter Ulbricht. Einem der durchgereichten Dokumente ist zu entnehmen, der Bonner Generalstab vertrete die Ansicht, dass man in der Frage des Anschlusses der DDR an Westdeutschland in gleicher Weise operieren müsse, wie damals Hitler beim Anschluss Österreichs und des Sudetenlandes. Man müsse blitzartig, sozusagen über Nacht, über die DDR herfallen und an der Oder stehen, ehe die Nationale Volksarmee und die anderen Truppen zur Besinnung gekommen seien. Im Generalstab und in Bonner Kreisen sei man davon überzeugt, dass die Welt sich bei einem Überraschungskrieg mit einer »solchen Lösung« abfinden würde.

Die 17-seitige, mit vielen Fakten untermauerte Zusammenstellung für Ulbricht belegt eindrücklich das weitverzweigte Agentennetz, das die DDR in der Bundeswehr und in der NATO installiert hatte. Über den Wahrheitsgehalt so mancher in Ost-Berlin aufgelaufenen Nachricht – wie auch dieser überraschenden Aussage – im Operationsgebiet im Westen lässt sich allerdings streiten. Da scheint doch vieles ein wenig aufgeblasen, vornehmlich verfasst, um die Wichtigkeit der schier grenzenlosen Schnüffelei zu legitimieren.

Es gibt übrigens auch Schriftwechsel in umgekehrter Richtung. Ulbricht schickte dem »werten Genossen Mielke« etwa einen Bericht des DDR-Landwirtschaftsministers über Infektionskrankheiten bei Schweinen. Da sich die Mitarbeiter des Bonner Staatsapparates durchaus für Tierseuchen in der DDR, besonders in Mecklenburg, interessierten, halte er, Ulbricht, es für möglich, dass die Verseuchung von westdeutschen Agenten organisiert worden sei. »Mit sozialistischen Grüßen« bat Ulbricht darum, die Angelegenheit zu prüfen. Was aus der Investigation wurde, lässt sich den Stasiakten Adenauers nicht entnehmen.

Wie eng sich Ulbricht und Mielke miteinander abzustimmen pflegten, zeigt auch ein 15-seitiges abgesprochenes Schreiben

Ulbrichts an Adenauer, das Ende Januar 1960 in Bonn eintraf. Darin schlug der ranghöchste DDR-Politiker eine Volksabstimmung über die Frage der Abrüstung sowie einen Friedensvertrag zwischen beiden deutschen Staaten vor. Außerdem forderte er eine »Freie Stadt Berlin«. Adenauer hat auf die vergiftete Offerte nicht einmal geantwortet.

Ein dreiseitiges als »persönlich« und »streng vertraulich!« abgestempeltes Schreiben Mielkes unterbreitete angesichts des Entwurfs gleich eine Reihe von Korrekturvorschlägen, gab sich im Ganzen aber diplomatisch, wie der folgende Auszug zeigt:

> »Ich stimme dem Entwurf des Briefes an Dr. Adenauer zu. Die seit Jahresbeginn eröffnete zügellose Hetzkampagne von Seiten führender Bonner Politiker, an der Spitze Dr. Adenauer, fordern eine solche klare Darlegung für die Öffentlichkeit.
>
> Die Informationen des MfS als auch die unserer sowjetischen Freunde beweisen, dass die Bonner Regierung unter Führung von Adenauer die Pläne der Provokationen und sogar die Vorbereitung des Krieges verstärken und weiter entwickeln. Die antisemitischen und faschistischen Ausschreitungen in Westdeutschland und West-Berlin sind eine weitere Bestätigung der Absichten der Bonner Regierung. Die Unterstützung der revanchelüsternen Emigrantenorganisationen durch offizielle Bonner Stellen ist weiter ein Ausdruck dafür. Die kritische Reaktion der internationalen Presse der kapitalistischen Welt auf die Politik Adenauers bestätigt nur die Notwendigkeit, dass von Seiten der DDR ein solcher Schritt getan werden muss.
>
> Im Anfang, in der Mitte und am Ende wiederholen sich im Entwurf des Briefes die Darlegungen über die Kriegsvorbereitungen in Westdeutschland, was natürlich seine Wirkung auf die Öffentlichkeit nicht verfehlt, jedoch bleibt es zu überlegen, ob vielleicht eine Zusammenfassung zweckmäßiger wäre.«

Ob Ulbricht die Anmerkungen Mielkes beherzigte, ist nicht überliefert. Aber allein die Tatsache, dass er den Geheimdienstchef um Rat fragte und der dann freimütig Änderungswünsche vorbrachte, unterstreicht die besondere Stellung des Ministers für Staatssicherheit schon in der Ära Ulbricht.

Im Akten-Konvolut Adenauer sind die Reaktionen westdeutscher und West-Berliner Kreise auf den Brief Ulbrichts umfänglich dokumentiert. Vor allem aber schien das MfS daran interessiert zu sein, wie die DDR-Bevölkerung den in den Staatsmedien breit gestreuten Ulbricht-Brief aufnahm. Verzeichnet werden überwiegend Jubelmeldungen. Allerorten getreue Genossen, die der Welt demonstrierten, wo das bessere Deutschland lag. Verraucht schien der Ungehorsam des 17. Juni sieben Jahre zuvor. Die Stasi jedenfalls meldete, weite Bevölkerungskreise der DDR hätten demonstrativ zusätzliche Produktionsverpflichtungen zum Ausdruck gebracht. Im VEB Werkzeugfabrik Königssee/Rudolstadt/Gera hätten 100 Arbeiter, Ingenieure und Techniker zugesagt, je einen Verbesserungsvorschlag einzureichen. Der VEB Arzneimittelwerk Radebeul/Dresden kündigte an, seinen Exportplan im Rahmen der Steckenpferd-Bewegung – so hieß die Initiative zur Übererfüllung des Exportplans – um 57.000 Mark zu erhöhen. Zwei Kollegen dort stellten gar, angeblich aus Begeisterung über das Schreiben des Staatsvorsitzenden, einen Antrag, in die SED aufgenommen zu werden.

Und damit nicht genug! 200 Arbeiter der Abteilung Großstahlbau des VEB VTA Leipzig verpflichteten sich laut Stasi-Unterlagen, alle vorhandenen und eventuell noch auftretenden Materialschwierigkeiten zu überwinden, um den Halbjahresplan fristgemäß zu erfüllen. Und die Schweißer malochten an einer symbolischen Naht mit der Partei und gelobten, 1960 einen Planvorsprung von zehn Tagen zu erreichen.

Die Rechnung der HVA schien aufzugehen. Wie effizient deren Spitzelnetz im Operationsgebiet, West-Berlin inklusive, während der Ära Adenauer funktionierte, zeigt ein – wie gehabt – »streng geheimer« Sonderbericht vom 4. Juni 1960. Auch er befindet sich in Adenauers Stasiakte. Darin ist von einem Vieraugengespräch zwischen dem Kanzler und dem Regierenden Bürgermeister von Berlin, Willy Brandt, die Rede. Die Stasi erlangte, wie auch immer, Kenntnis von diesem Treffen und war über die Inhalte bestens informiert, etwa über geplante Gipfelberatungen mit den drei Westmächten. Dabei sollte die Wiedervereinigung auf dem Weg einer »Volksabstimmung« in ganz Deutschland durchgesetzt werden. Am Status von West-Berlin dürfte aber nicht gerüttelt werden. Grundlage der Verhandlungen sollte das Selbstbestimmungsrecht der deutschen Nation sein.

Der Spitzel schien selbst über die Atmosphäre der Unterredung zwischen Brandt und Adenauer genauestens im Bilde. Während der Regierende Bürgermeister für eine »gemeinsame Außenpolitik«, also für einen parteiübergreifenden Pakt, eingetreten sei, habe Adenauer eine Zusammenarbeit mit den Sozialdemokraten kategorisch abgelehnt. Wer mag so nah an den beiden Spitzenpolitikern gewesen sein, wer könnte später einen DDR-Kundschafter über die höchst vertraulichen Gespräche bis ins Detail informiert haben? Der Fall ist ein recht gespenstisches Beispiel, wie sehr sich die SED-Spitze auf ihren Geheimdienst, auf »Schild und Schwert der Partei«, verlassen konnte.

Selbst über Adenauers USA-Reise im November 1962 – es war sein letzter Besuch in Amerika als deutscher Bundeskanzler – konnten die DDR-Späher haarklein berichten. Ebenso über Sitzungen der CDU/CSU-Spitzengremien, Wahlkampfvorbereitungen, über außen- wie innenpolitische Positionen. Markus Wolf und seine Mannen waren mit beklemmender Perfektion in der Lage, Ulbrichts Parteiapparat über das politische Geschehen im Lager des Klassenfeindes auf dem Laufenden zu halten.

1963, im letzten Jahr seiner Kanzlerschaft, ebbten die Berichte über Adenauers politische Aktivitäten ab. Im Aktenkonvolut jedenfalls tun sich noch deutlichere Lücken als zuvor auf. Recht vollständig überliefert sind indes die jahrelangen Aktionen und Kampagnen der DDR-Staatssicherheit gegen die Bonner Regierung. Sie begannen Ende 1959 mit braunen Schmierereien und antisemitischen Parolen – an der neu erbauten Kölner Synagoge, aber auch in Bayreuth, Hamburg, Offenbach und Göppingen. Die Forschung geht davon aus, dass all dies vom Ost-Berliner Ministerium für Staatssicherheit gesteuert und bewerkstelligt wurde.

Die Propaganda des Politbüro-Mitglieds und für Agitation zuständigen Sekretärs des ZK der SED, Albert Norden, nutzte die Vorkommnisse dann als Beweis für die vermeintliche Allgegenwart von »Nazismus und Antisemitismus, Remilitarisierung und Atombewaffnung« auf westdeutschem Boden. Die Bundesrepublik: ein Hort der Reaktion! Wortreich gegeißelt wurden zugleich die »imperialistischen und kolonialen Ambitionen Bonns«.

Schuld am millionenfachen Mord an den europäischen Juden waren laut SED-Propaganda vor allem all jene, die im System Adenauer gleich nach dem Krieg wieder in Amt und Würden gelangt waren. Der Historiker Michael Lemke hat 1993 in seiner Untersuchung »Kampagnen gegen Bonn« herausgearbeitet, wie das MfS diese Annahme vor allem an einem Mann exemplarisch zu belegen wusste: an Hans Globke. Der 1898 in Düsseldorf geborene Jurist, Mitverfasser und Kommentator der Nürnberger Rassengesetze, war von 1953 bis 1963 Staatssekretär unter Bundeskanzler Konrad Adenauer und Chef des Bundeskanzleramtes.

Im Juli 1960 erschien in Ost-Berlin die Broschüre »Globke und die Ausrottung der Juden«. Darin wurde der Vertraute Adenauers als einer der führenden intellektuellen Täter bezeichnet, die den Massenmord geistig vorbereitet hätten. »Dies traf einen empfindlichen Bonner Nerv«, schreibt Lemke, »schürte aber auch international Misstrauen und Skepsis gegenüber einer deutschen Demokratie, die Naziverbrechen inkonsequent zu verfolgen schien und, wie Ostberlin suggerierte, neuen Antisemitismus begünstigte.«

Adenauer hat sich nie von seinem engsten und mächtigsten Vertrauten Globke, der für Personalpolitik, Kabinettsarbeit, die Kontrolle von BND und Verfassungsschutz sowie für die Koordination der CDU-Parteiführung im Bundeskanzleramt verantwortlich war, distanziert oder gar getrennt. Das Stasi-Konvolut benennt die möglichen Gründe. Ein Zuträger kolportierte das Gerücht, dass Adenauer »den Globke« in der von ihm bekleideten Stellung im Bundeskanzleramt halte, weil der im Besitz eines brisanten Briefs an das preußische Innenministerium sei. In diesem Schreiben von 1934, also aus dem Jahr nach der Machtergreifung, habe Adenauer inständig um seine Wiederverwendung im Staatsdienst gebeten, um der »erfolgreichen Arbeit« Hitlers zu dienen. Ob das tatsächlich existente Ersuchen wirklich aus der Feder des späteren Bundeskanzlers stammte, scheint zweifelhaft. Offenbar war der Hinweis selbst den Stasi-Schnüfflern zu vage, um ihn propagandistisch auszuschlachten. Er blieb unter Verschluss.

In der vom SED-Politbüro-Mitglied Norden gesteuerten, vom DDR-Geheimdienst tatkräftig unterstützten Kampagne gegen den »Verfasser der Nürnberger Blutgesetze«, den »Hetzer und Organisator der Judenverfolgung« sollten Globke auch Kontakte zu Adolf Eichmann nachgewiesen werden. Das Oberste Gericht der DDR eröffnete 1963 gar einen Globke-Prozess, in dem – so ist einem sechsseitigen Aktenvermerk zu entnehmen – die angebliche »Wesensgleichheit des Bonner Regimes« mit dem Terrorstaat Hitlers nachgewiesen werden sollte. Am Ende des Schauprozesses wurde der Angeklagte in Abwesenheit zu einer lebenslangen Zuchthausstrafe verurteilt.

Die hier erstmals ausgewerteten Akten sind durchweg von kompromisslosem Freund-Feind-Denken beseelt: Überall werden gefährliche Gegner ausgemacht. Im Westen, ebenso in den eigenen Gefilden. Das Kanzler-Konvolut enthält folglich auch IM-Berichte über DDR-Bürger, die sich im Betrieb oder in Gaststätten negativ über die Spitzen des Systems, von Grotewohl bis Ulbricht, geäußert hatten. Andere Verdächtige hatten es gar gewagt, Adenauer und seine Politik zu loben.

Eine bedeutsame Aufgabe der Stasitätigkeit stellte auch die Postkontrolle dar – sowohl innerhalb der DDR als auch und vor allem der internationalen Post, besonders zwischen der DDR und der Bundesrepublik. Manche Briefe fanden auch Eingang in die jeweiligen Kanzler-Akten, wenn sie die Politik des betreffenden bundesdeutschen Regierungschefs thematisierten.

In den Fünfziger- und Sechzigerjahren verzeichneten die Briefkontrolleure der Stasi eine zunehmend kritische Haltung vieler DDR-Bürger angesichts der eklatanten Versorgungsengpässe. So sind in den Akten Adenauer auch Sätze wie diese zu lesen: »Unsere Stimmung wird hier immer verzweifelter. Seit sieben Jahren werden wir nun schon immer wieder vertröstet und aufgefordert durchzuhalten.« In dem Brief des enttäuschten Leipzigers an einen Freund in West-Berlin heißt es weiter: »Mein zehnjähriges Enkelkind, ein kleines Mädchen, das einen Teil ihrer Ferien bei uns verlebte, fragte mich eines Tages: ›Opa, bist Du für Adenauer?‹ ›Aber selbstverständlich‹, sage ich. Sie darauf: ›Nein, ich nicht, der hat doch den Kriegsvertrag unterschrieben, ist gegen Deutschland und will wieder Krieg.‹ So werden unsere Kinder schon in der Schule vergiftet.« Was mit dem widerständigen Großvater geschah, wissen wir nicht.

Auch für das bundesdeutsche Wahlgeschehen interessierte sich die Postkontrolle brennend. Schon im Vorfeld der Bundestagswahl 1953 fing der DDR-Geheimdienst zahlreiche Briefe ab, in denen Verwandte im Westen aufgefordert wurden, unbedingt Adenauer zu wählen. Auch diese Post befindet sich wohlgeordnet in der Stasiakte. Penibel wurden Belege des zivilen Ungehorsams gesammelt. Zu Ostern 1954 schrieben Arbeiter des VEB Schwermaschinenbau S.M. Kirow Leipzig einen bemerkenswerten Brief direkt an den bundesdeutschen Kanzler. Darin wird massive Kritik am

SED-Spitzenpersonal geübt, vor allem aber am großen »Banditen« Molotow, dem damaligen Außenminister der UdSSR.

In der Zeit vom 16. bis 19. Juni 1955 wurden von der MfS-Abteilung M – Postkontrolle – allein im Bezirk Leipzig 8.398 Briefe argwöhnisch beäugt. Einige Ergebnisse sind in der Kanzler-Akte dokumentiert. Viele etwa haben Adenauers Moskaureise überaus positiv beurteilt. So mancher aber zeigte sich auch enttäuscht, weil der CDU-Politiker im Hinblick auf die Wiedervereinigung nichts erreicht habe.

Abgefangen, gelesen und vermerkt wurden auch Briefe von DDR-Bürgern an die BBC in London. Ein Beispiel: »Lieber Londoner Rundfunk! Zehn Jahre sind bereits vergangen, seitdem der schrecklichste aller Kriege sein Ende nahm und für Deutschland fast zur Katastrophe wurde. Insbesondere aber für uns Deutsche in der Ostzone. Umso mehr werden Sie verstehen und begreifen können, dass alle unsere Hoffnungen einem Mann galten, unserem Bundeskanzler Adenauer, als er sich zur Konferenz nach Moskau begab. Er hat uns nicht enttäuscht und seine Sympathien dürften gewachsen sein. Jedenfalls ist das Ergebnis dieser Besprechung weit mehr, als wir anzunehmen gewagt hatten. Aber schon bemühen sich Grotewohl, Ulbricht und Genossen ihr Spiel weiter zu betreiben und den Kampf um die Futterkrippe fortzusetzen. Ein Kampf, der nicht unseren, sondern ihren eigenen Interessen dient. Hier muss ein energisches »Halt« geboten werden. Wir sind der Errungenschaften überdrüssig und wollen ein freies, nicht dem Zwang unterliegendes Volk werden und sein.« Stimmen wie diese gab es zuhauf. Sie werden die Kundschafter der Stasi nicht eben beruhigt haben.

Am 19. April 1967 – in Bonn regierte, zum Verdruss des alten Herrn, die erste große Koalition – verstarb der Altkanzler im biblischen Alter von 91 Jahren. Die Schnüffler aus Ost-Berlin waren postwendend präsent und notierten eine Reihe von »Vorkommnissen im Zusammenhang mit dem Ableben Adenauers«. Damit waren Vorfälle wie diese gemeint:

»Am 20.4.1967 setzten zwei Oberschüler aus Legebruch Krs. Oranienburg aus Anlass des Ablebens Adenauers die DDR-Fahne auf Halbmast.

Schulzendorf, Kreis Königs Wusterhausen: Von einem Schüler der 6. Klasse wurde ebenfalls die Fahne der Schule auf Halbmast gesetzt.

In der BBS des VEB Wohnungskombinat Potsdam traten die Schüler vor Beginn des Staatsbürgerkunde-Unterrichts, als der Lehrer den Klassenraum betreten hatte, in eine Gedenkminute ein … Das Lehrerkollegium bewertete dieses Vorkommnis als einen ›dummen Jugendstreich‹.

In der Gewerblichen Berufsschule Oschersleben, 12. Klasse, Elektriker, kam es zur Durchführung einer Schweigeminute aus Anlass des Ablebens Adenauers. Nach der 9-Uhr-Pause betrat der Lehrer die Klasse und begrüßte die Jugendlichen mit ›Freundschaft!‹. Eine Antwort von Seiten der Klasse erfolgte nicht. Nachdem sich der Lehrer erkundigte, was los sei, erklärten die Jugendlichen, dass sie eine Gedenkminute für den verstorbenen ›Altkanzler‹ Adenauer eingelegt haben.«

Die Männer von der Hauptabteilung XX des MfS, die eben nicht nur für die äußere, sondern auch für die innere Spionage zuständig waren, wähnten einen regelrechten Flächenbrand. Ein Zeichen von Stärke und Souveränität war das nicht. Die Pedanterie, mit der quer durch die Republik gespitzelt und geschnüffelt wurde, zeigt den DDR-Geheimdienst in seiner ganzen Erbärmlichkeit, erst recht, wenn man sich die denunziatorischen Berichte in Ballung zu Gemüte führt.

»An der 9. Oberschule in Berlin wurde in einer 10. Klasse von einem Schüler anlässlich des Todes Adenauers eine Gedenkminute gefordert.

Fünf Schüler der Klasse 7a der Gerh.-Hauptmann-Oberschule in Riebnitz-Damgarten schrieben während einer ausgefallenen

Unterrichtsstunde in einem Klassenraum an die Wandtafel: ›Adenauer ist tot, in stiller Trauer Klasse 7a‹. Ein im Klassenraum befindliches Bild von Walter Ulbricht wurde abgenommen und umgedreht wieder aufgehängt.

In Geschäften Pankows wurde angerufen und gesagt: ›Machen Sie an die Fahnen einen Trauerflor, es ist jemand gestorben.‹ In einigen Fällen wurde dem Folge geleistet.

In Klasse 9a der Goethe-Oberschule Großenhain wurde während des Russisch-Unterrichtes von Schülern eine Gedenkminute durch aufrechtes Sitzen für Adenauer eingelegt. Man wollte damit angeblich die unsympathische Lehrerin ärgern.

In Kreisen des Einzelhandels im Stadtbezirk Köpenick gab es Hinweise, dass religiös veranlagte Menschen mehrfach durch anonyme telefon. Anrufe aufgefordert wurden, anlässlich des Todes Adenauers schwarz zu flaggen. Des Weiteren kursierte das Gerücht, wonach verschiedene Kirchen im Stadtbezirk Lichtenberg zur Zeit noch unbekannte Vorbereitungen träfen, um den Tod Adenauers in Form von Predigten und eventuell anderen Manifestationen zu würdigen.

In der Jugendherberge Wandlitzsee wurden 5 Fahnen, davon 3 DDR-Banner und zwei Rote Fahnen auf Halbmast gezogen.

Vor dem LPG-Büro in Kehrberg Krs. Pritzwalk setzten zwei Lehrlinge dort befestigte Staatsflaggen der DDR auf Halbmast, wobei beide durch ihre Handlung ihre Anteilnahme am Tod Adenauers bekunden wollten.

Während einer FDJ-Versammlung in Ernstthal/Neuhaus, die aus Anlass des VII. Parteitags stattfand, stellten zwei Schüler der Oberschule Lauscha den Antrag, drei Gedenkminuten wegen des Ablebens Adenauers einzulegen. Zur Begründung brachten sie zum Ausdruck, dass Adenauer ›ein guter Deutscher gewesen sei und revolutionären Geist gehabt hätte‹«.

In den Akten sind die Namen der Schüler geschwärzt. Wir wissen nicht, was mit den unangepassten mutigen Pennälern passierte, die von Lehrern, Eltern oder von Mitschülern an die Staatssicherheit verraten wurden. Ihr Vergehen: Sie trauerten offen um den zum Staatsfeind erklärten Bundeskanzler. Vor gut einem halben Jahrhundert, mitten im Kalten Krieg, bewiesen sie Haltung. Junge Helden mit aufrechtem Gang.

3. Adenauers Kabinettsriege

Das Palais Schaumburg, malerisch am Rheinufer gelegen, die einstige Villa eines US-amerikanischen Tuchfabrikanten und nun die Dienstresidenz des ersten deutschen Bundeskanzlers, war keineswegs das einzige Zielobjekt der Stasi in Bonn. Knapp drei Kilometer südlich, in der Ermekeilkaserne, befand sich seit 1951 eine Regierungsdependance mit recht undurchschaubarem Namen: die »Dienststelle des Bevollmächtigten des Bundeskanzlers für die mit der Vermehrung der alliierten Truppen zusammenhängenden Fragen«, die, kürzer gefasst, als »Amt Blank« in die westdeutsche Nachkriegsgeschichte eingehen sollte. Im Jahr nach Gründung der Bundesrepublik, im Dezember 1950, hatte Adenauer den ehemaligen Panzerjägeroberleutnant und CDU-Bundestagsabgeordneten Theodor Blank mit der Planungsleitung für das Projekt einer möglichen Wiederbewaffnung betraut. Zunächst begann ein Stab von etwa 20 Mitarbeitern mit intensiven und sehr präzisen Vorarbeiten. Ausrüstungsfragen wurden debattiert, Kampf- und Ausgehanzüge für spätere Soldaten entworfen. Kurzum: Hier entstand die Bundeswehr.

Zu Theodor Blank, der von Juni 1955 an für ein gutes Jahr der erste Verteidigungsminister im zweiten Kabinett Adenauer war, existieren bei der heutigen Stasiunterlagenbehörde lediglich einige wenige Karteikarten der Hauptabteilung IX/11, die für Aufklärung und Verfolgung von Nazi- und Kriegsverbrechen zuständig war. Dazu zählen auch Informationen zur Person des späteren Verteidigungsministers: 316 Blatt, die das große und bereits frühe Interesse der DDR-Auslandsspionage an der Verteidigungspolitik Bonns erkennen lassen – sozusagen als Beifang neben der Untersuchung der Wiederverwendung hochrangiger Unterstützer des Nationalsozialismus in der Bundesrepublik.

Beinahe wie in einer gründlichen Proseminar-Arbeit werden da die Anfänge des Bundesverteidigungsministeriums beschrieben: die Bildung der »Zentrale für Heimatdienst«, die Schaffung der »Dienststelle Blank«, die schon bald über 1.000 Mitarbeiter zählte. Aus welchen Quellen der DDR-Geheimdienst schöpfte, lässt sich aus den Dokumenten nicht immer erschließen. Es muss sich aber um hochkarätige Informanten gehandelt haben, die detailliert über Blanks Pläne für die künftigen Streitkräfte, für Heer, Luftwaffe und Marine informiert waren. Quellen wie GI »Brille« und »Böttcher« oder GM »Eiche« finden Erwähnung. Ihre Klarnamen konnten allerdings nicht festgestellt werden.

Eine hohe Priorität hatte für die Spitzel die Frage nach den Zuständigkeiten der einzelnen Mitarbeiter im Amt. Da schien die Stasi erstaunlich genau im Bilde. Dies gilt für die Diskussionen, die in Bonn über Theodor Blank geführt wurden, der die Gunst Konrad Adenauers angeblich nicht immer besaß. Und ein GM mit dem Decknamen »Eiche« kannte Details über die Bewerbung eines ehemaligen Kommandanten des Schweren Kreuzers »Prinz Eugen«. Der ranghohe Militär wollte nun bei Blank in administrative Dienste treten. Viel spricht dafür, dass er von einem Verwandten ausgespäht wurde, denn die Informationen, die in den Akten vermerkt sind, reichen bis weit ins Persönlich-Private.

Als »streng geheim« gehandelt wurden auch Einzelheiten der sogenannten Rosa Blätter, die sich mit alten Nazis im Bonner Außenamt und anderen Regierungsinstanzen befassten. Die Erkenntnisse waren einem Korrespondenten-Bericht des Franzosen Dechanel aus Genf entnommen und fanden in einem vierseitigen IM-Bericht ihren Niederschlag. Überhaupt wurden über alle hochrangigen Offiziere des Zweiten Weltkrieges, die eine Anstellung im

»Amt Blank« gefunden hatten, Bulletins zusammengestellt. So lieferte ein nicht näher genannter IM abermals »streng geheime« Informationen über eine spezielle Abteilung im Amt, die eingereichte Anstellungsgesuche von altgedienten Offizieren prüfen und bearbeiten sollte. Einem Spitzel-Bericht zufolge waren bereits rund 120.000 ehemalige Offiziere erfasst und auf ihre mögliche NSDAP-Zugehörigkeit untersucht worden.

Beim Treffen des GI »Gustav Ackermann« mit MfS-Oberstleutnant Bitter wurde etwa die Karriere von Adolf Heusinger, dem späteren ersten Generalinspekteur der Bundeswehr (im Dienst von 1957 bis 1961) erörtert. An dem damaligen Chef des Stabes in der »Dienststelle Blank« hatte das Ministerium für Staatssicherheit außerordentliches Interesse. Um Näheres über seine Militärkarriere im Nationalsozialismus zu erfahren, wurde angeregt, den legendären ehemaligen Generalfeldmarschall Friedrich Paulus, Oberbefehlshaber der 6. Armee während der Schlacht von Stalingrad, zu konsultieren. Dieser lebte mittlerweile in Dresden und damit im Zugriffsfeld des MfS. Ob dabei Konkretes herauskam, ist – was für die gelegentlich nicht eben effizienten Aktionen der DDR-Auslandsspionage typisch scheint – in Blanks Stasiakte nicht verzeichnet.

Verwahrt aber ist ein aufschlussreicher fünfseitiger Bericht des GI »Schmied« über seine Reise im Auftrag des MfS von Ost-Berlin nach Bonn. Vermeintlicher Grund seines Besuchs war die Kontaktsuche zu ehemaligen Kriegskameraden, die mittlerweile beruflich im »Amt Blank« untergekommen seien. Er, »Schmied«, habe die Absicht nach Westdeutschland überzusiedeln, »um im neuen Heer Dienst tun zu können«. Tatsächlich wurde GI »Schmied« – Klarname unbekannt – freundlich von mehreren ehemaligen Kameraden empfangen, die sich allesamt überaus auskunftsfreudig über das »Amt Blank« zeigten. Für die Ost-Berliner Geheimdienstzentrale war das Ganze ein Test, der eine ansehnliche Menge von bislang unbekannten Informationen aus dem Inneren der Behörde zutage förderte.

Die Tschekisten waren sogar in der Lage, eine »Geheime Verschlusssache« auszuwerten, in der auf 25 Schreibmaschinenseiten höchst kenntnisreich die »Dienststelle Blank« und die »Aufrüstung in Westdeutschland« nach der Bundestagswahl 1953 analysiert wurden. Die Verfasser nehmen die gesamte Struktur der Dienststelle unter die Lupe, die Beschaffung von Waffen, die Ausrüstung, die Bereitstellung von militärischen Objekten. Selbst von den Bemühungen der wehrpolitischen Beeinflussung der westdeutschen Bevölkerung schien die Stasi haarklein zu wissen. Mielkes Mannen waren sich sicher, dass der »Plan der Aufstellung der westdeutschen Wehrmacht bis in alle Einzelheiten ausgearbeitet ist«. Zum damaligen Zeitpunkt war das Ganze, allen ideologischen Scheuklappen zum Trotz, eine Meisterleistung der DDR-Auslandsspionage!

Man war umfassend informiert: Ein IM »Teddy« lieferte im August 1955, wenige Monate vor der offiziellen Gründung der Bundeswehr im November, dank einer Enthüllung der »Bild«-Zeitung die Liste der vorgesehenen Garnisonsstädte in der Bundesrepublik. Demnach sollten an rund 120 bundesdeutschen Standorten schon bald wieder Soldaten stationiert sein. Doch dieser »Teddy« wusste noch mehr. Er hatte einen Kollegen, der GM »Bär« hieß – und dessen wahre Identität bis heute unbekannt ist. Dieser »Bär« konnte einen Verwandten in Westdeutschland vorweisen: Heinrich K., damals stellvertretender Leiter der Abteilung Liegenschaften im »Amt Blank«. Zuträger »Bär« stand mit seinem Vetter schon länger in brieflichem und persönlichem Kontakt. Dies kam den Ost-Berliner Schlapphüten gelegen. Also besuchte GM »Bär«, wie die Akte dokumentiert, im Auftrag eines Führungsoffiziers zweimal die Hauptstadt am Rhein, mit dem unmissverständlichen Auftrag, möglichst viele Interna in Erfahrung zu bringen. Unter dem Vorwand, verwandtschaftliche Verbindungen zu pflegen, gelang es GM »Bär«, fünfmal ohne Begleitung einer anderen Person ins Amt eingelassen zu werden, sich also frei in Adenauers Wehrzentrale zu bewegen. Als er nach Ost-Berlin zurückkehrte, konnte er seinem Führungs-offizier unter anderem eine handgefertigte Lageskizze des Amtssit-zes von Blanks Bonner Dienstsitz übergeben. Der Leipziger Spion »Bär«, der sich das Vertrauen seines Vetters Heinrich K. erschli-chen hatte, kannte offensichtlich wenig Skrupel.

Andere Spitzel haben die Ost-Berliner Stasizentrale mit Informa-tionen über die Stärke der westdeutschen Streitkräfte – von Heer, Luftwaffe und Marine – versorgt. Dicht gewoben war das Agenten-netz, das sich über die frisch rekrutierte, aber von langer Hand ge-plante Bundeswehr spannte.

Im Oktober 1956 wurde Verteidigungsminister Blank, nach nur gut einem Dienstjahr, im Zuge einer grundlegenden Regierungsumbil-dung Adenauers durch Franz Josef Strauß ersetzt. Augenblicklich hatte das Ministerium für Staatssicherheit ein aktuelles Dossier über den neuen Minister parat. Staatsgeheimnisse enthielten die In-formationen freilich nicht. Nachzulesen ist, dass der damals 41-jäh-rige Strauß nach der Bundestagswahl 1953 als Minister ohne Ge-schäftsbereich in das zweite Kabinett Adenauers eingetreten war. Das ließ sich in jeder Zeitung nachlesen. In der wenig investigati-ven Akte findet sich nicht einmal der Hinweis, dass Strauß im Jahr zuvor das neu gegründete Ministerium für Atomfragen, ein Vorläu-fer des Ministeriums für Bildung und Forschung, übertragen wor-den war. Stattdessen wurde von der Stasi sein Privatleben ausgebreitet, seine Verlobung mit der Tochter des deutschen Kon-suls in Innsbruck, der 27-jährigen Diplom-Volkswirtin Marianne Zwicknagel. Amtsadresse nebst Telefonnummer sowie die Namen seiner persönlichen Referenten und seiner Sekretärin fehlten nicht im mit pedantischem Eifer verfassten Dossier. Da finden sich die Namen von Ministerbüro-Direktoren, von Staatssekretären und ih-ren persönlichen Referenten. Bedienstete der Pressestelle werden aufgelistet und natürlich auch die Stabsliste des von General Alfred

Heusinger geleiteten militärischen Führungsrates. Wir reiben uns die Augen, wie nahe die Spitzelprofis bereits Mitte der Fünfzigerjahre an den skandalumwitterten Minister Strauß gelangen konnten.

Jeder noch so kleine, gelegentlich auch marginale Hinweis wurde detailversessen abgelegt: Verweise auf alte und neue Standorte des Bonner Verteidigungsministeriums, Lagepläne der Räumlichkeiten in der Ermekeilstraße ebenso wie in den verschiedenen Zweigstellen des Ministeriums in Bonn und Bad Godesberg. Von größerer Brisanz schienen allerdings die Informationen über die Nazivergangenheit einiger leitender Beamter und Militärs des Bundesverteidigungsministeriums. Vom Januar 1961 ist ein fünfseitiger Insiderbericht über das Ministerbüro von Verteidigungsminister Franz Josef Strauß datiert. Das Papier konnte nur jemand verfasst haben, der über längere Zeit zum unmittelbaren Umfeld des Ministers zählte. Da ist die Rede von personellen Umbesetzungen, von Zerwürfnissen und vertraulichen Dokumenten, verwahrt in einem Panzerschrank des Ministers. »Zu meiner Zeit«, schrieb der Berichterstatter im Dienste der Stasi, »gab es einen ganzen Stab von Offizieren, die in der Registratur arbeiteten, Post öffneten und nach Sachgebieten ordneten.« Das Verhältnis der Kollegen untereinander sei im Großen und Ganzen gut, aber gelegentlich von Neid und Intrigen gezeichnet gewesen.

Geburtstage und Fasching seien ausgelassen im Zimmer des Ministers – wenn er nicht anwesend war – gefeiert worden. Man habe getanzt und gebechert. Der Kundschafter hatte freilich auch Substanzielles in Erfahrung gebracht und machte Meldung über die Sicherheitsbestimmungen im Ministerium. Die Polizei sei ständig im Hause, patrouilliere Tag und Nacht und kontrolliere jeden Schrank, jeden Schreibtisch, ob denn auch alles verschlossen wäre. Das Kommando sei für diese Aufgaben speziell ausgebildet gewesen. Und die Wachleute hätten in jedem Stockwerk eine Bleibe und streiften durchs Haus, mal in Zivil, mal als Besucher verkleidet, mal in Uniform. Die anderen Bediensteten hätten diese Leute gefürchtet, keiner habe etwas mit ihnen zu tun haben wollen. Die Ausweiskontrollen, erfahren wir, waren streng. Allerdings sei es nicht verboten gewesen, fremde Personen in die Kantine zum Essen mitzunehmen. Die Leute hätten einfach einen Besucherschein bekommen. Hochsicherheit nimmt sich anders aus.

Von Anfang an, von der Gründung der Bundeswehr bis zum Ende der DDR-Auslandsspionage1989, war die Stasi über kein anderes Bonner Ministerium so genau im Bilde wie über das Verteidigungs-Resort.

Schon sehr früh, im Wahljahr 1961, hatte die Abteilung Agitation des Ministeriums für Staatssicherheit eine Kampagne gegen den Verteidigungsminister Strauß geplant. In enger Abstimmung mit einer »Kommission für gesamtdeutsche Fragen« beim SED-Politbüro galt es, alle Möglichkeiten auszuloten, um an seinem Beispiel »den westdeutschen Militarismus zu entlarven«. Neben dem »Kampf« gegen Adenauers Vertriebenenminister Theodor Oberländer und den Kanzleramtschef Globke war jetzt, nach eigenem Bekunden der Stasi, Strauß »Gegenstand eines Hauptangriffes«. Auf ihn sei das »Hauptfeuer« zu richten.

Die Propagandisten aus dem deutschen Osten mussten allerdings konstatieren, dass die Vergangenheit von Strauß keine ausreichenden Angriffspunkte bot. Man werde sich darum vor allem auf sein gegenwärtiges Wirken konzentrieren. Längst hatten die Stasi-Schnüffler herausgefunden, dass Franz Josef Strauß, im Gegensatz zu manch anderem Mitglied der Adenauerkabinette, weder der NSDAP noch einer ihrer Gliederungen angehört hatte. Also widmeten sich die Rechercheure des DDR-Geheimdienstes seinen politischen Plänen, seinem »absoluten Streben nach Atomwaffen und seiner Ideologie der Revanche«. Zu entlarven waren aus Sicht der Stasi zudem seine ökonomischen Interessen, seine Verbindungen zum Großkapital.

Es galt, Strauß' Charakter zu diskreditieren, sein persönliches Machtstreben, seinen Umgang mit politischen Gegnern. Vor allem aber wollte die Stasi den Beweis führen, dass Strauß die Verantwortung dafür trüge, dass alte Hitlergeneräle die neue Bundeswehr befehligen würden. Die Verbrechen dieser Männer müssten öffentlich gemacht, Beweise dafür gefunden werden, dass Strauß nicht nur gegenüber dem Osten aggressiv sei, sondern auch die eigenen Verbündeten im Westen hinters Licht führe. Herauszuarbeiten sei, wie Strauß durch psychologische Kriegsführung Maßnahmen durchsetze, die sich letztlich gegen die eigene westdeutsche Bevölkerung richteten.

Kurzum, der DDR-Geheimdienst plante einen Frontalangriff gegen Strauß und damit gegen den Militarismus im Westen. Vorgesehen waren kleinere Enthüllungen in Tages- und Wochenzeitungen, im Rundfunk und im Fernsehen sowie auf öffentlichkeitswirksamen Pressekonferenzen. Fünf Wochen nach der ersten Planungssitzung meldete ein Leutnant Bechert seinem HVA-Genossen Stumpf Vollzug und stellte auftragsgemäß erste Materialien über Strauß zur Verfügung. Darunter befand sich eine Liste von 23 Bundeswehroffizieren, die als Kriegsverbrecher verurteilt worden waren. Ergänzendes Material werde nachgereicht.

Die Verfahren hatten durchaus Methode. Das vornehmliche Interesse der DDR-Auslandsspionage an den Mitgliedern der Adenauer-Kabinette von 1949 bis 1963 galt nun einmal der Aufdeckung möglicher Verstrickungen in nationalsozialistische Verbrechen. Oberstes Ziel war es, die Bundesrepublik Deutschland international »als einen Staat alter Nazis, der Militaristen und Revanchisten« in Misskredit zu bringen. Nach dem Mauerbau im August 1961 wurde der Propagandakrieg gegen die Bundesrepublik noch einmal erheblich verschärft. In enger Abstimmung mit dem SED-Politbüromitglied Albert Norden, wie auch mit Walter Ulbricht persönlich, war das Ministerium für Staatssicherheit mit seinem für »Aktive

Maßnahmen und Desinformation« zuständigen Sonderreferat VII/F der HVA direkt an den Kampagnen beteiligt.

Fast alle Mitglieder der fünf Adenauer-Kabinette wurden von den Schlapphüten systematisch observiert. Mit enormem Rechercheaufwand wurde dabei ihre Rolle in der Zeit des Nationalsozialismus durchleuchtet. Dabei stand eine mögliche Mitgliedschaft in der NSDAP oder in einer ihrer Unterorganisationen meist im Mittelpunkt des Interesses. Bei ihrer Arbeit bedienten sich die offenbar in Archivkunde genau geschulten Hauptamtlichen Mitarbeiter des MfS zunächst der einschlägigen Institutionen vor Ort, besonders des »Dokumentationszentrums des staatlichen Archivwesens« beim Ministerium des Innern (MdI). Später legte die Hauptabteilung IX/11 des MfS eine eigene Registratur an, die der Verfolgung von Nazi- und Kriegsverbrechen in der DDR diente. Nach eigenen Angaben wurden dort »mehr als 1 Million personenbezogener Original-Dossiers aus der Zeit von 1933 bis 1945 über ehemalige Wehrmachtsangehörige, Mitglieder der NSDAP, Angehörige von SA, SS und Gestapo und über andere Personen, die in amtlicher oder parteilicher Funktion dem NS-Staat gedient hatten, verwahrt«.

Auch besonders vertrauenswürdigen Antragstellern aus der Bundesrepublik stellte das Stasi-eigene Archiv gelegentlich belastendes Material zur Verfügung. Bedient wurde die Kundschaft aus dem Westen dann durchweg von kompetenten und ideologisch gefestigten Experten, die allesamt »Offiziere im besonderen Einsatz« (OibE) des MfS waren: Hauptamtliche Mitarbeiter, die, verdeckt und mit einer fingierten Biografie versehen, an wichtigen Stellen des Staatsapparates, der Wirtschaft, aber auch außerhalb der DDR postiert waren. Nach Angaben der Berliner Stasi-Unterlagenbehörde verfügten die 27 Diensteinheiten der MfS-Zentrale 1988 über 1.856 »Offiziere im besonderen Einsatz«.

Um ehemalige NSDAP-Mitglieder der Adenauer-Kabinette an den Pranger zu stellen, begnügten sich die Tschekisten keineswegs mit der Ausbeute aus DDR-Archiven. Sie müssen auch andernorts fündig geworden sein, vor allem in jenen reichlich Zündstoff enthaltenden Karteikästen, die nach dem Weltkrieg von der amerikanischen Besatzungsmacht in West-Berlin angelegt worden waren. Die Rede ist vom Berlin Document Center, kurz BDC, das sich der Aufbereitung und Auswertung von Personen- und Verwaltungsakten aus der NS-Zeit widmete, um Nationalsozialisten zur Rechenschaft zu ziehen und Kriegsverbrecher zu bestrafen. Das internationale Militärtribunal von Nürnberg hatte die Bestände als Erstes genutzt. Bis 1994 stand das Archiv in Berlin-Zehlendorf unter amerikanischer Verwaltung. Erst danach konnte es vom Bundesarchiv übernommen werden.

Für westdeutsche Historiker und Journalisten war es bis dahin kaum möglich, das im BDC gesammelte, historisch bedeutsame Quellenmaterial zu nutzen, in dem, streng verschlossen, die zentrale Mitgliederkartei der NSDAP, die Personalakten der SS und weitere Aktenkonvolute von höchster politischer Brisanz lagerten. Die Stasi aber hatte offenkundig ungehinderten Zugriff. Auf welchem Weg sie Zugang zum geheimnisumwitterten BDC erhielt, liegt bis heute weitgehend im Dunkeln. Fakt aber ist: Die DDR-Staatssicherheit war über die Bestände des mit über 20 Millionen Akten größten und geheimnisvollsten Personenarchivs der Bundesrepublik Deutschland genauestens im Bilde. Es umfasse, so ein wahrheitsgetreues, wenn auch im Stasi-Slang verfasstes Dossier:

- »die Gesamtkartei über alle ehem. SS-, SA- und NSDAP-Mitglieder seit 1929
- Unterlagen über das ehem. oberste Parteigericht der NSDAP
- Unterlagen über den Freislerischen Sondergerichtshof
- Unterlagen über den ehem. ›Volksgerichtshof‹ der Nazis

täglich gehen etwa 100-120 Nachfragen über dort registriertes Material ein. Die anfragenden Institutionen sind u.a.

1. Der Bundesverfassungsschutz
2. Das Bundeskriminalamt
3. Die Staatsanwaltschaften
4. Die ›Untersuchungsbehörden‹«

Wörtlich heißt es weiter:

»U.a. wurde bekannt, dass die Naziakte über KIESINGER zur Saveakte erklärt wurde, als dieser Bundeskanzler wurde. Nach der Kanzlerschaft kam sie ins Archiv zurück und wurde wieder normale Bearbeitungsakte.«

In diesem Zusammenhang wurde weiterhin bekannt, dass Außenminister Scheel »seit 1939 Mitglied der NSDAP war und 1941 zum Oberleutnant der fasch. Luftwaffe befördert wurde. Innenminister Genscher, FDP, wurde am 20.4.1944 von der HJ in die NSDAP übernommen.« – Diese Angaben wurden 2017 vom Bundesarchiv überprüft und bestätigt.

Selbst von den Räumlichkeiten des eigentlich streng abgeschirmten Archivs hatte das MfS augenscheinlich genaueste Kenntnis, wie das erwähnte Dossier belegt:

»In einem weiteren abgeschlossenen Gebäudekomplex des Document Center befindet sich ein großer Archivraum, an dessen Wänden sich Karteikästen befinden, welche die Namensschilder aller sozialistischen Länder tragen. Die Sowjetunion ist sogar in ihre einzelnen Unionsrepubliken untergliedert. Alle Räume des Document Center werden gesondert abgesichert. Die dort beschäftigten Mitarbeiter, die in der Regel deutsche Angestellte und dort schon 10 – 20 Jahre tätig sind, haben streng abgegrenzte und abgesicherte Arbeitsgebiete. Die dort befindlichen Räumlichkeiten dürfen durch die Mitarbeiter nur betreten werden, wenn arbeitsmäßig die Notwendigkeit dafür vorliegt. Alle Mitarbeiter sind geheimverpflichtet. Pausen und Arbeitsbeginn werden durch Hupsignale angekündigt. Nach Arbeitsschluss muss das Objekt sofort verlassen werden. Der gesamte Gebäudekomplex des Dokument Center untergliedert sich in mehrere barackenähnliche in sich abgeschlossene Gebäude. Der Gesamtkomplex hat eine doppelte Außensicherung (Wachposten und Signalanlage) sowie eine ständige Innensicherung durch laufende Streifenposten.«

Derjenige, der all dies zu Papier brachte, muss entweder persönlich direkten Zutritt zum Document Center in Berlin Zehlendorf, Wasserkäfersteig 1, gehabt oder aber einen hochkarätigen Spitzel unter den Angestellten angeworben haben. Letztere Annahme scheint realistischer und wäre ein weiterer Beleg dafür, dass es der DDR gelang, an Informationen zu kommen, die auf legalem Wege niemals zu erlangen gewesen wären. Das Document Center mit seinen Gesamtkarteien über alle ehemaligen SS-, SA- und NSDAP-Mitglieder war für die Ost-Berliner Propagandisten jedenfalls ein Geschenk des Himmels.

Bis auf wenige Ausnahmen wurden sämtliche Minister in der Adenauer-Ära auf eine mögliche nationalsozialistische Vergangenheit hin überprüft. Das Ergebnis der Spurensuche muss angesichts des erklärten Spionageziels oft ernüchternd gewesen sein. Im ersten Adenauerkabinett 1949 bis 1953 – einer Koalition aus CDU/CSU-FDP-DP – befand sich kein einziges ehemaliges Mitglied der NSDAP oder einer ihrer Untergliederungen. Gleichwohl ließen die MfS-Schnüffler nichts unversucht, um belastendes Material in Adenauers Umfeld zusammenzutragen.

Als für die Vorgehensweise besonders signifikantes Beispiel darf der Fall des Kriminalinspektors Herbert Kosyra gelten. Der 1909 in Hamburg Geborene war Kommandoführer des Sicherungsdienstes im Bonner Bundeskanzleramt und zugleich Adenauers Leibwächter.

Der gelernte Bäcker trat, so die Stasi-Recherchen, 1928 der SA bei, wurde aber bald wieder entlassen, da er polnischer Staatsangehöriger war. Nach Erhalt der deutschen Staatsangehörigkeit durchlief er verschiedene Polizeidienststellen. Nach der Besetzung Polens meldete er sich freiwillig als Kriminalassistent nach Kattowitz und arbeitete dort in der »Sonderstelle für Bekämpfung von Gewaltverbrechen«. 1940 bewarb sich Kosyra um eine »Verwendung in der Sicherheitspolizei und im SD für die Kolonien«. Ob das erfolgreich war, ist nicht überliefert.

Seine Vorgesetzten bescheinigten ihm großen Schneid und guten Erfolg, selbst bei heiklen Missionen. Vor allem aber attestierten sie ihm, dass er fest auf dem Boden der nationalsozialistischen Ideologie stehe. Nach dem Krieg fand er eine Anstellung bei der Hamburger Polizei und wurde dort, augenscheinlich ob seiner Statur, »Schamuffo, der Bär von St. Pauli« genannt. Als solcher hat er dann auch, offensichtlich keineswegs von Zweifeln geplagt, mehrere Bücher verfasst: »Nach der Stunde Null« oder »Mörder, Räuber und Banditen«.

Bis auf die Informationen über seine Nachkriegskarriere stammen sämtliche Fakten aus dem Document Center, wie eine Überprüfung ergab. Die Angaben zur Person sind recht mager. Trotzdem plante die Agitationsabteilung des MfS eine groß angelegte Desinformationskampagne mit dem griffigen Motto:
– »SS-Führer ist Adenauers Leibwächter
– SS-Führer kontrolliert Bonner Kanzleramt
– SS-Führer schirmt Globke Kanzlei ab
– Himmlers Menschenjäger ist Adenauers Schatten
– Kolonialoffiziersbewerber landete im Kanzleramt«

Ein Dokument, das Kosyras angebliche SA-Mitgliedschaft bewiesen hätte, lag dem MfS offenbar nicht vor, denn die Mitgliedschaft sollte mit einer gefälschten Unterschrift belegt werden.

Die beabsichtigte Schmutzkampagne galt natürlich vor allem dem Bonner Kanzler. Doch offenbar haben die fanatischen Spezialisten auf dem Felde der Desinformation die »operative Maßnahme« dann doch nicht in die Tat umgesetzt. Irgendwer in der Ost-Berliner Zentrale muss die Lügengeschichte im letzten Augenblick gestoppt haben. War die Angst, in flagranti ertappt zu werden, am Ende zu groß? Schließlich hatte der Kriminalinspektor niemals der SA oder der SS angehört. Allerdings hatte er am 14. April 1939 die Aufnahme in die NSDAP beantragt. Im Januar 1940 wurde seinem Wunsch entsprochen, und Adenauers späterer Leibwächter wurde Mitglied 7921720. Darüber aber ist im Stasidossier nichts zu finden. Da scheint den DDR-Schlapphüten bei ihrer sonst so genauen Recherche scheinbar ein Missgeschick unterlaufen zu sein. Oder war am Ende alles ganz anders? Denkbar ist auch, dass ein sonst auskunftswilliger Informant aus dem BDC verhindern wollte, dass dem deutschen Kanzler durch belastendes Material, über einen Leibwächter verbreitet, nachhaltig geschadet werde.

Gleichwohl blieb das Ministerium für Staatssicherheit seiner langjährigen Strategie und Taktik treu: die Bürger im Westen zu verunsichern, die Bundesrepublik als Hort ehemaliger Nazis zu brandmarken und Verschwörungstheorien in beiden deutschen Staaten anzuheizen.

Ende August 1962 lud Albert Norden zu einer internationalen Pressekonferenz nach Ost-Berlin. In einer 14-seitigen, höchst aggressiven Rede warf er Bonn »friedensgefährdendes Treiben« vor. Norden behauptete, im Besitz von Dokumenten zu sein, die bewiesen, dass Verteidigungsminister Strauß »mit der in Westdeutschland wiedererstarkten SS« engste Kontakte unterhalte. Schon vor dem 13. August 1961 sei in seinem Ministerium der Plan für einen militärischen Angriff auf die DDR gereift. Die Eingliederung der SS in das politische und militärische Leben der Bundesrepublik verfehle ihre Wirkung nicht.

Dann konzentrierte sich Norden auf die West-Berliner Polizei, die am »antifaschistischen Schutzwall« Position bezogen habe. Er nannte gleich eine Reihe von Offizieren und Generälen, tätig im Bundesgrenzschutz, die früher allesamt SS-Mitglieder gewesen seien. Mit Zahlen und Fakten sparte er nicht. Sie alle stammten eindeutig aus dem Document Center der Amerikaner.

Nordens Rede vor der internationalen Presse leitete ein MfS-Oberstleutnant umgehend an den Genossen Mielke weiter, mit dem Hinweis, dass die von ihm angestrichenen Stellen auf dem von seiner Abteilung gelieferten Material fußten. Die Botschaft des propagandistischen Auftritts, dieser Vorschlaghammer-Rhetorik, war eindeutig: Unter den Fittichen von Adenauer und Strauß habe sich in Westdeutschland die SS wieder legalisiert und nehme wesentlichen Einfluss auf die Bonner Politik. Irgendetwas würde schon hängen bleiben.

Auch die Minister für »Gesamtdeutsche Fragen« und die für »Vertriebene, Flüchtlinge und Kriegsgeschädigte« standen in der Ära Adenauer unter besonderer Beobachtung der DDR-Auslandsspionage.

Einer der Betroffenen: Jakob Kaiser, von 1949 bis 1957 Minister für Gesamtdeutsche Fragen. Er war einst Widerstandskämpfer gegen den Nationalsozialismus, Vorsitzender der CDU der SBZ und Mitglied des Parlamentarischen Rates gewesen.

Da eine unabhängige Parteiarbeit in der sowjetischen Besatzungszone (SBZ) nach der Eingliederung der CDU in die Blockparteien nicht mehr möglich war, hatte sich in West-Berlin eine Art Exil-CDU gegründet, die geflüchteten CDU-Mitgliedern aus der SBZ eine neue Heimat versprach. Zu ihren führenden Köpfen zählte Kaiser, der Mitbegründer des sogenannten Ostbüros der CDU in West-Berlin war. Der SED-Propaganda galt dies Dissidenten-Netzwerk als »Zentrum der Spionage«. Kaisers Stasiakte belegt, wie umfassend seine Person und das Berliner Büro unter Beobachtung genommen wurden.

Ein gewisser Hans F., vermutlich Mitarbeiter im Ostbüro der CDU, muss ein enger Freund Kaisers und ein rundum »falscher

Fuffziger« gewesen sein. In einem Dossier berichtete er der Stasi haarklein über das Leben und politische Wirken des Bonner Ministers. Jede der acht Seiten des streckenweise klug abgefassten Psychogramms hat er handschriftlich abgezeichnet. Ausführlich wurden Kaisers positive Charakterzüge beschrieben und detaillierte Angaben über seine politischen Einstellungen, ja sogar über seine Familienverhältnisse gemacht. Der gewiss unter verwerflichen Umständen entstandene Stasireport war eine kenntnisreiche Kurzbiografie, die den gelernten Buchdrucker und christlichen Gewerkschafter Kaiser in zweifellos realistischem Licht erscheinen ließ. Nur ein enger Weggefährte hat dieses Papier anfertigen können.

Ein Freund in der Rolle des Verräters! Über Kaisers angebliche Charaktereigenschaften schrieb F.: »Jakob Kaiser ist Nichtraucher, trinkt kaum Alkohol, hat ein gezwungenes, ruhiges und beherrschtes Wesen, ist jedoch innerlich sehr nervös, er ist intelligent, jedoch auf geistiger Ebene völlig von seiner zweiten Frau […] abhängig. Er ist ehrgeizig, leicht verletzt und besitzt ein fast krankhaftes Ehrgefühl. Hat wenig persönlich enge Freunde, da er sich völlig abschließt. Er wirkt oft verschlossen, lässt sich aber durch seine politischen Berater leicht beeinflussen, besitzt wenig Menschenkenntnis. Wirkt auf geistiger Ebene zu wenig abgeschliffen. Sehr religiös eingestellt.«

Die letztlich eher spärliche Stasiakte Kaisers beginnt mit Name, Vorname, Geburtsort, Geburtsdatum, Arbeitsstelle, Erfassungsdatum, verantwortlicher Diensteinheit und Archivsignatur. Der Vorgang wurde im März 1953 angelegt und nach Kaisers Tod 1961 archiviert. Auffällig sind die ausführlichen ideologisch gefärbten GM- und GI-Berichte über das West-Berliner Büro der abtrünnigen Ost-CDU. Ein handgeschriebenes Organigramm bezeichnet Kaisers Bonner Amtssitz als »Spionageministerium«. Fotos der Räumlichkeiten sind beigefügt. Vermerkt werden auch die Exil-Landsmannschaften in Thüringen, Sachsen, Sachsen-Anhalt

Brandenburg und Mecklenburg nebst ihrem namentlich aufgeführten Leitungspersonal.

Kaisers Nachfolger Ernst Lemmer wurde in ähnlichem Umfang beschattet. Für ein knappes Jahr war er im zweiten Kabinett Adenauer Ressort-Chef für das Post- und Fernmeldewesen gewesen, bis er dann 1957 zum Minister für Gesamtdeutsche Fragen ernannt wurde. Das über 300 Seiten umfassende Aktenkonvolut des MfS fußt abermals auf einem Personendossier des Spitzels Hans F. Auch Lemmer galt in der DDR als Verräter. Er war im Hauptvorstand der Exil-CDU als zweiter Vorsitzender hinter Kaiser aktiv. Wieder erweist sich F. als hochbegabter Spion mit großer Beobachtungsgabe und liefert Details seit Lemmers Geburt anno 1898 in Remscheid. F., der große unbekannte Verräter in den Reihen der Exil-CDU, berichtete seinen Auftraggebern über nahezu jeden Schritt des Ministers. Zudem gruben weitere Stasi-Schnüffler einige Zeitungsartikel aus den 1930er-Jahren aus, immer auf der Suche nach Lücken in der offiziell verbreiteten Vita, nach belastendem Material aus der Nazizeit, nach persönlichen Verfehlungen oder Charakterschwächen. Und doch gelang es der DDR-Propaganda trotz größten Aufwands nicht, Verwertbares über den »gesamtdeutschen« Minister ausfindig zu machen.

Dabei hatte Mielkes Stellvertreter, Oberst Bruno Beater, verzweifelt Vollzug in der Causa Lemmer eingefordert und im Februar 1958 an einen Oberstleutnant namens Schröder geschrieben: »Es ist an der Zeit, einem Ihrer Auswerter den Auftrag zu geben, alles was wir haben über Lemmer, an Personen, Methoden, Taktik und Aufweicherscheinungen zusammenzustellen und Gegenmaßnahmen vorzuschlagen«. Das Ergebnis war ein mageres 26-seitiges Konvolut, das wenig Brisantes enthielt und lediglich politische Äußerungen Lemmers seit Mitte der Fünfzigerjahre zusammenstellte. Alles »streng geheim«, aus »vertrauenswürdigen Quellen« geschöpft – und dann pedantisch abgeheftet.

Wo immer Lemmer in seiner Eigenschaft als Minister für Gesamtdeutsche Fragen auch auftrat, mischten sich Inoffizielle

Mitarbeiter unter die Zuhörer und lieferten sogenannte Tagesberichte. So wuchs und wuchs das »Material der Bearbeitung des Lemmer-Ministeriums«. Aber der so sehnlich gewünschte Erfolg wollte sich nicht einstellen. Ohne belastbare und belastende Dokumente über eine aktive Nazivergangenheit im Lebenslauf eines Bonner Ministers konnte die DDR-Propagandamaschinerie keine Empörung schüren.

Ein arger Dorn im Auge der SED-Machthaber und der Auslandsspionage der DDR war auch das Bonner Ministerium für »Vertriebene, Flüchtlinge und Kriegsgeschädigte«. Dessen erster Chef – zunächst hieß er »Bundesminister für Angelegenheiten der Vertriebenen« – war der Schlesier Hans Lukaschek. Doch leider ließen sich, wie die Akte dokumentiert, auch in seiner 27-seitigen Vita keine braunen Flecken finden. Ganz im Gegenteil! Er war in die Pläne des Widerstands gegen Hitler eingeweiht gewesen und nach dem gescheiterten Attentat gegen Hitler vom Juli 1944 verhaftet worden. Dies immerhin ist in der Stasiakte des früheren Rechtsanwalts Lukaschek in einem knappen Satz vermerkt. Mit diesem Mann war kein Staat zu machen.

Ihm im Amt folgte 1957 Theodor Oberländer, Mitglied des »Bundes der Heimatvertriebenen und Entrechteten«. Jetzt hatte Ost-Berlin endlich einen dicken Fisch am Haken, der sich für die Staatspropaganda ausweiden ließ. Denn Oberländers NS-Vergangenheit war in der Tat beträchtlich. Als Teilnehmer am Hitler-Putsch 1923 in München, als NSDAP-Mitglied seit Mai 1933 – geführt als PG 2331552 – erschien er der Stasi geradezu als Symbolgestalt eines wiedererstarkten Nationalsozialismus in Adenauers Bundesrepublik.

In einem Schreiben von Erich Mielke an den »werten Genossen Norden« vom Oktober 1959 wurden Dokumente über Oberländers Vergangenheit vorgelegt, darunter der Nachweis über seine Zugehörigkeit zur NSDAP und anderen »faschistischen Organisationen seit 1933«. Parallel präsentierte Norden Materialien, die beweisen sollten, »dass Oberländer aktiv an den Kriegsvorbereitungen gegen Polen und die Sowjetunion teilgenommen hat«.

Nach derzeitigem Wissensstand gibt es kaum einen anderen Bonner Politiker, dessen Vergangenheit derart vom DDR-Geheimdienst durchleuchtet wurde, wie Theodor Oberländer. Der Berliner Stasiunterlagenbehörde liegt ein voluminöser Untersuchungsvorgang (ZUV) der HA IX/11 vor, der aus Tausenden Seiten besteht und sich mit Oberländers Tätigkeiten vor und nach 1945 beschäftigt.

Sage und schreibe zwölf Bände widmen sich der »Strafrechtlichen Verfolgung des Bundesministers für Vertriebene, Theodor Oberländer, wegen Kriegsverbrechen und Verbrechen gegen die Menschlichkeit«. Beigefügt sind Zeugenaussagen und Gutachten. Dabei wird die enge Zusammenarbeit des MfS mit dem sowjetischen Geheimdienst, dem ZK der SED und der KP Österreichs sowie der »Hauptkommission zur Untersuchung von Hitlerverbrechen der VR Polen« deutlich. Wie viele haupt- und nebenamtliche MfS-Mitarbeiter im In- und Ausland mit diesem Fall befasst waren, lässt sich nicht mehr nachvollziehen. Aber die erhaltenen Aktenvorgänge belegen den ungeheuren Aufwand, den die DDR-Auslandsspionage in dieser Angelegenheit trieb.

Im April 1960 verurteilten Richter des Arbeiter- und Bauernstaats den Bonner Bundesminister in Abwesenheit zu einer lebenslangen Zuchthausstrafe, wegen der Erschießung von Tausenden Juden und Polen in Lemberg. In den Akten der Stasiunterlagenbehörde finden sich allerdings auch Belege, dass Teile der Zeugenaussagen und Dokumente gefälscht waren. Die Bonner Staatsanwaltschaft kam jedenfalls bereits 1961 zu dem Schluss, dass es für die im Schauprozess erhobenen Vorwürfe gegen Oberländer keinerlei Grundlage gäbe. 1993 schließlich, knapp vier Jahre nach der Wiedervereinigung, hob das Landgericht Berlin das DDR-Urteil gegen Oberländer auf, »weil die Hauptverhandlung gesetzeswidrig in Abwesenheit des Betroffenen geführt worden war«. Aufgrund seines Todes im Mai 1998 stellte die Kölner Staatsanwaltschaft die Ermittlungen gegen Oberländer wegen angeblicher Beteiligung an Kriegsverbrechen in Lemberg und im Kaukasus ein.

Im Kabinett Adenauer aber war Oberländer, fraglos ein Mann mit tiefbraunem Schatten, nicht länger zu halten. Nachdem die SPD 1960 im Bundestag einen parlamentarischen Untersuchungsausschuss über die Vergangenheit des Ministers beantragt hatte, trat Oberländer – unter Zurückweisung aller Vorwürfe, versteht sich – von seinem Amt zurück. Die Staatssicherheit der DDR feierte diesen Vorgang als ihren bislang größten Erfolg bei den von ihr angestrengten »aktiven Maßnahmen«. Das Ziel, einen Minister zu stürzen und so den verhassten Kanzler zu schwächen, war erreicht.

Auf der Suche nach Material aus der NS-Zeit, das Adenauers Ministerriege decouvrierte, wurden die Nazijäger des MfS noch in einem weiteren Fall fündig. Sie stießen auf die Vita des Diplom-Kaufmanns und Bankiers Victor-Emanuel Preusker, seines Zeichens von 1953 bis 1957 Wohnungsbauminister im zweiten Kabinett Adenauer. Der Abgeordnete der FDP und späteren DP/FVP-Fraktion war im Mai 1933 der Motor-SS beigetreten, im Juli 1933 zur SA gekommen und im Oktober desselben Jahres zurück zur SS (Nr. 254 770) gewechselt. Dort leistete er als Referent für »Rasse- und Schulungsfragen« treue Dienste. Seit dem 1. Mai 1937 war Preusker dann auch NSDAP-Mitglied (Nr. 5 372 632), wie handschriftlich ausgefüllte Personalbögen und ein ausführlicher Lebenslauf aus dem Jahr 1935 belegen. Die Kopien sind seiner Stasiakte beigefügt.

Wie 2017 eine Recherche beim Berliner Bundesarchiv ergab, stimmen alle Angaben mit den Originaldokumenten überein. Auffallend ist, dass diese Unterlagen aus den einschlägigen DDR-Archiven, aber auch aus dem Berliner Document Center (BDC) erst im Jahr 1970 in Preuskers Stasiakte landeten. Zu dieser Zeit spielte er in der bundesrepublikanischen Politik schon lange keine Rolle mehr. Offensichtlich hatten die MfS-Rechercheure Preuskers braune Vergangenheit zu spät entdeckt. Die Chance einer Propa-ganda-Kampagne war vertan. In der Akte finden sich nur die übli-chen Karteikarten, aber keinerlei GM-, GI- oder IM-Berichte. So kam Adenauers Wohnungsbauminister, der von 1958 bis 1960 auch Vizepräsident des Bonner Bundestages war, unbehelligt davon. Sehr groß schien das Interesse Ost-Berlins an diesem Mann nicht gewesen zu sein.

Von ganz anderem Kaliber war für die Ost-Berliner Tschekisten der Jurist und CDU-Politiker Gerhard Schröder, von 1953 bis 1961 Bundesminister des Innern, von 1961 bis 1966 Bundesminister des Auswärtigen und von 1966 bis 1969 Bundesminister der Verteidi-gung. Der gebürtige Saarländer gehörte zu Bonns politischer Elite und konnte sich ergo der besonderen Aufmerksamkeit der DDR-Auslandsspionage sicher sein. Seine Stasiakte, die 1957 angelegt wurde, zählt neben den üblichen Karteikarten F 16 (Personenkar-tei), F 22 (Vorgangskartei) und F 21 (Objekt- und Personendatei) insgesamt 365 Seiten.

Gemäß dem bewährten Fahndungsraster machte sich die Abtei-lung Agitation des SED-Politbüros, in enger Abstimmung mit der HVA, auf die Suche nach der Vergangenheit des Ministers. Ein zwölfseitiges Dossier fügt aus mehreren Quellen – Angaben über Decknamen der Spione gibt es nicht – all das zusammen, was bis Mitte der Sechzigerjahre über den »Lakaien der Monopole und Adenauer-Günstling« herauszubekommen war.

Tatsächlich belegen die Akten, dass der 23-jährige Schröder 1933 zum Dr. jur. promoviert wurde und am 1. Mai 1933 der NSDAP beigetreten war (Mitglieds-Nr. 2 177 050). In der vom Berliner Bundesarchiv 2017 freigegebenen NSDAP-Gaukartei ist allerdings auch vermerkt, dass er 1943 wieder aus der Partei austrat. Die DDR-Agenten konnten freilich kleinteilig belegen, dass Schröder seine NSDAP-Mitgliedschaft in zahlreichen Erklärungen geleugnet oder zumindest zu bagatellisieren versucht hatte. Einem Düsseldorfer SPD-Ratsherrn drohte Schröder, so lesen wir, gar mit Repressalien, sollte er es wagen, in der Öffentlichkeit zu behaupten, er sei Mitglied in der NSDAP gewesen. Allein, er war es tatsächlich.

Im Stasidossier ist ebenso festgehalten, dass Schröder Ende des Jahres 1933 Mitglied der SA wurde. Auch diese Tatsache versuchte er zu bestreiten. Gegenüber einem Mitarbeiter der »Newsweek« verstieg sich der Minister etwa zu der These, er sei »nur Kandidat gewesen«. Und dem sozialdemokratischen »Vorwärts« hat Schröder augenscheinlich erklärt: »Ich bin nie SA-Mann gewesen. Als Referendar war ich lediglich um die Jahreswende 1933/34 einige Monate lang genötigt, Anwärter zu sein. Einer Fortsetzung habe ich mich durch Übersiedlung nach Berlin entzogen.« Das mag sogar stimmen. Die Stasi aber ließ nichts unversucht, um ihn in die neonazistische Ecke zu rücken und als unverbesserlichen Faschisten zu brandmarken.

»Hitlers Erbe« – so betitelte der DDR-Publizist Julius Mader, »Offizier im besonderen Einsatz«, unter dem MfS-Decknamen »Feingold« geführt, ein unappetitliches Pamphlet gegen Schröder, das in dessen Stasiakte verwahrt ist. Erheblichen Aufwand trieb Mader alias »Feingold« auch, um von der Uni Bonn Dokumente über das Promotionsverfahren Schröders zu erhalten. Die Universität lehnte ab und weigerte sich, Schröders Doktorarbeit herauszugeben.

Nahezu alles, was die Stasi über Schröder erkundete, landete direkt auf dem Schreibtisch von Walter Ulbricht. Denn Adenauers Vertrauter stand über Jahre ganz oben auf der Watchlist. Als sich Schröder 1968 anschickte, im folgenden Jahr für das Amt des Bundespräsidenten zu kandidieren, bestellten die Ost-Berliner Spezialisten für Agitation bei Julius Mader einen Textbeitrag, der an Perfidie kaum zu überbieten war: Schröders Lebenslauf weise ein peinliches Loch auf. Nach offiziellen Angaben habe er »schon mit 23 Jahren« den begehrten Doktortitel zugesprochen bekommen. Stasi-Recherchen aber belegten, dass dies »erst 1934« geschehen sei. Und bei seiner Promotionsschrift (die dem Verfasser nicht vorlag) handele es sich um eine »nazistische Geheimdissertation«.

Hinzu komme, dass der Verfasser bei Abgabe der »unakademischen Promotion« längst strammes NSDAP-Mitglied und ein forscher SA-Mann gewesen sei.

Schröders Karteikarte im West-Berliner US-Document-Center benenne den 1. Mai 1933 als Tag seines Parteieintritts. Er habe sich also schon früh und ohne jeden Skrupel der Hitler-Partei angeschlossen. Wann immer er sich im Lauf seiner Karriere an den Prüfständen der Moral befunden habe, habe er kläglich versagt. Der Ehrgeiz eines Herrenmenschen sei bei ihm gepaart mit unbändigem Strebertum. Habe er sich einst zu den »rassisch Überlegenen« gezählt, so vertrete er nun die angeblich abendländische »Elitetheorie«. Somit sei Schröder nicht nur Kandidat für das Amt des Bundespräsidenten, sondern der Repräsentant eines völkischen Programms. Darüber, dass Schröder 1941 eine Frau – seine Brigitte – heiratete, die nach den Nürnberger Rassengesetzen wegen ihrer teilweise »jüdischen Herkunft« als »Mischling« galt, schweigt sich Mader aus.

Schröders Nachfolger im Amt des Bundesinnenministers wurde 1961 der CSU-Politiker und umtriebige Jurist Hermann Höcherl, der nun augenblicklich in den Fokus der HVA geriet. Gekennzeichnet als »Vertrauliche Dienstsache!« findet sich in den Akten ein »Suchzettel über Höcherl, Herrmann, geb. am 21.3.1912, Geburtsort Brennberg, Arbeitsstelle und Beruf Innenminister in Bonn, Amtsgerichtsrat a.D«. Suchzettel, das waren spezielle Formulare, die der Personenerfassung beim MfS dienten.

Kernstück der Akte Höcherl ist ein zwölfseitiges Konvolut, das bis 1966 in die beiden Kabinette von Kanzler Ludwig Erhard reicht. Minutiös werden da der politische Werdegang des CSU-Ministers und dessen Aktivitäten während der NS-Zeit dargestellt. Die MfS-Rechercheure haben ganze Arbeit geleistet.

Als Student der Rechts- und Volkswissenschaft in Berlin war Höcherl Mitglied im »Nationalsozialistischen Deutschen Studentenbund« (NSDStB). Eintritt in die NSDAP 1931, Austritt aus unbekannten Gründen im Jahr darauf. Am 1. Mai 1935 folgte ein erneuter Eintrag in die NSDAP-Kartei, Mitgliedsnummer 3 652 084. Das Bundesarchiv bestätigte die MfS-Angaben im Jahr 2017. Die emsigen Forscher der Stasi fanden sogar heraus, dass Höcherl in den Jahren 1936 und 1937 als Blockwart zu Diensten stand. Dann folgen ausführliche Angaben über sein Studium und seine Verwendung bei der Staatsanwaltschaft in Amberg.

Dokumentiert wird, geradezu detailversessen, der freiwillige Eintritt in die Wehrmacht, die Grundausbildung bei der berittenen Artillerie-Nachrichtenbatterie in Regensburg, die Teilnahme an der Besetzung Polens und an den »faschistischen Raubzügen in Griechenland, Finnland und in der Sowjetunion«. Nach dem Krieg, so lesen wir, erhielt Höcherl, was die Wiederverwendung im öffentlichen Dienst betraf, zunächst Berufsverbot, gründete eine Anwaltskanzlei und durfte bald in die Position eines Staatsanwalts zurückkehren.

In allen Höhen und Tiefen durchleuchteten die feindlichen Späher die Karriere des »kleinen Altbayern, des schlauen Taktierers und Unterhändlers« im Dunstkreis von Franz Josef Strauß. Wie bei nahezu allen biografischen Dossiers zu Bonner Regierungsmitgliedern basieren die Erkenntnisse, neben allgemein zugänglichen Pressematerialien – zitiert wird vor allem der »Spiegel« – auf Handbüchern und Archivalien, vor allem aber auf den Berichten der höchst professionell ausgebildeten Spione. Dabei lässt sich leicht erkennen, welche Informationen über verdeckte Quellen ermittelt wurden, die hautnahen Beschreibungen von Höcherls Zusammenarbeit mit Strauß etwa. Plastisch wird sein Einsatz als Verteidiger in der »Spiegel«-Affäre, seine Parteinahme für die sogenannten Notstandsgesetze geschildert. Auch mit Interna über die Personalpolitik Adenauers geizen die Zuträger nicht, deren Namen allerdings im Dunkeln bleiben. Auch wenn das Ganze natürlich im Stasi-Jargon notiert ist, besitzt die Akte Höcherl bis heute einen hohen zeitgeschichtlichen Wert.

In sein fünftes und letztes Kabinett, im Dienst von Dezember 1962 bis zum Oktober 1963, berief Kanzler Adenauer den CSU-Politiker Alois Niederalt als Minister für Angelegenheiten des Bundesrates und der Länder. Das Amt hatte er bis zum November 1966 inne, als die schwarz-gelbe Bonner Koalition unter Ludwig Erhard zerbrach. Erst recht spät, im Jahr 1964, haben sich die Tschekisten aus Ost-Berlin des 1911 in der Oberpfalz geborenen Juristen angenommen. Dann aber freilich gründlich. Bei näherer Betrachtung entpuppte sich dieser CSU-Mann, 1961 mit dem Bayerischen Verdienstorden dekoriert, als einst überzeugter Nationalsozialist. Folglich hatte seine 21-seitige Stasiakte hat auch nur ein einziges Thema: seine Vergangenheit während der NS-Diktatur. Die findigen MfS-Rechercheure stießen im Berliner Document Center nicht nur auf seine NSDAP-Mitgliedskarteikarte (Nr. 5 019 358), die als Aufnahmedatum den 5. Juli 1937 vermerkt. Die Angaben wurden 2017 vom Bundesarchiv bestätigt. In den Beständen befindet sich auch Niederalts Ernennungsurkunde zum Regierungsrat vom Juli 1941 durch den Reichsminister des Innern, in der seine Tätigkeit als SA-Truppführer, seine Mitgliedschaft in der NS-Volkswohlfahrt (NSV) und im NS-Rechtswahrerbund (NSRB) explizit verzeichnet ist. Rätselhaft bleibt, warum die DDR-Staatssicherheit ihre Erkenntnisse niemals für eine Kampagne gegen den Bundesminister und ehemaligen Nationalsozialisten genutzt hat.

Gleiches gilt für den Minister für Finanzen im letzten Adenauer-Kabinett, den FDP-Politiker Rolf Dahlgrün. Der ehemalige Gaujägermeister von Hannover war drei Monate nach Adolf Hitlers Machtergreifung in die NSDAP (Mitgliedsnummer 2 957 578) eingetreten. Aber auch gegen ihn wurden keinerlei »aktive Maßnahmen« ergriffen. Erstaunt stellen wir fest: Trotz ihrer Allgegenwart in der frühen Bonner Republik, trotz aller zusammengetragenen Erkenntnisse, trotz aller immensen Kraftanstrengungen vermochte es die Stasi nur selten, Konrad Adenauer, seiner Regierung und der noch jungen Bundesrepublik ernsthaft und folgenreich zuzusetzen.

4. Ludwig Erhards Kanzlerschaft

Für Ludwig Erhard, von 1963 bis zu seinem Sturz 1966 der zweite Kanzler der Bundesrepublik, begann sich die DDR-Auslandsspionage schon zu interessieren, als er – in allen fünf Adenauer-Kabinetten – noch Bundesminister für Wirtschaft war. Das erste Dokument in seiner Akte ist eine Karteikarte vom Juli 1956, auf der in Druckbuchstaben Name, Adresse, Tätigkeit und unter anderem Körpergröße (»168 cm groß«), Gesicht (»voll«) Gestalt (»dick, untersetzt«), Haar (»grau, rechts gescheitelt«) sowie besondere Kennzeichen (»ohne Zigarre kaum denkbar«) vermerkt waren.

Zur selben Zeit berichtete der ebenso auf Jakob Kaiser angesetzte Stasimitarbeiter Hans F., wenn auch nur vage und lückenhaft, über die Vita des Mannes, der den Nachkriegs-Slogan »Wohlstand für alle« erfand. Von der Vergangenheit des späteren Kanzlers aber wusste der Autor wenig. Eher pauschal urteilte er, dass Erhard hundertprozentig den außen- sowie innenpolitischen Kurs Adenauers unterstütze und seine Idee von der »sozialen Marktwirtschaft« mit Leidenschaft vertrete. Die sozialistische Planwirtschaft hingegen lehne er kategorisch ab. Letztlich benehme er sich wie ein »Vasall des amerikanischen Monopolkapitalismus«. Es stehe jedenfalls außer Zweifel, dass Erhard ein entschiedener Feind des Kommunismus sei, feindlich gesonnen gegenüber der DDR und ihren ökonomischen Prinzipien. Dank seines nicht zu leugnenden Talents agitiere er, durchaus erfolgreich, mit allen verfügbaren Mitteln gegen die Reformen in der DDR. Für ihn sei es nur selbstverständlich, dass im Falle einer Wiedervereinigung einzig das westdeutsche

Wirtschaftssystem in Betracht komme. Adenauer vertraue diesem Mann, was er sonst selten tue, vollkommen.

Selbst Spitzel F. schien nicht ganz frei von Bewunderung für den Experten, der im Lager des westlichen Klassenfeindes als Fleischwerdung des Wirtschaftswunders verehrt wurde. »Professor Dr. Erhard ist eine starke und sehr vitale Persönlichkeit. Er ist eine Kapazität auf wirtschaftlichem Gebiet. Er ist hochintelligent und vielseitig talentiert. Er ist sehr von sich überzeugt. Stets ist er ein Freund der Diskussion und außerdem auch der Presse, mit der er es [sich] nicht verderben will. Er braucht sie zu seiner Publizität. Dr. Erhard ist jedoch nicht eingebildet, ist jovial, umgänglich und zu jedermann offen und geradezu. Er ist ein leidenschaftlicher Zigarrenraucher und trinkt gern Alkohol. Mir sind keine weiteren Leidenschaften von Dr. Erhard bekannt.«

Am Schluss seines Dossiers vermerkt F., der »Volksökonom« habe seines Wissens niemals Verbindungen zu alliierten oder westdeutschen Geheimdienstzentralen gehabt. Zu allen Bundesministern und zu den Abgeordneten seiner Fraktion unterhalte er indes gute, teils persönliche Beziehungen. Weitere Verbindungen des Dr. Erhard, heißt es dann in raunendem Geheimdienst-Jargon weiter, seien nicht bekannt.

Jetzt konnten sich die MfS-Spitze und vor allem die Genossen um SED-Generalsekretär Ulbricht zumindest ein erstes Bild machen von dem Mann, der von 1963 an die bundesdeutschen Regierungsgeschäfte übernehmen sollte. Über die Jahre Erhards als Kabinettschef findet sich in der Stasiakte aber bemerkenswerterweise nur wenig von Belang. Dabei hat der Franke während seiner recht kurzen Kanzlerschaft für Kontroversen gesorgt, die sich von der DDR-Propaganda durchaus hätten nutzen lassen. Unvergessen etwa ist, wie er, der ansonsten das Gebot des Maßhaltens predigte, anno 1965 die Contenance verlor und Schriftsteller, die Kritik an der Bundesrepublik übten, aufs Übelste beschimpfte: »Ich muss diese Dichter nennen, was sie sind: Banausen und Nichtskönner.« Und über Rolf Hochhuth: »Da hört bei mir der Dichter auf und da fängt der ganz kleine Pinscher an.«

Immerhin: Ein Mitarbeiter namens Krause verfasste – knapp ein Jahr vor dem Ende der Kanzlerschaft des gebürtigen Fürthers Ende 1966 – ein dreiseitiges handgeschriebenes und zum Teil schwer entzifferbares Dossier über Erhards Leben und Wirken. Rekurriert wird dabei vor allem auf das Bonner Personenlexikon »Wer ist wer?«, das deutsche »Who´s Who«, ebenso auf Julius Maders Propaganda-Machwerk »Nicht länger geheim«, das 1966 in Ost-Berlin erschien und vermeintliche »Geheimnisse der Bundesrepublik und ihre subversive Tätigkeit gegen die DDR« enthüllte.

Das detaillierteste und sachkundigste Dossier aber stammt aus dem Jahr 1969. Es wurde erst drei Jahre nach Ende von Erhards Sturz verfasst, eine Auftragsarbeit für die HVA ohne Autorennennung. Darin fanden sich alle verfügbaren Informationen aus den Archiven beider deutscher Staaten vor und nach 1945, Erhards Publikationen aus den Jahren 1932 bis 1939 inklusive. Überdies werden angebliche Dauerfehden zwischen ihm und Adenauer genüsslich kolportiert.

Und doch: Als Hassfigur für Propaganda-Kampagnen schien der eher gemütliche Erhard ungeeignet. So sehr sich die Stasi auch mühte: Eine nationalsozialistische Vergangenheit, belastendes Material über krumme Geschäfte oder einen ruchlosen Lebenswandel ließen sich nicht finden. Darum galt die Kampfansage der Tschekisten verstärkt jenen Ministern in seinem Kabinett, denen eine NS-Vergangenheit nachgewiesen werden konnte, also, wie aufgezeigt, Gerhard Schröder, Hermann Höcherl, Rolf Dahlgrün oder Alois Niederalt.

Zu seinem Nachfolger als Wirtschaftsminister berief Erhard 1963 den gelernten Buchdrucker Kurt Schmücker. Er war sein jüngster Minister und hatte dennoch eine braune Weste: Er war am 1. September 1937 in die NSDAP – Mitgliedsnummer 6 078 382 – eingetreten.

Auch dies wurde 2017 vom Bundesarchiv bestätigt. In Schmückers 1958 angelegter Stasiakte findet sich darauf erstaunlicherweise aber kein einziger Hinweis.

Dafür trieben Mielkes und Wolfs Agenten im zweiten Kabinett Erhard einen Mann auf, dessen Name sich wegen seiner NS-Vergangenheit propagandistisch nutzen ließ: Justizminister Richard Jaeger (CSU), später langjähriger Vizepräsident des Deutschen Bundestages, schien in der Tat ein Kandidat für die Anklagebank. Ein Inoffizieller Mitarbeiter, postiert im Geheimarchiv der USA, dem Berlin Document Center, lieferte belastende Daten: Seit 1933 war Jaeger Mitglied des NS-Studentenbundes, seit dem 1. November 1933 auch in der SA, Sturm 15/S1. Von 1938 an hatte Jaeger dem NS-Rechtswahrerbund angehört. All diese, vom Bundesarchiv ebenfalls bestätigten Fakten hatte das MfS einmal mehr übersehen.

Jaegers Juristenkarriere im Nationalsozialismus indes, sein politischer Aufstieg in der CSU nach 1945, seine zum Teil äußerst umstrittenen Positionen in der Bonner Republik – Stichwort Wiedereinführung der Todesstrafe – wurden in einem durchaus aussagekräftigen Dossier zusammengefasst, das sich wie so oft durchaus überwiegend an den Fakten orientierte, diese aber propagandistisch zuspitzte und auszuschlachten trachtete.

Ein anderer Verdächtiger gehörte bereits von 1957 bis 1963 den Kabinetten Konrad Adenauers an und blieb unter Erhard von 1963 bis 1966 Minister für das Post- und Fernmeldewesen: der Bayer Richard Stücklen, wiederum Mitglied der CSU. Er zählte zu den einflussreichsten Politikern, die seine Partei in der Bonner Republik vorweisen konnte. Doch auch in seinem Fall haben die Stasi-Spitzel ziemlich geschlampt. Dabei war Stücklen seit 1939 Mitglied der NSDAP. Eine propagandistische Kampagne blieb freilich aus. Heinz Fehlauer vom Berliner Bundesarchiv meinte 2017, eventuell habe der damalige Direktor des Berlin Document Center Unterlagen von prominenten Bonner Persönlichkeiten aus Sicherheitsgründen ausgesondert und in einen besonderen Tresor verbracht. Erst zu einem späteren Zeitpunkt sei der Safe dann möglicherweise gelehrt und Brisantes wieder eingeordnet worden.

Nach dem Rücktritt Adenauers im Oktober 1963 wurde der FDP-Vorsitzende Erich Mende von Erhard zum Vizekanzler ernannt, er übernahm das Ressort für Gesamtdeutsche Fragen, das von seinen Anfängen an unter besonderer Beobachtung des MfS stand. Schon im Juli 1957 hatte die HVA einen Aktenvorgang über den gebürtigen Oberschlesier angelegt. Da war er noch stellvertretender FDP-Fraktionschef im Bundestag. Dennoch skizzierte ein fünfseitiges Dossier – »nach Angaben zuverlässiger Quellen« – schon damals Erich Mendes außenpolitische Positionen, insbesondere gegenüber der Sowjetunion. Genauso waren Ost-Berlin die kontroversen Meinungen über Mende innerhalb der FDP-Fraktion bekannt. Gerade im Fall des »schönen Erich« verblüfft der Kenntnisreichtum der Aktenvermerke.

Wir erfahren etwa: 1957 machte Mende, der neue Bundesminister für Gesamtdeutsche Fragen, seinen Antrittsbesuch in West-Berlin. Den Bericht über die Visite konnte nur ein Spitzel aus dem engsten Kreis der Berliner Liberalen geliefert haben. Kaum zufällig endet der Geheimreport mit dem Vermerk: »Die Information darf im Interesse der Sicherheit der Quelle nicht publizistisch ausgewertet werden.«

Im Dezember 1963 lieferte die Abteilung VII dann eine Kurzbiografie über den Bundesminister Mende, dessen Zuständigkeitsbereich »Gesamtdeutsche Fragen« grundsätzlich in Anführungsstriche gesetzt wurde. Auffallend ist wieder einmal, wie kenntnisreich die Stasi-Kundschafter über seine »freiwillige« Kriegsteilnahme und die »Laufbahn eines faschistischen Berufsoffiziers« inklusive Auszeichnungen bis zum »Ritterkreuz« zu berichten vermochten. Der Rechercheaufwand muss immens gewesen sein.

Mendes Studium, seine Promotion, seine Anfänge in der Wirtschaft wurden ebenso präzise dargestellt wie seine Rolle bei der FDP-Gründung. Haarklein werden die Stationen einer steilen politischen Karriere protokolliert. Wer allerdings der findige Autor der biografischen Spurensuche war, lässt sich den erhaltenen Akten nicht entnehmen.

Wiederholt gab es Versuche, den FDP-Spitzenpolitiker durch eine Anzeige bei der Obersten Staatsanwaltschaft der DDR zu denunzieren. Darin wurde der FDP-Vorsitzende beschuldigt, als Oberleutnant und Adjutant in der Nähe des russischen Wjasma die Erschießung sowjetischer Kriegsgefangener angeordnet zu haben. Die MfS-Abteilung Agitation hatte den Vorgang an die Strafverfolgungsbehörden weitergeleitet. Was daraus wurde, verrät die Akte nicht.

Im Januar 1968 erreichten das MfS weitere Hinweise – diesmal stammten sie von einem DDR-Bürger – über Mendes angebliche Kriegsverbrechen während des Zweiten Weltkrieges. Die folgenden Überprüfungsmaßnahmen in der DDR, der VR Polen und in der ČSSR ergaben freilich, dass der Informant, dessen Name in der Akte geschwärzt ist, den von ihm geschilderten Sachverhalt nicht wahrgenommen haben konnte. Geradezu um Fairness bemüht, verweist der Stasi-Ermittler auf den Umstand, dass der vermeintliche Zeuge »in der Vergangenheit mehrfach unwahre Angaben zur Verschleierung seiner Vergangenheit bzw. zur Erlangung persönlicher Vorteile machte«.

Der Vorgang belegt, dass die Auslandsspionage der DDR bisweilen durchaus seriös und akkurat recherchierte. Er zeigt aber auch, welche Anstrengungen der DDR-Geheimdienst im In- und Ausland unternahm, um westdeutsche Politiker mit tatsächlichen oder vermeintlichen Naziverbrechen in Verbindung zu bringen.

Auf Mende war – wie wir heute wissen – seit Mitte der Fünfzigerjahre ein prominenter Parteifreund angesetzt, ein Agent der Extraklasse, kein Geringerer als der prominente Nürnberger Unternehmer und langjährige Eigentümer einer Fotohandelskette, Hannsheinz Porst. Anfang der Fünfzigerjahre traf er erstmals mit einem

SED-treuen Vetter in Ost-Berlin zusammen. Wenig später trat er mit Mitarbeitern des DDR-Geheimdienstes in Kontakt. Deren Absicht war von Beginn an klar: über den erfolgreichen Geschäftsmann, der mit dem SED-Regime sympathisierte, genaue Einblicke in die politischen Verhältnisse der Bundesrepublik zu erlangen. Porst war durchaus bewusst, mit wem er sich da traf. Sogar Markus Wolf, dem Chef der HVA, muss Porst mehrfach begegnet sein. Dabei hat er, der Überzeugungstäter, den Wunsch geäußert, Mitglied der SED zu werden. Also unterschrieb der Nürnberger Fotokaufmann eine Erklärung, dass er für die »Sicherung des Friedens« eintreten und den »Faschismus bekämpfen« – und darum der Stasi zuarbeiten wolle. Porst folgte dem Drängen seiner Ost-Berliner Partner, 1955 Mitglied der Nürnberger FDP zu werden und seine Position innerhalb der liberalen Partei mit großzügigen Geldspenden zu festigen.

Bei einem Besuch in Ost-Berlin 1958 wurde er dann, nach dreijähriger Bewährungszeit, feierlich in die SED aufgenommen. Porst sagte zu, künftig über all seine Begegnungen mit FDP-Politikern zu berichten. Vorgesehen war sogar, dass Porst ein Ministeramt anstreben sollte, was er aber aus geschäftlichen Gründen ablehnte. Den Vorschlag der HVA, durch großzügige Zuwendungen an die Partei auf sich aufmerksam zu machen, befolgte er indes artig.

Bei einem weiteren Treffen mit Wolf, 1960 in Ost-Berlin, wurde vereinbart, dass Porst die FDP bei den Bundestagswahlen 1961 finanziell tatkräftig unterstützen würde. So könne der »Marxist und Millionär« am Ende auch auf den Bundesvorsitzenden Mende einwirken. Er sollte, im Sinne der DDR, die Anerkennung der Oder-Neiße-Linie als Westgrenze Polens und die Aufgabe der Hallstein-Doktrin vorantreiben.

Verabredungsgemäß und den Maßgaben der HVA folgend, übernahm Hannsheinz Porst die Kosten für den Druck des gesamten Wahlkampfmaterials der FDP anlässlich der Bundestagswahl am 17. September 1961. Außerdem gewährte er den Liberalen »einen finanziellen Nachlass« von 300.000 DM. Markus Wolf, der listige und gleichzeitig großzügige Chef der DDR-Auslandsspionage, sorgte im Gegenzug dafür, dass seinem IM »Optik« – so Porsts Deckname – rund 70.000 DM aus der HVA-Kasse zurückerstattet wurden.

Porst bekam von seinem Duzfreund Erich Mende, dem FDP-Vorsitzenden, jede Menge vertraulicher Informationen, die dann, zugestellt über einen Kurier, direkt in Ost-Berlin landeten – etwa ein Referat des Ministers zur atomaren Bewaffnung der Bundesrepublik oder eine parteiinterne Studie mit dem Titel »Verklammerung und Wiedervereinigung«, das Programm für eine neue Deutschlandpolitik der FDP. Ob Porst auch das besondere Interesse der Stasi an den Sitzungsprotokollen des Bundeskabinetts befriedigen konnte, ist allerdings offen. Aber dass er, dank seiner Nähe zu Mende, verlässlich geliefert hat, steht außer Zweifel – einerlei, ob es nun um die aktuelle Position Bonns bei den Passierscheinverhandlungen ging oder um die Bemühungen des Bundeskabinetts zur Verbesserung des Interzonenhandels.

HVA-Chef Wolf ließ es sich nicht nehmen, seinen Top-Agenten Porst aus Anlass seiner zehnjährigen Spionagetätigkeit mit einer Verdienstmedaille auszuzeichnen. Pech für die DDR-Auslandsspionage war allerdings ein 1964 in der Bundesrepublik anhängiges strafrechtliches Ermittlungsverfahren gegen Porst wegen Steuerhinterziehung, das schließlich mit der Verhaftung des erfolgreichen Unternehmers endete. Nachdem Porst die Schuld beglichen und ein Bußgeld von 2,5 Millionen DM entrichtet hatte, wurde die Anklage gegen den Unternehmer mit besten Kontakten – heute kaum fassbar – freilich fallen gelassen.

Doch das Glück währte nicht lang. Vier Jahre später wurde Porst erneut verhaftet. Im Juli 1969 verurteilte der Bundesgerichtshof Hannsheinz Porst wegen »landesverräterischer Beziehungen« zu einer Freiheitsstrafe von zwei Jahren und neun Monaten. Bei seiner Verteidigung nannte er seine Treffen in Ost-Berlin einen »Beitrag zur besseren Verständigung zwischen beiden deutschen Staaten«.

Nie habe er Geheimnisse verraten, nie sei er ein Spion oder gar Landesverräter gewesen. Die Dokumente der Stasi beweisen das Gegenteil.

Was von Porst bleibt, ist die Erinnerung an eine schillernde Unternehmergestalt, an ein Kind seiner Zeit, das 1972 seine Firmengruppe an die eigene Belegschaft verschenkte – vermutlich eine Art experimenteller Sozialismus im Kleinen. Den Ruin hat das nicht mehr aufhalten können. Mit seinem deutsch-deutschen Doppelspiel ist Hannsheinz Porst, ökonomisch wie ideologisch, krachend gescheitert.

Die Quelle IM »Optik« war da schon lange versiegt. Aber die Stasi verfügte augenscheinlich über einen Fundus von Alternativen. Allerorten willige Spitzel! Selbst der Schriftwechsel zwischen Erhard und Chruschtschow 1964, als »Geheime Verschlusssache« gehandelt, gelangte dank der verlässlich sprudelnden IM-Berichte aus Bonn augenblicklich auf die Schreibtische der DDR-Auslandsaufklärung. Den Spitzen des DDR-Staats war die Brisanz dieser und anderer gelieferter Informationen offensichtlich bewusst. Verwenden konnten sie sie allzuoft nicht, denn viele Geheimdossiers endeten mit ein und demselben Vermerk: »Die Information darf im Interesse der Sicherheit der Quellen nicht publizistisch ausgewertet werden«.

Die Informanten waren schließlich nicht selten an Top-Adressen der Bonner Republik positioniert. Auf diesem Weg erfuhr der »Genosse Walter Ulbricht« von einem Getreuen auch die neuesten Details über die Haltung führender CDU-Politiker zur Koalition mit der FDP. Dass der konservative Franz Josef Strauß von der CSU nur in einem Bündnis mit der SPD eine Chance wittere, endlich wieder ein Ministeramt zu erlangen, dürfte Ost-Berlin durchaus überrascht haben.

Auf besonderes Interesse stießen beim MfS selbstverständlich auch der »Stand der Notstandsgesetzgebung in der Bundesrepublik«

oder die »Erörterung politischer, militärpolitischer und militärischer Fragen auf der NATO-Ministerratstagung« oder die »Vorstellungen und Maßnahmen der westdeutschen Bundesrepublik zur Politik gegenüber den sozialistischen Ländern Osteuropas«.

Eine Strategieklausur in Moskau, an der unter anderem Mielke, sein Vertreter Bruno Beater, Markus Wolf und der Vorsitzende des Komitees für Staatssicherheit beim Ministerrat der UdSSR (KGB), Wladimir Semitschastny, teilnahmen, hatte schon im Juni 1962, also am Ende der Adenauer-Ära, natürlich »streng geheime« Pläne für eine künftige konspirative Zusammenarbeit festgelegt.

Ein in seiner Radikalität höchst aufschlussreicher Bandwurmsatz formulierte die Ziele der fortan koordinierten Operationen: Ziel war ein

»Maximum an Bemühungen auf das Eindringen in das Bundeskanzleramt, das Auswärtige Amt, das Bundesverteidigungsministerium, den Geheimdienst und die Abwehr der BRD, die Botschaften, Geheimdienst- und Abwehrorgane der USA, Englands und Frankreichs in Westdeutschland, in die leitenden Organe der CDU, FDP und SPD, in kirchliche Organisationen, in solche wissenschaftliche Forschungsinstitute, Laboratorien, Versuchs- und Konstruktionsbüros […], die sich mit der Ausarbeitung geheimer wissenschaftlicher und militärtechnischer Probleme befassen oder an der Herstellung neuer Arten der geheimen Kriegstechnik arbeiten«.

Der hier vereinbarte Austausch zwischen Ost-Berlin und Moskau wurde bis zum Ende der DDR im Jahr 1989 intensiv gepflegt.

Die Diktion des Protokolls ist durchgängig von den Feindbildern des Kalten Krieges geprägt. Beschworen wird etwa:

– »die Entlarvung des revanchistischen und militaristischen Wesens des Bonner Staates sowie der nazistischen Vergangenheit einzelner Politiker, welche z. Z. in den staatlichen und wissenschaftlichen Einrichtungen tätig sind und aktiv am politischen und gesellschaftlichen Leben in der BRD und Westberlin teilnehmen.

– Das Aufzeigen der Verbindung revanchistischer und anderer Feindorganisationen. Mobilisierung der öffentlichen Meinung der Welt gegen die regierenden Kreise der BRD durch Entlarvung ihrer Bestrebungen zur Atombewaffnung der Bundeswehr und zur Erlangung der Vorherrschaft in Europa, desweiteren durch Entlarvung der tatsächlichen Lage in Westberlin und deren Ausnutzung durch die Westmächte für ihre aggressiven Pläne«.

Umgesetzt wurde das umfängliche Vorhaben etwa auf einer internationalen Pressekonferenz am 2. Juli 1965 in Ost-Berlin, auf der ein sogenanntes Braunbuch über die »Kriegs- und Nazi-Verbrecher in der Bundesrepublik« vorgestellt wurde. Im Mittelpunkt dieser Veranstaltung des »Nationalrates der Nationalen Front des demokratischen Deutschland« und des »Komitees der Antifaschistischen Widerstandskämpfer der DDR« stand einmal mehr der ZK-Sekretär Albert Norden. Mit flammender Rede brandmarkte der Chefpropagandist der DDR die hohe Zahl der Naziverbrecher im »Erhard-Staat«. Mit zur Schau gestellter Empörung präsentierte er der Weltöffentlichkeit ein Werk,

»das erstmalig und mit zahlreichen neuen Materialien, Tatsachen und Dokumenten den gesamten Umfang, das ganze Ausmaß der Durchsetzung *aller* Bereiche des westdeutschen Lebens und der westdeutschen Politiker mit schwerbelasteten Nazi- und Kriegsverbrechern zeigt. Dieses Buch enthält – als eine erste, noch unvollständige Zusammenfassung – die Namen von über 1 800 schwerbelasteten führenden Nazi-Funktionären und Kriegsverbrechern, die sich heute ungehindert in entscheidenden Stellungen im westdeutschen Staats- und

Wirtschaftsapparat betätigen oder hohe Staatspensionen für ihre verantwortliche Tätigkeit im Dritten Reich beziehen.«

Die Statistik, die das »Braunbuch« erhob, schien in der Tat alarmierend. Denn die penible Auflistung von Männern mit nazistischer Vergangenheit umfasste mit den Worten Nordens:

»21 Minister und Staatssekretäre der Bundesrepublik,
100 Generale und Admirale der Bundeswehr,
828 hohe Justizbeamte, Staatsanwälte und Richter,
245 leitende Beamte des Auswärtigen Amtes und der Bonner Botschaften und Konsulate,
297 mittlere und hohe Beamte der Polizei und des Verfassungsschutzes betätigten sich als einflussreiche Stützen der Hitlerdiktatur, als Wegbereiter und Nutznießer der Judenverfolgung, als Organisatoren und Kommandeure der Überfälle auf fast alle Länder Europas, als überführte Mörder von Antifaschisten und Widerstandskämpfern. Ich betone: all diese Mörder und Helfer von Mördern üben heute in der Bundesrepublik entscheidende Funktion aus.«

Namentlich attackierte Norden die Spitzen des »Erhard-Staates«: Als oberster Repräsentant der Bundesrepublik fungiere in der Gestalt von Bundespräsident Heinrich Lübke ein Mann, der geheimste Rüstungsvorhaben der obersten Naziführung realisiert habe und als Bauleiter des Göring-Himmler-Speerschen-Jägerstabes an der Ermordung vieler Hundert KZ-Häftlinge mitschuldig geworden sei. Dass diese Behauptung nicht der Wahrheit entsprach, konnte erst nach der Wende, nach Freigabe der Stasiakten, belegt werden. Nationalsozialistischer Verbrechen bezichtigte Norden auch Globke, Oberländer, Lemmer, ranghohe Militärs sowie den amtierenden Bundesinnenminister: »Der Nazi-Jurist Höcherl und viele 100 Gestapo-Leute Himmlers, die gestern gemeinsam Jagd auf

Antifaschisten, Zwangsarbeiter und Juden machten, bereiten sich heute als Bonner Innenminister und als Mitarbeiter des Verfassungsschutzamtes vor, mit Hilfe der 11 Notstandsgesetze wiederum jeden zum Schweigen zu bringen, der sich zur Wehr setzt.«

Die Notstandsgesetze, von langer Hand geplant, endgültig verabschiedet schließlich am 30. Mai 1968, ließen sich in der Tat agitatorisch nutzen. Auch die Empörung in Teilen der Bundesrepublik war groß. Die Paragrafen, die so mancher nur mit der Abbreviatur »NS-Gesetze« bedachte, lieferten nicht zuletzt der 68er-Bewegung willkommene Munition. Denn in diesem »Siebzehnten Gesetz zur Ergänzung des Grundgesetzes« wurde festgeschrieben, dass nicht nur bei Katastrophen und im Verteidigungsfall, sondern auch bei »innerem Notstand« die Grundrechte der Bürger beschränkt werden können. Wegen der anhaltenden Kritik in der Bundesrepublik wurde gleichzeitig Mitte 1968 im Absatz 4 des Artikels 20 das Widerstandsrecht als Ultima Ratio des Einzelnen eingeführt und wenige Monate später das Recht auf Verfassungsbeschwerde ins Grundgesetz eingefügt.

Das angsteinflößende Vorhaben, das bereits seit 1956 in immer neuen Entwurfsfassungen weiterentwickelt wurde, kam dem Klassenkämpfer Albert Norden durchaus gelegen: »Wenn mancher im Ausland meint, diese Notstandsgesetze seien eine ›innere Angelegenheit‹ Westdeutschlands, dann möchte ich antworten: Das haben viele Leute im Westen 1933 auch gesagt, als Hitler Kommunisten und Kriegsgegner in die Gefängnisse warf und sein ›Gesetz zum Schutze von Volk und Staat‹ verkündete. Sie haben zu Hitlers Kriegsvorbereitungen im Innern geschwiegen. 1939 mussten sie das bitter bereuen und teuer mit Blut und Gut bezahlen. Die Geschichte hat bewiesen: Gegenüber den deutschen Imperialisten und Militaristen ist eine Beschwichtigungspolitik absolut unangebracht.«

Oberstleutnant Kehl, Leiter der MfS-Abteilung Agitation, erstattete dem Genossen Minister Mielke schon tags darauf Rapport über die Pressekonferenz. Denn das »Braunbuch« war mit wesentlicher Unterstützung der DDR-Auslandsspionage entstanden. Die Abschnitte »SS-Mörder von A bis Z« und »Angehörige der Gestapo, des SD und der SS in der Westberliner Polizei« wurden, so klopfte sich Kehl auf die Brust, »fast nur aus unseren Materialien zusammengestellt«.

Die Buchpräsentation verfehlte ihre Wirkung im Westen nicht. Das »Braunbuch« rüttelte an den Grundfesten der Bundesrepublik und sah sich darum bald als »politische Pornographie« verunglimpft. Der West-Berliner Historiker Götz Aly indes hielt das Sündenregister, aller lautstarken Propaganda zum Trotz, keineswegs für ein »gedankenloses Machwerk«. Die empirischen Grundlagen des Braunbuchs seien durchaus verlässlich. Die Irrtumsquote liege bei deutlich unter einem Prozent. Das größte Manko des Braunbuchs sei, so Aly, dass es zu wenige Namen nenne. So wecke es ungewollt die Illusion, all die vielen Nichtgenannten hätten mit dem Nationalsozialismus nichts oder nur wenig zu tun gehabt.

Augenscheinlich haben die Autoren einige westdeutsche Spitzenpolitiker und -militärs trotz Nazivergangenheit geschont. Ihre Namen tauchen im Braunbuch nicht auf. Zum Kreis der Nichtgenannten zählen Walter Scheel, Gerd Schmückle, Richard Stücklen und Hans-Dietrich Genscher. Andere ehemalige und zukünftige Minister wie Theodor Blank, Franz Josef Strauß oder Johann Baptist Gradl, der CDU-Mann, der von 1965 bis 1966 Vertriebenenminister werden sollte, wurden hingegen in die Nähe des Nationalsozialismus gerückt, obwohl sie niemals der NSDAP angehörten und während ihrer Militärzeit keinerlei Verbrechen begangen hatten.

Im letzten Jahr von Erhards Kanzlerschaft häuften sich die »aktiven Maßnahmen« des Ministeriums für Staatssicherheit in auffälligem Maß. Wie beim deutsch-sowjetischen Treffen der Geheimdienstbosse schon 1962 angeregt, veranstaltete die MfS-Abteilung Agitation nun zunehmend groß angelegte Pressekampagnen. Eine davon galt im Frühjahr 1966 angeblichen ideologischen und militärischen Kriegsvorbereitungen in der BRD. Deren Alleinvertretungsanspruch sei eine Doktrin der Aggression nach innen wie nach außen. Ost-Berlin wollte den Nachweis führen, dass Westdeutschland ein Herd der Kriegsgefahr und der vornehmliche Gegner eines friedlichen Europas sei. Dabei wurde insbesondere die Politik der CDU/CSU-Führung angeprangert.

Die nächste Pressekonferenz folgte zeitnah. Thema diesmal: »Ursachen, Zielsetzungen und Methoden der friedensgefährdenden Politik des westdeutschen Staates«. Albert Norden und Vertreter der DDR-Blockparteien widmeten sich der weitreichenden Frage: »Wohin steuert die Bundesrepublik?« Nordens Hauptreferat wurde vom Deutschen Fernsehfunk übertragen, 304 Pressevertreter aus aller Herren Länder nahmen an der Konferenz teil.

Aber das liebste Thema blieben natürlich die geplanten Notstandsgesetze. Am 2. Mai 1966 war Chefpropagandist Albert Norden wieder einmal vor die internationale Presse in Ost-Berlin getreten, um die im Jahr zuvor gestartete Kampagne gegen das Bonner Vorhaben weiter zu befeuern. »Mit der Proklamierung des Notstandes wird alle Macht in die Hände der Generalität der Bundeswehr gelegt. Das sind vor allem die 25 Generale, die den höchsten von Hitler verliehenen Hakenkreuzorden, das Ritterkreuz, teilweise sogar mit Eichenlaub und Schwertern, tragen. Sie tragen nicht nur Hitlers Orden, sie tragen auch Hitlers Geist in die Bundeswehr.« Die Rede war in weiten Teilen vom MfS recherchiert und dem prominenten SED-Funktionär zu Verfügung gestellt worden. Dabei wachte Markus Wolf persönlich darüber, welche Erkenntnisse freigegeben wurden und was als »streng vertrauliches Material zu behandeln war«, also auf keinen Fall der Öffentlichkeit zugänglich gemacht werden durfte.

Unter Verschluss etwa hatte ein eng beschriebenes Dossier zu bleiben, das sämtliche Personen auflistete, die an vorderster Front mit der Durchsetzung der Notstandsgesetze befasst waren. Da wird

Hans Schäfer genannt, der Staatssekretär im Bundesinnenministerium, der dem NS-Staat unter anderem als Oberregierungsrat im Reichsministerium für die besetzten Ostgebiete diente. Von der Stasi gelistet ist auch Staatssekretär Werner Ernst, einst Oberstabsführer von »Todt« – die paramilitärische Organisation war für rüstungsdienliche Bauvorhaben zuständig und setzte dazu in erheblichem Maße Zwangsarbeiter und KZ-Häftlinge ein. Dazu erschienen im Dossier zwei weitere Ministerialdirektoren und 14 Referenten, alle im Rang von Oberregierungsräten, Ministerialdirigenten des Verfassungsschutzes, der Kriminalpolizei und des Bundesgrenzschutzes sowie zehn Referenten. Durchleuchtet wird auch das Bundesamt für Zivilbevölkerungsschutz mit seinem Präsidenten, fünf Regierungsdirektoren und zwölf Referenten.

Am Ende nennt das konspirative Papier die Namen von mächtigen Kabinettsmitgliedern, die ausschließlich der CDU angehörten: Sonderminister Heinrich Krone, Paul Lücke (Inneres) und Kai-Uwe von Hassel (Verteidigung). Sie alle sollten, so der Plan, eine Notstandsvollmacht in den Händen haben. Welch eine Ballung von Macht! Auch die westdeutschen Geheimdienste unterstanden allesamt diesen Ministern: der Bundesnachrichtendienst, das Bundesamt für Verfassungsschutz, das Bundeskriminalamt, das Amt für Sicherheit der Bundeswehr. Kurzum, die Stasi war im Besitz des gesamten Organigramms mit allen relevanten Namen nebst Funktionen und Viten. Konnte ein gegnerischer Geheimdienst genauer informiert sein?

Und dennoch, das eigentliche Ziel des immensen Kraftakts – die Verhinderung der Notstandsgesetzgebung – haben die DDR-Staatssicherheit und ihre Propagandisten verfehlt. In der ersten Großen Koalition der Bundesrepublik, unter der Kanzlerschaft von Kurt Georg Kiesinger, wurde die strittige Grundgesetzänderung mit der erforderlichen Zwei-Drittel-Mehrheit verabschiedet. Der aufwendige Versuch des DDR-Geheimdienstes, eine Bonner Bundestagsentscheidung zu beeinflussen oder gar zu verhindern, war auf ganzer Linie gescheitert.

5. Kanzler Kiesinger und sein Minister Wehner

Die Bundesrepublik im Herbst 1966. Regierungskrise in Bonn. Nach einer Auseinandersetzung über den Bundeshaushalt hatte die FDP ihre vier Minister aus dem Kabinett Erhard zurückgezogen. Der Rücktritt Erhards war die Folge. Notgedrungen also musste die CDU/CSU-Bundestagsfraktion am 10. November 1966 einen neuen Kanzlerkandidaten bestimmen. Dabei setzte sich der baden-württembergische Ministerpräsident Kurt Georg Kiesinger gegen seine Konkurrenten Außenminister Gerhard Schröder und gegen den CDU/CSU-Fraktionsvorsitzenden Rainer Barzel im dritten Wahlgang durch. Die neuen Koalitionsverhandlungen mit der FDP scheiterten gleichwohl. Doch dem CDU-Kandidaten gelang es, den SPD-Vorsitzenden Brandt, allen grundsätzlichen Meinungsverschiedenheiten zum Trotz, für die Möglichkeit einer Großen Koalition zu erwärmen. Am 1. Dezember 1966 wählte der Bundestag Kiesinger zum dritten Bundeskanzler der Bonner Republik. Brandt wurde Vizekanzler und Außenminister.

Das Ministerium für Staatssicherheit, von Kiesingers Kanzlerkandidatur offenbar überrascht, stand vor einer Herausforderung: Denn auf Erhard folgten nun mit dem Tandem Kiesinger/Brandt zwei Männer, die gegensätzlicher nicht hätten sein können. Schon kurz vor der Kanzlerwahl hatten mehrere Abteilungen der MfS-Westspionage Angaben zur Person Kiesingers gemacht und seine politische Entwicklung vor und nach 1945 zusammengetragen,

Dokumente, auf die Schnelle zusammengestellt, die den künftigen Kanzler aus Tschekisten-Sicht direkt belasteten. »Anschauungs- und Beweismaterial gegen Kiesinger« nennt das die Akte.

Protokolliert wurde etwa die Aussage eines wegen Spionage verurteilten Strafgefangenen in Bautzen II. Bei seiner Vernehmung berichtete dieser westdeutsche Bürger, er habe durch einen Informanten von Kiesingers Tätigkeit als Verbindungsmann zwischen dem NS-Außenministerium und dem Reichssicherheitshauptamt erfahren. Dabei hätte der nun amtierende Kanzler bei der Gestapo Personen aus dem Geschäftsbereich des Außenamtes angeschwärzt, die ideologisch oder durch aktiven Widerstand als Gegner des Naziregimes in Erscheinung getreten seien. Ein großer Teil der von Kiesinger Denunzierten soll daraufhin Verfolgungen durch das Naziregime – Einweisungen in Konzentrationslager und Aburteilungen zu hohen Zuchthausstrafen oder gar zum Tod – ausgesetzt gewesen sein. Das auf acht Seiten festgehaltene Verhör durch einen MfS-Vernehmer beweist eine intime Kenntnis von Kiesingers Tätigkeit im Auswärtigen Amt in der NS-Zeit und seinen politischen Anfängen in der westdeutschen Nachkriegspolitik. Der Wahrheitsgehalt der gravierenden Beschuldigungen lässt sich nicht mehr klären.

Schon einen Tag vor der Wahl Kiesingers zum Bundeskanzler hatte die Hauptabteilung IX der DDR-Auslandsspionage – zuständig für strafrechtliche Ermittlungen – einen fünfseitigen »Maßnahme-Plan gegen K i e s i n g e r« vorgelegt, der die umfassende Ausspitzelung des künftigen Bonner Regierungschef befahl. Weiteres belastendes Material sei zusammenzutragen, um besonders seine Zeit vor 1945 zu durchleuchten. Über die gewonnenen Erkenntnisse solle umgehend eine Ermittlungsakte angelegt werden.

Damit waren Recherchen in Gang gesetzt, mit dem Ziel, Kiesingers Leben von der Geburt bis zur Kanzlerschaft nach allen Regeln tschekistischer Aufklärungskunst zu durchforsten. Am Ende umfasste seine Stasiakte 776 Seiten. Während seiner gesamten Kanzlerschaft von Dezember 1966 bis zu ihrem Ende im Oktober 1969 stand Kiesinger ununterbrochen im Mittelpunkt geheimdienstlicher Operationen, die ihn diskreditieren sollten.

Die Profis des MfS fahndeten in den einschlägigen DDR-Archiven und in denen der sozialistischen Bruderländer, vor allem in der Sowjetunion. Sie wurden fündig und konnten nicht nur Kiesingers frühe Mitgliedschaft in der NSDAP ab 1. Mai 1933 belegen, sondern auch seine Tätigkeit als »Stellvertretender Leiter der Rundfunkpolitischen Abteilung im Reichsaußenministerium«. Originalunterlagen aus dieser Zeit füllen viele Seiten der Akte, auch Kiesingers Verbindung zur »Reichs-Rundfunk-Gesellschaft« (RRG) ist ausführlich dokumentiert. Insbesondere hierzu wurde nach belastendem Material gesucht, um Kiesinger »rundfunkpropagandistische Maßnahmen im Zusammenhang mit der ›Endlösung der Judenfrage‹« zu unterstellen. Angeblich existierten Protokolle von Gesprächen zwischen Kiesinger und Eichmann aus den Jahren 1942/43, aus denen hervorginge, dass der CDU-Politiker vormals bereit war, die Vernichtungsaktionen der SS rundfunkpropagandistisch gegenüber dem Ausland zu verschleiern.

Nach dem ersten Jahr seiner Kanzlerschaft legte das Ministerium für Staatssicherheit einen knapp 50-seitigen Aufriss von Kiesingers Vita vor, der – es fällt nicht ganz leicht – als geheimdienstliche Meisterleistung bezeichnet werden muss. Am Anfang steht sein politischer und beruflicher Werdegang bis 1945. Im zweiten Kapitel dann wird seine Karriere von 1945 bis 1966 dokumentiert. Das dritte widmet sich Kiesingers kurzer Bundeskanzler-Zeit, seinen politischen Überzeugungen, seiner Haltung in der Frage des Alleinvertretungsanspruchs, seiner »Obstruktionspolitik gegen den Abschluss eines Atomsperrvertrages« und seiner angeblich engen Verbindungen in tief reaktionäre Kreise: »Kiesinger und die neofaschistischen Organisationen in der Bundesrepublik«. Schließlich wird der Regierungsapparat beleuchtet, in dem nach Erkenntnissen des MfS viele Männer säßen, die er aus der gemeinsamen Tätigkeit in der rundfunkpolitischen Abteilung des Reichsaußenministeriums kenne.

Die umfangreiche Akte dokumentiert auch die Kooperation des MfS mit der Abteilung »Aktive Maßnahmen« beim sowjetischen Bruder-Geheimdienst – dem KGB, damals MfS-intern »KFS« genannt. Das beidseitige Interesse galt dabei nicht nur dem Kanzler, sondern auch Politikern wie Brandt, Wehner, Barzel oder Gerstenmaier. Vereinbart wurde, sich gegenseitig laufend zu konsultieren und keine größeren Maßnahmen ohne vorherige Rücksprache durchzuführen. Hier zeigt sich die enge Verflechtung beider Geheimdienste. Der sowjetische war für das MfS bis zum Ende der DDR in allen Bereichen das Vorbild.

Im Mai 1967 hatte sich Ungewöhnliches ereignet. Ein Bote überbrachte dem Bonner Kanzleramt einen Brief von Willi Stoph, dem Vorsitzenden des Ministerrates. Im Gegensatz zu seinen Vorgängern verweigerte Kiesinger die Annahme eines offiziellen Schreibens der DDR-Führung nicht. Stoph unterbreitete den Vorschlag, »in direkte Verhandlungen einzutreten mit dem Ziel, ordnungsgemäße Vereinbarungen über die Aufnahme normaler Beziehungen zwischen beiden deutschen Staaten, über den Verzicht beider deutschen Staaten auf die Anwendung von Gewalt in den gegenseitigen Beziehungen und über die Regelung anderer Grundfragen herbeizuführen«. Der Antwortbrief des Kanzlers vom 13. Juni 1967 unterstrich – wie hätte es auch anders sein können – das Alleinvertretungsrecht der Bundesregierung. Für die SED-Machthaber war das natürlich inakzeptabel.

In Kiesingers Stasiakte findet sich allerdings eine außergewöhnliche »Einzel-Information«. Sie meldet »einen neuen westdeutschen Vorstoß zur Vorbereitung einer Zusammenkunft zwischen dem Vorsitzenden des Ministerrates der DDR, Gen. Willi Stoph, und Bundeskanzler Kiesinger«. Wörtlich heißt es da: »Wie zufällig bekannt wird, hat der Bremer Kaufmann M. am 5. 9.1967 mitgeteilt, er sei beauftragt, die zuständigen Stellen der DDR davon zu unterrichten, dass die notwendigen Vorbereitungen für ein Gespräch zwischen dem Vorsitzenden des Ministerrates der DDR, Gen. Willi Stoph und Bundeskanzler Kiesinger eingeleitet werden sollten.«

M., der enge Kontakte zur Umgebung Kiesingers pflege, habe den Auftrag, Folgendes mitzuteilen: Dem Bundeskanzler sei bewusst, dass er um ein direktes Gespräch mit dem Genossen Stoph nicht herumkomme. Er präferiere darum diesen Weg zur Regelung offenstehender Fragen zwischen beiden deutschen Staaten, auch wenn dies möglicherweise nachteilige Folgen für seine Position als Kanzler habe. Denn er, Kiesinger, habe Gegner von Einfluss in den eigenen Reihen, insbesondere seinen parlamentarischen Staatssekretär Karl Theodor Freiherr von und zu Guttenberg, den er aber auf Druck der CSU habe akzeptieren müssen. Dennoch strebe Kiesinger eine Begegnung mit Stoph an. Zwischen Kiesinger und Wehner bestehe Einigkeit darüber, dass so eine Begegnung wichtig sei, obwohl auch Wehner Schwierigkeiten in seiner Partei habe. Doch all dies, so ein interner Stasi-Vermerk, dürfe »im Interesse der Sicherheit der Quellen publizistisch nicht ausgewertet werden«.

Die »streng vertrauliche! Einzel-Information« landete augenblicklich auf den Schreibtischen Walter Ulbrichts, Willi Stophs, des damaligen DDR-Außenministers Otto Winzer und der vier wichtigsten Abteilungen der DDR-Auslandsspionage. Die Akkuratesse der Aktennotiz und die Tragweite der brisanten Informationen aus dem Operationsgebiet belegen wieder einmal die oft herausragende Platzierung der HVA-Spione in Bonn.

Dieser Bericht eines Insiders mag ausschlaggebend für den Umstand gewesen sein, dass der Vorsitzende des DDR-Ministerrates, Willi Stoph, am 13. September 1967 einen fünfseitigen Brief an Kiesinger schrieb, in dem er seine Einladung an ihn erneuerte, zu einem noch zu vereinbarenden Zeitpunkt im Amtssitz der Regierung der DDR deutsch-deutsche Verhandlungen aufzunehmen. Gleichzeitig wiederholte Stoph seine Bereitschaft, sich auch in Bonn mit dem

Bundeskanzler zu treffen. Als Anlage übersandte er den »Entwurf eines Vertrages über die Herstellung und Pflege normaler Beziehungen zwischen der Deutschen Demokratischen Republik und der Bundesrepublik Deutschland«. Bonn hat darauf niemals reagiert.

Derweil wurden in Ost-Berlin weiterhin fleißig Informationen über den Bundeskanzler gesammelt. Im Dezember 1968 konnte die HVA intern eine »Kiesinger-Dokumentation« von insgesamt 129 Seiten präsentieren, die – gespickt mit authentischen Quellen – das Leben Kiesingers scheinbar lückenlos nachzeichneten, wenn auch oft mit ideologischen Scheuklappen und überzogenen, höchst einseitigen Wertungen. Die kommunistische Propaganda zieht sich wie ein roter Faden durch die Materialsammlung. Historisch wertvoll bleibt sie dennoch.

Kiesinger sei ein »hasserfüllter Antikommunist«, ist da zu lesen. Die ungenannten Autoren verstiegen sich gar zu der Aussage, bei diesem Bundeskanzler handelte es sich um einen »skrupellosen Demagogen und Reaktionär der äußersten Rechten, den Vertrauten von Goebbels und Ribbentrop, der den nationalsozialistischen Führern während des Krieges treu gedient und schamlos genutzt« habe. Und damit nicht genug des Schaums vor dem Mund! »Kiesinger mag innere Vorbehalte gegen die Endlösung der Judenfrage gehabt haben. Hätte er sie nicht gehabt, so wäre er vor dem Nürnberger Gericht als Kriegsverbrecher verurteilt worden. Die inneren Vorbehalte ändern aber nichts daran, dass Kiesinger in Kenntnis der Endlösung der Judenfrage, in Kenntnis des an den Juden begangenen Massenmordes jahrelang bis Kriegsende sich aktiv an einer infamen verbrecherischen antisemitischen Hetze, die erkennbar untrennbarer Bestandteil der faschistischen Gesamtpolitik gegen die Juden war, beteiligte. Er war für die Ausschaltung der Juden aus dem öffentlichen Leben Deutschlands und Europas«.

Das Fazit der Materialsammlung des MfS fällt vernichtend aus: »Dass ein Mann mit einer solchen nationalsozialistischen

Belastung Regierungschef in Westdeutschland werden kann, ist einmalig in der Geschichte und ein vernichtendes Urteil für den politischen Zustand der Bundesrepublik.« Dieses Bild galt es im Bewusstsein der Öffentlichkeit zu zementieren. Darum bediente sich etwa die dritte, überarbeitete Auflage von Albert Nordens »Braunbuch« anno 1968 – in der ersten, 1965, war Kiesinger nicht vorgekommen – gleich einer Reihe von Informationen aus der MfS-Dokumentation.

Im letzten Jahr seiner Kanzlerschaft versuchten die Experten der HVA, weitere Maßnahmen vorzubereiten. Zu diesem Zweck, so heißt es in einem »streng vertraulichen« Schreiben vom März 1969, solle Kiesingers Rolle in der Abteilung Rundfunk des Propagandaministeriums genauer erforscht werden. Im Raum stand die Frage, ob und inwieweit er an »Gesetzesentwürfen über ein neues nazistisches Rundfunkrecht« beteiligt war. Und: Stand Kiesinger in irgendeinem Zusammenhang mit den Olympischen Spielen in Berlin 1936 und mit dem »Weltkongress für Freizeit und Erholung«? Die Abteilung X der HVA erwarte alsbald konkrete Erkenntnisse. Was aus der Unternehmung wurde, ist der Akte Kiesinger nicht zu entnehmen.

Nur wenig findet sich auch zur Backpfeifen-Attacke der deutschfranzösischen Journalistin Beate Klarsfeld auf den Bonner Bundeskanzler. Klarsfeld hatte Kiesinger am 7. November 1968 auf dem CDU-Parteitag in der Berliner Kongresshalle öffentlich geohrfeigt und »Nazi, Nazi, Nazi!« geschrien. Noch am selben Tag wurde Klarsfeld in einem Eil-Verfahren zu einem Jahr Gefängnis verurteilt, musste die Strafe jedoch nicht antreten, weil sie auch französische Staatsangehörige war.

Am 18. April 1969 schrieb HVA-Chef Markus Wolf hierzu einen aufschlussreichen Brief an Erich Mielke und dessen Stellvertreter Bruno Beater. Wolf übersandte der MfS-Spitze einige Exemplare der Dokumentation »K. oder der subtile Faschismus«, die der

»Berliner Extradienst« publiziert hatte. Anlass des Erscheinens war die von Beate Klarsfeld angestrengte Revision gegen das Gefängnisurteil vom November des vergangenen Jahres. Die ganze Affäre entwickle sich, wie Wolf geradezu treuherzig preisgibt, »entsprechend unserem Plan«. Vorgesehen sei, Beate Klarsfeld in Abstimmung mit der Westabteilung des ZK bei weiteren Aktionen gegen Kiesinger in Westdeutschland und Frankreich einzusetzen.

Spätestens seit Philipp Gasserts Kiesinger-Biografie von 2006 wissen wir, dass Klarsfeld seit 1966 mit dem Ministerium für Staatssicherheit kooperierte. Sie war zu keiner Zeit Inoffizielle Mitarbeiterin (IM), aber eine sogenannte Kontaktperson (KP), die für ihre Angriffe auf den deutschen Bundeskanzler vom MfS Munition, also belastendes Material aus der NS-Zeit, erhielt. In ihren Erinnerungen aus dem Jahr 2015 ist nachzulesen, dass ihr Mann Serge die ersten Kontakte zu DDR-Institutionen aufgenommen hat. Er sei im Herbst 1967 nach Ost-Berlin gefahren, wo ihm Zugang zu Dokumenten aus ostdeutschen Archiven gewährt worden sei. Er habe sich Notizen machen und Fotokopien anfertigen können. In Kiesingers Stasiakte gibt es hierfür freilich keinerlei Belege.

Nachzuweisen aber ist das breite Spektrum der Spitzelberichte, etwa über die Auslandsreisen des Kanzlers, das Verhältnis der Koalitionsparteien untereinander oder Adenauers Einschätzung der Rolle West-Berlins in der aktuellen Bonner Politik. Vieles ist in Nachwende-Zeiten gelöscht worden, aber so manches zentrale Dokument blieb erhalten, ein zehnseitiges Konvolut zum Beispiel, in dem in alphabetischer Reihenfolge sämtliche Minister des Kabinetts Kiesinger erfasst sind. Erste »Überprüfungs- und Forschungsergebnisse« hätten zunächst nur Oberflächliches zutage gefördert. Darum seien weitere Maßnahmen zur »Beschaffung von belastenden bzw. kompromittierenden Materialien« zu ergreifen, um diese dann für publizistische und/oder anderweitige Auswertungen zu nutzen. Doch sehr viel haben die Spione vom MfS nicht gefunden.

Immerhin konnten sie nachweisen, dass zwei der insgesamt 17 Minister der Bonner Regierung in nationalsozialistischen Organisationen aktiv gewesen waren. Der sozialdemokratische Minister für Wohnungswesen, Lauritz Lauritzen, hatte seit April 1934 dem SA-Marinesturm angehört. Das ließ sich propagandistisch nutzen. Der Sozialdemokrat mit brauner Vergangenheit, Spitzname »Lau Lau«, fand 1968 Erwähnung in der dritten Auflage des berühmt-berüchtigten »Braunbuchs« über die »Kriegs- und Naziverbrecher in der Bundesrepublik und Westberlin«.

Auch im Fall des Bundesministers für Wirtschaft, Professor Karl Schiller, wurden die MfS-Rechercheure rasch fündig. Denn er war:

- NSDAP-Mitglied seit 1.5.1937, Karteinummer: 4 663 250
- SA-Angehöriger seit Juni 1933
- Mitglied des NS-Studentenbundes
- Mitglied des NS-Dozentenbundes
- Seit 1938 Politischer Leiter der NSDAP.

In Schillers Akte war seine wissenschaftliche Laufbahn an den Universitäten Kiel, Frankfurt und Heidelberg, sein Diplom, seine Promotion und Habilitation sowie seine Professorenkarriere als allseits respektierter Weltökonom exakt nachgezeichnet.

In diesem Zusammenhang ist ein zweiseitiges Schreiben von Oberstleutnant Rolf Wagenbreth, dem Leiter der für »Aktive Maßnahmen und Desinformation« zuständigen Abteilung X der HVA, von besonderem Gewicht. Darin schlägt er dem »Genossen Generalleutnant Wolf« vor, die umfassenden Erkenntnisse über den westdeutschen Wirtschaftsminister nicht nur, wie sonst üblich, der Partei- und Staatsführung zu übermitteln. Nein, es sei sinnvoll, in diesem Falle auch die Sicherheitsorgane der sozialistischen Bruderländer in Kenntnis zu setzen und ihnen anheimzustellen, das Material auch publizistisch zu verwenden. Vor allem aber müssten Schillers Positionen während der Nazizeit in Verbindung mit seinem heutigen pro-imperialistischen Handeln gebracht werden. Die

Informationen seien dabei international zu streuen, etwa in den Niederlanden oder in den skandinavischen Staaten.

In dem Schreiben Wagenbreths hat das MfS die eigenen Ziele einmal im Klartext benannt: Um die »weitere Entlarvung der neonazistischen/militaristischen Entwicklung in Westdeutschland« voranzutreiben, solle beweiskräftiges Material über die nazistisch/militärische Vergangenheit Kiesingers, Höcherls, Schröders, Carlo Schmids, Strauß', Wischnewskis (ehem. Oberleutnant), Hecks, (ehem. Oberleutnant), Katzers und Hassels (ehem. Leutnante), Lückes (ehem. Waffen-Offizier) zusammengetragen und der Öffentlichkeit übergeben werden. Ob die Pläne umgesetzt wurden, lässt sich nicht mehr prüfen. Sicher aber ist: Der Umstand, dass hier Kriegsteilnehmer ohne NSDAP-Mitgliedschaft mit NS-belasteten Ministern in einem Atemzug genannt wurden, war ausschließlich der DDR-Propaganda geschuldet.

Im Kabinett Kiesinger waren aus MfS-Sicht insbesondere Vizekanzler Willy Brandt, zugleich Minister für Auswärtiges, und Herbert Wehner, der Minister für Gesamtdeutsche Fragen, aufs Genaueste zu durchleuchten.

Das Augenmerk der DDR-Auslandsspionage galt dabei zunächst insbesondere Wehner. Seine Akte umfasst sage und schreibe 58 prall gefüllte Bände. Der 1906 in Dresden geborene Arbeitersohn war 1927 als junger Mann der Kommunistischen Partei Deutschlands (KPD) beigetreten und im Exil zum Mitglied des Zentralkomitees aufgestiegen. Von 1937 bis 1941 lebte der gebürtige Sachse im Moskauer Exil, im berühmt-berüchtigten Hotel Lux. Den stalinistischen Säuberungsaktionen ist er – mittlerweile nachzulesen in allen seriösen Biografien – nur deshalb entgangen, weil er, zur Rettung des eigenen Lebens, abtrünnige Genossen verriet. 1941 beorderte ihn die Partei nach Schweden, um von dort aus den kommunistischen Widerstand gegen das nationalsozialistische Deutschland zu leiten. 1942 wurde er verhaftet und befand sich bis zum Kriegsende in einem schwedischen Gefängnis. In diese Zeit fiel sein Ausschluss aus der KPD.

Zurück aus dem skandinavischen Exil, wurde Wehner 1946 Mitglied der Sozialdemokratischen Partei Deutschlands und war von 1949 bis 1983 Bundestagsabgeordneter für den Wahlkreis Hamburg VII. Seine Vergangenheit im politischen Untergrund bescherte dem Altkommunisten mit dem KPD-Decknamen »Kurt Funk« hasserfüllte Attacken seitens der SED-Spitze und natürlich des MfS, dem »Schild und Schwert der Partei«.

Mit schier unglaublichem Aufwand fahndeten die Stasi-Rechercheure im Auftrag der SED-Spitze nach »Belastungsmaterial« gegen Wehner. Die Operationen dienten dabei nur dem einen Zweck: den ehemaligen Kommunisten und späteren Sozialdemokraten als feigen Verräter zu brandmarken. Darum wurde Wehners Rolle im kommunistischen Untergrund genauestens überprüft. Die meisten Fährten entpuppten sich allerdings sehr schnell als falsch und zielten vor allem auf die bewusste Denunziation des einstigen Genossen.

Allein 17 Bände umfasst die MfS-Sammlung über die Aktivitäten des KPD-Führers nach Hitlers Machtübernahme. Sie enthalten Aufzeichnungen von ehemaligen Weggefährten, die Wehners Arbeit diskreditierten. Aber sonderlich zielführend waren die Maßnahmen zunächst nicht.

Unter dem Sammelbegriff »Vorgang Wotan« stellten die Stasi-Rechercheure alles zusammen, was in den Sechzigerjahren auffindbar war. Sie sichteten auch die gesamten Gestapo-Protokolle, die über Wehners politische Arbeit Auskunft gaben. Ebenso dokumentierte das Konvolut Wehners Exil und seine Haft in Schweden. Eine Reihe von Genossen aus dieser Zeit wurde dazu ausführlich befragt. Die Protokolle dieser ausgiebigen Befragungen der KPD-Genossen aus dem schwedischen Widerstand finden sich, akribisch abgeschrieben und archiviert, in den Akten. Das Ergebnis war nicht schmeichelhaft für Wehner. Gleich mehrere ehemalige Mitstreiter im schwedischen Exil bezichtigten ihn des Verrats.

Angeblich hat er dort mehrere schwedische Antifaschisten, die ihm illegal Quartier gewährt hatten, schwer belastet und zu ihrer Verhaftung beigetragen. Daraus resultierte dann Mitte der Sechzigerjahre eine Pressekampagne in Ost-Berlins Zeitungen, die nach Aussage führender Historiker von Walter Ulbricht persönlich initiiert worden war. Die dort gestreute Legende vom Verräter Herbert W. wurde auch von bundesrepublikanischen Medien aufgegriffen, freilich ohne nennenswerten Erfolg.

In seinem »streng vertraulichen Informationsbericht über die Bearbeitung des Vorganges WEHNER« gelangte MfS-Major Schwabe im Dezember 1966 jedenfalls zu einer ernüchternden und recht verquast formulierten Einschätzung: »Die Auswertung der vorhandenen Materialien zur Person und des Verrats WEHNERS in Schweden sowie die daraufhin erfolgte Sichtung und Beschaffung von umfangreichen Volksgerichtshofakten, insbesondere zur illegalen Tätigkeit der Kommunistischen Partei Deutschlands und die Vernehmungen der mit WEHNER in Schweden tätig gewesenen Genossen Richard STAHLMANN, Kurt SIEGMUND, Charlotte BISCHOFF und Erica FRIEDLÄNDER haben bisher noch keine Hinweise erbracht, dass durch die Aussagen WEHNERS vor der schwedischen Polizei einzelne in Deutschland illegal tätig gewesene Genossinnen und Genossen bzw. Gruppen im Ergebnis des Verrats WEHNERS verhaftet, verurteilt und hingerichtet worden seien.«

Kurzum, die Aktion war ein Schlag ins Wasser und lieferte nichts, was bei der Agitation gegen den neu berufenen Minister hilfreich gewesen wäre. Aber das von Schwabe zusammengestellte Dossier belegt einmal mehr den immensen Aufwand, den das MfS im Zuge der Ausforschung des Bonner Spitzenpersonals betrieb. Allein bei der »Bearbeitung des Komplexes Wehner« wurden wahre Berge von Materialien gesichtet:
- die im Deutschen Institut für Zeitgeschichte vorhandenen Presseveröffentlichungen zu Wehner (1950–1966)

- Protokolle des westdeutschen Bundestages aus den Jahren 1949, 1952, 1957 bis 1966 (insgesamt 362 Protokolle)
- die Protokolle der SPD-Parteitage von 1946 bis 1966
- das Grundgesetz der Bundesrepublik und das Grundsatzprogramm der SPD 1966
- die Niederschrift einer Rede Wehners vor sozialdemokratischen Betriebsfunktionären während der »Arbeitswoche Mensch und Betrieb«.

All die kleinen und größeren Trouvaillen sind vollumfänglich in Wehners Akte verwahrt, die mit einem siebenseitigen Dossier vom Dezember 1956 beginnt, das von nicht genannten »Geheimen Mitarbeitern« (GM) und »Geheimen Informatoren« (GI) ohne nennenswerten Erkenntnisgewinn erstellt wurde. Bei dieser »Untersuchung in der Frage WEHNER, besonders in seiner Eigenschaft als Vorsitzender des Bundestages ausschließlich für gesamtdeutsche Fragen, seine Rolle beim Verbot der FDJ, beim Strafänderungsgesetz und bei der Einleitung des Verbotes der KPD ist ins Konkrete gehend bisher nicht untersucht«.

Auf Schritt und Tritt haben die Stasiagenten ihre Zielperson beschattet. Sie waren sogar im Besitz der Kopie eines sechsseitigen Schreibens, das der Abgeordnete Wehner am 10. Oktober 1953 an Adenauer übermittelte. Darin beklagte sich der Sozialdemokrat beim CDU-Vorsitzenden über den Unions-Abgeordneten Willi Rasner, der ihm, was der »Spiegel« prompt aufgriff, auf einer Pressekonferenz geheime Kontakte zum KGB unterstellt hatte. Wehner bat also ausgerechnet den so oft leidenschaftlich attackierten Erzfeind Adenauer um Beistand. Die Verletzung muss tief gewesen sein. Überdies berührte die Attacke aus seiner Sicht das Verhältnis »der nach bestem Wissen und Gewissen unserem Vaterland dienenden Angehörigen der parlamentarischen Opposition zur Bundesrepublik und zu ihren Institutionen«. Empört und entschieden

wies Wehner die »ungeheuerlichen und auf Fälschungen basierenden Behauptungen« zurück. Fakt ist: Den Brief an Adenauer konnte sich das MfS nur auf konspirative Weise beschafft haben. Eine
Antwort des Kanzlers auf Wehners ungemein persönlich gehaltenes
Schreiben existiert in den Akten allerdings nicht.

Archiviert hingegen ist ein Brief Wehners an den damaligen Bun-
destagspräsidenten Eugen Gerstenmaier vom 14. März 1957. Darin
wandte er sich gegen eine Veröffentlichung der schwedischen Ta-
geszeitung »Dagens Nyheter«, die behauptet hatte, Wehner sei Ende
1941 nach Stockholm entsandt worden, um vor Ort eine Spionage-
zentrale für die Komintern zu errichten. In seinem mehrseitigen
Schreiben beharrte Wehner darauf, dass er niemals Sowjetspion
gewesen sei und niemals für einen Nachrichtendienst gearbeitet
habe. Er habe sich in Stockholm allein deshalb aufgehalten, um von
dort aus sobald wie möglich nach Deutschland weiterzureisen.

Dennoch hat die Ost-Berliner Staatssicherheit Wehners Arbeit
im Untergrund weiter zum großen Thema gemacht. Bis in die Siebzigerjahre wurden vielfältige »aktive Maßnahmen« gegen den SPD-
Granden ergriffen. Die Einschätzung, dass der Terror der Gestapo
gegen die zentrale Parteileitung der KPD und die illegalen Gruppen
im Ruhrgebiet, in Berlin und in anderen Teilen Deutschlands auf
Wehner zurückzuführen gewesen wäre, kulminierte dabei schon
im Herbst 1958 in einem 14-seitigen, agitatorisch keifenden De-
nunziations-Papier, vermutlich gegen jegliches besseres Wissen:

»Der Verrat Wehners schwächte in einem entscheidenden Augenblick die Sammlung aller antifaschistischen Kräfte unter der
Führung der KPD. Durch den Verrat half Wehner der Gestapo und
dem faschistischen Deutschland, den heldenhaften Kampf der KPD
und aller Kriegsgegner um die schnelle Beendigung des Krieges
zeitweilig an einem wichtigen Frontabschnitt zu lähmen. Der
Verrat Wehners wirkte somit kriegsverlängernd, er diente objektiv
den Interessen der deutschen Faschisten und Imperialisten und
fügte den Interessen der Nation schweren Schaden zu. Der Verrat

Wehners erfolgte in einer Zeit, als sich das Kräfteverhältnis zuungunsten des deutschen Faschismus zu verändern begann, als sich an den Fronten die ersten Misserfolge einstellten und die inneren und äußeren Widersprüche sich immer mehr verschärften. Zum Zeitpunkt des Verrats Wehners reiften die Bedingungen für die Sammlung aller Kriegsgegner und Antifaschisten zum Sturz des Hitlerregimes heran. Was sagt Wehner zu seiner Rechtfertigung und wie versuchte er den Verrat zu vertuschen? Sein schändlicher Verrat brachte zahlloses Elend in vielen Familien. Hunderte von Männern und Frauen, Jugendliche, Kommunisten und Sozialdemokraten, Vertreter der Intelligenz, Handwerker und Geschäftsleute fielen dem Terror der Gestapo und der faschistischen Justiz zum Opfer.«

Die ungeheuerlichen Anschuldigungen sollten sich später, da die Akten publik wurden, als Lügengebilde, als ideologische Phraseologie erweisen. Das MfS hatte damals nicht mehr in der Hand als die Aussagen einiger überaus windiger Zeugen. Die so händeringend gesuchten Dokumente zu Wehners angeblichem Verrat fanden die Spione aus Ost-Berlin nicht. Aber sie wühlten weiter.

Markus Wolf persönlich übersandte mit einem Schreiben an den »Genossen Minister Mielke« im Dezember 1962 einige »Unterlagen in der Angelegenheit W«. Substanzielles enthielt die Sammlung freilich nicht. Aufschlussreich aber ist der Duktus der Kampfansage: »Es gilt, Wehner im Volk unmöglich zu machen.« – Das war in der Tat die Losung des MfS über Jahre.

Die 1998 von Stephan Konopatzky, dem findigen Mitarbeiter der Stasiunterlagenbehörde, entschlüsselten HVA-Datenbanken namens SIRA weisen in Sachen Wehner für den Zeitraum von 1956 bis 1986 insgesamt 1195 Informationen nach, die von Spionen aus dem Operationsgebiet oder von Abhöraktionen der MfS-Funkaufklärung stammten und sodann in der Ost-Berliner MfS-Zentrale erfasst wurden. Mit ihrer Anzahl rangieren die Auswertungen der Spitzelberichte über Herbert Wehner auf Platz sechs – hinter Kohl, Genscher, Strauß, Brandt und Schmidt.

Seit seinen Ministertagen in Kiesingers Großer Koalition, zuständig für Gesamtdeutsche Fragen, stand Wehner unter besonderer Beobachtung des MfS. Wie war seine Position in der Deutschland- und Ostpolitik, wie stand er zum DGB, wie arrangierte er sich mit der CDU, die einst sein Erzfeind war?

Auch als Wehner 1969 in Willy Brandts erster sozialliberaler Koalition kein Ministeramt mehr innehatte und stattdessen auf lange Zeit SPD-Fraktionsvorsitzender wurde, blieb er im Visier der DDR-Auslandsaufklärung. Sämtliche Fernsehsendungen mit und über Wehner haben Ost-Berlins Schlapphüte mitgeschnitten und alles verfügbare Pressematerial mit Bienenfleiß gesammelt. Allein: Wesentliche Erkenntnisse ergaben sich dabei nicht.

Doch dann der Paukenschlag! Am Ende des gewaltigen Aktenbestands finden sich sechs Ordner aus dem Sekretariat von Minister Mielke (SdM). Band SdM 1858, Hefter III, enthält Sprengstoff aus Moskau. Da werden die auf einer Konferenz im April 1967 beschlossenen Maßnahmen aufgelistet, die »gemeinsam mit Freunden anlässlich des 50. Jahrestages der Großen Sozialistischen Oktoberrevolution durchzuführen« seien. Gleich unter Punkt zwei heißt es: »Es ist eine Aktion zur Kompromittierung WEHNERS durchzuführen.« Eben darum hat Moskau dann das schon so lang ersehnte Material an Erich Mielke gesandt. Mit brisantem Inhalt: Handschriftliche Aufzeichnungen Wehners aus dem Jahr 1937 in der KGB-Akte mit dem Decknamen »Cornelius«. Darin gab dieser »Cornelius« willig Auskunft über eine Reihe von Personen, die er als »Trotzkisten in der UdSSR« schwer belastete und nun beim russischen Volkskommissariat (NKWD) an den Pranger stellte.

Über all das war die Stasi im Bilde. Die DDR hätte nun endlich die so lang ersehnte Kampagne gegen Wehner, den vormaligen Minister für Gesamtdeutsche Fragen, starten können. Doch anstatt mit einer »aktiven Maßnahme« zu beginnen, die vermutlich alles Vorhergegangene in den Schatten gestellt hätte, verschwanden die Wehner aufs Schwerste belastenden Dokumente in Mielkes

Giftschrank und wurden dort niemals wieder herausgeholt. Dabei hätte die Publikation der Aktenstücke mit Gewissheit ein politisches Erdbeben in Bonn ausgelöst. Wehner wäre mit Sicherheit als Minister nicht länger zu halten gewesen. Auch Vorsitzender der SPD-Bundestagsfraktion hätte er, in Anbetracht der Moskauer Erkenntnisse, niemals werden können.

Der Hamburger Historiker Reinhard Müller hat viele Jahre in Moskauer Archiven recherchiert und nach Dokumenten gesucht, die Wehners Tätigkeit für die Kommunistische Internationale verlässlich dokumentieren. In seinem Buch »Herbert Wehner – Moskau 1937« aus dem Jahr 2004 beschreibt Müller, wie der 1990 verstorbene Politiker der Geheimpolizei Stalins einst immer wieder ausführliche Informationen über oppositionelle Gruppen hatte zukommen lassen. Die Konsequenz: Verhaftungen, nicht selten Tod durch Erschießen. So soll sich Wehner selbst vor einer sicheren Verhaftung bewahrt haben.

Die Tatsache, dass Mielkes Ministerium für Staatssicherheit darauf verzichtete, Wehner weltweit an den Pranger zu stellen, hatte vermutlich gute Gründe. Entscheidend dürfte gewesen sein, dass Mitglieder des einstigen KPD-Politbüros, die mittlerweile zu DDR-Ikonen stilisierte Genossen waren, einen vergleichbaren Verrat begangen hatten – Wilhelm Pieck oder Walter Ulbricht etwa. Darum blieb Wehner, über den die Stasi nahezu alles wusste, von der DDR-Staatssicherheit wider alle vollmundig erklärten Absichten verschont.

6. Willy Brandt im Visier

Am Abend des 23. Juni 1972 – es war ein Freitag – bestieg der vierte Kanzler der Bundesrepublik den Transitzug D 1105 von Bonn nach West-Berlin, dem in dieser Nacht ein zusätzlicher Salonwagen und ein Schlafwagen angehängt waren. Willy Brandt hatte sich vorgenommen, mit der Bahn zum 9. DGB-Bundeskongress zu reisen und in der Nacht die innerdeutsche Grenze zu überqueren.

Die Staatssicherheit war in höchster Alarmbereitschaft. Die Hauptabteilungen XIX (»Verkehr, Post, Nachrichtenwesen«) und VI (»Passkontrolle, Tourismus, Interhotel«) hatten aufgeregt »Maßnahmepläne« geschmiedet. Oberst Ullrich, Leiter der Hauptabteilung XIX, befahl die »operative Sicherung« der Unternehmung. Sonderbewachung angewiesen! Sicherheitshalber wurden sogar die Notbremsen der sieben Reichsbahn-Waggons von insgesamt 33 mitreisenden MfS-Mitarbeitern überwacht, nur die Salon- und Schlafwagen des Kanzlers blieben unbesetzt. Jeder Schlapphut war für den Ernstfall gerüstet. »Alle im Zug mitfahrenden operativen Angehörigen tragen Zivilkleidung mit untergeschnallter Pistole.«

Eine Sonderschicht schob auch die Hauptabteilung Transportpolizei, die in dieser Nacht umfängliche Aufgaben hatte: »Die gesamte Streckenführung ist gedeckt zu sichern, Bahnübergänge, Brücken, Baustellen, Schrankenposten und andere Gefahrenpunkte sind durch Standposten abzusichern. Hierzu werden ca. 1.000 Transportpolizei-Angehörige zum Einsatz gebracht.« Das Manöver grenzte ans Groteske.

Wie groß Angst und Paranoia waren, die in DDR-Geheimdienst-kreisen umgingen, zeigt auch eine Anweisung wie diese: »Zur Verhinderung von Sympathie-Kundgebungen sind durch die Transportpolizei im Zusammenwirken mit den Dienststellen der Deutschen Reichsbahn Personenkonzentrationen auf den Bahnhö-fen, insbesondere auf den Durchfahrts- und Nachbarbahnsteigen durch geeignete Maßnahmen zu vermeiden.«

Die Abfertigung des Kanzlers und seiner Entourage hatte Oberst Heinz Fiedler, der Leiter Hauptabteilung VI, haarklein geregelt. Auf eine Identitätskontrolle Brandts und der Mitfahrer im Sonderzug-abteil sei zu verzichten. Die Reisenden seien mit »Herr« und nicht etwa mit einem Titel wie zum Beispiel »Bundeskanzler« anzuspre-chen. Die Abfertigung habe höflich und korrekt zu erfolgen. »Jede Bemerkung, außer ›Bitte‹ und ›Danke‹ ist in Verbindung mit den Kontrollhandlungen zu unterlassen.« Vor allem aber sei jegliche journalistische Tätigkeit mittels Bild- und Tontechnik, besonders das Fotografieren der Kontrollhandlungen bzw. Tonbandaufnah-men der Gespräche mit den Kontrollkräften, von den Sicherheits-kräften an Bord zu unterbinden. Brandt hat von all dem offensicht-lich wenig mitbekommen. »Zur Kontrollzeit gegen 3.58 Uhr«, vermerkt Oberst Fiedler, »hielt sich der westdeutsche Kanzler im Schlafwagen auf.«

In der Stasiakte über die nächtliche Fahrt des Transitzugs »Ver-kehrsrichtung BRD-Westberlin« findet sich ein Verzeichnis, das die Namen der Delegierten auflistet: fünf Personen reisen mit einem Diplomatenpass, weitere zehn Personen mit bundesdeutschen Rei-sepässen, darunter ein persönlicher Referent des Kanzlers: der Ver-räter Günter Guillaume, von dem noch die Rede sein wird.

Die Bahnreise, der Umstand, dass ein bundesdeutscher Kanzler un-gehindert die deutsch-deutsche Grenze passieren konnte, hatte eine Vorgeschichte, deren Beginn gut drei Jahre zurücklag. Denn am 5. März 1969 wählte die Bundesversammlung Justizminister Gustav

Heinemann zum dritten Präsidenten der Bundesrepublik. Der SPD-Kandidat hatte sich gegen Verteidigungsminister Gerhard Schröder von der CDU durchgesetzt, weil sich die FDP kurz vor der Wahl für eine Unterstützung Heinemanns entschied. Damit war ein Signal für einen grundlegenden Machtwechsel in Bonn, für eine sozialliberale Koalition, gesetzt.

Dann machte die Bundestagswahl vom 28. September 1969 just diesen Traum möglich: Der SPD-Vorsitzende und Bundesaußenminister Willy Brandt vermochte Walter Scheels FDP für eine gemeinsame Koalition zu gewinnen und wurde mit den Stimmen von SPD und FDP zum ersten sozialdemokratischen Kanzler der Bundesrepublik gewählt. Nach 20-jähriger Regierungsverantwortung mussten sich CDU und CSU in die Opposition zurückziehen. In seiner Regierungserklärung am 28. Oktober 1969 skizzierte Brandt seine zukunftsweisenden Visionen, er wollte »mehr Demokratie wagen« und signalisierte Bereitschaft zu gleichberechtigten Verhandlungen mit der DDR. Den Begriff »Wiedervereinigung« strich er fürs Erste aus seinem Vokabular.

Mit Formulierungen wie »Wandel durch Annäherung« oder »Politik der kleinen Schritte« begründete er eine neue Ostpolitik der Entspannung, die es sich zum Ziel gesetzt hatte, ideologische Barrieren abzubauen und auch die Grenze zwischen den beiden deutschen Staaten ein wenig durchlässiger zu machen.

Forscher der Berliner Stasiunterlagenbehörde fanden heraus, dass der Name Brandt schon 1954 vom MfS registriert worden war. Mit massivem Druck sollte damals der in Leipzig lebende Georg A. genötigt werden, dem SPD-Politiker einstige Verbindungen zur Gestapo zu unterstellen, von denen er während der deutschen Besetzung Norwegens im Zweiten Weltkrieg Kenntnis erlangt hätte. Nachdem A. mehrere Monate in Haft gehalten worden war und das MfS »durch Untersuchungen eine Reihe kompromittierender Tatsachen über den Regierenden Bürgermeister von Westberlin« in Erfahrung gebracht hatte, »die zur publizistisch-agitatorischen

Auswertung geeignet« schienen, regte Mielke an, »die über Willy Brandt bekannt gewordenen Tatsachen propagandistisch« einzusetzen und A. anschließend, unter Verpflichtung zur Verschwiegenheit, aus der Haft zu entlassen. Doch die geplanten Diskreditierungskampagnen über Brandts Leben im Exil sollten sich als unbrauchbar erweisen.

Aber gesucht wurde weiter, erst recht als Brandt 1966 Mitglied der Bundesregierung und drei Jahre später Kanzler wurde. Die Spitzelberichte sind in fünf dicken Bänden verwahrt. Hinzu kommen 1624 Informationen der SIRA-Teildatenbank 12 für die Jahre 1970 bis 1988.

Der älteste Bericht stammt noch aus dem Jahr 1966. Ein gewisser IM »Günter« – Klarname Hermann Günter von Berg – informierte die MfS-Zentrale über die Reaktionen Brandts auf ein Schreiben Walter Ulbrichts. Dieser hatte kurz zuvor einen dritten offenen Brief an den SPD-Vorsitzenden übersandt. Er glich inhaltlich den bekannten DDR-Forderungen.

Von Berg, Jahrgang 1933, war einst Dozent an der Fachschule für Außenwirtschaft in Potsdam gewesen, ab 1962 Leiter der Abteilung Internationale Verbindungen im Presseamt Stophs, Wirtschaftsprofessor an der Humboldt-Universität in Berlin und schon seit 1959 bei der Stasi als IM »Günter« registriert. Er galt als eine Art Geheimdiplomat der DDR und diente seinem Staat zugleich als einer der eifrigsten HVA-Agenten der DDR-Staatssicherheit. Nur dem Umstand, dass ihn das MfS Ende der Siebzigerjahre verdächtigte, Autor des sogenannten Manifestes des Bundes Demokratischer Kommunisten Deutschlands gewesen zu sein, das der »Spiegel« dankbar publizierte, ist es zuzuschreiben, dass von Bergs Akte in zwei geheimen Ablagen (in den Sondervorgängen »Tal« und »Informant«) erhalten geblieben ist. Die sechs prallen Bände umfassen Informationen über gleich drei Bundeskanzler: Erhard, Kiesinger, Brandt.

Roberto Welzel von der Stasiunterlagenbehörde hat mir (im Duplikat) 2.452 Unterlagen, 8 Fotoreproduktionen und 1 Tonkassette mit Informationen über von Berg zukommen lassen. Zu diesem Konvolut zählt auch eine zweiseitige Gegendarstellung Hermann von Bergs vom August 1993: Seine MfS-Akten seien manipuliert, hier werde Rufmord begangen.

Nein, IM »Günters« verlässliche Spitzelinformationen wurden von HVA-Chef Wolf fortlaufend als herausragende Informationen an den »Genossen Minister Mielke« weitergereicht. Dank ihrer war die SED-Spitze nahezu lückenlos über Brandts Gedanken, Pläne und Absichten im Bilde. Und das weit über das Ende von Brandts Kanzlerschaft im Jahr 1974 hinaus.

Ost-Berlins Sammelwut offenbarte sich etwa in einem mit »Streng geheim!« überschriebenen zehnseitigen Dossier der Hauptabteilung VII (Abwehr). Unter dem Titel »Kurzeinschätzung über Bundeskanzler Willy Brandt, SPD-Vorsitzender« waren dort alle verfügbaren Angaben zur Vita zusammengestellt, wobei unbekannt blieb, wie viele Inoffizielle oder Hauptamtliche Mitarbeiter an dem kenntnisreichen Papier mitgewirkt haben. Ein Geheimdienstpapier kennt nun einmal keine Urheberrechte. Von der Geburt als Herbert Ernst Karl Frahm am 18. Dezember 1913 bis zur Übernahme der Kanzlerschaft am 21. Oktober 1969 bleibt der Kundschaft, dem SED-Politbüro, kaum ein Detail verborgen. Im Schlusskapitel wird dann sogar reichlich schmutzige Wäsche gewaschen. Derlei »kompromittierende Angaben«, die nur von Agenten aus Brandts unmittelbarem Umfeld stammen konnten, sollen durch eine Wiedergabe keine Würdigung erfahren, weshalb sie hier außen vor bleiben.

In dem gelegentlich befremdlichen Aktenkonvolut findet sich freilich auch so manches von zeitgeschichtlich relevantem Belang – der Briefwechsel zwischen dem Bundeskanzler und dem Vorsitzenden des Ministerrates der DDR, Willi Stoph, vom Januar 1970 etwa. Da schlug Brandt vor, »dass unsere Regierungen Verhandlungen über den Austausch von Gewaltverzichtserklärungen aufnehmen. Diese nach dem Grundsatz der Nichtdiskriminierung zu führenden Verhandlungen sollen Gelegenheit zu einem breit angelegten

Meinungsaustausch über die Regelung aller zwischen unseren beiden Staaten anstehenden Fragen, darunter denen gleichberechtigter Beziehung, geben.« Der Brief endete mit der Bereitschaftserklärung der Bundesregierung, jederzeit mit Verhandlungen zu beginnen. Stoph reagierte zeitnah mit einer vierseitigen Note, in dem er altbekannte Forderungen aufstellte, am Schluss jedoch kundtat: »Im Interesse der Dringlichkeit und der grundlegenden Bedeutung sollte unser Zusammentreffen möglichst bald stattfinden.« Der deutsche Kanzler antwortete prompt, dass es ihm nicht nützlich erscheine, auf Einzelheiten des Stophschen Schreibens einzugehen. Er könne Vorbedingungen nicht akzeptieren und schlage stattdessen eine Verhandlungskommission vor, um die erforderlichen Vorbereitungen zu erörtern.

Damit hatte Brandt die Weichen zur ersten deutsch-deutschen Begegnung, am 19. März 1970 in Erfurt, gestellt. Die Stasi war in Alarmbereitschaft. In einem Dreipunktekatalog wurden alle Einzelheiten für den Aufenthalt Brandts, inklusive An- und Abreise, formuliert. Die Zielvorgabe ließ an Deutlichkeit wenig zu wünschen übrig: »Die Objekte, in denen der Bundeskanzler anwesend sein wird, werden innen und außen so gesichert, dass ein störungsfreier Aufenthalt garantiert ist.« Das bedeute konkret:
– »Den Einsatz von uniformierten und zivilen Sicherungskräften
– Die Überprüfung der zu nutzenden Räume und Einrichtungen
– Die Gewährleistung einer einwandfreien gastronomischen Versorgung«.

Generaloberst Mielke erließ in einer »Vertraulichen Verschlusssache« mit Datum vom 13. März 1970 einen zehnseitigen Befehl. Das Zustandekommen dieser Begegnung sei ein Ergebnis »der konsequenten Politik unserer Partei und Staatsführung zur Herbeiführung der friedlichen Koexistenz zwischen beiden deutschen Staaten und zur Sicherung des Friedens in Europa«. Die Verhandlungen hätten zum Ziel, die SPD/FDP-Regierung »mit unseren

Forderungen nach Anerkennung des Status quo in Europa und nach Abschluss des von uns unterbreiteten Vertrags über die Aufnahme gleichberechtigter Beziehungen zwischen der DDR der BRD zu konfrontieren und unsere Politik und die Prinzipien der souveränen Gleichheit, der Achtung der territorialen Integrität und der Unantastbarkeit unserer Staatsgrenzen durchzusetzen«. Der Gegner dagegen werde versuchen, »unsere prinzipiellen Forderungen zu umgehen und das Treffen für die weitere Forcierung der Aufweichung und Zersetzungstätigkeit und die Erzeugung von Illusionen in bestimmten Bevölkerungskreisen auszunutzen«.

Mielke befahl, »zur allseitigen und zuverlässigen politisch-operativen Sicherung dieses Treffens die Maßnahmen zur Sicherung der Vorbereitung und Durchführung des Treffens unter der Bezeichnung ›Konfrontation‹ laufen zu lassen«. Der Befehl Nr. 12/70 nahm sich wie eine Regieanweisung für alle beteiligten MfS-Mitarbeiter aus. Namentlich aufgeführt war ein riesiger Einsatzstab von Oberstleutnanten aus fast sämtlichen Hauptabteilungen.

Der DDR-Geheimdienst fürchtete Eskalationen am Rande des Besuchs. Für die Stasi galt es vor allem, »demonstrative Sympathiekundgebungen für Brandt und provokatorische Zusammenrottungen und Handlungen«, konkret: »Forderungen, Unterschriftensammlungen, Arbeitsverweigerung usw.«, zu unterbinden. »Unter allseitiger Ausnutzung aller inoffiziellen und offiziellen Quellen ist von allen Diensteinheiten ständig die Entwicklung der Reaktion der Bevölkerung der DDR zu verfolgen und einzuschätzen.«

Die ersten zarten deutsch-deutschen Bande begannen also mit einem Großeinsatz der Stasi:

»Die angewiesenen politisch-operativen Maßnahmen zur rechtzeitigen Aufdeckung und Verhinderung feindlicher und negativer Vorkommnisse und Absichten sind konsequent durchzusetzen und entsprechend der Situation im Verantwortungsbereich zu konkretisieren. Dazu ist zu gewährleisten, dass alle verfügbaren Mitarbeiter, IM und GMS eingesetzt werden und das Zusammenwirken mit den Organen der DVP und den örtlichen Partei- und Staatsorganen verstärkt wird.«

Die Bilder vom Erfurter Gipfeltreffen signalisierten der Welt dennoch die Hoffnung auf ein Ende des Kalten Krieges. Die erwartungsvollen Jubelrufe für Willy Brandt müssen den Tschekisten noch lange übel in den Ohren nachgeklungen haben. Trotz stärkster Polizei- und Stasi-Absperrungen war eine Menschenmenge auf den Bahnhofsvorplatz gestürmt. Brandt sollte später in seinen »Erinnerungen« schreiben: »Der Tag von Erfurt. Gab es einen in meinem Leben, der emotionsgeladener gewesen wäre?«

Bei den konkreten Verhandlungen forderte Stoph dann, wie geplant, die sofortige Aufnahme diplomatischer Beziehungen zwischen Ost-Berlin und Bonn. Brandt, dem es vor allem um mehr Freizügigkeit für die Menschen ging, lehnte dies erwartungsgemäß ab und stimmte lediglich einer gleichberechtigten Beziehung mit der DDR zu. Konkrete Ergebnisse des historischen Treffens zu Erfurt blieben aus.

In Brandts Stasiakte ist die Begegnung auf weit über hundert Seiten festgehalten. Selbst die Trinksprüche vor und nach dem Essen, Gespräche im kleinen Kreis und unter vier Augen wurden von den Lauschern der Stasi abgehört und aufgezeichnet.

Am Ende der detaillierten Berichte steht eine »Information über die Reaktion der Bevölkerung der DDR auf das Erfurter Treffen am 19.3.1970«. Darin wurde den Staatslenkern in Ost-Berlin seitens des MfS fleißig Sand in die Augen gestreut: In allen Bevölkerungsteilen werde immer stärker erkannt, dass es sich bei dem Erfurter Treffen »um eine Klassenauseinandersetzung mit dem westdeutschen Imperialismus« handele. Die Zeit sei reif, dass die DDR von Bonn endlich anerkannt und ihre territoriale Integrität sowie die Unantastbarkeit der Grenzen festgelegt werde. Es sei aber damit zu rechnen, dass die BRD kneife und der geplante Gegenbesuch von westdeutscher Seite abgesagt werde.

Allein: Die Befürchtung war unbegründet. Das Folgetreffen in der Bundesrepublik kam zustande. Am 21. Mai 1970 besuchte Willi Stoph Kassel. Schon am 6. Mai 1970 war in Bonn eine 15-köpfige deutsch-deutsche Kommission zusammengetreten, um vorab die technischen Details zu klären: Verantwortlich dabei waren auf DDR-Seite »der Stellvertreter des Leiters des Büros des Ministerrates Dr. Schüßler und von der Seite der BRD Dr. Sahm vom Bundeskanzleramt, die ihre jeweilige Verhandlungsdelegation anführten«. Am Schluss des mehrstündigen Treffens kam es zu einem Gespräch unter vier Augen zwischen Gerhard Schüßler und Ulrich Sahm. Dabei ging es, wie der Akte zu entnehmen ist, etwa um die Frage, wer von BRD-Seite die Begrüßung des Vorsitzenden des Ministerrates vornehmen werde. Schüßler ließ durchblicken, dass die DDR großen Wert auf einen Minister oder Staatssekretär lege. Darauf reagierte Sahm zurückhaltend. Stattdessen erläuterte er wieder einmal, dass die Bundesregierung Demonstrationen nicht vermeiden könne. Sie müsse das Demonstrationsrecht respektieren. Schüßler wollte der BRD keine Vorschriften über die Einschränkung des Demonstrationsrechts machen, forderte allerdings, dass provokatorische Angriffe und Belästigungen unbedingt unterbunden werden müssten. Über die unterschiedlichen Positionen war die Stasi augenblicklich im Bilde.

Im weiteren Verlauf des belauschten Vieraugengesprächs verwies Sahm auf polizeiliche Absicherungen des Verkehrs zwischen dem für das Treffen vorgesehenen Kasseler Schlosshotel und dem Kasseler Hauptbahnhof, wo Stophs Sonderzug ankommen würde. Dem Vorsitzenden des Ministerrates würde ein kugelsicherer Personenkraftwagen Mercedes 600 zur Verfügung gestellt und überdies Polizeikräfte in erforderlicher Anzahl eingesetzt.

Dem wie auch immer erstellten Mitschnitt des (angeblich) vertraulichen Gesprächs ist zu entnehmen, dass »Dr. Sahm versuchte, den Dr. Schüßler zu veranlassen, über Nacht mit seiner Delegation in Bonn zu bleiben. Er lud Dr. Schüßler persönlich am Abend nach Hause zu seiner Familie in Bad Godesberg ein.« Ferner wäre die Möglichkeit gegeben, ein Beethoven-Konzert zu besuchen oder, falls die DDR-Seite dies wünsche, einen Ausflug zu unternehmen, um das Rheinland kennenzulernen. All das fand keine Zustimmung Schüßlers.

An weiteren »Vorkommnissen« hält das Stasi-Gesprächsprotokoll fest:

»a) Dr. Sahm hatte zu einem Mittagessen im Restaurant auf der Godesburg eingeladen. Es wurde die Frage gestellt, ob die DDR-Delegation nicht doch auf die Benutzung ihrer eigenen Pkw verzichten wolle und gemeinsam mit der BRD-Seite in deren Pkw zum Essen fahre. Das wurde abgelehnt.

b) Die DDR-Delegation wurde aufgefordert, sich den Fotografen zur Anfertigung eines gemeinsamen Gruppenbildes zu stellen. Das wurde ebenfalls abgelehnt.

c) Der Fernsehkommentator Rouge [Gert Ruge] forderte Dr. Schüßler im Restaurant Godesburg auf, ihm ein Fernsehinterview im Studio oder auch auf der Terrasse des Hotels zu geben. Das Ansinnen wurde abgelehnt.«

Das Klima war offenkundig frostig. Die Visite gab den Besuchern Anlass zur Klage. »Während des gesamten Aufenthalts in Bonn wurde die DDR-Delegation von Journalisten und Bildreportern nahezu belästigt.«

Generaloberst Erich Mielke erließ am 11. Mai 1970 einen 13-seitigen Befehl an die wichtigsten Leiter der unterschiedlichen MfS-Hauptabteilungen. Die »Maßnahmen zur Sicherung der Vorbereitung und Durchführung des Treffens zwischen Brandt und Stoph in Kassel« liefen dabei unter der Bezeichnung »Konfrontation II«.

Mielke forderte eine erhöhte Wachsamkeit gegenüber rechtsextremen, neonazistischen und revanchistischen Kräften im Zusammenhang mit dem Treffen in Kassel. Dem Gegner dürfe es nicht gelingen, »durch Feindhandlungen gleich welcher Art im Innern der DDR und an der Staatsgrenze das Treffen für Provokationen und Störaktionen auszunutzen«. Jeder Versuch des Gegners, die Bundesrepublik und ihre Politik aufzuwerten, die DDR zu verleumden und zu diskriminieren bzw. mit Methoden politisch-ideologischer Diversion Hetze und Aufweichung zu betreiben, sei zu unterbinden. Das gelte vor allem:

– »für Handlungen und Vorkommnisse staatsfeindlicher Hetze, für die Verhinderung von Sympathiebekundungen für Brandt (Unterstützung der westdeutschen Verhandlungsposition, Unterschriftensammlung, Abfassen von Resolutionen, Versenden von anonymen Briefen nach Kassel u.a.),

– für die Ausnutzung des Rentnerreiseverkehrs und anderer Möglichkeiten, um im Zusammenhang mit dem Treffen in Kassel die Bevölkerung der DDR im Sinne der westdeutschen Verhandlungskonzeption politisch-ideologisch zu beeinflussen,

– für die Verhinderung jeglicher Provokationen und Störungen im Reise- und Güterverkehr von und nach Westdeutschland sowie zwischen Westberlin und Westdeutschland«.

Auch die Kontrollmaßnahmen bei der Berichterstattung über die deutsch-deutsche Begegnung wurden im Befehl vorab aufs Genaueste festgelegt:

»Die in Kassel zum Einsatz kommenden DDR-Journalisten, Rundfunk- und Fernsehmitarbeiter sowie für die Nachrichtenübermittlung zuständigen Techniker sind verantwortungsbewusst auszuwählen und nach politisch-operativen Gesichtspunkten zu überprüfen. Durch geeignete inoffizielle Maßnahmen ist das Verhalten und Auftreten dieser Personenkreise in Westdeutschland umfassend zu überwachen, um insbesondere feindliche Beeinflussungsversuche und Verbindungsaufnahmen

festzustellen und ihnen mit geeigneten Mitteln entgegenzu-
treten«.

Mehr noch: Alle postalischen und telefonischen Verbindungen nach
Westdeutschland und West-Berlin seien durch politisch-operative
Maßnahmen abzusichern und informationsmäßig zu nutzen. Auch
die Abteilung Agitation habe im Zusammenhang mit dem Treffen
die erforderlichen Bedingungen zu schaffen, um je nach Notwendigkeit unverzüglich agitatorisch wirksam werden zu können.
Binnen weniger Tage wurde ein Einsatzplan von ungeheurem
Ausmaß aufgestellt: »Alle Diensteinheiten, die die Möglichkeit haben, zuverlässige Inoffizielle Mitarbeiter aus dem Operationsgebiet
im Raum Kassel einzusetzen (ohne Gefahr der Dekonspiration),
haben diese dem Leiter der Aktion persönlich zu melden.« Von Interesse für die Stasi waren auch »die Einsatzbefehle für die westdeutschen Sicherungskräfte bei Kundgebungen, Demonstrationen
und Störaktionen und Angaben über Maßnahmen der westdeutschen Seite zur Gewährleistung der persönlichen Sicherheit des
Gen. Stoph und der anderen Delegationsmitglieder der DDR«.
Nichts wollte die Stasi dem Zufall überlassen. Darum sah Mielke
nicht zuletzt »Informationsbedarf über die Reaktion der Bevölkerung der DDR und Westdeutschlands zum Treffen in Kassel«, wobei das Schwergewicht der Beobachtung auf die Argumentation
und Verhaltensweise »negativer und feindlicher Personenkreise« zu
legen sei.
Bereits einen Tag nach dem umfänglichen Ministerbefehl trafen
sich die Delegationen aus Bonn und Ost-Berlin abermals zu vorbe-
reitenden Gesprächen, diesmal im Kasseler Schlosshotel. Darüber
existiert eine 14-seitige Niederschrift, die wiederum heimlich aufgezeichnet oder auch stenografiert wurde und sich komplett in
Brandts Stasiakte befindet.
Nach einer kühlen Begrüßung habe Dr. Schüßler das Wort ergriffen. Bevor er die Probleme aufwerfe, die teilweise offengeblieben

seien, habe er vom Vorsitzenden des Ministerrates der DDR, Herrn Willi Stoph, den Auftrag erhalten, eine Erklärung zu übermitteln, die er dem Herrn Bundeskanzler weiterzuleiten bat. Unmut manifestierte sich darin vor allem über einige westdeutsche Medien. Offensichtlich ging die DDR-Seite davon aus, dass ein westdeutscher Regierungschef, als gäbe es keine vom Grundgesetz garantierte Pressefreiheit, per Dekret direkten Einfluss auf die Berichterstattung nehmen könnte. Die Diktion des Dokuments ist jedenfalls aufschlussreich:

»Der Vorsitzende des Ministerrates der Deutschen Demokratischen Republik, Willi Stoph, protestiert aufs schärfste gegen die Mordhetze, wie sie u. a. am 8. 5. in der Nationalzeitung enthalten ist und von der NPD in der BRD betrieben wird.

Obwohl im Brief des Bundeskanzlers Brandt versichert wurde, dass der Vorsitzende des Ministerrates der DDR und die Delegation der DDR die gleiche Behandlung erfahren, wie dies von Seiten der DDR beim Erfurter Treffen gegenüber der Delegation der BRD der Fall war, hat die Regierung der BRD bisher gegen derartige Mordhetze noch nichts unternommen. Das führt zu einer außerordentlichen Belastung für die Vorbereitung und die beabsichtigte Durchführung des Treffens in Kassel.

Der Vorsitzende des Ministerrats der DDR ersucht nachdrücklich darum, dass die Regierung der Bundesrepublik sofort die notwendigen Schritte übernimmt, um Morddrohungen und Diskriminierungen gegenüber den Repräsentanten der DDR zu unterbinden.

Ferner bringt der Vorsitzende des Ministerrats stärkstes Befremden darüber zum Ausdruck, dass in Publikationsorganen, insbesondere der Springer-Presse, behauptet wird, der Bundeskanzler Brandt hätte sich für angeblich Inhaftierte eingesetzt. Auf das seiner Zeit vertraulich übermittelte Anliegen des Bundeskanzlers wurde von Seiten der DDR in der Presse öffentlich klargestellt, dass es im Zusammenhang mit dem Erfurter Treffen überhaupt keine Verhaftungen und Inhaftierungen gegeben hat. Umso mehr rufen die Veröffentlichungen in der westdeutschen Presse Verwunderung hervor, dass der Bundeskanzler sich für angeblich Inhaftierte eingesetzt habe. Es muss festgestellt werden, dass derartige Behauptungen, die die Wahrheit gröblichst entstellen, nur dazu angetan sind, die Atmosphäre in Vorbereitung des beabsichtigten Treffens in Kassel zu vergiften«.

Die Nerven lagen blank. Wo wir auch hinschauen: Streitpunkte! Beim Kasseler Vorgespräch kam der DDR-Abgesandte Dr. Schüßler auf die beiden Staatsflaggen zu sprechen, die bei der Begrüßung des Vorsitzenden des Ministerrates auf dem Grenzbahnhof Bebra zu hissen seien. Er bestand überdies darauf, dass die beiden Staatsflaggen am Bahnhof Kassel-Wilhelmshöhe getrennt von den Fahnen des Landes Hessen und der Stadt Kassel angebracht werden müssten. »Das Staatswappen der DDR wird sichtbar sein«, so die lapidare Bemerkung des westdeutschen Delegationsmitglieds Poggel. Darauf Dr. Schüßler gereizt: »Das Staatswappen der DDR muss sichtbar sein.« »Selbstverständlich«, antwortete Poggel. Und die Stasi schrieb mit.

Da wurde noch über die abstrusesten Details heftig gerungen, sogar über das Aufstellen der von DDR-Seite gewünschten Tischbanner. Das Bundeskanzleramt habe Derartiges nicht, die würden in der BRD als »Stammtisch-Fahnen« angesehen, so Ulrich Sahm. »Das wollen wir nicht.« Schließlich lenkte Schüßler ein: »Na schön, darauf bestehen wir nicht.« Immerhin: Über die Sitzordnung war man sich rasch einig. Wichtig war der DDR-Seite nur, dass der Vorsitzende des Ministerrates dem Bundeskanzler direkt gegenüber sitzen würde.

Die Stasiakten dokumentieren: Die frühen offiziellen Ost-West-Dialoge waren von tiefstem Argwohn geprägt. »Können wir die

Blutgruppen von Herrn Stoph und Herrn Winzer bekommen und, soweit erforderlich, auch von den anderen Mitgliedern?«, fragte Dr. Fritsch von der Sicherungsgruppe Bonn. Ob mit etwas zu rechnen sei, wollte daraufhin der verstörte Genosse Reichelt wissen. Fritsch konterte: »Nein, aber ich nehme Blutkonserven aus Sicherheitsgründen immer mit.«

Auch über das abschließende Vieraugengespräch zwischen den Delegationsleitern Schüßler und Sahm war die Stasi bestens informiert. Erneut ging es um die Begrüßungszeremonie, um die Verteilung von Pressematerialien, um die Einladung des hessischen Ministerpräsidenten zum vorgesehenen Essen, die Dr. Schüßler nicht akzeptierte. Schließlich bat Ulrich Sahm darum, dem Vorsitzenden des Ministerrates den Vorschlag des Bundeskanzlers zu übermitteln, seine offizielle Erklärung zu Beginn des Gesprächs möglichst kurz zu halten. Willy Brandt würde dies auch tun, damit ausreichend Zeit für die eigentlichen Unterredungen bliebe. Der Kanzler habe viele Probleme, die er mit dem Vorsitzenden des Ministerrates der DDR noch vor dem Mittagessen persönlich besprechen wolle. Was aus dieser Bitte wurde, ist nicht überliefert.

Drei Tage vor dem Gipfeltreffen trafen sich die beiden Verhandlungsdelegationen unter der Leitung von Schüßler und Sahm erneut in Kassel. Über die Gesprächsinhalte ist dank eines von der Stasi aufgezeichneten Telefonats, das der SED-Funktionär auf der Rückreise vom Grenzstützpunkt Wartha aus führte, vieles bekannt. Wieder sei es um Presseveröffentlichungen in der »National-Zeitung« gegangen, die aber die Bundesregierung gemäß Grundgesetz nicht unterbinden könne. Im weiteren Verlauf habe man dann erörtert, welche Möglichkeit die Seite der BRD sehe, dass Stoph an einem Denkmal für die Opfer des Faschismus einen Kranz niederlegen könne. »Die westdeutsche Seite«, so steht es im Telefonprotokoll, »hat den Vorschlag gemacht, eine solche Ehrung der Opfer des Faschismus am Denkmal in Kassel vorzunehmen.« Allerdings seien dafür umfangreiche polizeiliche Maßnahmen zur Absperrung notwendig. Am Schluss seines Telefonats berichtete Schüßler, dass er in der Stadt viele Plakate der DKP und DFU gesichtet habe. Fotografien würden nachgeliefert. Faschistische Plakate hingegen habe er nicht gesehen. Ansonsten habe es keine besonderen Zwischenfälle gegeben. Die Presse wiederum sei stark vertreten gewesen.

Parallel zu den dicht gedrängten Vorbereitungen der deutsch-deutschen Visite hatte Stoph dem ZK ein 21-seitiges Papier vorgelegt. Das gleichfalls in der Akte Brandt abgelegte Dokument enthielt sämtliche vorgesehenen Reden und Erklärungen Stophs gegenüber Brandt sowie den Vertretern von Presse, Funk und Fernsehen. Selbst das Abschluss-Kommuniqué war vorformuliert, ebenso der Vorschlag einer gemeinsamen Aufnahme von DDR und BRD in die Vereinten Nationen. All das wurde vom Ministerrat bestätigt. Damit hatte Stoph grünes Licht.

Das Gipfeltreffen in Kassel am 21. Mai 1970 fand weltweite Beachtung. Doch kam es, wie schon in Erfurt, wegen der gegensätzlichen Positionen nicht zu wirklichen Verhandlungen oder gar konkreten Ergebnissen. Beide Seiten verständigten sich darauf, zunächst das Ergebnis der Gespräche zwischen Bonn und Moskau abzuwarten, die seit 1969 im Gang waren. Die DDR schlug vor, zunächst eine Denkpause einzulegen.

Sage und schreibe 122 Seiten umfasst die stenografische Niederschrift der Begegnung in Kassel, von 10:05 morgens bis 18:35 Uhr abends. Es ist ein Mitschnitt sämtlicher Äußerungen, auch der Vieraugengespräche. Selbst während des Mittagessens muss das Aufnahmegerät der Staatssicherheit weiter gelaufen sein. Wie das den Agenten gelang, lässt sich nicht mehr rekonstruieren.

In der Akte Brandt finden sich etwa »Vermerke« über ein Gespräch zwischen dem DDR-Delegationsmitglied Dr. Michael Kohl – alias IM »Koran« – und dem Regierungssprecher Conrad Ahlers, der zur Entourage des Bundeskanzlers gehörte. Der promovierte Jurist

Kohl hatte wahrlich viele Funktionen in seiner Laufbahn inne: Mitarbeiter des Ministeriums für Auswärtige Angelegenheiten, seit 1968 Staatssekretär für westdeutsche Fragen, langjähriger Verhandlungsführer bei den Berliner Passierscheingesprächen und 1970 beim Transitabkommen. Er war federführend beim Verkehrs- und Grundlagenvertrag zwischen der DDR und der Bundesrepublik und fungierte von 1974 bis 1978 als Leiter der Ständigen Vertretung der DDR in der Bundesrepublik.

Dieser Michael Kohl, der als IM »Koran« zugleich Spitzel der Stasi war, unterhielt sich während des Mittagessens mit Regierungssprecher Ahlers über die für den SED-Staat so zentrale Frage einer Anerkennung der DDR durch Bonn. Laut Stasiakte gab Ahlers zu erkennen, dass die Bundesrepublik die DDR anerkennen würde. Eine solche Entscheidung wäre für die BRD politisch aber leichter, wenn sie gleichzeitig mit einigen praktischen Vereinbarungen, insbesondere in innenpolitischen Fragen, verbunden werden könnte. Wörtlich soll Ahlers gesagt haben: »Im Grunde genommen sind wir doch beide, die DDR und die BRD, für völkerrechtliche Anerkennung und für eine Verbesserung der Beziehungen. Es ist alles nur eine Frage der Zeit.«

Ein MfS-internes Papier zog Bilanz der Treffen von Erfurt und Kassel, oder im Geheimdienst-Jargon, der Aktionen »Konfrontation« und »Konfrontation II«. Die von der Partei- und Staatsführung übertragenen Aufgaben seien vom Ministerium für Staatssicherheit erfolgreich durchgeführt und »zur allseitigen und zuverlässigen politisch-operativen Sicherung des Treffens in Erfurt und Kassel gelöst worden«. Der Ministerrat habe dafür seinen außerordentlichen Dank und große Anerkennung ausgesprochen. Durch Auswertung aller offiziellen und inoffiziellen Berichte seien in Erfurt insgesamt 750 Personen identifiziert worden, die während der Aktion in Erscheinung traten. »Erfasst und in operative Bearbeitung genommen bzw. unter Personenkontrolle gestellt wurden 485 Personen. Von diesen waren 187 an Sympathiekundgebungen für Brandt auf dem

Bahnhofsvorplatz beteiligt. 64 bekundeten an der Fahrtstrecke ihre Sympathie für die westdeutsche Delegation. 120 beabsichtigten, zum Empfang Brandts nach Erfurt zu fahren. 102 waren vor und während der Aktion negativ in Erscheinung getreten. Zwölf waren am Tag des Treffens in Erfurt unentschuldigt der Arbeit bzw. dem Unterricht ferngeblieben.« Vergleichbares Zahlenmaterial zum Kasseler Treffen ist in Brandts Stasiakte nicht zu finden.

Das Resümee der Stasi war wenig euphorisch, der Klassenkampf aus Sicht der Ost-Berliner Schlapphüte noch lange nicht siegreich beendet. Das zentrale Problem bei der »Herstellung gleichberechtigter völkerrechtlicher Beziehungen zwischen der DDR und der BRD« bleibe »die Auseinandersetzung mit dem westdeutschen Imperialismus«. Die bei dem Treffen in Kassel erneut in aller Schärfe sichtbar gewordene »Unversöhnlichkeit der beiden gegensätzlichen Klassenlinien ist dem Volk der DDR und dem der Bundesrepublik sowie der internationalen Öffentlichkeit noch stärker bewusst zu machen«. Der ideologische Kampf gegen den »Sozialdemokratismus« sei verstärkt zu führen, die Rolle der DDR als Faktor des Friedens und der Sicherheit in Europa nachdrücklichst herauszustellen. Es werde auch nach Erfurt und Kassel keine »Sonderbeziehungen« zwischen der DDR und der Bundesrepublik geben. Darum gebe es auch für dritte Staaten keine Veranlassung, die Aufnahme diplomatischer Beziehungen zur DDR weiterhin mit der Begründung hinauszuschieben, dass erst einmal die Entwicklung des innerdeutschen Verhältnisses abgewartet werden müsse. Kurzum: Aus Sicht der DDR-Staatssicherheit blieb auch nach den beiden Begegnungen alles beim Alten. Folglich hielt auch die Dauerobservierung des westdeutschen Regierungschefs an.

Vieles in den Akten ist graue Routine und die Lektüre eher fad. Spitzelberichte über eine Kanzlerreise nach London, das erbeutete Manuskript einer Rede, die Brandt vor dem West-Berliner SPD-Landesvorstand hielt. Doch immer wieder finden sich

Überraschungen, beispielsweise ein Stasireport über den Besuch des deutschen Kanzlers im Vatikan, seine Audienz bei Papst Paul VI. am 13. Juli 1970. Das »streng geheime« Zweiseiten-Protokoll ist eine Übersetzung aus dem Russischen, geliefert von einem IM direkt aus dem Umfeld des Papstes. Brandt habe mit seiner Reise das Ziel verfolgt, den Papst für seine Außenpolitik zu gewinnen. Denn trotz des erbitterten Widerstands der Opposition hatte Brandt nicht die Absicht, seinen Kurs zu ändern. Darum habe er, so der auf den Heiligen Stuhl angesetzte Agent, Paul VI. gebeten, auf die Führung der CDU/CSU Einfluss zu nehmen und sie zur Unterstützung seiner Ostpolitik zu bewegen. Der Papst habe geantwortet, er gehe konform mit der neuen Ostpolitik. Er halte sie für aussichtsreich, doch könne er ihn angesichts der komplizierten inneren Lage der katholischen Kirche dabei nicht offiziell unterstützen. Er versprach Brandt aber, so der Bericht, »seiner ›Ostpolitik‹ inoffiziell Unterstützung zu gewähren, indem er eine entsprechende Arbeit mit der Spitze der katholischen Kirche in der BRD durchführen werde«.

Atmosphärisch vielsagend sind auch die Berichte über die Reaktion der DDR-Bevölkerung auf den Moskauer Vertrag, der am 12. August 1970 im Katharinensaal des Kreml zwischen der Sowjetunion und der Bundesrepublik geschlossen wurde. Dazu hat die Stasi Informationen aus allen Bezirken der DDR eingeholt. Gemeldet wurde zumeist, dass die Verhandlungen und der Vertrag UdSSR-BRD von breiten Teilen der Bevölkerung »als positiv und nützlich beurteilt« würden.

Nicht ohne Argwohn notierten die Schlapphüte, dass in zahlreichen Diskussionen »das Bemühen offensichtlich wurde, die Politik der SPD/FDP-Regierung als beispielgebend hervorzuheben«. Die Argumente schienen dabei gelegentlich geradezu subversiv:
- »die Brandt-Regierung betreibe eine realistischere und flexiblere Politik als die vorangegangenen westdeutschen Regierungen. Die UdSSR und die DDR müssten das anerkennen und ihre politischen Forderungen darauf ausrichten.

- die Brandt-Regierung sei eine »Arbeiterregierung«; dem müsse Rechnung getragen werden.
- die Brandt-Regierung befasse sich mit »echten« Problemen und humanitären Anliegen. Sie vertrete die Interessen der Werktätigen und würde sich nicht scheuen, bis nach Moskau zu reisen.
- die Politik Brandts sei toleranter als die der vorhergehenden westdeutschen Regierungen. Er werde es schaffen, dass der Vertrag im Bundestag ratifiziert wird;
- Brandt hebe systematisch das Ansehen der BRD. Er betreibe eine Offensivpolitik;
- der Abschluss des Vertrages erleichtere Brandt das Vorgehen in den übrigen sozialistischen Ländern. Der Vertrag sei als eine für Brandt positive Quittung seiner Ostpolitik anzusehen.«

Doch das so genau beobachtete Großprojekt Ost-West-Entspannung geriet bekanntlich bald in Gefahr. Immer mehr Abgeordnete der FDP wollten nicht mitziehen und traten zur CDU/CSU über – so auch der von der Stasi beäugte Erich Mende. Im Frühjahr 1972 waren es so viele, dass die Opposition über eine knappe absolute Mehrheit im Bundestag verfügte. Rainer Candidus Barzel, der CDU-Parteivorsitzende, zugleich Anführer der Bundestagsfraktion, fühlte sich ermuntert, Willy Brandt durch ein konstruktives Misstrauensvotum abzulösen. Doch bei der entscheidenden Abstimmung am 27. April 1972 fehlten Barzel am Ende zwei Stimmen. Und auch hier hatte die Stasi kräftig mitgemischt.

Wie sich Jahre später herausstellen sollte, war der CDU-Bundestagsabgeordnete Julius Steiner vom MfS mit 50.000 DM bestochen worden. Gleiches wurde vom CSU-Abgeordneten Leo Wagner vermutet, wurde von ihm jedoch bestritten und konnte auch nie bewiesen werden. Unstrittig ist allerdings, dass zumindest Steiner kassierte. Er hatte 1970 oder 1971 von sich aus dem DDR-Geheimdienst einen informellen Gesprächskontakt angeboten. Der wurde dann auch emsig gepflegt. In der Zeit bis zum Misstrauensvotum

1972 gab es insgesamt zwischen 10 und 15 Treffen mit Führungsoffizieren der HVA-Abteilung II (Spionageabwehr). Gegen Aufwandsentschädigungen soll Steiner Informationen über die innenpolitische Situation in der Bundesrepublik vor der Ratifizierung der Ostverträge geliefert haben.

Als sich im Frühjahr 1972 ein konstruktives Misstrauensvotum gegen Brandt abzeichnete – so ergaben die Ermittlungen der Karlsruher Bundesanwaltschaft –, entwickelte die Abteilung II HVA den Plan, Steiner durch die Zusage eines namhaften Geldbetrags zu veranlassen, dem Misstrauensantrag die Zustimmung zu verweigern. Nachdem Wolf das Vorhaben im Grundsatz gebilligt hatte, führte er Gespräche mit seinem Stellvertreter und dem Führungsoffizier Steiners. Dabei wurde eine schriftliche Vereinbarung mit Steiner entworfen und von Wolf entschieden, dass Steiner für sein Votum in geheimer Abstimmung eine Gegenleistung von 50.000 DM zu offerieren sei.

Wie die Karlsruher Ermittlungsakten belegen, erklärte sich Julius Steiner mit dem vom MfS vorgeschlagenen Prozedere einverstanden. Vor der Abstimmung erhielt er bei einem Treffen in Ost-Berlin von seinen Führungsoffizieren die zugesagte Summe ausgehändigt und stimmte am 27. April 1972 verabredungsgemäß für Bundeskanzler Brandt. Als im Anschluss ein parlamentarischer Untersuchungsausschuss zur Klärung des Abstimmungsverhaltens eingesetzt wurde, stellte die HVA die nachrichtendienstliche Zusammenarbeit mit Julius Steiner ein.

Brandts Witwe Brigitte hat später behauptet, ihr Mann habe, nachdem er von der Stasi-Bestechung erfuhr, spontan gesagt, Steiner habe dann doppelt kassiert. Der nämlich hatte die Aussage gemacht, vom Geschäftsführer der SPD-Bundestagsfraktion, Karl Wienand alias IM »Streit«, bestochen worden zu sein. Ob das wirklich so war, blieb ungeklärt.

Überlegungen bei einigen Sozialdemokraten über die Möglichkeiten eines Stimmenkaufs hat es nach Berichten von IM »Günter«

alias Hermann Günter von Berg offenbar tatsächlich gegeben. Im Frühjahr 1972 entwickelte der jedenfalls eine außergewöhnlich rege Reisetätigkeit. Immer wieder traf er sich in Bonn mit Vertretern der sozialliberalen Regierungskoalition – vom Generalsekretär der FDP Karl-Hermann Flach bis hin zum SPD-Staatssekretär Egon Bahr, dem Architekten der neuen Ostpolitik. Mit diesem engen Vertrauten Brandts verständigte er sich zum Beispiel am 21. März 1972 über den Normalisierungsvertrag zwischen beiden deutschen Staaten, genauer: über den kleinen Grenzverkehr. Aber offenkundig nicht nur darüber. In seinem siebenseitigen Bericht an das MfS führte IM »Günter« noch einen zweiten Punkt auf: »Maßnahmen gegen die CDU/CSU«. Darauf angesprochen, meinte der sichtlich überraschte Bahr, wie der IM mitteilte, er werde sich mit Brandt und Kanzleramtschef Horst Ehmke darüber beraten. Deshalb bitte er von Berg, am Freitag, dem 24. März 1972, um 18:30 Uhr ins Kanzleramt zu kommen, wo ihm eine Antwort übermittelt würde.

Das Gespräch im Bonner Dienstzimmer des Staatssekretärs fand wie vereinbart statt. Dabei ging es zunächst um die Frage, ob die DDR bereit sei, den Verkehrsvertrag gemeinsam mit dem Grundlagenvertrag zu ratifizieren. Dann kamen die Herren, wie einem sechsseitigen IM-Bericht zu entnehmen ist, bald zur Sache: »Was kann man gemeinsam gegen die CDU/CSU unternehmen?« Bahr habe sich zur Überlegung, bestimmte Abgeordnete finanziell zu beeinflussen oder zu kaufen, folgendermaßen geäußert: »Das sage ich nur unter uns Pastorentöchtern, das muss absolut verschwiegen bleiben. Wir sind mehreren Spuren nachgegangen, um zu prüfen, wo sich solche Möglichkeiten ergeben. Wir hatten das ernsthaft vor, aber wir sind gerade noch rechtzeitig zurückgezuckt, es waren nur gestellte Fallen.« Nach IM »Günters« Angaben meinte Bahr weiter, »um ein Haar wäre die SPD in einem Fall dadurch in eine unvorstellbare Situation hineingeschlittert«. Sie hätten sich das gründlich überlegt, aufgrund der damit verbundenen Risiken aber darauf verzichtet.

Gut einen Monat später, also nach dem gescheiterten Misstrauensvotum, traf sich IM und Geheimdiplomat »Günter«, erneut mit Bahr im Bonner Kanzleramt. Thema der Unterredung diesmal: die »Handlungsfähigkeit der Bundesregierung«. Bahr erklärte, dass das eingetretene Patt von 247 zu 247 Stimmen die Frage aufwerfe, wie man weiter operieren solle. Man plauschte offensichtlich recht vertraulich – und die Stasi erhielt augenblicklich Nachricht. Die Stimmen gegen das Misstrauensvotum, so Bahr, seien Stimmen gegen Barzel, nicht aber für Brandt gewesen. Die sozialliberale Regierung habe keine Mehrheit mehr, regieren von Abstimmung zu Abstimmung sei die Folge. Innerhalb der SPD-Führung bestünden ziemliche Meinungsverschiedenheiten, wie es nun weitergehen solle. Ehmke trete für Neuwahlen ein. Brandt, Wehner und er, Bahr, seien entschieden dagegen, weil die CDU/CSU in diesem Falle ihr Misstrauensvotum wiederholen könnte. Der Meinungsaustausch zwischen den beiden Herren, dieser unter tätiger Mitwirkung der Staatssicherheit angezettelte Dialog auf höchster Ebene, sollte noch intensiver werden, gerade weil es dann im Spätherbst 1972 doch Neuwahlen gab, die mit einem sensationellen Ergebnis endeten.

Mit einer Rekordbeteiligung von 91,1 Prozent gingen die Bundesbürger am 19. November 1972 zur vorgezogenen Wahl. Die SPD gewann drei Millionen Stimmen hinzu und wurde mit 45,8 Prozent erstmals in der Geschichte der Bundesrepublik stärkste Fraktion, die CDU/CSU lag mit 44,9 Prozent knapp einen Prozentpunkt dahinter. Auch die FDP profitierte von der Aufbruchsstimmung im Lande. Die Liberalen hatten sich vor der Wahl mit einer eindeutigen Koalitionsaussage zur SPD bekannt und erreichten 8,4 Prozent. Die Folge: Am 14. Dezember 1972 wählte der Deutsche Bundestag mit 269 gegen 223 Stimmen Willy Brandt zum zweiten Mal zum Bundeskanzler. Er sollte die Legislaturperiode trotz deutlicher Mehrheit nicht durchstehen. Auch dabei hatte die Stasi, die Brandt beargwöhnte, dann stützte und schließlich stürzte, ihre Hände im Spiel.

7. Die Guillaume-Affäre

Als Willy Brandt am 24. April 1974 von einem Staatsbesuch aus Algerien und Ägypten nach Bonn zurückkehrte, wurde er an der Gangway von zwei Beamten erwartet, die ihm eine verstörende Nachricht überbrachten: In den frühen Morgenstunden war einer seiner engsten Mitarbeiter als Agent des MfS enttarnt und verhaftet worden: Günter Karl Heinz Guillaume. Nach heftigen auch innerparteilichen Debatten sah der deutsche Kanzler keine andere Wahl, als die politische Verantwortung für die fatale Sicherheitslücke in seinem direkten Umfeld zu übernehmen und am 7. Mai 1974 von seinem Amt zurückzutreten.

Wer war dieser Mann, der so maßgeblich am Sturz des vierten bundesdeutschen Kanzlers beteiligt war? Günter Guillaume wurde am 1. Februar 1927 als Sohn eines Musikers in Berlin geboren. Sein Vater war 1933 der NSDAP beigetreten und für die Partei ab März 1937 hauptberuflich als Angestellter im Gaupersonalamt tätig. Am 18. Januar 1948 brachte er sich um. Sein Sohn Günter hatte zu diesem Zeitpunkt bereits eine Berufsausbildung beim »Atlantic Pressebilderdienst« hinter sich. Zudem hatte er eine Fachschule für das grafische Gewerbe besucht und Abendkurse belegt. Am 20. April 1944 war auch Guillaume junior, unter der Mitgliedsnummer 9 709 880, in die NSDAP eingetreten. Das entsprechende Dokument der NSDAP-Mitgliederkartei wurde mir 2018 vom Bundesarchiv zur Verfügung gestellt. Nach mehrwöchiger Wehrmachtszeit war er kurz in britische Gefangenschaft geraten. Seit 1946/47 hatte Guillaume in Ost-Berlin als Fotograf bei einer Werbefirma und später in der Bildstelle des Verlags »Volk und Wissen« gearbeitet. Dort brachte er es bis zum technischen Redakteur.

Dann folgte der entscheidende Wendepunkt in seiner Vita. Nach dem Tod Stalins im März 1953 war an die Bevölkerung der DDR der Aufruf ergangen, den Zusammenhalt der Arbeiterklasse zu fördern und durch aktive Unterstützung der bestehenden Organisationen zur Konsolidierung des Sozialismus beizutragen. Dieser Appell soll für das SED-Mitglied Guillaume der Anlass gewesen sein, sich zur festen Mitarbeit im Staatssicherheitsdienst zu verpflichten, so die Karlsruher Ermittlungsbehörde.

Seine Stasiakte wurde am 9. September 1954 unter der Registriernummer MfS 19.142/60 angelegt. Vom MfS erhielt er den Decknamen »Hansen«. Die Berichte beginnen 1969 mit einem IM-Dossier über eine »Kontaktreise von Sozialdemokraten und Gewerkschaftlern in sozialistische Länder aus dem Raum Frankfurt am Main«. Schwerpunkt seiner Spitzeleien waren fortan die Spitzengremien der SPD und die Pläne der sozialliberalen Regierung unter Brandt. Der letzte Bericht von IM »Hansen« stammt vom 9. April 1974, 15 Tage vor seiner Verhaftung. Der Titel klingt nicht eben spektakulär: »Beratung der SPD-Spitzengremien am 30. und 31. März 1974 in Münstereifel«.

Bis dahin aber war es ein langer Weg gewesen. Mitte der Fünfzigerjahre hatte Guillaume – nachrichtendienstlich von einem erfahrenen Mitarbeiter der Abteilung II/4 geführt – seinen angestammten Wohnsitz in Ost-Berlin verlassen, war nach Frankfurt am Main übergesiedelt und hatte dort, unscheinbar, einen kleinen Kaffeeausschank am Dom eröffnet. Sein eigentlicher Auftrag aber lautete, Interna über die SPD zu liefern.

Günter und Christel Guillaume waren zuvor nachrichtendienstlich geschult worden. Wie die Karlsruher Ankläger herausfanden, umfasste die Ausbildung neben einer Einführung in die Grundlagen nachrichtendienstlicher Tätigkeit und einer ideologischen

ursprünglichen Aufgaben, auch um die Verbindungen des Bundeskanzlers, der ja zugleich SPD-Parteichef war, zu seiner Fraktion zu kümmern. Als Parteireferent bildete Guillaume in Brandts Büro eine eigene »Arbeitseinheit«, die sich etwa um die Vorbereitung und technische Durchführung von Wahlkampf- und sonstigen Besuchsreisen zu kümmern hatte. Zudem musste er den Kanzler nun bei seinen Arbeitsbesuchen in der SPD-»Baracke« – gemeint war das Erich-Ollenhauer-Haus, die SPD-Parteizentrale in Bonn – begleiten. Auch an den Sitzungen der Bundestagsfraktion und des Parteivorstands nahm er teil. Die Erkenntnisse, die Guillaume dabei zuflossen, übermittelte er über einen Instrukteur, einen Mittelsmann, an seinen Führungsoffizier, ab 1970 auch über eine Kurierverbindung. Markus Wolf und Minister Mielke erhielten stets augenblickliche Kenntnis von den Vorgängen.

Detaillierte Einblicke in die politischen Zielvorstellungen der SPD-Führung gewann Guillaume auf den Klausurtagungen des engeren Parteivorstands der SPD, zu denen er den Bundeskanzler begleitete. Als erkenntnisreich erwiesen sich auch die Wahlkampf- und Informationsreisen. Alles, was dem Kanzler aus Bonn übermittelt wurde, gelangte nämlich zunächst in Guillaumes Hand. Darunter befanden sich auch geheime Verschlusssachen.

In der Folgezeit berichtete Guillaume seinen Ost-Berliner Auftraggebern regelmäßig über alle Vorgänge, die im Bundeskanzleramt über seinen Schreibtisch liefen oder ihm anderweitig bekannt geworden waren. Soweit es irgend möglich war, fertigte er von wichtigen Dokumenten, die in seine Hand kamen und die er ohne Gefahr der Entdeckung fotografieren konnte, Reproduktionen an.

Am 2. Juli 1973 trat der Bundeskanzler seinen jährlichen Urlaub in seinem norwegischen Feriendomizil Hamar, der Heimat seiner Frau Rut, an. Geschlagene vier Wochen sollte er dort bleiben. Da sein persönlicher Referent zur selben Zeit Urlaub genommen hatte und dessen Stellvertreter im Kanzlerbüro unabkömmlich war, wurde Guillaume mit der Begleitung des Kanzlers betraut. Er arbeitete nun quasi als dessen persönlicher Referent. Guillaume war befugt, seine Frau Christel nach Hamar mitzunehmen. Der HVA-Spitzel machte natürlich umgehend von dieser unerwarteten Gelegenheit Mitteilung.

Einige Wochen zuvor – so Ermittlungen der Bundesanwaltschaft – hatte der Präsident des Bundesamtes für Verfassungsschutz (BfV), Günther Nollau, den damaligen Bundesminister des Innern, Hans-Dietrich Genscher, davon in Kenntnis gesetzt, dass gegen Guillaume Verdachtsmomente vorlägen, die auf eine Agententätigkeit für die DDR hindeuteten. Als Begründung nannte Nollau zum einen eine Lücke von fünf Monaten im Lebenslauf Guillaumes, nämlich für die unmittelbare Zeit vor seinem Übertritt in die Bundesrepublik. Zum anderen war es den bundesdeutschen Behörden mithilfe einer neuen Methode gelungen, Funksprüche der HVA an ihre in der Bundesrepublik tätigen Agenten zu entschlüsseln. Darunter waren auch zwei im Jahr 1960 aufgefangene Geburtstagsgrüße, die zu den Geburtsdaten von Günter und Christel Guillaume passten. Hinzu kam ein weiterer Funkspruch mit einem Glückwunsch für einen »zweiten Mann«, just an jenem Tag, als Pierre, der Sohn der Guillaumes, Geburtstag hatte. Doch die Verdachtsmomente schienen nicht ausreichend, um ein Ermittlungsverfahren einzuleiten.

Genscher soll den Bundeskanzler gleich am nächsten Tag über das Gespräch mit Nollau und dessen Bitte unterrichtet haben, das Ehepaar Guillaume observieren zu dürfen. Westdeutschlands ranghöchstem Verfassungsschützer war es dabei wichtig, im Zuständigkeitsbereich des Verdächtigen zunächst keinerlei Veränderungen vorzunehmen, um bei Guillaume keinen Argwohn zu wecken. Der Bundeskanzler habe, so die Ermittlungsakten, die Einschätzung geteilt. Des Ernstes der Situation war sich Brandt offenkundig bewusst, auch wenn noch keine eindeutigen Beweise vorlagen. Gegen die vorgesehene Verwendung Guillaumes als Begleiter des

Bundeskanzlers in dessen Urlaubsdomizil habe Nollau keine Einwände erhoben. Das will Genscher auch dem Bundeskanzler mitgeteilt haben.

Wie geplant reisten die Guillaumes also per Pkw nach Norwegen. Das Ehepaar wurde abseits vom Landhaus des Kanzlers in Hamar untergebracht. Guillaume hatte sich um die ständige Verbindung zum Bundeskanzleramt zu kümmern und die gesamte Telexkommunikation, die von zwei Technikern des BND verschlüsselt wurde, in einer unweit von Brandts Sommerfrische eingerichteten Fernschreibstelle zu übernehmen. Er legte dem Bundeskanzler das Eingegangene vor und nahm dessen Entscheidungen entgegen. So weit der Kenntnisstand der Karlsruher Generalbundesanwaltschaft aus dem Jahr 1992.

Die Mehrzahl der nach Hamar übermittelten außenpolitisch relevanten Verschlusssachen betraf Verhandlungen und Konsultationen zwischen den USA und den europäischen NATO-Partnern. Brisant war dabei vor allem die sogenannte Atlantische Erklärung über die komplette Neuordnung des NATO-Bündnisses.

Gemäß gutachterlichen Stellungnahmen von zwei Politikwissenschaftlern für den Prozess gegen das Ehepaar Guillaume, der 1975 vor dem Landgericht in Düsseldorf eröffnet wurde, ermöglichten die Fernschreiben einen genauen Einblick in die heftigen Meinungsverschiedenheiten, die während der Verhandlungen über die Erklärung zwischen den USA und ihren europäischen NATO-Partnern auftraten. Kernpunkte waren die Handels- und Wirtschaftspolitik, aber auch die sehr heikle Abstimmung in Verteidigungsfragen. Die Fernschreiben machten deutlich, wie tiefgreifend die Differenzen zwischen den von Nixon regierten USA und etwa Frankreich waren, wie starr und inkonziliant Präsident Pompidou auf seiner Haltung beharrte. Die Telex-Botschaften zeigten drastisch die Risse im westlichen Verteidigungsbündnis auf. Die Bündnissolidarität der Vertragspartner stand augenscheinlich zur Disposition.

Zudem schienen die USA, wie aus einem weiteren Fernschreiben hervorgeht, besorgt über das Kräfteverhältnis zwischen der NATO und den Warschauer-Pakt-Staaten. Sie schlossen nicht aus, dass das östliche Lager dem westlichen Bündnis militärisch überlegen sei. Nach Meinung der beiden Sachverständigen im Düsseldorfer Prozess waren dies zweifellos Dokumente, deren Weitergabe schwerwiegende Folgen für die innere Sicherheit der Bundesrepublik Deutschland hätte haben können. Hätte die Sowjetunion davon Kenntnis, würde das die Abschreckungskraft der NATO mindern. Außerdem erhielte Moskau die Möglichkeit, die NATO-Partner gegeneinander auszuspielen und einen Keil zwischen sie zu treiben.

Dementsprechend wurden die internen Dokumente von den zuständigen Stellen als Verschlusssache der zweithöchsten Stufe »VS-Geheim« behandelt und nur einem kleinen, eng abgegrenzten Kreis von Kabinettsmitgliedern und Regierungsbeamten zugänglich gemacht. Die Fernschreiben waren zumeist mit dem Vermerk »Geheim, amtlich geheimgehalten« gekennzeichnet. Auch andere höchst brisante per Kabel übermittelte Nachrichten landeten in diesen Tagen bei IM »Hansen«. Sie berührten die deutsch-polnischen Beziehungen: Probleme bei der Familienzusammenführung, Fragen der Reparationen, der Wiedergutmachung und einer künftigen wirtschaftlichen Zusammenarbeit.

Wie die Ermittlungen gegen Guillaume ergaben und wie auch in der Anklageschrift der Bundesanwaltschaft gegen Markus Wolf aus dem Jahr 1992 festgehalten, wurden die in Hamar auflaufenden Verschlusssachen und der gesamte über die verschlüsselte Verbindung mit dem Bundeskanzleramt geführte Fernschreibverkehr auf Zweifachpapier ausgedruckt. Beide Ausfertigungen reichten die diensthabenden Beamten an Guillaume weiter. Die Aushändigung der Verschlusssachen ließen sie sich vom Mittelsmann des Kanzlers in einem Quittungsblock bestätigen. Guillaume legte dann seinem Chef jeweils eines der beiden Telexpapiere zur Einsichtnahme vor und nahm es wieder an sich, sobald Brandt den Vorgang nicht mehr benötigte. Erst- und Zweitschrift der Verschlusssachen leitete er freilich nicht an die provisorisch eingerichtete Nachrichtenstelle zurück, sondern verwahrte sie bei sich in seinem Ferienhaus. Nach seiner Rückkehr aus dem Urlaub behielt Guillaume die Dokumente noch weitere Zeit in Besitz und übergab sie erst nach einer Mahnung an die Registratur des Bundeskanzleramtes. In der Zwischenzeit fertigte er für das MfS Dokumentenaufnahmen an. Dabei war ihm gewiss bewusst, dass die Fernschreiben Informationen enthielten, die nur einem kleinen Kreis zugänglich sein durften. Der Topspion hielt die in Norwegen erbeuteten Informationen für so bedeutungsvoll, dass er zunächst überlegte, das Material persönlich in die DDR, per Fähre via Schweden nach Warnemünde, zu bringen. Die in diesem Falle erwartbare Enttarnung erschien ihm aber, gerade im Hinblick auf seine exponierte Stellung in unmittelbarer Nähe des Bundeskanzlers, ein zu hoher Preis für einen bloßen Botendienst. IM »Hansen« entschloss sich darum, auf bewährtem Wege – per Postkarte an eine Deckadresse in Ost-Berlin – einen Kurier nach Schweden zu beordern. So verabredete man sich auf der Rückreise aus dem Urlaub in einem Hotel im schwedischen Halmstad. Guillaume besaß zwei Aktenkoffer gleichen Aussehens. Den einen übergab er dem Sicherheitsbeamten des Kanzlers mit der Bitte, ihn nach dem Rückflug vorübergehend in seinem Panzerschrank im Bundeskanzleramt zu verwahren. Dieses Reiseutensil enthielt nur Souvenirs. Den zweiten Aktenkoffer mit den Fernschreib-Kopien und den geheimen Aufzeichnungen nahm er an sich und deponierte ihn während des Zwischenstopps in seinem Halmstader Hotel. Dem nach Schweden angereisten und in derselben Bleibe eingebuchten Kurier überließ er für ein paar Stunden seine Zimmerschlüssel, sodass dieser die Möglichkeit hatte, die Dokumente im Koffer zu fotografieren. Zurückgekehrt ins Bonner Kanzleramt, tauschte IM »Hansen« dann beide Koffer wieder aus und brachte die Kopien der Fernschreiben in die Geheimregistratur.

In der Zentrale des DDR-Geheimdienstes soll die politische Brisanz des Verratsmaterials augenblicklich erkannt und an die SED-Spitze sowie an den KGB weitergeleitet worden sein.

Als die Ferien vorüber waren, nahm der Fall Guillaume seinen weiteren Lauf. Genscher soll nach mehreren vergeblichen Anfragen bei Günther Nollau, den Verfassungsschutz-Präsidenten im Januar 1974 explizit aufgefordert haben, die Angelegenheit endlich zu einem Abschluss zu bringen. Wieder gingen rund vier Wochen ins Land. Dann unterrichtete Nollau den Kanzler und zugleich dessen Bundesinnenminister Genscher von seiner Absicht, die Bundesanwaltschaft einzuschalten. Jetzt liege ausreichend Material gegen Guillaume vor. Der Generalbundesanwalt seinerseits veranlasste noch einige zusätzliche Ermittlungen. Am 24. April 1974 wurden die Eheleute Guillaume schließlich von Beamten der Sicherungsgruppe des Bundeskriminalamtes in Bonn festgenommen. Bei der Durchsuchung der Wohn- und Arbeitsräume konnten zahlreiche beweiskräftige Dokumente und nachrichtendienstliche Hilfsmittel sichergestellt werden.

Günter Guillaume wurde am 15. Dezember 1975 vom Oberlandesgericht Düsseldorf »wegen gemeinschaftlichen Landesverrats in einem besonders schweren Fall in Tateinheit mit Verletzung des Dienstgeheimnisses« zu einer Freiheitsstrafe von 13 Jahren verurteilt. Christel Guillaume erhielt »wegen gemeinschaftlichen Landesverrats in Tateinheit mit Beihilfe zur Verletzung des Dienstgeheimnisses« eine Gefängnisstrafe von acht Jahren. Den Angeklagten wurde für die Dauer von fünf Jahren das Recht aberkannt, in öffentlichen Angelegenheiten zu wählen oder zu stimmen.

1981 vorzeitig aus der Haft entlassen, wurde Günter Guillaume in der DDR von HVA-Chef Markus Wolf persönlich willkommen geheißen und – wie Filmaufnahmen dokumentieren – in dessen Gegenwart von Erich Mielke und Erich Honecker mit dem Karl-Marx-Orden ausgezeichnet. Überliefert ist, dass sich IM »Hansen« bei seiner Rückkehr in die DDR allerdings auch Kritik gefallen lassen musste, weil er sich bei seiner Festnahme spontan als »Offizier des MfS« ausgegeben und damit in den Augen Wolfs ein Teilgeständnis abgelegt hatte.

Guillaume ist in seiner neuen alten Heimat DDR niemals wirklich angekommen und verbitterte zusehends. Dies belegt nicht zuletzt eine jüngst von der Stasiunterlagenbehörde entdeckte MfS-Kladde, deren Umschlag in Schönschrift mit den Worten »Aktenvermerke und Gesprächsnotizen des Leiters der BV [Bezirksverwaltung] 1961–1983« versehen ist. In diesem bislang unbekannten Dokument beklagt sich Guillaume heftig. Der Aktenvermerk datiert vom 18. Januar 1983. Der Genosse, heißt es da, habe während einer »in sehr aufgeschlossener und kameradschaftlicher Art und Weise durchgeführten Unterhaltung« zum Ausdruck gebracht, »daß es für ihn in den westdeutschen Gefängnissen sehr schwer gewesen sei«.

Umso größer war offenkundig die Enttäuschung über die Situation nach seiner Rückkehr, vermerkt Generalmajor Gehlert in seiner Gesprächsnotiz. »Nachdem er nun aber 2 Jahre zu Hause sei, fühle er sich wie ein Denkmal, das in die Ecke gestellt sei. Er betrachtet zwar die Auszeichnung mit dem Karl-Marx-Orden als eine hohe Ehre für seine über 25 Jahre währende Kundschaftertätigkeit, sei aber sehr betrübt darüber, daß sein Rat nicht mehr gefragt ist.« Guillaume fühlte sich, so hat es den Anschein, rundum vergessen. Seine Klage hat tragikomische und vor allem recht larmoyante Züge. Generalmajor Gehlert hält fest, dass Guillaume »nicht verstehe, daß er nur noch für Vortragstätigkeit eingesetzt wird. Er fühle sich noch nicht zu alt, um ggf. operative Aufgaben zu erfüllen und sagte, daß er nicht verstehe, daß man ihn nicht dafür einsetzt, ›einen neuen GUILLAUME‹ aufzubauen.«

Doch seine Zeit beim MfS war abgelaufen. Es fällt auf, dass die Stasiakte Guillaumes keinen einzigen Spitzelbericht aus den Wochen von Brandts Norwegen-Urlaub 1973 enthält. Auch in Willy

Brandts Akte fehlen die hochbrisanten Informationen, die IM »Hansen« aus Hamar an die MfS-Zentrale lieferte. Waren Guillaumes Kopien der Korrespondenz zwischen Bundeskanzleramt und der Fernmeldestelle an Brandts Urlaubsort am Ende von derart großer Bedeutung für den gesamten Warschauer Pakt, dass sie selbst von den eigenen Leuten in der MfS-Registratur ferngehalten wurden?

Von den 1617 Einzelinformationen der SIRA-Teildatenbank 12, die zu Brandts Stasiakte gehören, beschäftigen sich lediglich drei Vermerke mit dem Kanzlersturz:

– Nr. 430 »Reaktion in der SPD auf die Enttarnung des persönlichen Referenten Brandts als Mitarbeiter des MfS«
– Nr. 431 »Sondersitzung der SPD-Bundestagsfraktion nach Aufdeckung des Falles Guillaume«
– Nr. 432 »DGB und Brandt-Rücktritt«

Die Umstände der Verhaftung der Guillaumes und die publizistischen Reaktionen darauf nehmen hingegen breiten Raum ein. Es wurde gar ein »Auskunftsbericht über Günter Guillaume, Referent im Bundeskanzleramt der BRD« angelegt, eine 30-seitige, akribisch erarbeitete Auswertung der Pressemeldungen, die zwischen 26. und 30. April 1974 in der Bundesrepublik und in West-Berlin erschienen. Am Ende des Aktenkonvoluts werden »erste Schlussfolgerungen« gezogen, beispielsweise:

– »Stärker als bisher gilt es, die Prinzipien der Konspiration strikt zu wahren und verbessert durchzusetzen und die politisch-operative Arbeit so zu führen, damit höchste Effektivität erzielt wird.
– Die politisch-operative Arbeit im und nach dem Operationsgebiet gilt es noch umsichtiger zu durchdenken und so zu führen, dass die Befehle des Genossen Minister höchst wirksam durchgeführt werden und politischer Schaden vermeidbar bleibt.
– Die Sicherheit im ein- und zweiseitigen Funkverkehr mit unseren Inoffiziellen Mitarbeitern im Operationsgebiet gilt es optimal zu erhöhen.

– Die Treffabsicherung hat noch sorgfältiger zu erfolgen, es darf insbesondere keine Routine bei der Wahl des Trefforts und der Treffzeiten geben.

– Mehr als bisher kommt es darauf an, die Inoffiziellen Mitarbeiter so zu erziehen, dass sie verbessert in der Lage sind, jede gegen sie angesetzte Beobachtung des Feindes zu erkennen und ihr zu entgehen.

– Die aus der Phase der Spekulation in die Details eingehende westdeutsche Publizistik ist weiter zu verfolgen und unmittelbare Schlussfolgerungen sind für die politisch-operative und politisch-ideologische Arbeit zu ziehen.«

Generaloberst Erich Mielke schickte am 21. Mai 1974 ein 11-seitiges, mit dem so gern benutzten Stempel »Streng geheim!« versehenes Papier an die Spitze des DDR-Geheimdienstes. Der Titel lautete: »Zur Entwicklung der Krise der SPD/FDP-Koalition und zum Verfall der Autorität Brandts«. Darin finden sich Informationen, die nur von jenen MfS-Spitzeln stammen konnten, die direkt im Bonner Machtzentrum der sozialliberalen Regierung platziert waren. Im Kapitel »Zu den subjektiven Faktoren im Zusammenhang mit Brandts Rücktritt« heißt es etwa, der Sturz Brandts sei dadurch mitbeeinflusst worden, dass nach der Festnahme Guillaumes in einem »abgekarteten Spiel zwischen Geheimdiensten, CDU/CSU-Opposition und der reaktionären Presse, Material über sein ausschweifendes Intimleben für die Öffentlichkeit aufbereitet« worden sei. Brandt habe über Nollau und Wehner erfahren, dass – entgegen anderslautenden Presseberichten – nicht Guillaumes Berichte, sondern Aussagen von Sicherheitsbeamten, die den Kanzler auf seinen Reisen begleitet hatten, Kompromittierendes enthalten hätten.

Brandts Erklärungen vor dem Parteivorstand der SPD, seine Schuldzuweisungen an das eigene Sicherheitspersonal (»Sie waren nicht in der Lage, einen Spion zu entlarven, aber sie waren in der Lage, mein Privatleben auszuspähen und auszuschmücken.«)

bewiesen, dass nicht nur Guillaume, sondern auch der Kanzler über lange Zeit beschattet worden war, und das von den eigenen Leuten. Auch das habe ihn bewogen, sich durch einen Rücktritt einen ehrenvollen Abgang zu verschaffen.

Am Ende des Mielke-Dossiers ist in altbewährtem Klassenkampf-Tonfall zu lesen: »Die angeführten Tatsachen lassen den Schluss zu, dass es sich hier um eine von langer Hand vorbereitete Aktion reaktionärer Kräfte mit aktiver Beteiligung der Geheimdienste und führenden Personen der CDU/CSU handelt, die durch ihr illoyales Verhalten von Mitgliedern der Regierungskoalition begünstigt wurde.« Der Löwenanteil, den die Stasi am Rücktritt von Willy Brandt hatte, wird vom Verfasser geflissentlich verschwiegen.

Beim Ministerium für Staatssicherheit blieb auch der Altkanzler weiterhin im Visier. Die Daten der SIRA-Teildatenbank 12 deuten auf unermüdliche Schnüffelei hin. Vieles wird sich niemals aufklären lassen. Denn – noch einmal – die HVA erhielt aus bis heute ungeklärten Gründen 1990 die Erlaubnis zur »Selbstauflösung« ohne jede Kontrolle von außen. Dies führte, wie von der Forschung dokumentiert, zu einer gigantischen Aktenvernichtung, die – von einigen wenigen Flüchtigkeitsfehlern abgesehen – Tabula rasa machte.

In den Akten befinden sich immerhin noch zwei prall gefüllte Bände, welche die Rundumüberwachung dokumentieren, die dem SPD-Vorsitzenden 1979, 1981 und 1985 bei drei Besuchen auf dem Hoheitsgebiet der DDR zuteil wurde. Selbst bei einer Transitreise wie jener am 16. März 1979, als Brandt, wie einst als Kanzler, von der Bundesrepublik nach Berlin (West) reiste und in der Nacht vom 17. auf den 18. 3. 1979 zurück. Die Fahrt erfolgte in einem Salonwagen mit dem D-Zug 243 bzw. 244. Die Begleitumstände ähnelten der beschriebenen Kanzlertour von 1972 frappierend. Beim zweiten dieser DDR-Besuche Brandts nach Ende seiner Kanzlerschaft am 5. März 1981 traf dieser sich mit dem späteren französischen

Staatspräsidenten François Mitterrand in der Transit-Raststätte am Hermsdorfer Kreuz. Danach fuhren beide nach Rudolstadt. Der französische Präsidentschaftskandidat der Sozialisten war dort bis zu seiner Flucht im Jahr 1941 als Zwangsarbeiter im Ortsteil Schaala einquartiert gewesen. Mitterrand besuchte in Rudolstadt die damals noch lebende Frau, die ihm bei seiner Flucht geholfen hatte. Anschließend fuhren beide Politiker gemeinsam zurück nach Nürnberg. Das MfS operierte mit gewaltigem Aufwand.

Alle Rekorde aber schlug Brandts Treffen mit dem Staatsratsvorsitzenden Erich Honecker im September 1985. Die Begegnung fand in Berlin auf Schloss Niederschönhausen statt. Zur Pressekonferenz im Konferenzgebäude des Anwesens waren zahlreiche in- und ausländische Journalisten eingeladen. Der komplette Mitschnitt der Veranstaltung befindet sich in Brandts Akte. Zum Programm gehörten darüber hinaus eine Kranzniederlegung am Mahnmal für die Opfer des Faschismus und Militarismus Unter den Linden sowie ein Besuch Brandts im Museum für Deutsche Geschichte. Sogar einen Abstecher nach Weimar zu den Nationalen Forschungs- und Gedenkstätten der klassischen Literatur hat der reisefreudige Altkanzler unternommen. Mielkes Mannen interessierten sich bei der Tour freilich nicht nur für den SPD-Granden, sondern besonders für den Tross der begleitenden Journalisten.

Das Aktenkonvolut gibt eine aufschlussreiche Übersicht über die »Einsatzkräfte zur politisch-operativen Sicherung des Besuches von Willy Brandt in der DDR«. Zur »Realisierung der Aufgabenstellung« seien insgesamt 3.972 Kräfte des MfS (einschließlich der 540 Kräfte des Wachregimentes in Zivil) zum Einsatz gekommen. Davon 1.002 Kräfte, die aus anderen Diensteinheiten der Hauptabteilung PS (372 Kräfte) zur Bezirksverwaltung Berlin (550 Kräfte) bzw. zur Bezirksverwaltung Erfurt (80 Kräfte) abkommandiert wurden. Über den Einsatz Inoffizieller Mitarbeiter vor, während und nach Brandts DDR-Visite gibt es natürlich kein Zahlenmaterial.

Eine letzte vom MfS akribisch protokollierte Reise des Altkanzlers – diesmal als Ehrenvorsitzender der SPD und Mitglied im Präsidium des Bundesvorstands – fand am 6. September 1988 anlässlich des Europapokalspiels BFC Dynamo gegen Werder Bremen in der »Hauptstadt der DDR, Berlin« statt. Diesmal gab es aber offenkundig keinen großen personellen Aufwand, keine Spitzelberichte. Nur knapp zehn Seiten umfassen Planung und Durchführung der Fußball-Expedition. Die politische Bedeutung des ehemaligen Bundeskanzlers hatte für den DDR-Geheimdienst merklich abgenommen. So änderten sich die Zeiten, jedenfalls für ein gutes Jahr, bis Willy Brandt zu einer der Symbolfiguren der deutschen Einheit wurde.

8. Verschärfte Observation:
Helmut Schmidt unter Beobachtung

Nach dem Rücktritt Brandts wählte der Bundestag am 16. Mai 1974 den bisherigen SPD-Verteidigungsminister Helmut Schmidt mit 267 Ja-Stimmen zum fünften Kanzler der Bundesrepublik. Die meisten Kabinettskollegen der Vorgängerregierung gehörten auch dem neuen Regierungsbündnis von SPD und FDP an. Lediglich Außenminister Walter Scheel verließ das Kabinett, um erfolgreich für das Amt des Bundespräsidenten zu kandidieren.

Schmidts Stasiakte wurde, so die »Rosenholz«-Unterlagen, bereits am 7. Juli 1964 unter der Registriernummer XV/2035/66 angelegt. Die F 22-Karteikarte verzeichnet, ein wenig kurios, »Helmut Schmidt« als Decknamen. Seit dem Oktober 1965 sammelten die Schlapphüte des MfS dann Material über den Bundestagsabgeordneten, der 1967 Vorsitzender der SPD-Bundestagsfraktion wurde. Anhand von Nachschlagewerken und einer Fülle von Zeitungsartikeln gelang es, sein Leben von Geburt an nachzuzeichnen. Ein besonderes Augenmerk galt dabei der Zeit vor 1945. Auffällig ist die ideologische Einfärbung der Eintragungen. Wörtlich heißt es da:

– »Der SPD-Mann Schmidt studierte nach relativ kurzer Gefangenschaft Staatswissenschaften und Volkswirtschaft, entwickelte sich aber im Laufe der Zeit zum Wehrexperten seiner Partei. Das beweist, dass sich Schmidt von seiner Haltung als Offizier der Wehrmacht niemals innerlich gelöst hat.

- Um für seine Partei Stimmen zu fangen, opponierte er zunächst dem Willen der Wähler entsprechend gegen die Atombewaffnung, um dann nach seinen persönlichen Wahlerfolgen auf die Linie der CDU/CSU einzuschwenken.
- Der ehemalige Oberleutnant der Wehrmacht Schmidt, der inzwischen zum Reservemajor avanciert hat, war einer der ersten Bundestagsabgeordneten, die freiwillig bei der Bundeswehr übten. Seine militaristische Grundeinstellung findet ihren Niederschlag in der Forderung der SPD nach einem echten Generalstab für die Bundeswehr«.

Auch die meisten Reden, die Schmidt im Bundestag hielt, finden sich in seiner Akte wieder. Auf seine Ernennung zum Bundesverteidigungsminister im Oktober 1969 reagierte die Stasi bereits wenige Tage später mit einer abermals streng geheimen »Einschätzung über Schmidt, Helmut, SPD-Bundesminister der Verteidigung«. Dort ist erneut vermerkt, dass Schmidt 1945 als Oberleutnant der Reserve und Batteriechef in Kriegsgefangenschaft geriet, aus der er bereits Ende 1945 entlassen wurde. Detailliert wird seine »Stellung und Rolle in der Partei« nachgezeichnet. Schmidt verkörpere den Typ des ehrgeizigen karrieristischen Politikers, der sich schnell und ohne Rücksicht auf die Wahl der Mittel in die Spitze der SPD vorkämpfe. Von Beginn an habe er zu den rechten Einpeitschern einer Politik gehört, die auf Grundlage des Godesberger Programms die SPD »auf die Position der uneingeschränkten Verfechtung der Politik der herrschenden imperialistischen Kräfte des staatsmonopolistischen Systems in Westdeutschland« führe. Im Programm hatte sich die SPD zur sozialen Marktwirtschaft und zur Wiederbewaffnung bekannt. Unter Ausnutzung seiner Machtposition habe Schmidt den Kurs »der SPD-Führung nach rechts gegen alle progressiven Kräfte sowohl innerhalb der Partei als auch gegen alle links- und fortschrittlichen Kräfte in Westdeutschland« maßgeblich mit durchgesetzt. Er gehöre zu den Verfechtern und Initiatoren eines harten innenpolitischen Kurses und trage entscheidende Verantwortung für das sozialdemokratische Bekenntnis zur Notstandsgesetzgebung.

In seiner neuen Funktion als Verteidigungsminister gehe es Schmidt um die »Schaffung klarer Verhältnisse«. Seine Vorstellungen von einer Bundeswehrreform zielten unter anderem auf eine Reorganisation der militärischen Führungsspitze ab, die den Forderungen der Bundeswehrführung nach höheren Machtbefugnissen folge. Letztlich gehe es dem Minister um eine rechtliche Gleichstellung der Militärs gegenüber der politisch-zivilen Hierarchie. Bezeichnend seien die ersten Reaktionen der Springer-Presse, die allesamt Lobeshymnen anstimmten. Das Verteidigungsministerium sei mit Schmidt »glänzend besetzt«. Es habe »keinen besseren Mann« für diesen Posten gegeben. Am Ende des achtseitigen Dossiers stehen zehn Zeilen mit »kompromittierenden Angaben«, die von der Berliner Stasiunterlagenbehörde gemäß den Vorschriften des Stasiunterlagengesetzes wegen der besonders schutzwürdigen Inhalte komplett geschwärzt wurden.

»Mit sozialistischem Gruß« wandte sich schließlich der stellvertretende Chefredakteur der »Neuen Berliner Illustrierten« (NBI), Horst Hertelt, an die Pressestelle des Ministeriums für Staatssicherheit. Die NBI beabsichtige, demnächst »eine Dokumentation zur Entlarvung der Machenschaften des Bonner Kriegsministers Schmidt zu erarbeiten«. Einen Arbeitstitel gebe es schon: »Schmidt, der Noske der 70er Jahre«. Gustav Noske war der erste sozialdemokratische Verteidigungsminister in der deutschen Geschichte gewesen, 1919 hatte er dem ersten Kabinett Scheidemann angehört. Der Journalist bat das MfS darum, ihm bislang unbekanntes Material zur Verfügung zu stellen. Der Bitte wurde allerdings nicht entsprochen.

Wenige Wochen nach Schmidts Ernennung registrierte die Abteilung VII die Information eines IM namens »Soldat«, datiert vom 15. Dezember 1969. Inhalt: der »Tagesbefehl des Inspekteurs der Luftwaffe«. Zuträger war ein Kölner Regierungsobersekretär der

Bundeswehr, ein Verräter, der dem MfS mehr als 15 Jahre diente. Es ist lohnend, sich mit Geschichte dieses Mannes näher zu befassen.

Der IM »Soldat« war, wie es im Stasi-Jargon hieß, ein »Selbststeller«, einer, der sich aus freien Stücken dem Geheimdienst in Ost-Berlin angeboten hatte. Am 30. März 1963 hatte er einen Brief an die Leipziger »Gesellschaft für Sport und Technik« geschrieben, er suche »auf Grund von politischen Unklarheiten« eine Verbindung zur DDR. Das Schreiben landete postwendend bei der MfS-Bezirksverwaltung Leipzig, das umgehend reagierte. Nach »postalischer Vereinbarung« – so steht es im Protokoll der Tschekisten – fand im Mai 1963 ein erstes Zusammentreffen in Berlin statt. Im Juni 1963 wurde der Rheinländer dann auf »politisch-ideologischer Grundlage« angeworben. Doch auch das materielle Interesse des IM soll bei der Rekrutierung eine Rolle gespielt haben. Anfang Januar 1965 unterschrieb IM »Soldat« eine Verpflichtungserklärung, die an Deutlichkeit wenig zu wünschen ließ.

»Hiermit verpflichte ich mich, das Ministerium für Staatssicherheit der Deutschen Demokratischen Republik im Kampf um die Erhaltung des Friedens und der Erlangung der Wiedervereinigung Deutschlands aktiv und freiwillig zu unterstützen.

Mir ist klar, dass sich meine Mitarbeit gegen die Bonner Militaristen richtet, und ich werde meine ganze Kraft für die Erfüllung der mir vom Ministerium für Staatssicherheit gestellten Aufgaben einsetzen, um aus meiner Arbeitsstelle operativ interessante Informationen zu beschaffen.

Ich verpflichte mich weiterhin, über diese Zusammenarbeit und alle damit in Zusammenhang stehenden Dinge gegenüber jedermann, auch gegenüber meinen besten Freunden und nächsten Angehörigen strengstes Stillschweigen zu bewahren.

Zur Sicherheit der Zusammenarbeit werde ich den mit mir gemeinsam ausgearbeiteten Verbindungsplan einhalten.

Leipzig, den 6.1.1965«

Seine Karteikarte war bereits am 20. Mai 1963 unter der Registriernummer XV/1498/63 angelegt worden. Zum Zeitpunkt der Anwerbung arbeitete IM »Soldat« in einer untergeordneten Dienststelle der Bundeswehr.

Nach MfS-Angaben wurde IM »Soldat« am 2. April 1938 in Düsseldorf geboren. Sein Vater war Berufssoldat der »faschistischen Wehrmacht«. Mit Beginn des Krieges wurde die Mutter des IM mit den Kindern nach Dresden evakuiert. 1944 begann für den Jungen die Schulpflicht. Bald darauf starb seine Mutter an einer schweren Krankheit. Die Großeltern in Dresden wollten ihn nicht aufnehmen. So wurde die Halbwaise in ein evangelisches Stift gesteckt. Dort blieb er bis Kriegsende. Danach holte ihn der Vater zu sich nach Düsseldorf. Da er zu 100 Prozent kriegsversehrt war, wurde der spätere IM »Soldat« von einer Tante in Pflege genommen, kam dann aber bis 1950 wiederum in ein evangelisches Kinderheim, »Sankt Michael« in Wuppertal. 1950 heiratete sein Vater erneut und nahm seinen Sohn zu sich. Welch Odyssee, welch zerrissene Kindheit!

Von 1950 bis 1956 lebte er beim Vater und der Stiefmutter in Düsseldorf. Die Schule verließ er nach der mittleren Reife. Hinter dem Rücken seines Vaters – er war gegen die Pläne des Filius – bewarb sich der spätere IM beim Bundesgrenzschutz und verpflichtete sich dort für sieben Jahre. Nach Abschluss der Grundausbildung meldete er sich zu einem Funklehrgang, wurde einer Fernmeldehundertschaft zugeteilt und schließlich zum Truppengrenzschutzamt Mitte nach Hangelar bei Bonn überstellt. Als sich für ihn dort aber keine Zukunftsperspektiven auftaten, beantragte er 1960 seine Entpflichtung. Das Verfahren verlief ohne Schwierigkeiten, da er sich zeitgleich für eine Zivillaufbahn bei der Bundeswehr verpflichtet hatte.

Im Oktober 1960 wurde der Rheinländer bei der Bundeswehr in Düsseldorf, Abteilung Verwaltung 3, als Regierungsinspektoranwärter eingestellt. Im September 1963 begann der für seine Karriere entscheidende Lehrgang bei der Bundeswehrverwaltungsschule in Mannheim. Die Abschlussprüfung dort schaffte er auch im zweiten Anlauf nicht. Genau in dieser Zeit wandte er sich an die Leipziger »Gesellschaft für Sport und Technik«, eine DDR-Massenorganisation, die die Ausbildung in Sportarten mit vormilitärischem Nutzen anbot.

Nach Einschätzung seines Führungsoffiziers sei im Umgang mit IM »Soldat« stets zu beachten, dass es sich bei ihm um einen »Selbststeller« handele, der früh seine Mutter verloren und viele Jahre in Waisenhäusern bzw. Kinderheimen verbracht habe. Zeitgenossen mit schon früh ruinierten Biografien passen perfekt ins Beuteschema. Die suchten noch als Erwachsene nach Anerkennung, und sei es von der Stasi. So schlüpft der Geheimdienst-Instrukteur in die Rolle des Seelenklempners. Der seit Kindheit vornehmlich auf sich angewiesene IM habe gelernt, seine Probleme selbst zu regeln. Aufgrund seines Alters und seines niedrigen Einkommens sei die Verbindungsaufnahme mit dem MfS verständlich. Man solle seinen materiellen Bedürfnissen entgegenkommen. Nun komme es darauf an, ihm einiges politisches Grundwissen beizubringen.

Über ausgeprägte Interessen verfüge der IM nicht. In seiner Freizeit gehe er oft tanzen und ins Kino. Er trinke und rauche mäßig. »In seinem Äußeren ist er sehr sauber und hat ein gutes Benehmen«, bilanzierte der Vorgesetzte beim MfS, der vorschlug, dem IM zunächst ein Fixum von monatlich 100 D-Mark zu zahlen. Zusätzlich bekam der IM Reisekosten und Spesen erstattet. Schriftlich festgehalten wurde, dass dem IM bislang nur ein MfS-Mitarbeiter unter dem Namen »Förster« bekannt sei.

Während seines Urlaubs im August 1963 wurde IM »Soldat« für acht Tage zum Lehrgang in die DDR beordert. Dabei erhielt er eine umfängliche Unterweisung in die Handhabung operativer Vorgänge. Außerdem begegnete er seinem künftigen Instrukteur, den IM »Soldat« unter dem Namen »Lutz« kannte. Dieser würde ihm Weisungen erteilen und seine Berichte entgegennehmen. 1989 gab es rund 770 derartige MfS-Instrukteure.

Ab 1964 arbeitete IM »Soldat« im Wehrbereichskommando (WBV) III, Besoldungswesen Düsseldorf. Im Dezember 1966 wurde der IM ins Beamtenverhältnis übernommen und 1970 zum Flughafen Nörvenich versetzt, wo er die Besoldungsangelegenheiten der Piloten erledigte. Da diese Stelle aus Sicht des MfS aber wenig »operative Perspektiven« hatte, bewarb sich der IM »Soldat« auf Anraten seines Führungsoffiziers beim Verteidigungsministerium. Er hatte Erfolg und wurde im Mai 1971 als Beamter in die Kölner »Stammdienststelle der Luftwaffe« versetzt. Dort übernahm er die Leitung der Poststelle. Zwei Jahre zuvor war er auf Weisung des MfS der CDU beigetreten, spielte dort aber nur eine höchst untergeordnete Rolle.

In der Akte des IM »Soldat« sind für den Zeitraum von 1969 bis 1972 insgesamt 16 Informationslieferungen in der SIRA-Teildatenbank vermerkt, etwa ein zehnseitiges Dossier aus dem November 1970, das sich mit »Fragen der westdeutschen Luftwaffe«, mit Führung, Organisation, Ausbildung und Logistik beschäftigte.

Von deutlich höherer Brisanz war die Weiterleitung einer umfassenden wehrsoziologischen Untersuchung zur Ausbildung in der Bundeswehr sowie einer sechsseitigen Statistik über »Besondere Vorkommnisse in der Luftwaffe im 1. Quartal 1971«. Die Bilanz war wenig erfreulich. Im Vergleich zum Vorjahr waren bei der Truppe Rauschmittelmissbrauch und die Anzahl von Brandstiftungen signifikant angestiegen. Registriert wurden zwei Selbstmorde, 19 Selbstmordversuche, 14 Gehorsamsverweigerungen oder tätliche Angriffe auf die Vorgesetzten, 11 Waffendiebstähle und zwei Fälle von Sabotage respektive »Wehrmittelbeschädigung«. Der IM berichtete zudem über Flugunfälle, den Umrüstungsstand beim Düsenjäger RF-4E »Phantom« und die angefallenen Flugstunden. Von Interesse für die Stasi und die sogleich ins Bild gesetzten Militärs der NVA waren gewiss auch die Informationen über Lücken in der Ersatzteilversorgung der C-160 Transall.

Die Auftraggeber schienen zufrieden. Ein Eintrag in der Personalakte des IM »Soldat« aus dem Jahr 1972 vermerkt unter anderem, der Mitarbeiter verfüge über eine sehr große Portion Mut und Risikobereitschaft, um »operative Erfolge« zu erzielen. Seiner Aufgabe als Quelle werde er voll gerecht. Er verdiene recht wenig in Relation zu den Preisen in der Bundesrepublik. Aber die Bindung an seine Arbeitsstelle werde durch die monatlichen Zuwendungen aufrechterhalten, die der IM für seine Dienste erhielt.

Zum Jahrestag des MfS anno 1972 bekam IM »Soldat« die »Medaille für treue Dienste der NVA in Bronze«. Er sei zu einer wichtigen Quelle geworden. Sein Fleiß und seine Einsatzbereitschaft, Informationen zu liefern, seien besonders hervorzuheben. Obwohl der IM auf finanzieller Basis angeworben worden war, sei zu erkennen, dass er sich durch die langjährige Zusammenarbeit an die DDR stärker gebunden fühle als an den westdeutschen Staat. Der IM sei zuverlässig und halte sich exakt an die konspirativen Regeln.

Aus Anlass des 27. Jahrestags des MfS wurde IM »Soldat« sogar mit der »Medaille für treue Dienste der NVA in Silber« dekoriert. Die Begründung ähnelte der von der Ehrung zuvor: Die Quelle habe wertvolle und umfangreiche dokumentarische Informationen beschafft. Das schmeichelte dem so oft erschütterten Ego.

1978 fand der Verrat ein jähes Ende. Der IM »Soldat« wurde enttarnt und festgenommen. Das Oberlandesgericht Düsseldorf verurteilte ihn 1980 zu einer Freiheitsstrafe von vier Jahren und drei Monaten wegen jahrelanger geheimdienstlicher Agententätigkeit. Ein Freund hatte ihn verraten. Beim Strafmaß sah es das Gericht als erschwerend an, dass er ein ganz besonders fleißiger Agent gewesen und dafür mit zwei Geheimdienst-Orden ausgezeichnet worden sei. An Lohn, so errechneten die Richter, habe der Beamte im Laufe der Zeit alles in allem rund 50.000 DM aus Ost-Berlin erhalten.

Nach zweieinhalbjähriger Haftzeit wurde der IM 1981 auf Ersuchen des SED-Staats ausgetauscht. Nach seiner Übersiedlung in die DDR machte der MfS-Hauptmann Findeisen den Vorschlag, IM

»Soldat« mit der »Verdienstmedaille der DDR« auszuzeichnen. Einen Monat später ehrte Armeegeneral Erich Mielke im Befehl Nr. K 3923/81 den aufgeflogenen Agenten: »In Anerkennung und Würdigung seiner Verdienste bei der Lösung gestellter Aufgaben im Kampf gegen die Feinde des Friedens und des Sozialismus, die er sich durch hohe Einsatzbereitschaft, Mut und Zuverlässigkeit erwarb, verleihe ich im Namen des Vorsitzenden des Ministerrates der Deutschen Demokratischen Republik die Verdienstmedaille der DDR.«

Das Ministerium für Staatssicherheit zeigte sich generös und zahlte für den Wiedereingliederungsprozess in die Gesellschaft und zur persönlichen Entschädigung ein Überbrückungsgeld von insgesamt 94.000 DDR-Mark. Behilflich war der DDR-Geheimdienst seinem getreuen IM auch bei der Suche nach einer Wohnung und einem angemessenen Arbeitsplatz. Dann verlieren sich die Spuren.

Die Spionage der HVA unternahm »perfekt betriebene nachrichtendienstliche Operationen primär für die dominierende Macht im Warschauer Paktsystem, also für die Sowjetunion«, schreibt der ehemalige Stasi-Offizier Heinz Busch in seinen unveröffentlichten Erinnerungen. Oft sei einzig die UdSSR in der Lage gewesen, die von der Ost-Berliner Spionage beschafften Daten und Materialien umfassend auszuwerten. Die DDR habe, was die großen militärischen Zusammenhänge anbelange, keine qualitativ wie quantitativ ausreichenden Kapazitäten besessen, um aus den beschafften Berichten etwas zu machen. Der »Dirigent« habe in Moskau gesessen, und die Nachrichtendienste der osteuropäischen Verbündeten hätten in dem »eigenartigen Militärmusikkorps« gewissermaßen die Register gezogen.

In Schmidts Amtszeit als Bundesminister der Verteidigung agierten auf der Hardthöhe gleich mehrere hochkarätiger Spione. Ihre genaue Anzahl ist nicht bekannt. Aber einer von ihnen war Hans-Albert G. Seine IM-Akte wurde am 1. Februar 1968 unter dem

Decknamen »Hermann« – Registriernummer XV/281/68 – angelegt. Die Angaben zur Person des im Dezember 1944 in Hüffelsheim, Landkreis Bad Kreuznach in Rheinland-Pfalz, geborenen Bundeswehrsoldaten sind spärlich. Anders als bei IM »Soldat« wissen wir nicht, wie er angeworben wurde und aus welchen Motiven er sich mit der Stasi einließ. Der Umfang seiner Spionagetätigkeit war allerdings beachtlich und ist dank Hilfe der SIRA-Teildatenbank 12 umfassend dokumentiert. IM »Hermann« lieferte der HVA seit Anfang 1970 bis Ende 1986 Geheimmaterial von der Luftwaffe. Sein Dienstgrad und sein militärischer Werdegang ließen sich nicht ermitteln. Umso konkreter sind dafür Einzelangaben über seine jahrelange Verratstätigkeit. Im Jahr 1970 lieferte IM »Hermann« seinen Ost-Berliner Auftraggebern Informationen über die Logistik der Luftwaffe und ihr Beschaffungswesen nebst einem »Verzeichnis der Vorratslisten mit den dazugehörigen Katalogen«.

Die Informationen wurden augenblicklich an den Chef der NVA, Armeegeneral Heinz Hoffmann, weitergeleitet. IM »Hermann« berichtete auch, dass die Bundeswehr beim Ausbau ihrer Kampfkraft auf besser geschultes und besser ausgerüstetes Personal zurückgreifen wolle. Eine 18-seitige Weisung von Minister Schmidt habe die oft unkoordinierte Ausrüstung bei Heer, Luftwaffe und Marine scharf kritisiert und »gebieterisch« nach einer »Zentralisation des Beschaffungsablaufs in der Bundeswehr« verlangt. Nur so könne die immer umfangreicher werdende Technik aller Waffensysteme standardisiert und weiterentwickelt werden.

Bald darauf lieferte IM »Hermann« den kompletten Wortlaut einer 15-seitigen Richtlinie über die »Ausbildung am Arbeitsplatz in der westdeutschen Luftwaffe«. Das Reformwerk aus dem Schmidt-Ministerium benannte einige Schwerpunkte:

- »keine wesentliche Unterbrechung des Arbeitsablaufes,
- kein zusätzlicher Bedarf an Lehrpersonal,
- keine zusätzlichen Lehrmittel und Unterrichtsräume,
- Anwendung auf fast alle Spezialgebiete«.

Die mehrbändige Arbeitsakte des Luftwaffenspions IM »Hermann« mit dem Klarnamen Hans-Albert G. umfasst 151 Blatt. Sicherlich liegt die tatsächliche Seitenzahl weit höher. Die Anzahl der SIRA-Ausdrucke entspricht nicht der Anzahl der Seiten der Arbeitsakte. Sage und schreibe 16 Jahre lang war der Ost-Berlins Maulwurf undercover im Einsatz, eine Spitzenquelle! IM »Hermann« wurde nach heutigem Wissensstand niemals enttarnt und niemals juristisch belangt. Auch Schmidts Nachfolger im Amt – Georg Leber, Hans Apel, Manfred Wörner und Rupert Scholz – haben nicht erfahren, wie sehr sie von diesem Soldaten – in welchem Rang er auch immer diente – über Jahre verraten wurden. Von den internen Dokumenten über Stärken und Schwächen der bundesdeutschen Luftwaffe hätte die Stasi, und somit der gesamte Ostblock, auf legalem Wege niemals Kenntnis erhalten.

Nicht minder folgenreich war der Einsatz von IM »Bach«, der gleichfalls in Schmidts Zeit als Verteidigungsminister fiel. IM »Bach« – das war der 1912 in Berlin geborene W. B., Ministerialrat im Bundesverteidigungsministerium ohne »Parteizugehörigkeit«. Von 1969 bis 1973 bediente er das Ministerium für Staatssicherheit. Die Karteikarten F 16 und F 22 registrierten ihn unter der Nummer XV/11/68. Wenige Tage nach Schmidts Amtsantritt sprudelte IM »Bach« erstmals und verriet dem MfS »Statistische Kurzinformationen zum Einsatz der Feldjäger in den Jahren von 1958 bis 1968«.

Weiter ging es mit einem Bericht über »Einige von Bundesverteidigungsminister Helmut Schmidt eingeleitete Maßnahmen zur kritischen Bestandsaufnahme der Bundeswehr«. Das vom neuen Minister anlässlich seiner Amtsübernahme angekündigte »Programm der Modernisierung und der Reformen in den Streitkräften« habe, so der IM, vornehmlich das Ziel, die Effektivität der Bundeswehr zu erhöhen. Führung, Struktur und Ausrüstung sollten den aktuellen Gegebenheiten angepasst werden. Die Ergebnisse dieser kritischen, alle Bereiche der Streitkräfte umfassenden Bestandsaufnahme sollten unter anderem im »Weißbuch zur Verteidigungspolitik der Bundesregierung 1970« der Öffentlichkeit vorgestellt werden. Die Stasi war über die Inhalte schon Monate zuvor im Bilde.

Ein besonderer Leckerbissen dürfte eine 58-seitige Einzelinformation gewesen sein, mit der IM Bach im März 1971 die HVA versorgte: ein Rahmenerlass zur »Neuordnung des Rüstungsbereichs«, der aus dem direkten Umfeld des Verteidigungsministers stammte. Thematisch ging es dabei um eine zuverlässigere Planung der Waffensysteme, die umfassende Delegation von Verantwortung in den durchführenden Bereich, um die Straffung des Rüstungsbereichs sowie um die Bildung eines effektiv arbeitenden Managements. Bei allen Maßnahmen – so der Erlass – sollten die einzelnen militärischen Bedarfsträger in ständigem Dialog zusammenwirken.

Auch die Information der SIRA-Teildatenbank 12 Nummer 37 vom Juli 1971 dürfte für die HVA von Bedeutung gewesen sein: das Gutachten der »Kommission zur Neuordnung der Ausbildung und Bildung in der Bundeswehr«, in Auftrag gegeben vom Verteidigungsminister persönlich. Rund 150 zum Teil kritische Bestandsaufnahmen waren in die Expertise eingeflossen. Um die Verbesserungsvorschläge umzusetzen, habe Schmidt die Zusammenarbeit zwischen Bundeswehr und allen »zivilen Partnern im Bereich der staatlichen Verwaltung, der öffentlichen Einrichtungen, der Wirtschaft und der Publizistik« in Aussicht gestellt. IM »Bach« reportierte auch einen Ministerappell an den »gemeinsamen Willen der Soldaten, diese Neuordnung als ihre eigene Angelegenheit zu begreifen«. Der Spitzelbericht endete mit einer sattsam bekannten Formel: »Im Interesse der Sicherheit der Quelle darf diese Information nicht veröffentlicht werden.«

IM »Bach« lebte unter seinem bürgerlichen Namen W. B. in Bonn-Duisdorf und brachte es bis 1974 auf 45 meist hochwertige Dossiers für die HVA. Der letzte Eintrag der Teildatenbank 12 datiert vom 30. September 1974. Der Titel verhieß nichts Gutes: »Information für Kommandeure Nr. 1/74 betr. Alkoholmissbrauch in der Bundeswehr«.

Der Bonner Beamte im Range eines Ministerialrats, der, wie anzunehmen, eine juristische Ausbildung genossen hatte, beendete seine Spionagetätigkeit zeitgleich mit seiner Pensionierung. Auch B. wurde nie zur Rechenschaft gezogen. Über die Motive seines Verrats ist ebenso wenig bekannt wie über seine Anwerbung in den Sechzigerjahren. Für die DDR aber waren diese Informationen aus der Bundeswehr von besonderer Bedeutung. Im geteilten Deutschland und Europa – neue Ostpolitik hin oder her – hatte man stets auf der Hut zu sein, ob aus dem Kalten Krieg nicht doch noch ein Heißer würde. Militärische Informationen zum Gegner waren da besonders wichtig.

Zum Fundus der von der HVA erbeuteten Informationen gehört, als besonderer Schatz, der 32-seitige »Rüstungsplan der Bundeswehr von 1970-1973«. Das Geheimpapier blieb dem MfS nicht lange verborgen. Ein heute nicht mehr identifizierbarer IM aus dem Bonner Ministerium hat es umgehend an die Mielke-Truppe durchgestochen. Auch Informationen über Probleme des westdeutschen Panzers »Leopard« und über die »Gemeinschaftsentwicklung 70«, ein groß angelegtes militärisches Zukunftsprojekt, landeten dank des umfänglichen Spitzelnetzwerks prompt auf den Schreibtischen in Ost-Berlin. Die Lektüre muss für die DDR, ja für die gesamten Warschauer-Pakt-Staaten, von hohem Erkenntnisgewinn gewesen sein.

Schmidts Stasiunterlagen ignorieren auffällig viele wesentliche Unternehmungen, die in seine Amtszeit als Verteidigungsminister fielen. Dass der Grundwehrdienst von 18 auf 15 Monate verkürzt wurde, schien für die HVA ohne Belang. Gleiches gilt für seine Initiative zur Gründung der Bundeswehruniversitäten in Hamburg und München. Aus MfS-Sicht dürften dies verachtenswerte militärische Kaderschmieden gewesen sein. Die Geschehnisse fanden aber keine Erwähnung.

Selbst Schmidts Übernahme des Finanz- und Wirtschaftsressorts am 7. Juli 1972, nach dem Rücktritt des »Superministers«

Karl Schiller, erwähnt die Akte nicht. Gleichwohl blieb das Interesse der HVA an ihm, der nach den Bundestagswahlen im Herbst 1972 nur noch für die Finanzen und nicht mehr für die Wirtschaft verantwortlich zeichnete, ausgesprochen hoch. Die SIRA-Teildatenbank 12 dokumentiert Berichte von mehr als einem Dutzend identifizierbarer IM und einer annähernd gleichen Zahl von unbekannten Spitzeln, die in den Jahren von 1972 bis zu Schmidts Übernahme der Kanzlerschaft 1974 ihre Geheimpapiere verfassten.

Als besonders eifriger Schnüffler erwies sich dabei IM »Doktor«, mit Klarnamen Dr. Richard S. Wie den »Rosenholz«-Dokumenten zu entnehmen ist, wurden seine Erfassungskarte F 16 und das Vorgangsformular F 22 unter der Registriernummer 4289/61 im Januar 1961 angelegt. In seinen 162 Blatt umfassenden mehrbändigen Arbeitsakten finden sich 140 Eingangsinformationen. Sie korrelieren allesamt mit der beruflichen Tätigkeit von IM »Doktor«, der in seiner offiziellen Existenz Wirtschaftswissenschaftler war. Er hat hauptsächlich Verhandlungskonzeptionen und andere vertrauliche Mitteilungen zum nichtkommerziellen Zahlungs- und Verrechnungsverkehr zwischen der DDR und der Bundesrepublik Deutschland nach Ost-Berlin verraten. Sachkundig plauderte IM »Doktor« die Auffassungen aus, die Bonns Regierung in Fragen der ökonomischen Beziehungen zur DDR vertrat.

Was der 1910 in Bayern geborene Dr. S. mit dem Decknamen »Doktor« bei der HVA ablieferte, mag auf den ersten Blick eher harmlos erscheinen, doch die innerdeutschen Wirtschaftsbeziehungen waren politisch von hoher Brisanz. Wenn die Ost-Berliner Verhandlungspartner vorab von den Handlungsstrategien der Bonner Regierung erfuhren, konnte das für sie einen entscheidenden strategischen Vorteil im deutsch-deutschen Finanzpoker bedeuten.

Ein besonderes Kaliber im Kreis der Verräter von Bonn war der Journalist W. S., der 1922 in Dortmund geboren wurde. Gemäß der »Rosenholz«-Dokumente wurde seine Erfassungskarte 1960 unter der Registriernummer XV/6004/60 angelegt. Unter dem Decknamen »Karstädt« lieferte er von Mitte 1969 bis Ende 1975 rund 260 Berichte, vor allem aus dem Machtzentrum der Bonner Republik, dem Bundeskanzleramt. Der Fokus lag dabei hauptsächlich auf den Koalitionären Brandt und Scheel, ebenso auf Schmidt und Wehner.

Auch seine Geheimdossiers wurden aus den bekannten Gründen im Jahr 1990 vernichtet. Dennoch liefern die Angaben der SIRA-Teildatenbank 12 einen umfassenden Einblick in die intensive Arbeit des IM »Karstädt«. Zudem blieb immerhin ein kompletter Spitzelbericht erhalten, der sich in S.' 165 Seiten der mehrbändigen Arbeitsakten befindet: eine Information über die »erste Reaktion westdeutscher Regierungskreise auf das Interview des Genossen Honecker vom 1. November 1973«. Nach IM »Karstädts« Darstellung hätten westdeutsche Regierungskreise die jüngsten Äußerungen des Staatsratsvorsitzenden mit großer Aufmerksamkeit registriert. Honecker hatte sich zu den Verhandlungen über die Einrichtung ständiger Vertretungen von BRD und DDR geäußert. Mit kenntnisreichem Insiderblick verriet »Karstädt« dem Ministerium für Staatssicherheit in einem vierseitigen Papier die Reaktionen der Bundesregierung und der Opposition. Für das Ost-Berliner Politbüro war das, einmal mehr, ein überaus dienlicher Hinweis.

Spion S. war eine Figur mit brauner Vergangenheit. 2017 schrieb Ex-Stasi-Major Horst Kopp in seinem Lebensrückblick »Der Desinformant – Erinnerungen eines DDR-Geheimdienstlers«, S. – hier »Rolf« genannt –, habe die Uniform der Waffen-SS getragen und sei ein »Selbststeller« gewesen. Als einstiger Nazi mit genauen Kenntnissen aus dem Reichssicherheitshauptamt, der Waffen-SS und der NSDAP habe der nun augenscheinlich geläuterte Journalist wertvolle Informationen über seine »alten Kameraden« geliefert und den DDR-Ermittlungsorganen beim Aufspüren von nazistischen Kriegsverbrechern geholfen.

In den Anfangsjahren der Bonner sozialliberalen Koalition habe sich das FDP-Mitglied S., so Kopp, zunächst als Berater des

Auswärtigen Amtes, dann als Mitarbeiter im Bundespresseamt verdingt. Im Zuge der Guillaume-Affäre sei er aber ins Visier der Bonner Ermittler geraten und von seinem Führungsoffizier Rolf Wagenbreth vorsichtshalber aus der Bundesrepublik abgezogen worden. 1975 habe er vom DDR-Staat – als Belohnung für seinen Verrat – ein kleines Haus in der Nähe von Ost-Berlin erhalten und fortan seinen Lebensunterhalt als Hauptamtlicher Inoffizieller Mitarbeiter (HIM) verdient.

Aus S.' spärlicher Stasipersonalakte geht zudem hervor, dass die HVA-Spitze im September 1988 für den »zurückgezogenen Kundschafter« den gebührenfreien Import eines PKW der Marke FIAT-Regatta 75 S beantragte. Zukünftig durfte HIM »Karstädt« mit einem schmucken Westauto in der Farbe »metallic-grau« durchs Land der Trabis fahren. Als Halterin des Fahrzeugs war S.' Ehefrau Regina eingetragen.

HIM »Karstädt« alias S. war nämlich auch nach seiner Übersiedelung in die DDR äußerst wertvoll gewesen. Schon bald hatte er einen brisanten Sonderauftrag erhalten. Wenige Wochen, bevor im September 1977 Hanns Martin Schleyer von Mitgliedern der »Roten Armee Fraktion« entführt wurde, bekam »Karstädt« die Instruktion, aus vorliegenden MfS-Unterlagen einen Lebenslauf des Arbeitgeber-Präsidenten zu erstellen, der vor allem dessen einstige Mitgliedschaft in der SS belegen sollte. Nach Schleyers Ermordung am 18. Oktober 1977 wurde unter der Leitung von Rolf Wagenbreth, der in der HVA-Abteilung X für »Aktive Maßnahmen und Desinformation« zuständig war, der Plan entwickelt, S.' Erkenntnisse über die Causa Schleyer zu nutzen, um die Politiker Helmut Schmidt, Werner Maihofer, Helmut Kohl, Franz Josef Strauß und andere dem »rufschädigenden Verdacht unlauterer Machenschaften auszusetzen«.

Das MfS hatte den Fernsprechverkehr des Krisenstabes der Bundesregierung abgehört und sich »Niederschriften« von fiktiven Verhören Schleyers durch Angehörige der RAF ausgedacht, die im deutschen Herbst 1977 und erneut im Oktober 1978 in der Bundesrepublik verbreitet wurden. Die vermeintlichen Protokolle erweckten den Anschein, Schleyer hätte unter dem Druck der Entführung seine Kenntnisse über Ermittlungen offenbart, die das BKA und der Bundesverfassungsschutz gegen Kanzler Schmidt und Innenminister Maihofer aufgenommen hätten.

Darüber hinaus hätte Schleyer, so das Konstrukt des MfS, in diesem »Verhör« von unsauberen Parteispenden der Wirtschaftsverbände gesprochen und konkrete Aussagen über geheime Gespräche Helmut Kohls mit der FDP gemacht. Sogar die Existenz von Kundschaftern des BDI und des Verfassungsschutzes in Führungsgremien des DGB hat der Entführte angeblich eingeräumt. Gezielt wurde der Verdacht geschürt, die Bundesregierung und die Opposition hätten Schleyer gemeinsam geopfert, seine Befreiung verhindert, damit er all sein Wissen nicht mehr preisgeben konnte.

Ebenso wie »Karstädt« war auch der 1913 geborene und 1985 verstorbene ostdeutsche Wirtschaftsfunktionär und ehemalige Rektor der Hochschule für Außenhandel in der DDR, Professor Erich Freund, ein wichtiger IM. Unter dem Decknamen »Dräger« hatte er die Minister für Wirtschaft und Finanzen der sozialliberalen Koalition im Blick. Anders als bei »Karstädt« alias S. liegt seine Personalakte jedoch nicht vor.

Mit der Kanzlerwahl von Helmut Schmidt am 16. Mai 1974 begann für das MfS eine neue Zeitrechnung. Schon Tage zuvor, am 10. Mai 1974, hatte Mielkes Truppe eine »streng geheime« »Kurzeinschätzung über den Bundesminister der Finanzen und stellvertretenden Vorsitzenden der SPD, Kanzlerkandidat« erstellen lassen. Nach seiner Vereidigung wurde das Wort »Kanzlerkandidat« kurzerhand durchgestrichen und durch den Titel »Bundeskanzler« ersetzt. Das siebenseitige Dossier beginnt mit exakten Daten seiner Biografie. Es folgt eine ebenso kundige wie ideologisch geprägte Einschätzung seiner politischen Konzeption, die auf einer uneingeschränkten

Bejahung der bürgerlichen Demokratie und des Privateigentums an den Produktionsmitteln sowie auf seiner antikommunistischen Grundhaltung beruhe. Nach einer realistischen Bewertung seiner außenpolitischen Vorstellungen, insbesondere seines Vertrauens in die USA und ins NATO-Bündnis, werden Schmidts Vorstellungen von Bonns Ostpolitik umrissen. Die betrachte er als Mittel zum Eindringen in die sozialistischen Staaten und zur Umwandlung ihrer Gesellschaftsordnung. Da tat sich für das MfS ein Feindbild auf.

Bei der Entwicklung der Beziehungen zur DDR setze sich Schmidt für die Beachtung des Grundlagenvertrags ein. Gleichzeitig vertrete er den Standpunkt, dass BRD und DDR zwar Teile der gleichen Nation seien, aber doch zwei voneinander unabhängige Staaten. Aus dem MfS bekannten Äußerungen Schmidts gehe hervor, dass er gewisse Illusionen habe, die Beziehungen der BRD zur UdSSR könnten auf die DDR einwirken.

Des Weiteren hieß es in diesem streng geheimen, letztlich für die SED-Spitze bestimmten Dossier, der Besuch Schmidts auf der Leipziger Herbstmesse 1973 zeige sein offensichtliches Interesse am Ausbau der Beziehungen zur DDR. Da habe er sich in einem Pressegespräch in Leipzig als Vorreiter der Ostpolitik bezeichnet und bei BRD-Journalisten bereits »vor dem Besuch sein Interesse an einer Begegnung mit Vertretern unserer Parteiführung« durchblicken lassen.

Schmidt wird als profilierter Verfechter eines harten innenpolitischen Kurses dargestellt. Der neue Kanzler habe entscheidenden Anteil daran gehabt, dass die SPD die Bonner Notstandsgesetzgebung mittrug. Er sei rigider Antikommunist und vertrete in der SPD-Führung rechte Positionen. Dort gelte als er Stimmenbringer von Wählern rechts der Mitte und aus dem Kleinbürgertum.

Dank der zahllosen Spitzel war das MfS auch über die Persönlichkeit des Sozialdemokraten genauestens informiert. Schmidts Ehrgeiz, seinen Einfluss in der Partei zu vergrößern, und die Führungsschwäche Brandts hätten seit 1973 zu gravierenden Differenzen zwischen beiden Politikern geführt. Auch mit Wehner habe Schmidt seine Schwierigkeiten, teile aber in wesentlichen Punkten dessen Kritik an Brandt, der sich viel zu wenig um die Partei und deren interne Querelen kümmere.

Dieser Hanseat bewältige täglich ein enormes Arbeitspensum. Er verlange viel von seinen Mitarbeitern, sei impulsiv, »von einer nervösen Energie« getrieben. In seiner Freizeit ein leidenschaftlicher Segler. Er male gern, spiele Orgel und Klavier. Selbst über des Kanzlers Konsumgewohnheiten wusste die Stasi Bescheid: Zweimal im Jahr kleide er sich in Hamburg innerhalb von 20 bis 30 Minuten »von der Stange« neu ein. Er sei verheiratet mit einer Volksschullehrerin und habe eine Tochter. Sein Gesundheitszustand sei stark angegriffen. Dazu folgen drei Zeilen Erläuterungen, die von der Stasiunterlagenbehörde aus Gründen des Datenschutzes geschwärzt wurden.

Aus begreiflichen Gründen nahm Ost-Berlins Interesse an Schmidt mit dem Beginn seiner Kanzlerschaft erheblich zu. Die auf ihn schon zuvor angesetzten IM setzten ihre Tätigkeit also mit erhöhter Schlagzahl fort. Die Anstrengungen der HVA, in den »Hauptobjekten des Operationsgebiets neue Quellen zu schaffen«, wurden erheblich forciert. Zu diesen »Hauptobjekten« zählten die Bonner Ministerien sowie die SPD-Parteizentrale. Markus Wolf forderte, den »gesamten oder einen großen Teil der Kontaktarbeit in das Operationsgebiet zu verlagern«. Dabei gelte es auch, Intellektuelle aus dem Bereich der Friedensbewegung zur Gewinnung anzusprechen. Zu diesem Zweck seien Anwerber einzusetzen, die über einen hohen Bildungsstand und politische Prinzipienfestigkeit, aber auch über Einfühlungsvermögen in eine andere weltanschauliche Denkweise verfügten. Damit meinte Wolf nicht zuletzt die sogenannten Romeos, die alleinstehende Sekretärinnen oder Beamtinnen in westdeutschen Behörden oder Parteien in emotionale Abhängigkeit brachten und sie für geheimdienstliche Zwecke ausbeuteten.

Ein klassisches Beispiel für so eine Liebesfalle war die Geschichte von Herbert Adolf Willner und seiner Herzensdame. Unter der Registriernummer XV 4434/60 weisen die »Rosenholz«-Papiere ihre Decknamen »Stamm« und »Lerche« aus. Willner war Mitarbeiterin der FDP-Bundesgeschäftsstelle und seine künftige Vorzimmersekretärin der Abteilung 3 des Bundeskanzleramtes. Der 1926 im chinesischen Dairen geborene Willner arbeitete über Jahre beim »Spiegel«, dann in der FDP-Bundesgeschäftsstelle, später bei der parteinahen Friedrich-Naumann-Stiftung. Vor allem aber verdingte er sich als langjähriger Agent der HVA. Als solcher machte er seiner künftigen Frau, damals Stenotypistin im Bonner Verteidigungsministerium, 1970 zielgerichtete Avancen. Die Mission führte bald zum Erfolg. Wie befohlen, funkte es zwischen dem Agenten und der 30-jährigen, 1939 in Flensburg geborenen Bürokraft.

Herzensbrecher Herbert hat sich, nach allem, was wir wissen, seiner Julia bald zu erkennen gegeben. Sie bewarb sich jedenfalls für eine Stelle im Kanzleramt. 1973 – noch war Willy Brandt im Amt – gelang ihr der Wechsel ins Bonner Machtzentrum. Fortan verriet die vom MfS als IM »Lerche« geführte Quelle im Vorzimmer Dienstgeheimnisse ohne Unterlass. Ihr Mann – die beiden hatten im Juni 1974 geheiratet – unterstützte sie dabei tatkräftig.

Helmut Schmidt und, nach 1982, Helmut Kohl hatten nicht die leiseste Ahnung von der Doppelexistenz der Sekretärin – bis zu dem Tag im September 1985, als sich das Paar Hals über Kopf in die DDR absetzte. Nach der Wende konnten den beiden, dank der SIRA-Teildatenbank 12, sage und schreibe 275 Einzelinformationen nachgewiesen werden. IM »Lerche« war eine Spitzenquelle. Ob sich Helmut Schmidt mit den Regierungschefs der NATO-Partner traf oder ein vertrauliches Schreiben an den britischen Premierminister James Callaghan verfasste: Der DDR-Geheimdienst wusste Bescheid.

Nach ihrer Flucht aus Bonn wurde den Willners in einem verkürzten Verfahren die DDR-Staatsbürgerschaft verliehen. Um den beiden »Patrioten«, so heißt es in den Akten, den Ankauf einer Immobilie zu ermöglichen, bat ein MfS-Generalleutnant mit unlesbarem Namen im April 1986 den Generalmajor Hennig, den Leiter der Abteilung Finanzen im MfS, um die Überweisung von 210.000 DDR-Mark. Im Westen hingegen war man verstimmt. 1987 wurde in der Bundesrepublik gegen die Willners Haftbefehl erlassen, der aber wegen des Aufenthalts des Ehepaars in der DDR nicht vollstreckt werden konnte. Presseberichten zufolge sollen die beiden nach der Wiedervereinigung durch ihre Flucht nach Bulgarien einer Vollstreckung entgangen sein. Nach der Verjährung ihrer Straftaten 1995 sei der Haftbefehl aufgehoben worden, die Willners kehrten nach Deutschland zurück.

Fast zur selben Zeit ereignete sich ein zweiter Verratsfall im Bonner Kanzleramt. Wieder war es einem »Romeo« gelungen, eine alleinstehende Bonner Sekretärin für seine Ziele zu gewinnen. Herbert Schröter, seit 1962 IM – später HIM – lernte im August 1973 im Badeurlaub an der bulgarischen Schwarzmeerküste, vermutlich kaum zufällig, die Sekretärin Dagmar Kahlig-Scheffler kennen. Die beiden kamen sich näher. Wie gehabt drehte sich zunächst alles um Liebe, Sex und Leidenschaft. Doch schon bald kam Schröter zur Sache und gab sich zu erkennen. Ergo bewarb sich die 26-Jährige auf Geheiß der HVA bei verschiedenen Bonner Bundesbehörden und erhielt schließlich im Dezember 1975 eine Anstellung im Kanzleramt. Erneut war die zielstrebige Planung der Tschekisten aufgegangen. Dagmar Kahlig-Scheffler saß nun im Vorzimmer eines stellvertretenden Gruppenleiters in der Abteilung 2 des Bundeskanzleramtes.

Unter Anleitung des MfS-geschulten Schröter lieferte sie bis zu ihrer Festnahme im Mai 1977 eine Fülle von internen Informationen. Die »Spionin aus Liebe« soll weder finanzielle noch politische Motive gehabt haben und heiratete im Mai 1976 ihren Herbert, den mit zwölf MfS-Medaillen und -Orden ausgezeichneten Meisterspion Schröter. Die »Eheschließung« war vom MfS inszeniert und fand außerhalb der Dienstzeiten im Standesamt Berlin-Lichtenberg unter Beteiligung dreier MfS-Mitarbeiter statt. Trauzeuge soll Oberst Bernhard Schorm gewesen sein. Eine Eintragung ins Eheregister des Standesamtes erfolgte nicht.

Der Vierte Strafsenat des Oberlandesgerichts Düsseldorf verurteilte Kahlig-Scheffler am 4. Mai 1979 wegen geheimdienstlicher Agententätigkeit zu einer Freiheitsstrafe von vier Jahren und drei Monaten. Im Prozess stellte sich der Umfang ihres Verrats heraus. So soll sie, so steht es im Urteil, Charakterstudien über leitende Angestellte im Kanzleramt erstellt und Informationen über die Bonner Vorbereitungen für die KSZE-Nachfolge-Konferenz in Belgrad nach Ost-Berlin weitergegeben haben. Dort wurde sie unter dem Decknamen »Inge« (XV/22273) geführt. Aus den 184 Blatt der SIRA-Teildatenbank 12, die dem OLG Düsseldorf damals natürlich nicht vorlagen, geht hervor, dass »Inge« tatsächlich Zugang zu geheimen Dokumenten hatte, etwa zu den Gesprächsprotokollen Helmut Schmidts mit den Staatsmännern der Welt oder zu Dokumenten über die Bonner Strategie beim Londoner Weltwirtschaftsgipfel 1977.

Auch zu Fragen der innerdeutschen Beziehungen hat sie emsig Material geliefert. Diese Informationen direkt aus dem Bonner Machtzentrum waren für die DDR von höchstem Interesse. Hätte das Düsseldorfer Gericht beim Prozess Zugriff auf die SIRA-Teildatenbanken der HVA gehabt, wäre Kahlig-Schefflers Strafe vermutlich höher ausgefallen.

In seinen Erinnerungen »Spionagechef im geheimen Krieg« kommt Markus Wolf auf einen anderen Fall, auf seine Begegnung mit Helga Rödiger anno 1976 in Innsbruck, zu sprechen. Die 1935 in Münster geborene Sekretärin arbeitete im Bundeskanzleramt für Ministerialdirigent Manfred Lahnstein.

Nach »Rosenholz«-Angaben wurde sie seit 1971 unter dem Decknamen »Hannelore« unter der Registriernummer XV/319/71 geführt. Nach Meinung des letzten HVA-Chefs Werner Großmann war sie von zwei hochrangigen und erfolgreichen MfS-Mitarbeitern angeworben worden. »Helga Rödiger war keine unbedarfte Julia, die ein Leben lang nur auf einen Romeo gewartet hat, kein Opfer, das unversehens in eine seelische oder gar sexuelle Abhängigkeit gerät. Sie hat sich bewusst zur Zusammenarbeit mit uns entschieden, aus politischen Motiven. Sie verliebte sich in Gerd Schwenke und er sich in sie. Unser Mann ist schon vor einiger Zeit in die Bundesrepublik eingeschleust worden, fungiert dort als Führungs-IM und lebt unter Pseudonym legal in Castrop-Rauxel«, resümiert Großmann in seinem Buch »Bonn im Blick – Die DDR-Aufklärung aus der Sicht ihres letzten Chefs«, erschienen im Jahr 2001.

Angaben der Berliner Stasiunterlagenbehörde zufolge, nachzulesen in den 112 Seiten der mehrbändigen Arbeitsakten, lieferte IM »Hannelore« Hochbrisantes aus den Bereichen Wirtschafts-, Finanz- und Sozialpolitik während der Kanzlerschaft Schmidts. Zusammen mit ihrem Chef Lahnstein wechselte sie ins Bonner Wirtschaftsministerium und spionierte dort mit großem Fleiß weiter. Ihr »Romeo«, der von Großmann erwähnte Gerd Schwenke, 1943 in Eilenburg geboren, acht Jahre jünger als »Hannelore«, schaffte dann, wie die Rosenholz-Dateien belegen, unter dem Decknamen »Schlegel« IM »Hannelores« Berichte über die deutsch-deutsche Grenze, zur HVA-Zentrale nach Ost-Berlin. Die SIRA-Teildatenbank 12 verzeichnet insgesamt 50 wertvolle Lieferungen. Hinzu kommen 20 weitere Spitzelberichte, die unter der Registriernummer XV/2270/70 des IM »Schlegel« ausgewiesen sind und die allesamt auf IM »Hannelores« Verratstätigkeit zurückgehen.

Im März 1979 verließ die 44-jährige Helga Rödiger Bonn fluchtartig. Fahnder des Bundeskriminalamtes entdeckten eine verlassene Wohnung in der Bonner Giergasse. Vermutlich hatte sich die Sekretärin im Wagen ihres Agentenführers nach Ost-Berlin abgesetzt. Ihr eigenes Fahrzeug, einen roten Fiat 127, soll sie in ihrer Garage zurückgelassen haben. HVA-Chef Großmann schrieb in seinen Erinnerungen: »Als Gerd Schwenke und Helga in Gefahr geraten, enttarnt zu werden, kommen beide in die DDR. Die Beziehung zwischen beiden endet damit nicht. Sie heirateten offiziell, denn in der Urkunde des bundesrepublikanischen Standesamts steht nicht der richtige Name des Führungsoffiziers, der in der DDR mit Gerd Schwenke unterschreibt. Das gemeinsame Leben, nun ohne nervliche Belastung der illegalen Arbeit, dauert nicht lange. Gerd stirbt bald an Leberkrebs. Das herzliche Verhältnis, das meine Frau und mich mit Helga verbindet, bleibt bestehen.« Wie und ob IM »Hannelore« alias Helga Schwenke, geborene Rödiger, die Wende 1989 erlebte, ist unbekannt.

Keine Julia-Romeo-Geschichte, sondern vielmehr eine scheinbare Männerfreundschaft mit Verbindungen in höchste SPD-Kreise prägte eine weitere Spionagegeschichte. In der Ära der sozialliberalen Koalition von 1969 bis 1982 gab es einen einst sehr angesehenen Sozialdemokraten, einen Vertrauten vor allem Herbert Wehners, der die Regierungspolitik seiner Partei während der Kanzlerschaft von Brandt und Schmidt systematisch an den DDR-Geheimdienst verriet: Es war der 1926 in Lindenpütz/Sieg geborene Wirtschafts- und Industriefachmann Karl Wienand. Von 1953 bis 1974 war er SPD-Bundestagsabgeordneter. Ein Strippenzieher vor dem Herrn, über viele Jahre Parlamentarischer Geschäftsführer der Bonner SPD-Fraktion. Auch nach seinem Ausscheiden aus dem Bundestag verfügte er noch über ein dichtes Netzwerk.

Wienands Vita wurde vom politischen Milieu seiner Familie geprägt. Vater Fritz war Betonfacharbeiter und Mitglied der KPD. Die Nationalsozialisten steckten ihn ins Zuchthaus, wo er 1941 starb. Sein ältester Sohn Karl besuchte im Rahmen der Begabtenförderung eine Lehrerbildungsanstalt. Doch 1944 wurde er als 17-Jähriger zur Wehrmacht eingezogen und bei einem Gefecht so schwer verwundet, dass ihm nach dem Krieg, in der Gefangenschaft, der linke Unterschenkel amputiert werden musste. Weitere Verletzungen blieben und bereiteten ihm schwere gesundheitliche Probleme. Er war zu 70 Prozent kriegsbeschädigt. Wieder einmal griff sich die Stasi, wie zu zeigen sein wird, zielsicher einen von Blessuren gezeichneten Mann.

Nach dem Abitur studierte Wienand Rechtswissenschaften und Volkswirtschaft an der Universität Bonn – ohne Abschluss. Er lernte den damaligen Gewerkschaftsvorsitzenden Hans Böckler kennen. Der prominente Funktionär schien angetan von ihm und betraute ihn mit der Leitung der Bundesjugendschule des DGB in Bielefeld. Im Alter von nur 26 Jahren wurde Wienand für die SPD in den Bundestag gewählt. Fortan war Politik sein Beruf.

Wienands »Rosenholz«-Erfassungskarte F 16 stammt von 1959. Auf seiner F 22-Karteikarte ist der Deckname »Streit« eingetragen. Auf den 824 Blatt seiner mehrbändigen Arbeitsakte ist die außergewöhnliche Anbahnung der folgenreichen Zusammenarbeit mit dem MfS-Mann Alfred Völkel ausführlich dokumentiert.

Allerdings sollte es eine Weile dauern, bis sich die Verbindung intensivierte. Doch spätestens 1970 beschloss die Leitung der HVA, einen engeren Kontakt zu Wienand aufzubauen, mit dem Ziel, den Bundestagsabgeordneten für eine nachrichtendienstliche Zusammenarbeit zu gewinnen. Jetzt schlug die Stunde des hauptamtlichen MfS-Mitarbeiters Alfred Völkel. Der gelernte Buchhändler, 1931 in Dresden geboren, hatte die »Arbeiter- und Bauernfakultät« an der Technischen Hochschule Dresden besucht und sein Studium der Außen- und Handelsökonomie an der »Hochschule für Ökonomie« mit Diplom abgeschlossen.

1964 hatte Völkel alias IM »Krüger« seine MfS-Karriere begonnen. Dienstgrad: »Offizier im besonderen Einsatz«, OibE. Sein erstes Treffen mit Wienand fand, man staune, im Bonner Bundeshaus statt. Völkel hat sich dabei, wie die Akten belegen, gegenüber Wienand auftragsgemäß mit Klarnamen vorgestellt, allerdings als Mitarbeiter im wirtschaftspolitischen Bereich des Ministerrates der DDR. Weitere Begegnungen in der Bundesrepublik folgten, in Abständen von zwei bis vier Wochen.

Im Oktober 1970 kam es zum ersten und einzigen Treffen in Ost-Berlin. Offenbar um Völkel als Gesprächspartner aufzuwerten und seine Legende als Wirtschaftspolitiker glaubhaft erscheinen zu lassen, wurde der damalige stellvertretende Außenhandelsminister der DDR, Heinz Karl Behrendt, zum Termin hinzugezogen. Schon bald entwickelte sich zwischen Wienand und Völkel ein persönlicher und vertraulicher Kontakt. Ab 1975 übte der mächtige SPD-Mann, primär aus gesundheitlichen Gründen, in Bonn keine politischen Ämter mehr aus, sondern arbeitete als Unternehmensberater. Doch die Treffen liefen bis 1989 weiter, meist im Abstand von sechs bis sieben Wochen. Sie fanden bevorzugt im Ausland statt, in der Schweiz, in Luxemburg oder in Italien. Man traf sich, so dokumentieren die Akten, in Hotels, aber auch in der Ferienwohnung Wienands in Italien. Die Begegnungen der beiden Männer wurden streng geheim gehalten und selbst der Ehefrau Wienands verschwiegen.

Zu der ursprünglich von der HVA vorgesehenen förmlichen Anwerbung und nachrichtendienstlichen Verpflichtung Wienands ist es nicht gekommen, obgleich der SPD-Politiker in den Akten des MfS als IM »Streit« geführt wurde. Völkel hat die Legende vom Bediensteten des »Ministerrates der DDR« nicht aufgegeben. Aber die Gesprächigkeit Wienands hat der HVA zu genügend nachrichtendienstlich interessanten und wichtigen Informationen aus dem Operationsgebiet verholfen. Völkel hatte jeweils nach seiner Rückkehr von einer Reise ausführlich zu berichten.

Das Reportierte enthielt jeweils einen logistisch-organisatorischen und einen inhaltlichen Teil. Letzterer widmete sich den beim Treff mit IM »Streit« erbeuteten Informationen: Interna aus der SPD und aus dem Wirtschaftsbereich. Wienand plauderte über Äußerungen führender Sozialdemokraten, bevorzugt zu Fragen der innerdeutschen Beziehungen und zum Verhältnis der SPD zur SED. Ob es um Abrüstungs- oder Entspannungsinitiativen ging: Wienand offenbarte Völkel verlässlich die geheimen politischen Absichten der Bonner Regierungen bis ins Detail. In den Erzählungen des

IM »Streit« fehlte es nicht an vertraulichen Angaben zu einzelnen führenden SPD-Politikern. – Kurzum, das Gespann Völkel/Wienand funktionierte prächtig und war in der deutsch-deutschen Spionagegeschichte von einmaligem Wert.

Völkel hatte im Grunde nichts anderes zu tun, als das Herrschaftswissen des vielfach verwundeten Wienand »abzuschöpfen«, wie das im Stasi-Jargon hieß. Die Kontaktperson aus Ost-Berlin – in den Stasiakten stets IM »Krüger« genannt – musste eigentlich nur zusammenfassen, was ihm Wienand anvertraut hatte. In den Siebzigerjahren etwa berichtete dieser schon früh über Bonns Positionen bei den Verhandlungen über den deutsch-deutschen Grundlagenvertrag, über das beabsichtigte Abkommen mit Polen oder über die Beziehungen zur CSSR. Dauerthema waren auch Schmidts außen- und innenpolitische Konzeptionen in den Jahren seiner Kanzlerschaft.

Die SIRA-Teildatenbank 12 vermerkt sogar »Informationen zu außenpolitischen, innenpolitischen, wirtschaftspolitischen, militärpolitischen und militärischen Problemen bzw. Vorgängen des Operationsgebietes«. Die Ausbeute war stattlich, die Themen der willentlichen Auskünfte weit gefächert: die Bonner Entspannungspolitik, SPD-Positionen zum KSZE-Vertrag von Helsinki, Parteitage, Landtags- und Bundestagswahlen.

Selbst nach dem Sturz von Schmidt und dem Regierungswechsel von 1982 versiegte die Quelle IM »Streit« keineswegs, wie die SIRA-Dokumente belegen. Sie verzeichnen für den Zeitraum vom März 1983 bis zum April 1988 stattliche 270 Einzelinformationen. Insbesondere die Beurteilungen der CDU/CSU/FDP-Koalition schienen der HVA derart brisant und wertvoll, dass sie von ihr rundum positiv bewertet wurden. Die Auswertungsabteilung erteilte Zensuren ohne jeglichen Tadel.

Ein Politprofi wie Wienand muss irgendwann erkannt haben, mit wem er da den Tisch zu teilen pflegte. Er hat er sich durchschnittlich sieben Mal jährlich – wohlgemerkt: unter konspirativen

Umständen! – mit seinem Verbindungsmann getroffen. Und er hat geschwatzt, »gesungen«, um es einmal in der Ganovensprache zu sagen. Nein, der Charakter seiner dem MfS geleisteten Dienste muss ihm bewusst gewesen sein. Das wird auch später die Überzeugung der Düsseldorfer Richter beim Oberlandesgericht sein.

Zu keiner Zeit hatte Wienand einen offiziellen Auftrag seitens der Bundesregierung oder anderer staatlicher Stellen, Gespräche mit Völkel zu führen. Allerdings soll er den SPD-Fraktionsvorsitzenden Wehner vor Aufnahme des Gesprächskontaktes zu einem – wie er zunächst annahm – »Mann des Ministerrates« um sein Einverständnis gebeten haben. Wehner, der auch Sicherheitsbeauftragter von Partei und SPD-Fraktion war, hat, wie es heißt, grünes Licht gegeben. Solange Wienand Mitglied des Bundestages war – also bis 1974 –, habe, so die Erkenntnisse der Ermittlungsbehörden, auch Wehner den Kontakt zu Völkel genutzt, um Vorschläge und Informationen an die DDR zu übermitteln oder von ihm der SPD nützliche Informationen zu erhalten. Die Vernehmungen der Karlsruher Bundesanwaltschaft ergaben, dass weder Kanzler Schmidt noch Egon Bahr, damals Bundesminister für wirtschaftliche Zusammenarbeit, je von Wienands geheimen Treffen wussten.

Karl Wienand hat 1994 laut einem Vernehmungsprotokoll erklärt: »Ich habe dann nach dem ersten Gespräch Wehner informiert. Er sagte mir: Führe die Gespräche weiter. Nur wenn man redet, kann man Politik machen, und er sagte mir dann auch, kurze Zeit später, ich habe den Mann überprüfen lassen, das ist in Ordnung.« Im selben Tonbandprotokoll behauptete er: »Ich habe Völkel ... nur die Informationen und Mitteilungen gegeben, im Einvernehmen mit Wehner, mit Brandt, dass Brandt informiert war, weiß ich, denn ich habe dann und wann an solchen Gesprächen zwischen Wehner und Brandt teilgenommen, sonst war das aber Wehner, der diese Dinge handelte. Das ist teilweise bewusst geheim und vertraulich gehalten worden, um den Egon Bahr nicht zu belasten, denn anfangs ging es ja etwas hin und her, wer diese Verhandlungen führen sollte.«

HVA-Chef Werner Großmann schildert in seinen Memoiren seine Sicht der Dinge:

»Bald erfahren wir, dass Wienand den Fraktionsvorsitzenden der SPD, Herbert Wehner, von seinen Gesprächen informiert und sich von ihm den Segen dazu geholt hat. Uns ist klar, dass wir nicht nur abschöpfen können, sondern auch Informationen anbieten müssen. Es ist ein Nehmen und Geben. Wienand bekommt von uns interne Informationen über die DDR-Politik, wie wir auch von ihm wichtige Dinge erfahren. Solch ein back channel ist keine Einbahnstraße, wenn er politisch effektiv sein soll. Und das ist er zu bestimmten Zeiten und anlässlich anstehender politischer Entscheidungen.«

Wienand wurde angeklagt und vom OLG Düsseldorf im Oktober 1996 »wegen« geheimdienstlicher Agententätigkeit« zu einer Freiheitsstrafe von zwei Jahren und sechs Monaten verurteilt. Finanzielle Interessen, so heißt es im Richterspruch, seien Wienands Motiv gewesen. Mit mehr als einer Million DM habe Wienand ganz ungewöhnlich hohe finanzielle Vorteile erlangt. Er sei für das MfS – wie aus der Höhe seiner dokumentierten Entlohnung hervorgehe – ein besonders wichtiger Informant gewesen. Völkel habe das MfS unter anderem über Interna aus der SPD sowie seine Einschätzung politischer Fragen informiert. In den fast 13 Jahren, bei insgesamt etwa 90 Treffs, sei Wienand alias IM »Streit« eine äußerst rege sprudelnde Informationsquelle gewesen. Sein Aktenkonvolut bei der Stasi umfasse, so das Gericht, über 20 Ordner.

Entlastend stellte das OLG Düsseldorf fest, dass Wienand keine amtlichen Papiere verraten habe. Er habe einzig aus vorhandenem Wissen geschöpft. Dokumente oder sonstige Unterlagen habe er Völkel nicht geliefert. Ein messbarer Schaden sei der Bundesrepublik Deutschland aus der Verratstätigkeit nicht entstanden, da Wienand zu dieser Zeit weder Mandats- noch Amtsträger gewesen sei.

Wienand hat allerdings bis zu seinem Tod im Jahr 2011 bestritten, Geld vom DDR-Geheimdienst bekommen zu haben. In seinem Vernehmungsprotokoll steht: »Ich habe nie einen Pfennig vom Völkel bekommen, nie einen Pfennig aus der DDR, und ich kann auch mit absoluter Bestimmtheit sagen, dass ich nie eine Verpflichtungserklärung unterschrieben habe, denn dann müsste ich hirnkrank sein.«

1997 verwarf der Bundesgerichtshof die von Wienand eingelegte Revision. Damit war das Urteil des OLG rechtskräftig. Die Haftstrafe wurde zur Bewährung ausgesetzt. Der damalige Bundespräsident Roman Herzog begnadigte Wienand wegen einer Herzerkrankung. Alfred Völkel (IM »Krüger«) wurde vom OLG lediglich verwarnt. Seine Verurteilung zu einer Geldstrafe von 120 Tagessätzen zu je 40 DM blieb »vorbehalten«, das bedeutet: zur Bewährung ausgesetzt.

Noch fleißiger war IM »Max«. Er darf als der Stasi-Maulwurf von Bonn schlechthin bezeichnet werden: der Journalist Rudolf Maerker (Registriernummer XV/1628/68). Über viele Jahre war er Vorsitzender des SPD-Unterbezirks Bonn. Nach Einschätzung von Georg Herbstritt, des Berliner Historikers und Forschers bei der Stasiunterlagenbehörde, zählte dieser IM »Max« mit 804 Spitzelberichten zu den Rekordhaltern seines Fachs. Der Wissenschaftler eruierte, dass drei Viertel der Maerkerschen Kassiber von den Auswertern der HVA die Bewertung »I« (sehr wertvoll) oder zumindest »II« (wertvoll) erhielten. »Max« verfügte über beste Kontakte zur SPD-Spitze um Brandt, Schmidt und Wehner. Besonders aufschlussreich für das MfS waren deshalb seine Informationen über innerparteiliche Auseinandersetzungen, über Vorstands- und Parteiratssitzungen, über Landes- wie Bundesparteitage. Das SPD-Mitglied Maerker kungelte offenbar aus politischer Überzeugung bis zu seinem Tod mit der Stasi. Die Bonner Spitzengenossen vertrauten ihm blind. »Max« hat dieses Vertrauen skrupellos missbraucht. Nach Georg Herbstritts Einschätzung lieferten Maerkers

Berichte »ein atemberaubend dichtes Bild über die SPD-Führung und die sozialliberale Koalition in Bonn«.

Von den insgesamt über 20 von der Berliner Stasiunterlagenbehörde identifizierten Spionen, die Bundeskanzler Schmidt und sein Bundeskanzleramt im Visier hatten, war IM »Max« die Spitzenquelle, die auch nach dem Regierungswechsel 1982 keineswegs versiegte. Zwei Jahre vor Auflösung des MfS starb Rudolf Maerker. Einer der produktivsten Spitzel der Bonner Republik verstummte.

Doch weder IM »Streit« noch IM »Max« hatten je Zugang zu wirklich hochbrisanten Dokumenten. Den aber hatten die zahlreichen Stasi-Spitzel in den Bonner Ministerien. Zu diesem Kreis gehörte etwa Karin H., geboren im Juni 1952 im thüringischen Großburschla. Sie übersiedelte 1961 mit ihren Eltern in die Bundesrepublik und wurde in den 1970er-Jahren von ihrem Freund, dem späteren Diplom-Psychologen Wolfgang P., geboren im Mai 1950 in Frankenberg/Eder, für den DDR-Geheimdienst angeworben. Auftragsgemäß zog sie 1978 zusammen mit ihrem Gefährten, den sie 1983 heiratete, von Köln nach Bonn und bewarb sich, den Vorgaben ihres Führungsoffiziers entsprechend, beim Bundeskanzleramt auf eine Sekretärinnen-Stelle.

Der Sozialdemokrat Helmut Schmidt hatte 1980 gerade die Bundestagswahl gegen CSU-Chef Franz Josef Strauß gewonnen, als Karin H. im Januar 1981 im Bonner Machtzentrum, dem Bundeskanzleramt, eine Anstellung fand. Sie war fortan im Vorzimmer eines für Wirtschaftsfragen zuständigen Gruppenleiters tätig und augenblicklich zum Umgang mit Verschlusssachen bis zur Geheimhaltungsstufe »geheim« befugt. Zu ihrem Arbeitsgebiet gehörten Schreibarbeiten, auch im Zusammenhang mit Vorbereitungen für den alljährlichen Weltwirtschaftsgipfel, den sie als bundesdeutsche Delegationssekretärin begleitete.

Karin H. wurde ab Februar 1981 unter dem Decknamen »Britta« mit der Registriernummer XV/245/81 geführt. Die SIRA-Teildatenbank 12 belegt bis zum Juli 1987 35 Einzelinformationen, die das

MfS als hilfreich und nützlich einschätzte. Wolfgang P., als IM »Klaus« unter der Registriernummer XV/1759/72 zu Diensten, war vom MfS mit nachrichtendienstlichen Hilfsmitteln ausgestattet worden. »Britta« und »Klaus« verfügten unter anderem über einseitigen Kurzwellen-Funk – das »UKW-Signalisationssystem Panorama« – über eine Deckadresse und über eine Decktelefonnummer. Außerdem besaß das Spitzelpaar Falschausweise. Wie die Karlsruher Ermittlungsbehörde später eruierte, waren die beiden Agenten aus politisch-ideologischen Gründen für das MfS tätig. Geld spielte offenbar keine Rolle. Einzig für ihre Reisen nach Ost-Berlin sollen ihnen Reiseauslagen von jeweils rund 500 DM erstattet worden sein.

Drei Jahre nach der Wende wurden beide in Bonn verhaftet. 1996 verurteilte das OLG Düsseldorf das Paar wegen »geheimdienstlicher Agententätigkeit« zu einer Freiheitsstrafe von je zwei Jahren auf Bewährung.

Stefan Konopatzky, dem es, wie geschildert, im Dezember 1998 gelang, die SIRA-Daten zu dechiffrieren, hat auch über die Spitzeltätigkeit von »Britta« und »Klaus« Detailliertes herausgefunden. Möglicherweise hätten seine Erkenntnisse, wären sie früher bekannt gewesen, das Strafmaß des OLG Düsseldorf spürbar verschärft.

Konopatzky hat errechnet, dass die Stasi von November 1972 bis Oktober 1982 über Schmidt insgesamt 2.233 SIRA-Einzelinformationen registrierte. Eine schier unglaubliche Zahl. Im Schnitt waren das mehr als vier Berichte pro Woche. Kein anderer Bonner Politiker wurde in diesem Ausmaß bespitzelt. Die Gier des DDR-Geheimdienstes nach Informationen über seine Person, sein Denken und Handeln war nahezu grenzenlos.

9. Alte und neue Minister

Der fünfte Kanzler der Bundesrepublik, Helmut Schmidt, hat sein Kabinett aus SPD und FDP während seiner achtjährigen Amtszeit mehrfach umgebildet. Sämtliche Personalveränderungen wurden von den Spitzeln, ihren Residenten, den Kurieren und Führungsoffizieren der DDR-Auslandsspionage genauestens beobachtet.

Bei Schmidts Amtsübernahme 1974 verließ der 1910 in Kiel geborene Jurist Lauritz Lauritzen die Ministerrunde. Dessen Vergangenheit schien dem Ministerium für Staatssicherheit lange Zeit von besonderem Interesse. Er hatte den beiden Kabinetten Brandts als Bundesverkehrsminister angehört – und dies, obwohl er als einstiges Mitglied der Reiter-SA ein Mann mit tiefbrauner Vergangenheit war. Die MfS-Rechercheure fanden im Zuge ausführlicher Nachforschungen heraus, dass SA-Mann Lauritzen zwar 1929 der SPD beigetreten war, seit April 1934 aber dem Marinesturm 14/44 angehört hatte. In einem ausführlichen Personendossier zeichnete die DDR-Auslandsaufklärung sein Leben vom Gymnasiasten bis zum Leiter der Rechtsabteilung in der »Reichsstelle Chemie« nach. Die Verleihung des Kriegsverdienstkreuzes I. Klasse wurde da ebenso dokumentiert wie seine Wandlung vom Sozialdemokraten zum »treuen Diener des NS-Staates« und dann wieder retour. Die Angaben in Lauritzens Stasiakte wurden 2017 vom Bundesarchiv bestätigt.

Mit Lauritzen verließ, allerdings recht spät, einer der zahlreichen NS-Belasteten die Bonner Bühne, auch wenn der Mann von der Küste, Spitzname »Lau Lau«, noch bis zu seinem Tod 1980 Abgeordneter des Bundestages blieb. Es fällt auf, dass frühere

NSDAP-Mitglieder, die in den Bonner Kabinettsrunden der SPD oder der FDP angehörten, niemals vom MfS durch propagandistische Maßnahmen an den Pranger gestellt wurden. Das unterschied sie von CDU/CSU-Ministern mit nazistischem Vorleben. Denen machte der DDR-Geheimdienst mit geschickt gesteuerten Pressekampagnen den öffentlichen Prozess.

Getreu dieser Praxis blieb auch Walter Scheel, FDP-Vorsitzender und langjähriger Bundesaußenminister, vom MfS verschont, das kein Wort über dessen einstige NSDAP-Mitgliedschaft verlor. Er konnte unbehelligt aus dem Kabinett ausscheiden, um seine politische Karriere mit dem Einzug ins Schloss Bellevue zu krönen. Am 14. Mai 1974 wurde er zum vierten Bundespräsidenten der Bonner Republik gewählt. Mit den Stimmen der Sozialdemokraten und der Liberalen hatte er sich gegen den CDU/CSU-Kandidaten Richard von Weizsäcker durchsetzen können.

Nach dem Rücktritt von Willy Brandt am 7. Mai 1974 gehörte auch dessen Vertrauter Egon Bahr dem Kabinett Schmidt zunächst nicht mehr an, kehrte allerdings bereits wenige Monate später als Bundesminister für wirtschaftliche Zusammenarbeit in die Kabinettsriege zurück, nachdem Erhard Eppler aus Protest gegen Kürzungen in seinem Ressort sein Amt niederlegt hatte. Gerade für Bahr, den Weggefährten Brandts, interessierte sich die DDR-Staatssicherheit in besonderem Maße, da er als Unterhändler maßgeblich am Moskauer Vertrag, am Warschauer Vertrag, am Transitabkommen und dem Grundlagenvertrag mit der DDR beteiligt war.

Egon Bahrs über 270 Seiten starke Stasiakte wurde bereits im Dezember 1963 mit der Registriernummer XV/1141/64 angelegt. Berufsangabe: »Pressechef des Senats von Westberlin«. Deutlich später, am 1. November 1967, stellte ein MfS-Unteroffizier namens Heimlich auf einer knappen halben DIN-A4-Seite die wichtigsten Lebens- und Berufsdaten Bahrs zusammen. »Über seine konkrete Tätigkeit vor 1945 konnte nichts ermittelt werden«, stellte der

MfS-Biograf fest. Eine Überprüfung habe ergeben, dass kein belastendes Material über ihn vorhanden sei.

Über 300 Einzelinformationen der SIRA-Teildatenbank 12, die unter dem Stichwort »Bahr« von der HVA ausgewertet wurden, dokumentieren das langjährige Interesse. Die Spitzelberichte reichen bis in den Oktober 1987. Unter den Maulwürfen befand sich auch IM »Bakker«, alias Lutz Kuche. Dieser Bonner Journalist, tätig für einen Fachverlag, kann als wahrer Allrounder gelten. Er war in jungen Jahren Vorsitzender des NPD-Hochschulbundes gewesen und suchte später die Nähe stramm konservativer CDU-Abgeordneter wie Werner Marx und Manfred Abelein, dieser erklärten Gegner der sozialliberalen Entspannungspolitik. Zugleich spähte er Bahrs Positionen in Abrüstungsfragen aus. Die Berichte von IM »Bakker« wurden meist direkt an die SED-Spitze, ans Politbüro und an befreundete Geheimdienste weitergeleitet.

Auch IM »Günter«, alias Hermann von Berg – wir sind ihm bereits bei den Treffen von Willy Brandt mit Willi Stoph begegnet – war auf Egon Bahr angesetzt. Während seiner zahllosen Bonn-Besuche hat sich der im März 2019 verstorbene Ökonom von der Ost-Berliner Humboldt-Universität gezielt darum bemüht, mit dem Chefstrategen aus der Bonner Baracke ins Gespräch zu kommen. Bahr bekundete seinerseits – wie kaum ein anderer – großes Interesse und ließ sich so, über Jahre hinweg, als sprudelnde Quelle anzapfen. Bei den regelmäßigen Gesprächen wollte der Spion in Nadelstreifen herausfinden, wie der politische Kopf der SPD über die deutsch-deutschen Beziehungen und über die Verhandlungsstrategien der Bundesregierung in der Ostpolitik dachte. Die meist mit seinem Decknamen unterschriebenen Gedächtnisprotokolle, die IM »Günter« von 1966 bis 1978 verfasste, als er nach einem auch vom »Spiegel« veröffentlichten SED-kritischen Manifest in Ungnade fiel, füllen einen dicken Aktenordner.

Als Gegenleistung erhielt von Berg im Dezember 1971 einen zinslosen Kredit in Höhe von 12.000 Mark für den Bau eines Eigenheims, rückzahlbar mit monatlich 500 Mark. In seiner sechsbändigen Stasiakte findet sich auch ein Nachweis aus dem Jahr 1970 über sein Monatsgehalt von 1.210 DDR-Mark netto, das er als Dozent der Sektion Marxismus/Leninismus an der Humboldt-Universität erhielt. Zudem schlug Oberstleutnant Rolf Wagenbreth, Leiter der HVA-Abteilung X (»Aktive Maßnahmen und Desinformation«) vor, IM »Günter« eine monatliche Zuwendung von 500 DM auszuzahlen. Schon 1968 war er mit MfS-Auszeichnungen, Prämien wie einer »Pentaka 8b«-Schmalfilmkamera, einem Schmalfilmprojektor und einer Verdienstmedaille der DDR bedacht worden.

Hermann von Berg erschlich sich systematisch das Vertrauen von Politikern der sozialliberalen Koalition und spionierte sie aus, um dem DDR-Geheimdienst einen Informationsvorsprung zu verschaffen. Er war ein Profiteur der DDR-Diktatur, mit der er sich allerdings am Ende überwarf, 1986 stellte er einen Ausreiseantrag und übersiedelte nach Westdeutschland. Dort versuchte er beharrlich, seine lange Stasivergangenheit verschweigend, sich als Opfer des SED-Staats hinzustellen. Doch die trotz der umfänglichen Aktenvernichtungsaktion anno 1989 erhaltenen Dokumente belegen das Gegenteil. Hermann von Berg war ein Verräter auf offener Bühne, getarnt als Reformkommunist und als Anwalt deutsch-deutscher Interessen.

Die Auslandsspionage der DDR zeigte nicht an allen Ministern gleich starkes Interesse. Auffallend gering war zum Beispiel die Neigung, sich mit FDP-Ressort-Chef Josef Ertl, dem Bundesminister für Ernährung, Landwirtschaft und Forsten, eingehender zu befassen. Für den Bayern, 1925 in Oberschleißheim geboren, wurden zwar bereits 1962 eine F-16- und F-22-Karteikarte (Registriernummer XV/6686/60) angelegt. In seiner recht dünnen Stasiakte finden sich auch genaue Beobachtungen seiner DDR-Reisen in den Achtzigerjahren. Es fehlen aber vor allem die für Ertls Jahrgang üblichen Nachforschungen über seine Vita vor 1945. Dabei wäre die

Recherche durchaus lohnend gewesen. Er war Mitglied der NSDAP seit dem 54. »Führergeburtstag«, dem 20. April 1943, (Nr. 9 559 336). Auch seiner Teilnahme als Soldat im Zweiten Weltkrieg ist niemand nachgegangen. Die HVA-Abteilung X nutzte den propagandistisch tauglichen Stoff nicht und schwieg. Ein weiteres Beispiel dafür, dass Mielkes Leute Politiker aus dem sozialliberalen Lager signifikant schonten. Die 115 nachgewiesenen Informationen der SIRA-Teildatenbank 12 über den FDP-Mann Ertl jedenfalls waren kaum mehr als eine geheimdienstliche Pflichtübung.

Auch an Georg Leber, der schon im Kabinett Kiesinger Verkehrsminister gewesen war, schien das MfS zunächst nur mäßig interessiert, sogar als er 1969 in der ersten sozialliberalen Koalition unter Brandt an Einfluss gewann und in Personalunion auch noch für das Post- und Fernmeldewesen verantwortlich zeichnete. Leber, 1920 im hessischen Obertiefenbach geboren, war von Beruf Maurer gewesen, hatte im Zweiten Weltkrieg als Funker bei der Luftwaffe gedient und saß für die SPD von 1953 bis 1983 im Bundestag. Als Lebers Kabinettskarriere weiter voranschritt und der überzeugte Gewerkschafter im Juli 1972 die Nachfolge von Helmut Schmidt als Verteidigungsminister antrat, nahm die MfS-Auslandsspionage den neuen Ressortchef dann allerdings doch ein wenig genauer unter die Lupe.

Zuvor wurden die üblichen F-16- und F-22-Karteikarten mit der Registriernummer XV/18252/60 angelegt worden. Die nur 54 Seiten starke persönliche Stasiakte Lebers gehört zu den wenig ergiebigen MfS-Unterlagen über einen Bonner Minister. Sie besteht im Wesentlichen aus Presseverlautbarungen und dem Versuch, in einem dreiseitigen Papier sein Leben bis zum Jahr 1974 zu skizzieren. Die getrennt archivierten 106 Einzelinformationen über Leber sind hingegen durchaus ertragreich. Diese Spitzelberichte aus den Jahren 1969 bis 1987 enthalten offizielle und interne Äußerungen zur Bonner Verkehrspolitik und dann, deutlich brisanter, zu bundesdeutschen Verteidigungsfragen.

So erfuhr die DDR-Auslandsspionage von Tagungen militärischer Führungsgremien des Westbündnisses, sogar von NATO-Ministerratsklausuren in Brüssel. Streng geheime Streitkräfteplanungen der Bundeswehr landeten ebenso in Ost-Berlin wie Informationen über die Entwicklung und Produktion neuer Waffensysteme. Lebers Besuche in NATO-Mitgliedsländern standen gleichfalls unter besonderer Beobachtung. Zur Ausbeute der Stasi gehörten auch Quartalsberichte über psychologische Kampfführung sowie Tonbandabschriften von Reden und Protokolle von internen Sitzungen des Verteilungsplanungsausschusses.

Einer der DDR-Maulwürfe war im Koblenzer Bundesamt für Wehrtechnik und Beschaffung (BWB) stationiert, das dem Bundesministerium der Verteidigung direkt unterstellt war. Nach eigenem Bekunden zählen die Entwicklung, Erprobung und der Einkauf von Wehrmaterial bis heute zu den wichtigsten Aufgaben dieser Behörde, die seit 2012 »Bundesamt für Ausrüstung, Informationstechnik und Nutzung der Bundeswehr« heißt. Hier verdingte sich, ein halbes Jahr nach Lebers Amtsantritt, ein Spion, der aus finanziellen Beweggründen höchste Militärgeheimnisse an den Ost-Berliner Geheimdienst verriet: Siegfried S., Deckname »Klaus Falk«, Registriernummer XV/480/70.

1994 hat ihn das Oberlandesgericht Koblenz »wegen geheimdienstlicher Agententätigkeit in Tateinheit mit Bestechlichkeit« zu einer Freiheitsstrafe von zwei Jahren und sechs Monaten verurteilt. Zudem wurden ihm für die Dauer von fünf Jahren die »Fähigkeit, öffentliche Ämter zu bekleiden und Rechte aus öffentlichen Wahlen zu erlangen sowie das Recht, in öffentlichen Angelegenheiten zu wählen oder zu stimmen« aberkannt.

Die SIRA-Dokumente umfassen für die Zeit von 1973 bis 1987 exakt 125 Beiträge, die IM »Klaus Falk« der HVA lieferte. Und die haben es in sich. Die Frage ist: Wie konnte S. vom Posten eines Richtfunk-Mechanikers in ein derart sensibles Amt des Bonner Verteidigungsministeriums gelangen? Warum wurde er zum Spion?

Schauen wir uns die von frühen Blessuren gezeichnete Vita dieses Mannes also ein wenig näher an. Siegfried S., im August 1941 im brandenburgischen Dorf Königsstädt geboren, hat seinen Vater niemals kennengelernt. Bis zum 15. Lebensjahr wuchs er bei den Großeltern mütterlicherseits auf. Im Rahmen einer Familienzusammenführung wurde er dann 1956 zu seiner Mutter nach Bochum verfrachtet. Nach seiner Gesellenprüfung als Elektroinstallateur verpflichtete sich S. bis 1967 als Zeitsoldat, absolvierte eine Ausbildung zum Richtfunk-Mechaniker und studierte Englisch an einer Sprachenschule, die er aber ohne Abschluss verließ. Danach machte er einen Abstecher zu Messerschmitt-Bölkow-Blohm und arbeitete eine Zeit lang in der Flugzeugbranche. Es waren lange Wanderjahre.

Am 15. Januar 1973 fand er schließlich eine Anstellung im Koblenzer Bundesamt für Wehrtechnik und Beschaffung. Als Hilfssachbearbeiter durchlief er dort mehrere Abteilungen und wurde verblüffend schnell als Geheimnisträger verpflichtet. Er hatte fortan Umgang mit Verschlusssachen bis zum Grad »Geheim«, »NATO-Secret« und »US-Secret«. Ab 1987 durfte er auch Dokumente des Grades »VS-Vertraulich«, »NATO-Confidential« und »US-Confidential« einsehen.

Nach Recherchen der Anklagebehörden wurde S. Anfang 1970 von einer Person angesprochen, die sich als Student ausgab. Er erhielt eine Ost-Berliner Telefonnummer, die er schon bald kontaktierte. Wenig später wurde er in die Hauptstadt eingeladen und in eine konspirative Wohnung gelotst. Ihm muss früh klar gewesen sein, wer seine Gesprächspartner waren. S. bot sich gezielt als Informant an und stellte klar, dass er hierfür eine Vergütung verlange.

Nach Ermittlungen der Karlsruher Bundesanwaltschaft wurde er bei einem zweiten Treff in Ost-Berlin als IM verpflichtet und nunmehr unter der Registriernummer XV/480/70 geführt. Siegfried S. unterschrieb einen vorformulierten Text, in dem er sich zur freiwilligen Mitarbeit beim MfS bekannte. Er nahm den selbst gewählten

Decknamen »Klaus Falk« an. Er erlernte das Abfotografieren von Dokumenten und das Dechiffrieren von Fünferzahlengruppen im A-3-Funkverkehr. Die geheimdienstliche Blitzunterweisung galt nicht zuletzt der Disziplin, belichtete Filme unauffällig in einem rollenden »Toten Briefkasten« (TBK) zu deponieren. Dazu war in einer Zugtoilette, hinter dem Abfallbeutel für Papierhandtücher, ein Hohlraum vorbereitet, in dem für IM »Klaus Falk« bestimmte Sendungen versteckt waren und in dem er im Gegenzug sein Filmmaterial ablegen konnte. Um dem Empfänger die Belegung des Verstecks anzuzeigen, hatte er um ein an der Decke der Zugtoilette eingezeichnetes Bleistiftkreuz einen kleinen Kreis zu machen. Außerdem erhielt S. kurze Zeit nach der Aufnahme seiner nachrichtendienstlichen Tätigkeit einen Funkempfänger mit Ohrhöreranschluss und bundesdeutsche Reisepässe mit falschen Personaldaten, die er auf seinen Treffreisen, beispielsweise nach Innsbruck, benutzte. All diese Details beruhen auf Zeugenaussagen im Koblenzer OLG-Prozess.

IM »Klaus Falk« lieferte Organigramme und Telefonlisten des Bundesamtes für Wehrtechnik und Beschaffung, jede Menge Hausmitteilungen sowie eigene Charakteranalysen von fast zwei Dutzend Kollegen und Vorgesetzten. Das MfS organisierte eine ständige Kurierverbindung, um diesen Ost-West-Dialog der besonderen Art zu perfektionieren.

Nach Erkenntnissen der Ermittlungsbehörden nahm IM »Klaus Falk« wichtige Unterlagen in seiner Aktentasche mit nach Hause und fotografierte sie dort ab. Dabei benutzte er eine auf Anweisung des MfS gekaufte Minox, später eine Minolta-Kleinbildkamera. Zum Verratsmaterial sollen, laut Strafprozess, auch Protokolle zur Entwicklung des »Tornado« und Entwürfe von technischen Dienstvorschriften für diesen Kampfjet gehört haben. Die widerrechtlich erbeuteten Informationen waren zumeist als »VS-NfD« – »Verschlusssache – Nur für den Dienstgebrauch« – eingestuft.

Das OLG Koblenz fand heraus, dass IM »Klaus Falk« seit 1970 monatlich mit 200 DM entlohnt wurde, ab 1982 dann mit 400 DM.

Zum 30. und 40. Jahrestag der DDR erhielt er eine Zusatzprämie von jeweils 1.000 DM. Hinzu kamen Flug- und Fahrtkosten sowie andere Reisespesen. Auf die Dauer von 19 Jahren gerechnet, ist da ein erklecklicher Betrag zusammengekommen.

S. wurde nach einem aufwendigen Prozess vor dem OLG Koblenz, zu dem der Generalbundesanwalt 18 Zeugen aufbot und mehrere Gutachten anfertigen ließ, rechtskräftig verurteilt. Andere Spitzel im Verteidigungsministerium blieben unentdeckt und kamen ungeschoren davon. So auch der 1938 in Freienwalde im Kreis Lübben geborene Hans K. Seine »Rosenholz«-Karteikarte F-16 ist unter der Registriernummer XV/8661/61 archiviert. Er wählte den Decknamen IM »Iltis« und war seines Zeichens Forstfacharbeiter und Jurist mit englischen und russischen Sprachkenntnissen. K., im Rang eines Oberstleutnants, wurde im April 1988 mit einem Sachgeschenk von 525 DDR-Mark bedacht, »in Anerkennung und Würdigung langjähriger, treuer und verantwortungsbewusster Pflichterfüllung im Ministerium für Staatssicherheit sowie vorbildlicher Leistungen und bewiesener Einsatzbereitschaft, die zur Lösung der Gesamtaufgabenstellung beitrugen«.

Das Ausmaß seiner Spionagetätigkeit von September 1969 bis Dezember 1978 lässt sich anhand der SIRA-Dateien dokumentieren. IM »Iltis« war im Bereich der DDR-Militärspionage eingesetzt. Sein Aktenkonvolut enthält 367 Blatt und 220 Einzelinformationen. Das deutet auf eine hohe Aktivität hin. Meist ging es um militärstrategische Konzepte der NATO und der Bundeswehr. IM »Iltis« lieferte außerdem verlässlich Informationen über Einschätzungen der NATO hinsichtlich der weltweiten kriegerischen Auseinandersetzungen. Er war ein wachsamer Beobachter von NATO-Gipfeln und der »Konferenz über Sicherheit und Zusammenarbeit in Europa« (KSZE). Überdies pflegte der DDR-Agent beste Kontakte zu den Spitzenpolitikern der Union und hatte genaue Kenntnis von ihren Bundesparteitagen.

Die »Art der Information« des IM »Iltis« wurde auf der SIRA-Teildatenbank 12 meist mit »Berichtsform dokumentarisch« oder mit »Analyse/Ausarbeitung« angegeben. Warum der so äußerst emsige »Offizier im besonderen Einsatz« Ende 1978 seine Schnüffelei im Operationsgebiet einstellte und welche Funktion er anschließend in der HVA-Zentrale ausübte, ist nicht mehr zu klären. Aber sein Undercover-Einsatz in Lebers Verteidigungsministerium ist mehr als nur ein Mosaikstein, der das unerlässliche Bemühen des MfS belegt, die Verteidigungspolitik der Bonner Regierungen bis in letzte Einzelheiten zu durchschauen.

Werner Großmann, der Nachfolger von Markus Wolf und letzter Chef der HVA, schrieb in seinen Erinnerungen, 1966 habe eine der erfolgreichsten operativen Operationen begonnen. Damit meinte er die Geheimdienst-Mission von Lothar und Renate Lutze sowie des von ihnen angeworbenen Jürgen W. Das Trio hat als Späher in äußerst sensiblen Bereichen des Bundesverteidigungsministeriums gearbeitet und wurde vom Residenten-Ehepaar Frank und Christine G. geführt. Bei ihrer Verhaftung am 2. Juni 1976 durch den Staatsschutz des Bundeskriminalamtes sprach der Generalinspekteur der Bundeswehr, Harald Wust, vom »bisher schwersten Verratsfall in der Geschichte der Bundeswehr«. Just dieser hatte Lothar Lutze 1960 die Treue geschworen.

Über seinen Lebenslauf ist einiges bekannt: am 24. September 1940 in Schneidemühl/Kreis Posen geboren, aufgewachsen in Brandenburg an der Havel. Mit elf Jahren übersiedelte er im Januar 1952 mit seinem Vater, einem Berufsmusiker, in die Bundesrepublik und kam bei Verwandten unter. Mutter und Geschwister folgten später. 1955 begann Lothar Lutze eine kaufmännische Lehre in einem Fischgeschäft, die er abbrach, weil er den Geruch dort nicht ertragen konnte. Es folgte eine Lehre als Tankstellenwart, die er mit dem Kaufmannsgehilfenbrief abschloss. Dann nahm das Unheil seinen Lauf: Lutze verpflichtete sich am 1. April 1960 als Zeitsoldat, als Radarflugmelder, und wurde von seinem Kompaniechef, zunächst vorläufig, zum Umgang mit Verschlusssachen des Geheimhaltungsgrades »NATO SECRET« bevollmächtigt. Am 31. März 1964 endete seine Dienstzeit bei der Bundeswehr fürs Erste. Das rastlose Leben begann erneut: Jobs als Versicherungsvertreter, Sachbearbeiter bei einer Immobilienfirma, Frachtabfertiger bei der Cargo-Abteilung der Lufthansa auf dem Flughafen Köln/Bonn. 1969 kündigte ihm die Airline fristlos, nachdem er ohne Krankmeldung nicht zur Arbeit erschienen war. Danach verdingte er sich, nach Recherchen der Ermittlungsbehörden, als Handlungsreisender, Zolldeklarant und als Übersetzer bei einer Elektronikfirma. Letzteres Arbeitsverhältnis soll 1972 auf sein eigenes Ersuchen hin aufgelöst worden sein.

Noch im selben Jahr hatte Lutze im Kölner Karneval Renate Ü. kennengelernt, die im Bundesministerium der Verteidigung angestellt war. Die beiden verbandelten sich flugs und heirateten noch im selben Jahr. Dank der Vermittlung seiner Renate konnte Lutze sich erfolgreich beim Ministerium auf der Hardthöhe bewerben. Im Februar 1973 wurde er als Verwaltungsangestellter in den Staatsdienst übernommen. Lutze unterzeichnete eine Verpflichtungserklärung, wonach ihm nun oblag, »über militärische und Dienstgeheimnisse strenges Stillschweigen zu bewahren, sich ständiger Umsicht und Wachsamkeit gegenüber der Tätigkeit gegnerischer Nachrichtendienste und möglicher Anbahnungsversuche zu befleißigen und Verschlusssachen nach der VS-Vorschrift zu behandeln«. Ihm wurde untersagt, »Länder des kommunistischen Machtbereichs ohne Sondergenehmigung seines Vorgesetzten zu betreten«.

Nun saß er, der sich anfangs auch als Laufbote nützlich gemacht hatte, als Bürokraft im Geschäftszimmer. Der Versuch, einen Lehrgang an der Sprachenschule der Bundeswehr zu belegen, scheiterte. Aber auch im Rang eines Hilfssachbearbeiters durfte er Umgang haben mit Verschlusssachen der Geheimhaltungsstufe »GEHEIM«, »US-SECRET« und »NATO-SECRET«.

Über Lutzes Frau und Co-Spionin ist weniger bekannt. Die am 11. März 1942 in Brandenburg an der Havel geborene Renate Ü.

war 1956 mit ihrer Familie nach West-Berlin geflüchtet und lebte dort einige Zeit in mehreren Flüchtlingslagern. 1959 absolvierte sie in Hamburg eine Lehre als Bürogehilfin und zog mit ihren Eltern nach Bonn. Nach mehreren Stationen als Kontoristin im Verlags- und Verbandsbereich bewarb sie sich bei der Bundeswehr und wurde genommen. Im April 1967 schloss sie einen Arbeitsvertrag als Stenotypistin ab. Nach mehreren Stationen in Sekretariaten leitender Beamter wurde sie zweite Vorzimmerkraft beim parlamentarischen Staatssekretär Karl Wilhelm Berkhan (SPD). Ab 1972 arbeitete sie schließlich – bis zu ihrer Verhaftung – für den Leiter der neu eingerichteten Sozialabteilung des Ministeriums. Vom Sicherheitsreferenten bekam sie eine Zugangsgenehmigung zu Verschlusssachen des Geheimhaltungsgrades »STRENG GEHEIM«.

Lothar Lutzes Spitzelkarriere begann laut den Dokumenten seiner 362 Blatt umfassenden Stasiakte bereits während seiner frühen Zeit als Bundeswehrsoldat. In den »Rosenholz«-Unterlagen befinden sich die F-16-Karteikarte (Registriernummer XV/2194/66) und die F-22-Karteikarte, die den Decknamen »Charly« ausweist. Das MfS unterwies ihn im Agentenfunk, im sogenannten A-3-Verkehr. Er erlernte die Ver- und Entschlüsselung von Nachrichten, den Gebrauch von Kontaktpapier zur Herstellung latenter Schriften und das Handwerk der Dokumentenfotografie. Als Motiv, für das MfS tätig zu werden, sollen finanzielle Interessen ausschlaggebend gewesen sein. Von Anfang an muss IM »Charly« – so die Ermittlungsakten – regelmäßig Zahlungen erhalten haben, deren Höhe allerdings unbekannt ist.

Fest steht: Er traf sich jeweils im Abstand von nur wenigen Wochen mit seinem MfS-Kontaktmann und berichtete ihm detailliert über seine Dienstzeit, über seine Tätigkeit als Radarflugmelder, über Stärke und Ausrüstung der Truppenteile, über ihm bekannte militärische Anlagen, über die Namen von Kameraden und Vorgesetzten. Auch nach seiner Zeit als Wehrdienstleistender soll IM »Charly« – folgen wir den Ermittlungsakten – seine Auftraggeber in Ost-Berlin noch mehrfach getroffen haben. Weisungsgemäß gewann er seinen noch wehrpflichtigen Freund Jürgen W. und dessen Frau ebenfalls für eine Zusammenarbeit mit dem MfS.

Jahre später, als Bürohilfskraft auf der Hardthöhe, hatte er Einblick in die Personalangelegenheiten der Offiziere, die in der technischen Truppe dienten, sowie in das Nachschub- und Transportwesen. Wiederum leitete er alles, was er in Erfahrung bringen konnte, an das MfS weiter. Nach Erkenntnissen der Ermittlungsbehörde soll IM »Charly« mehrfach »versehentlich« Umschläge geöffnet haben, die nicht für sein Referat bestimmt waren. Er nahm selbst vertrauliche Dokumente mit nach Hause und fotografierte sie dort mit seiner winzigen Minox-Kamera. Die Filme übergab er dann seinem MfS-Verbindungsmann.

Ende 1973 führte Lothar Lutze seine Ehefrau Renate dem Mielke-Ministerium zu. Bei einem Treffen – vermutlich in Ost-Berlin – wurde sie in die Spionagetätigkeit ihres Ehemannes eingeweiht und zumindest mündlich verpflichtet. Sie versprach, die Tätigkeit ihres Ehemannes zu dulden, darüber Stillschweigen zu bewahren sowie das Fotografieren von Unterlagen und Abhören des Agentenfunks in der eigenen Wohnung gegenüber anderen abzuschirmen. Nach den »Rosenholz«-Unterlagen wurde ihr der Deckname »Nana« zugeteilt. Ihre F-16- und F-22-Karteikarten (Registriernummer XV/21/74) wurden am 12. Oktober 1972 angelegt. »Nana« erhielt den Auftrag, über ihre Vorzimmertätigkeit im Bundesministerium der Verteidigung umfassend zu berichten. Renate Lutze, die auch Zugang zum Panzerschrank ihres Dienstvorgesetzten hatte, teilte ihr gesamtes Wissen, auch über die Sicherheitsvorkehrungen im Ministerium, ihrem Ehemann mit, der die Erkenntnisse dann an das MfS weiterleitete.

Das Ehepaar Lutze wurde vom MfS mit gefälschten Personalpapieren und, über die Minox hinaus, mit weiteren nachrichtendienstlichen Hilfsmitteln ausgestattet. Dazu gehörten etwa

– »eine schwarze Aktentasche und eine braune Damenhandtasche, jeweils mit eingebautem Geheimfach;

- eine Schmalfilmkamera mit nicht handelsüblichen Kassetten;
- ein Minisender, mit dem Gespräche und Geräusche aus einem Raum über geringe Entfernung drahtlos in einen anderen Raum übertragen werden konnten;
- ein Radiosender und ein Kofferradio zum Empfang von ›A-3‹-Sendungen über Kurzwelle;
- eine Schlüsseltabelle ›AEINRS‹ nebst zwei Codetabellen nebst je einem Papierstreifen mit Zahlengruppen zum Ent- und Verschlüsseln geheimdienstlicher Funksprüche«.

Anfang 1975 wurde Lothar Lutze ministeriumsintern in ein Referat versetzt, das mit Wirtschaftsangelegenheiten befasst war. IM »Charly« oblag hier die Verwaltung der eingehenden Verschlusssachen einschließlich des Geheimhaltungsgrades »GEHEIM« bzw. »NATO-SECRET«. Bald darauf verfasste HVA-Spitzel Lutze einen mehrseitigen »Agentenbericht« und fügte 82 geheime Dokumente bei, festgehalten auf 27 Filmen mit je 36 Aufnahmen. Renate Lutze schirmte ihren Ehemann nach außen ab und sorgte dafür, dass ihn niemand bei der Verrichtung seiner nachrichtendienstlichen Geschäfte störte. Fotografiert und dem Agentenfunk gelauscht wurde im ehelichen Schlafzimmer, wo auch die meisten nachrichtendienstlichen Utensilien verwahrt waren.

Die meist als »streng geheim« oder als »VS-Vertraulich« eingestuften Dokumente, die vom MfS als »sehr wertvoll« oder zumindest als »wertvoll« erachtet wurden, enthielten etwa Details über:
- »Die WINTEX- Übungsplanung
- Den NATO-Alarmplan
- Das NEPS (Pipelinenetze Nord- und Zentraleuropa)
- Die Alarmplanung der Bundeswehrverwaltung
- Nationale und NATO-Betriebsstoffversorgungsmaßnahmen«.

Die Ermittlungsbehörden fanden später heraus, dass IM »Charly« mit tätiger Unterstützung seiner angetrauten IM »Nana« der Stasi rund 3.200 Seiten geheimes oder zumindest vertrauliches Material zugespielt hatte. Insgesamt mehr als 280 Dossiers über die Bundeswehr und die Nato! Die DDR und somit die Warschauer-Pakt-Staaten waren allzeit aus erster Hand informiert.

Am 9. Juni 1976 fand der dreiste Verrat ein abruptes, wenngleich ziemlich spätes Ende. Verteidigungsminister Leber kündigte das Arbeitsverhältnis mit Lothar Lutze fristlos – »wegen des gegen ihn im Haftbefehl ausgesprochenen dringenden Tatverdachts der geheimdienstlichen Agententätigkeit und der Urkundenfälschung (Verdachtskündigung)«. Gleichzeitig und mit gleicher Begründung wurde auch seine Ehefrau Renate fristlos entlassen.

Das OLG Düsseldorf verurteilte 1979 Lothar Lutze »wegen Landesverrats in Tateinheit mit Verletzung des Dienstgeheimnisses, mit Urkundenfälschung und mit Bestechlichkeit« zu einer Freiheitsstrafe von zwölf Jahren. Renate Lutze erhielt mit gleicher Begründung eine Freiheitsstrafe von sechs Jahren. Die Strafe war heftig, der Umfang des Verrats allerdings auch.

Als Georg Leber im Februar 1978 nach einem Lauschangriff des bundesdeutschen SMAD auf seine Sekretärin den Hut nehmen musste, folgte ihm der bisherige Bundesfinanzminister Hans Apel im Amt. Dessen F-16- und F-22-Karteikarten waren bereits im Mai 1952 angelegt worden. Das erste Dokument seiner 128 Seiten starken Stasiakte stammt vom Juni 1967. MfS-Oberleutnant Werner und Unterleutnant Krause analysierten da in einem dreiseitigen Gutachten im Auftrag der Abteilung Agitation, Oberst Halle, drei Publikationen von Apel. Zudem umfasste das Aktenkonvolut eine Fülle von Presseauszügen und Beobachtungsberichte von seinen Reisen in die DDR anno 1984 und 1988.

Deutlich informativer sind die 567 Einzelinformationen der SIRA-Datenbank, die von April 1973 bis zum November 1987 unter dem Namen »Apel« angelegt wurden. 181 davon widmen sich der Zeit, als der Sozialdemokrat aus Hamburg-Barmbek das

Ministerium für Verteidigung führte, also den Jahren 1978 bis 1982. Von diesen Maulwurfshaufen konnten 68 personell zugeordnet werden. Dabei taten sich auch in dieser Causa IM »Max«, alias Rudolf Maerker, und IM »Krüger«, alias Alfred Völkel, besonders hervor. Bei 113 Einzelinformationen allerdings fehlen jegliche Decknamen. Ihre Urheber sind nicht mehr zu ermitteln.

Mit beklemmender Präzision spiegeln die Verratsprotokolle Apels politische Aktivitäten im In- und Ausland. Die DDR-Auslandsaufklärung wusste von streng geheimen Dokumenten über die deutsch-amerikanische Zusammenarbeit bei der Forschung und um die Entwicklung und Produktion von Waffen. Protokolle von NATO-Ratssitzungen wurden ebenso verpfiffen wie die NATO-Beschlüsse zur geplanten Stationierung atomarer Mittelstreckenraketen in Europa. Manöver des Westbündnisses, Planungen der Bundeswehr, Sitzungsprotokolle der NATO-Verteidigungsminister und des Verteidigungsausschusses des Deutschen Bundestages: Nichts blieb unter Verschluss! Auch nicht die Auseinandersetzungen innerhalb der SPD über die Bonner Verteidigungspolitik und über die Friedensbewegung. Alles Informationen von unschätzbarem Wert. Die Stasi setzte darum ihre Ausforschung der Hardthöhe bis 1989 unvermindert fort.

Nach nur wenigen Monaten im Amt musste der neue Verteidigungsminister Apel allerdings eine herbe Schlappe hinnehmen: Im November 1978 wechselte der Marineoffizier E.M. die Seiten und heuerte in der DDR an. Zuletzt, so heißt es in den späteren Ermittlungsakten, sei er überwiegend im militärischen Nachrichtenwesen tätig gewesen. In einer Befragung, die sich über Monate erstreckte, stand Überläufer M. dem MfS vollumfänglich Rede und Antwort. Sogar über Planungen einer geheimen transatlantischen Satellitenaufklärung soll M. ausführlich geplaudert haben. Dieses brisante Vorhaben durfte der DDR, Mitglied des Warschauer Pakts, eigentlich niemals bekannt werden, weil andernfalls die Verteidigungsunfähigkeit der Bundesrepublik drohte. Diese Gefahr war durch M.s

Aussagen, wie staatsanwaltschaftliche Ermittlungen Jahre später ergaben, tatsächlich gegeben.

Zu E.M., im September 1936 in Berlin-Wedding geboren, existieren keine »Rosenholz«-Dokumente, kein Deckname und keine Registriernummer. Bekannt ist, dass M. nach einer Einzelhandelslehre und bestandener Kaufmannsgehilfenprüfung am 1. August 1957 als Freiwilliger in die Bundeswehr eintrat. Er absolvierte einen Luftbildmeister-Lehrgang und bestand die Prüfung zum Nachrichtenmeister. Als Offizier wurde er an die Schule für Nachrichtenwesen der Bundeswehr (SNBw) in Bad Ems versetzt, an der er bis August 1974 als Film- und Lehroffizier im Dezernat Optik/Foto/Film der Gruppe Technik tätig war. Dann wurde er zu einem Marinefliegergeschwader in Schleswig-Holstein beordert. Dort wertete M. als Nachrichtenoffizier die Filmaufnahmen der Aufklärungseinheit aus. Seit Ende der Sechzigerjahre war er zum Umgang mit Verschlusssachen bis zum Geheimhaltungsgrad GEHEIM befugt. 1976 wurde er befördert.

M.s »Übertritt« in die DDR im Jahr 1978 hatte eine lange Vorgeschichte, die sich wie ein wahrer Agententhriller ausnimmt. 1972 lernte M. in der Bad Emser Gaststätte »Moseltal«, einem Stammlokal von Angehörigen der Bundeswehr-Schule für Nachrichtenwesen, die 18 Jahre jüngere Ingenieur-Ökonomin Carmen L. kennen. Wie sich Jahre später erweisen sollte, diente sie einem sowjetischen Nachrichtendienst als Informantin. Getarnt als »Republikflüchtige«, war sie in das Bundesgebiet eingeschleust worden. Auftragsgemäß arbeitete sie im Frankfurter Bahnhofsviertel als Animierdame. Dabei versuchte sie, vor allem Angehörige der US-Streitkräfte kennenzulernen und auszuhorchen.

Bei einem Besuch ihrer Mutter in Salzwedel 1972 erhielt Carmen L. den Auftrag, Bekanntschaften in der Bad Emser Gaststätte »Moseltal« zu machen. Schon am ersten Abend ihres Einsatzes lernte sie dort E.M. kennen. Daraus erwuchs schnell ein intimes Verhältnis. M. ließ sich scheiden und heiratete Carmen. Ende März 1978 war die Angetraute wieder einmal zu Besuch bei ihrer Mutter in Salzwedel. Am Tag der geplanten Rückreise nach Schleswig-Holstein erschien ein unbekannter Mann bei E.M. und richtete ihm aus, dass seine Frau in die DDR zurückkehren und dort die Ehescheidung betreiben wolle. M. verständigte umgehend die Sicherheitsbehörden, weil er annahm, von einem gegnerischen Nachrichtendienst kontaktiert worden zu sein.

Die Trennung von seiner Frau aber konnte er psychisch nicht verschmerzen. Er schrieb ihr lange Briefe, auf die sie auch antwortete. Er schickte ihr mehr als 30 Care-Pakete mit Lebensmitteln, Haushaltsgeräten und Textilien. Wunschgemäß versendete er fast ihren gesamten Hausrat als Umzugsgut in die DDR. Nach Erkenntnissen der Ermittlungsbehörden erreichte M. Anfang November 1978 schließlich ein vom sowjetischen Nachrichtendienst initiierter Telefonanruf seiner Frau. Die Angebetete gab vor, Sehnsucht nach ihm zu verspüren und erwähnte ein Buch, das sie ihm vor Kurzem geschickt hatte. Sie bat ihren Mann, den Buchrücken aufzutrennen. Darin befand sich die Aufforderung, einen bestimmten Zug in Richtung Ost-Berlin zu nehmen und am ersten Halt eines Bahnhofs hinter der innerdeutschen Grenze – vermutlich in Boizenburg – auszusteigen. Dort würde sie ihn erwarten. M. willigte ein.

Mit kleinem Handgepäck machte er sich auf den Weg und bestieg den angegebenen Interzonenzug, den er, wie vorgeschlagen, in der Kleinstadt an der Elbe verließ. Der Bahnhof war, so die späteren Ermittlungen, von Kräften des sowjetischen Nachrichtendienstes und des MfS abgesichert. M. wurde nicht nur von seiner Frau, sondern auch von einem Offizier der DDR-Grenztruppen in Empfang genommen und – begleitet von Angehörigen eines russischen Geheimdienstes – in ein streng überwachtes Anwesen in der Nähe von Schwerin gebracht. Zusammen mit seiner Frau hielt er sich dort rund eine Woche auf. Anschließend wurde E.M. in ein Einfamilienhaus nach Ost-Berlin gefahren.

In diesem konspirativen Objekt vernahmen ihn dann bis Ende Mai 1979 mehrere Mitarbeiter der MfS-Hauptabteilung IX – zuständig für Untersuchungen und Vernehmungen – umfassend über seinen Werdegang und seine verschiedenen dienstlichen Verwendungen in der Bundeswehr. Dabei soll er es zumindest billigend in Kauf genommen haben, dass die Amerikaner nach seinem Verrat ihre Zusammenarbeit mit den Deutschen auf dem Gebiet der Satellitenaufklärung einseitig kündigen könnten. Anfang Dezember 1979 wurde M. ein vorgefertigtes Konzept für ein Interview vorgelegt, das er nun in seine Worte kleiden sollte. Der Entwurf beruhte auf seinen Angaben, war aber offensichtlich mit vielen Übertreibungen, teilweise auch mit Unwahrheiten ausgeschmückt. Die zaghaften Einsprüche des Überläufers blieben unberücksichtigt. M. bekam Anweisung, das Interview zu geben. Es wurde am 10. Dezember 1979 im »Schwarzen Kanal«, in Karl-Eduard von Schnitzlers berüchtigter Propaganda-Sendung im »Deutschen Fernsehfunk« (DFF) der DDR, um 21.35 Uhr, zur besten Sendezeit, ausgestrahlt. Ein weiteres Interview soll E.M. – maskiert und verkleidet – im November 1981 dem sowjetischen Fernsehen gegeben haben.

Seine Frau Carmen hat ihn bald verlassen. Die Scheidung ließ nicht lange auf sich warten. E.M. wurde Hauptamtlicher Mitarbeiter des MfS, bekam einen sicheren und gut dotierten Arbeitsplatz, einen Pkw und eine Dreiraumwohnung. Aktiver Spitzel ist er nicht geworden und erhielt dennoch zwei Verdienstmedaillen der NVA für seine treuen Dienste.

Im April 1991 wurde er festgenommen und Ende März 1993 wegen Landesverrats zu einer Freiheitsstrafe von zwei Jahren verurteilt, deren Vollstreckung das Gericht zur Bewährung aussetzte. Offenbar hielten die Richter E.M.s Seitenwechsel in die DDR für eine Kurzschlusshandlung, weil er seiner Ehefrau nicht widerstehen konnte und sich darum in die DDR locken ließ. Eine wahrlich gnädige Entscheidung!

Andere Verratsfälle im Verteidigungsministerium kennen wir nur in Umrissen. Noch zu Zeiten Lebers hatte dort Katharina S. ihre Dienste aufgenommen. Die 1935 im bayerischen Fürstenfeldbruck geborene Sekretärin im Verteidigungsministerium war nach den »Rosenholz«-Unterlagen 1963 unter dem Decknamen »Ilona« (Registriernummer XV/3980/63) erfasst worden. Wie sie angeworben und ob sie gezielt auf der Hardthöhe platziert wurde, ist unbekannt. Die Titelliste der SIRA-Teildatenbank 12 weist bis zum September 1982 über 200 Einzelinformationen von IM »Ilona« nach. Ihre Spionagetätigkeit galt der Militärtechnik, der Entwicklung neuer Waffensysteme, bis hin zu Kontakten der westdeutschen Luftfahrtindustrie mit China. Ihre Informationen wurden vom MfS als »besonders wertvoll« eingestuft. Warum Katharina S. Ende 1982 ihre jahrelangen Dienste für das MfS beendete, lässt sich nicht mehr klären.

Ein zweites zentrales Ausforschungsobjekt, nicht nur in der Ära Schmidt, war aus naheliegenden Gründen das Bundesministerium für innerdeutsche Beziehungen, vordem: »Bundesministerium für Gesamtdeutsche Fragen«. 1969 hat es der niedersächsische Bundestagsabgeordnete Egon Franke von Herbert Wehner übernommen. Die Stasiakte des neuen Ministers beginnt im Jahr 1958 mit dem Protokoll des Versuchs, auf den SPD-Mann eine Stasi-Kontaktperson aus Karl-Marx-Stadt anzusetzen. In Hannover sollte der körperlich und geistig rüstige 80-jährige Wilhelm H., Schlosser im Ruhestand – er kannte Franke aus früheren Zeiten persönlich – alte Bande auffrischen, zum Zwecke des »Eindringens in die SPD-Bundestagsfraktion«, wie das ein Stasi-Leutnant namens Hengst trefflich formulierte. Doch die Versuche schlugen fehl und wurden bald eingestellt. Auch die Absicht, Kompromittierendes über Franke zu finden, misslang gründlich.

Vielmehr gruben die MfS-Rechercheure die Anklageschrift im Hochverratsprozess der Generalstaatsanwaltschaft von Hamm/ Westfalen aus. Der Tischler Egon Franke hatte in der Nazizeit im

Untergrund für die SPD gearbeitet, wurde wegen »Vorbereitung zum Hochverrat« zu zweieinhalb Jahren Zuchthaus verurteilt und hatte – obwohl er zeitweise als »wehrunwürdig« galt – als Soldat in der berüchtigten Strafdivision 999 zu dienen. Dieser Mann hätte in der DDR eher zum Helden getaugt.

Seine Stasiakte beinhaltet ein siebenseitiges Dossier über das Bundesministerium für die stets in Anführungszeichen gesetzten »innerdeutschen Beziehungen« und den Dauerminister Franke. Für das MfS war dieses Ressort eine »Subversionszentrale« und musste unter besondere Kontrolle genommen werden. Daran änderte sich erst recht nichts nach dem Regierungswechsel 1982, als Rainer Barzel auf Franke folgte. CDU-Parteifreund Heinrich Windelen übernahm ein Jahr später, 1987 beerbt von Dorothee Wilms, die bis 1989 amtierte.

Gleich welcher Minister mit welchem Parteibuch fürs Innerdeutsche zuständig war: Ost-Berlins Spione schnüffelten inner- und außerhalb dieses Hauses beharrlich weiter. Der wichtigste und erfolgreichste war dabei – über 17 Jahre hinweg! – der einstige Freiburger Jurastudent Knut Gröndahl, der alle Minister »überlebte« und von allen, gleich welcher Couleur, in besonderem Maße gefördert wurde – wegen seiner großen Leistungsfähigkeit als Bundesbeamter, versteht sich.

1966, als 25-Jähriger, hatte Gröndahl über die Job-Vermittlung der Universität Freiburg einen vermeintlichen Journalisten namens Wolfgang Portmanns kennengelernt, der vorgab, sich für Bibliografien zum Thema Hochschul- und Studienreform zu interessieren und, gegen Entgelt, Stimmungsberichte über studentische Verhaltensweisen zu erstellen. In Wahrheit verbarg sich hinter dem Wissenschaftsjournalisten Portmanns – wie sich später herausstellte – ein Hauptamtlicher Inoffizieller Mitarbeiter der HVA-Abteilung I: Wolfgang H. Er hatte den Auftrag, im Bundesgebiet Studenten für eine geheimdienstliche Zusammenarbeit mit dem MfS zu rekrutieren.

Zwischen »Portmanns« und Gröndahl entwickelte sich bald eine Freundschaft, die auch nach der Heirat und dem ersten Staatsexamen des jungen Juristen bestehen blieb. Die beiden trafen sich regelmäßig, ohne dass sich der MfS-Mann zunächst zu erkennen gab. 1972 bewarb sich Knut Gröndahl erfolgreich beim Bundesministerium für innerdeutsche Beziehungen (BMiB), das der niedersächsische Bundestagsabgeordnete Egon Franke 1969 von Herbert Wehner übernommen hatte. 1973 offenbarte »Portmanns« seinem Freund, dass er wissenschaftlicher Mitarbeiter des »Instituts für Politik und Wissenschaft« (IPW) in Ost-Berlin sei.

Gröndahl, 1941 als Sohn eines Rechtsanwalts und Notars in Schleswig-Holstein geboren, wurde am 15. Mai 1965 in den »Rosenholz«-Dokumenten (Registriernummer XV/821/66) erfasst. Die SIRA-Teildatenbank 21 notiert den Decknamen »Töpfer«.

Ein zweiseitiger Auskunftsbericht zu seiner Person vermerkt, dass Gröndahl »nach vorliegenden Erkenntnissen aus kleinbürgerlichen Verhältnissen« stamme, nach dem Erwerb der Hochschulreife und Ableistung des Grundwehrdienstes ein Studium der Rechtswissenschaft aufgenommen habe und 1972 nach bestandenem Assessorexamen in den Dienst des Bundesministeriums für innerdeutsche Beziehungen eingetreten sei. Nach detaillierter Beschreibung seiner Laufbahn als Beamter auf Lebenszeit, zuletzt im Dienstrang eines Regierungsdirektors, wird er als engagiertes SPD-Mitglied und »offener Vertreter der deutschlandpolitischen Linie von Brandt, Bahr und Gaus« charakterisiert. Der Personalbogen der Stasi erteilt Auskunft bis Anfang 1989.

Die SIRA-Teildatenbanken belegen für IM »Töpfer« 502 Einzelinformationen. Der letzte archivierte Eintrag datiert vom 7. September 1987 und ist ein Vermerk über ein Gespräch zwischen DDR-Außenminister Oskar Fischer und der Bonner Ministerin für innerdeutsche Beziehungen im dritten Kohl-Kabinett, Dorothee Wilms. IM »Töpfer« hat nach allem, was wir wissen, einzig aus politischer Überzeugung gehandelt. Finanzielle Interessen verfolgte er nicht und ließ sich lediglich seine Reisekosten erstatten.

Der hochrangige Beamte aus dem innerdeutschen Ministerium übergab seinem Freund und Instrukteur Wolfgang, dem später der Instrukteur »Uli« folgte, meist auch Schriftdokumente aus seinem Dienstbereich. Den Einzelinformationen der SIRA-Teildatenbank 12 zufolge lieferte der IM »Töpfer« höchst vertrauliche Unterlagen über Positionen Bonns zur DDR-Staatsbürgerschaft und zum Viermächteabkommen. Ständige Themen waren auch der diplomatische Status der Ständigen Vertretungen in Bonn und Ost-Berlin, der deutsch-deutsche Grenzverlauf auf der Elbe oder die Arbeit der zentralen Erfassungsstelle von DDR-Menschenrechtsverletzungen in Salzgitter.

IM »Töpfer« war nachweislich ein kluger Beobachter der deutsch-deutschen Szene und verfasste kundige Personendossiers und Einschätzungen über die Arbeitsweise und Effektivität seines Ministeriums. Vor Helmut Schmidts DDR-Besuch im Dezember 1981 versorgte Gröndahl seine Auftraggeber frühzeitig mit wertvollen Arbeitspapieren oder Gedankenspielen, die im innerdeutschen Ministerium formuliert und dem Bundeskanzleramt zugeleitet wurden. Gleiches galt für die abschließende Bilanz des Schmidt-Besuchs in Güstrow, von dem noch zu reden sein wird.

Auch als Erich Honecker den DDR-Besuch Schmidts im September 1987 erwiderte und von dessen Nachfolger Helmut Kohl in Bonn empfangen wurde, lieferte IM »Töpfer« der HVA ein akkurates Dossier über den Stand der Vorbereitungen. Das wichtigste Verratsdokument dabei war sicherlich das Inhaltsverzeichnis eines für den Kanzler zusammengestellten Papiers, mit dem sich Kohl für Honeckers Visite präparieren wollte. Einmal mehr erwies sich Gröndahl als wohl einmalige Spitzen-Quelle der DDR-Auslandsspionage. Seine Informationen erhielten durchweg höchste Bewertungen. Nach Zeugenaussagen wurden sie meist nur einem handverlesenen Personenkreis zugeleitet. Dazu gehörten etwa Mielke, Honecker und Stoph.

Als Leiter des politischen Grundsatzreferats im BMiB war Gröndahl in einer Schlüsselstellung. Laut der späteren Anklage hat er
dem MfS vorab Einblicke in nahezu alle maßgeblichen deutsch-
deutschen Verhandlungspositionen verschafft. Im Dezember 1994
wurde er vom OLG Düssseldorf »wegen geheimdienstlicher Agententätigkeit« zu einer Freiheitsstrafe von drei Jahren und sechs Monaten verurteilt. Überdies verlor er für die Dauer von drei Jahren
»die Fähigkeit, öffentliche Ämter zu bekleiden und Rechte aus öffentlichen Wahlen zu erlangen, sowie das Recht, in öffentlichen Angelegenheiten zu wählen oder zu stimmen«. Er hatte die Kosten des
Verfahrens zu tragen.

Zur selben Zeit, da die Spitzen-Quelle »Töpfer« ohne Unterlass
sprudelte, verrichtete ein halbes Dutzend weiterer Maulwürfe verlässliche Dienste im Ministerium. Auch IM »Konrad« alias Heinz
K. gehörte dazu. Dieser »Offizier im besonderen Einsatz« (Registriernummer XV/2148/72) lieferte vom September 1980 bis zum
Mai 1989 über 370 Einzelinformationen. Sie reichten von vertraulichen Studien über die deutsch-deutschen Wirtschaftsbeziehungen
bis zu ausführlichen Berichten über die Begegnung von Honecker
und Schmidt in Güstrow. Nach dem Regierungswechsel 1982 hatte
IM »Konrad« die Deutschlandpolitik der neuen Bundesregierung
unter Helmut Kohl im Blick und lieferte Interna aus Bonns Ständiger Vertretung in Ost-Berlin.

Bis heute dubios erscheinen die Hintergründe der Spitzeltätigkeit
von Dr. Gerhard Teich. Er war langjähriger Mitarbeiter am Institut
für Weltwirtschaft Kiel. Der 1912 in Leipzig geborene ehemalige
SS-Hauptsturmführer im Reichssicherheitshauptamt wurde, so die
»Rosenholz«-Unterlagen, unter dem Decknamen IM »See« (Registriernummer XV/254/70) gezielt auf das Ministerium für innerdeutsche Beziehungen angesetzt, ebenso auf das Bundesministerium für Forschung und Technologie. Die Akte des Mannes, der bei
der Stasi – nicht ohne Komik – vom Teich zum »See« anschwoll,

wurde im März 1970 angelegt und sieben Jahre später, nach Lieferung von mehr als 120 Einzelinformationen, im Jahr seiner Pensionierung, 1977, geschlossen. Seine Berichte galten den deutschdeutschen Wirtschaftsbeziehungen, aber auch etwa Tagungen des Max-Planck-Instituts.

In der Stasiakte des IM befindet sich, datiert vom März 1975, ein bemerkenswertes dreiseitiges Dossier, dem eine Überprüfung von »See« vorausgegangen war. Offenbar erst dadurch erfuhr das MfS, dass Teich 1932 der NSDAP beigetreten und im wissenschaftlich-methodischen Forschungsdienst des Reichssicherheitshauptamtes beschäftigt gewesen war. Ob seine Nazivergangenheit letztendlich für das MfS ausschlaggebend war, die Zusammenarbeit mit ihm zu beenden, lässt sich nicht klären. Aber dieser IM war ein seltenes Beispiel für eine Karriere vom überzeugten Nationalsozialisten zum Inoffiziellen Mitarbeiter des DDR-Geheimdienstes – eine Karriere in zwei nicht vergleichbaren Diktaturen. Für seine Spitzeldienste konnte er nicht mehr belangt werden. Gerhard Teich ist 1986 verstorben.

In die Agentenschar im Ministerium für innerdeutsche Beziehungen reihte sich Anfang der 1970er-Jahre auch eine junge Frau ein, die auf ideologischer Basis von einem Mitarbeiter des Ministeriums für Staatssicherheit angeworben worden war. Die Französin IM »Heidi«, verheiratet mit einem Pädagogikstudenten an der TU Berlin, diente sich dem MfS aus freien Stücken an. 1947 in Bad Kreuznach geboren, war sie zunächst als Stenotypistin im Versand des Siemens-Konzerns beschäftigt. Im Juni 1975 wurde ihre Stasiakte unter dem Decknamen »Heidi« angelegt. Die SIRA-Teildatenbank 12 weist bis Mitte 1988 über 30 Einzelinformationen aus. IM »Heidi« verfügte augenscheinlich über spezielle Kontakte zur sogenannten West-Berliner Dependance des BMiB, das vorrangig mit der innerdeutschen Familienzusammenführung und dem Häftlingsfreikauf aus der DDR befasst war.

Die Spionin konnte das MfS also mit brisanten Informationen versorgen, etwa über Leitende Mitarbeiter, Haushaltspläne, Jahresetats und Veränderungen der Zuständigkeit im Bereich humanitärer Fragen. Geheimdokumente über die Vorstellungen Bonns von der künftigen Deutschland-Politik gelangten ebenso in gegnerische Hände wie die Pläne der Bundesregierung, ein Fernsehprogramm des RIAS zu realisieren. Ihre Beutestücke übergab sie einem MfS-Kurier. Auf welche Art und Weise IM »Heidi« an die sensiblen Informationen gelangte, wissen wir nicht.

Auch »Olaf«, der als IM »Reemt« (Registriernummer XV/1667/68) firmierte, hat das Ministerium für innerdeutsche Beziehungen emsig ausgekundschaftet. Wie der 1941 in Münster geborene Diplom-Politologe zum MfS-Agenten wurde, ist unbekannt. Aber seine knapp 100 Blatt umfassende Stasiakte mit 50 Einzelinformationen dokumentiert eine systematische Ausspähung der »West-Berliner Dependance des BMiB«. Noch 1989 wurde im Jahresarbeitsplan der HVA-Abteilung XV in der Bezirksverwaltung Potsdam für IM »Reemt« ein weiterer Ausbau bestehender Abschöpfungskontakte verfügt. Unter anderem gelte es, Pläne und Absichten des »Verbands ehemaliger DDR-Bürger« zu eruieren. Sein Operationsgebiet war weit gesteckt: Er verriet die Aktivitäten des Gesamtdeutschen Instituts in West-Berlin, bespitzelte einen Kongress des Ministeriums für innerdeutsche Beziehungen und die Jahresarbeitstagung des »Kuratoriums Unteilbares Deutschland«. Sein letzter Bericht stammt vom 16. August 1989. Darin informiert er über eine »maßgebliche Person der britischen ›DDR-Forschung‹«.

»Olaf« alias IM »Reemt« wurde niemals enttarnt, niemals zur Rechenschaft gezogen. Wie mag er sich, wie mögen sich all die anderen unentdeckten Spione, so sie denn noch leben, dreißig Jahre nach dem Mauerfall im wiedervereinten Deutschland fühlen?

10. Aktion »Dialog« –
Das Treffen zwischen Honecker und Schmidt

Die Meldung kam ziemlich förmlich daher und stammte nicht etwa von der staatlichen Nachrichtenagentur ADN: »Auf Einladung des Generalsekretärs des ZK der SED und Vorsitzenden des Staatsrates der DDR, Erich Honecker, erfolgte vom 11. bis 13. 12. 1981 ein Arbeitsbesuch des Bundeskanzlers der Bundesrepublik Deutschland Helmut Schmidt in der DDR.« Der nicht eben von Willkommenskultur geprägte Vermerk findet sich in einem über 500 Seiten starken Stasi-Konvolut über die Vorbereitung, Durchführung und Bilanz des deutsch-deutschen Gipfels in der Waldgegend in der Schorfheide, nördlich von Berlin, nebst einem Abstecher nach Güstrow.

Bereits im Herbst 1979 war die Begegnung angedacht worden. Aber gleich zweimal hat die DDR-Seite den für Januar oder Februar 1980 vorgesehenen Termin abgesagt. Grund dafür: die Turbulenzen rund um den Einmarsch sowjetischer Truppen in Afghanistan im Dezember 1979. Als Gunter Huonker, Staatsminister im Bundeskanzleramt, Anfang 1981 einen erneuten Vorstoß unternahm, galt das Bemühen zunächst den möglichen Eckdaten der Visite. Schmidts Wunsch, Rostock zu besuchen, hielten Ost-Berlins Vertreter für nicht realisierbar. Sie schlugen stattdessen die mecklenburgische Kleinstadt Güstrow vor. Das Kanzleramt signalisierte Einverständnis. Helmut Schmidt nahm die Einladung offiziell an. Jetzt konnten die Vorbereitungen beginnen.

Honecker hatte, wie dem Stasiaktenkonvolut zu entnehmen ist, schon Monate zuvor eine Vorlage für das Politbüro aufgesetzt, in der gleich ein ganzer Forderungskatalog festgehalten war:

– »Respektierung der Staatsbürgerschaft der DDR.
– Akzeptierung des Begriffs ›Bürger der DDR‹ im Rechtshilfeverkehr.
– Anerkennung des Prinzips der Gegenseitigkeit bei der Rückführung Jugendlicher, die illegal in die Bundesrepublik bzw. in die DDR gelangt sind.
– Auflösung der ›Zentralen Erfassungsstelle‹ Salzgitter und Vernichtung ihrer Unterlagen.
– Beendigung der Ausstellung von vorläufigen Reiseausweisen der BRD an DDR-Bürger bei zeitweiligen Aufenthalten in der BRD.
– Beseitigung der sogenannten ›Treuhandstelle für den Interzonenhandel‹, Überleitung der Abwicklung des Handels auf die Ständigen Vertretungen.
– Beseitigung der von den internationalen Gepflogenheiten abweichenden Regelungen in Bezug auf den Status der Ständigen Vertretung (›Anbindung‹ an das BRD-Bundeskanzleramt, gesonderte Aufführung der DDR in der Diplomatenliste u.a.) Ausbau der politischen Beziehungen, Herstellung üblicher Kontakte zwischen den Außenministerien und Außenministern.
– Auflösung des Ministeriums für ›Innerdeutsche Beziehungen‹.
– Regelung des Grenzverlaufs auf der Elbe entsprechend den 1975 erzielten Vereinbarungen (Mitte Strom).
– Strikte Einhaltung des Vierseitigen Abkommens durch die BRD, insbesondere kein weiterer Ausbau der Bundespräsenz und Verzicht auf ein angeblich uneingeschränktes Außenvertretungsrecht Westberlins.«

Der Beschlussvorschlag Honeckers, als »Persönliche Verschlusssache« eingestuft, fand erwartungsgemäß breite Zustimmung im SED-Politbüro.

Bis es aber, nach den Treffen von Brandt und Stoph 1970, tatsächlich zum zweiten deutsch-deutschen Gipfel kam, vergingen noch viele Monate. Armeegeneral Mielke verfasste im Vorfeld den Befehl Nr. 17/81 »zur politisch-operativen Sicherung der Vorbereitung und Durchführung des Arbeitsbesuches des Bundeskanzlers der BRD, Helmut Schmidt, in der DDR«. Er betonte, welch gewichtige Rolle die Mitarbeiter seines Ministeriums bei der Visite zu spielen hatten und stellte alle operativen Maßnahmen unter den Codenamen »Dialog«. Den Ablauf hatten Mielke und sein Stab bis auf die Minute geplant: »Die Aktion beginnt am 10.12.1981, 8:00 Uhr und endet am 14.12.1981, 12:00 Uhr.« Eine ganze Kohorte von Inoffiziellen Mitarbeitern wurde in Gang gesetzt, um – etwa anhand von Presse-, Hörfunk- und Fernsehberichten – die Erwartungen und Forderungen der BRD-Seite auszuloten. Dazu gehörten Fragen des Mindestumtauschs und der Familienzusammenführung, Probleme des Transitverkehrs und der wirtschaftlichen Zusammenarbeit und vor allem der alte Konflikt um den Status West-Berlins.

Oberstleutnant Jochen Wiegand, Leiter der MfS-Hauptabteilung XX/4 »Staatsapparat, Kultur, Kirche, Untergrund«, legte am 3. Dezember 1981 einen Plan zur »Durchführung operativer Maßnahmen« vor. Der beinhaltete auch die »offensive operative Bearbeitung« von zahlreichen klerikalen Organisationen und Einzelpersonen. Vorgesehen war insbesondere der Einsatz von 15 Inoffiziellen Mitarbeitern in den Leitungsgremien der evangelischen Kirche der DDR. Auch in der katholischen Kirche gab es offensichtlich vier kooperationswillige Priester. Wiegands Plan zielte ebenso auf die in der DDR verbotene Organisation »Zeugen Jehovas«, die von drei Inoffiziellen Mitarbeitern und ihren Führungsoffizieren überwacht wurde.

Generalmajor Manfred Dietze, seit 1981 Leiter der MfS-Hauptabteilung I, zuständig für Nationale Verteidigung, gab am 1. Dezember 1981 einen achtseitigen Maßnahmenplan bekannt. Danach sollten mehr als ein Dutzend MfS-Obristen und Abteilungsleiter für die Sicherung der Staatsgrenze, der militärischen Objekte, der Militärforstwirtschaftsbetriebe und der Militärjagdwirtschaftsbetriebe in der Schorfheide verantwortlich sein. Zudem gelte es, die Staatsgrenze der DDR zur BRD und zu West-Berlin sowie die Seegrenze gegen Provokationen, Grenzdurchbrüche oder andere schwerwiegende Vorkommnisse abzuschirmen. Alle Personen, die wegen Fahnenflucht ins Blickfeld geraten waren, seien »unter lückenlose politisch-operative Kontrolle« zu stellen. Die Anwendung der Schusswaffe erschien dem Generalmajor allerdings nur als letztes Mittel, anzuwenden bei unmittelbarer Gefahr für Leben und Gesundheit der zur Grenzsicherung eingesetzten Kräfte.

Dietze forderte in verquastem Geheimdienst-Jargon »die umfassende Sicherung der im Bereich der Handlungsräume und Fahrtstrecken des Arbeitsbesuches gelegenen Objekte und Einrichtungen« durch NVA und Grenztruppen. Dazu gehörten – alles penibel aufgelistet – die Route »in Pkw-Kolonnenfahrt von Berlin-Schönefeld nach Hubertusstock bzw. Groß-Dölln und von Groß-Dölln bzw. Hubertusstock nach Güstrow«. Ebenso sei die Fahrtstrecke des Sonderzugs der Deutschen Bundesbahn nach Güstrow und zurück von den Verantwortlichen der Hauptabteilung I zu schützen. Ins Auge gefasst war auch die »Einleitung erforderlicher politisch-operativer Maßnahmen zum frühzeitigen Erkennen beabsichtigter feindlicher Aktionen oder Handlungen gegen die Staatsgrenze der DDR«.

Die von Generalmajor Dietze präzisierte Aktion »Dialog« umfasste über 35 »Operative Vorgänge« (OV) und »Operative Personenkontrollen« (OPK), vorrangig um Personen unter Kontrolle zu halten, die das MfS unter furchterregenden Decknamen wie »Propagandist«, »Kritiker«, »Schreiber«, »Faschist«, »Mörder«, »Verräter« oder »Terrorist« registriert hatte. Besondere Vorkommnisse, Reaktionen auf den »Arbeitsbesuch des BRD-Kanzlers« seien ab sofort täglich bis 12 Uhr dem Leiter der AKG (Auswertungs- und Kontrollgruppe) zu übermitteln.

Der »Zentrale Operativstab« (ZOS) erließ den Befehl, ein »operatives Lagezentrum« rund um die Uhr einsatzbereit zu halten, »zur Entgegennahme, Aufbereitung und Weiterleitung von Meldungen/Informationen zur Sicherheitslage und bestimmten Vorkommnissen«. Dabei dachten die Schlapphüte, so das »MfS-Lexikon« der Stasiunterlagenbehörde, zum Beispiel an Bomben und Sprengstoffanschläge, Brandlegungen, Überfälle, Geiselnahmen, Attentate, Erpressungen, Havarien und natürlich an »staatsfeindliche Hetze«. Um für alle Fälle gewappnet zu sein, war der Ablauf des Treffens Schmidt/Honecker in einem vierseitigen Papier präzise festgehalten:

»Ankunft der Delegation am 11.12.1981, 15:00 Uhr, mit einer Sondermaschine der BRD auf dem Sonderteil des Flughafens Berlin-Schönefeld.
   Abreise der Delegation am 13.12.1981, ca. 17:45 Uhr mit Regierungszug der BRD ab Güstrow/Schwerin. Begrüßung und Verabschiedung der Gäste erfolgen ohne militärisches Zeremoniell. Unterkunftsobjekt ist das Jagdschloss Hubertushöhe am Werbellinsee, Verhandlungsobjekt das Haus am Döllnsee bei Groß Dölln.«

Das detaillierte Besuchsprogramm von Freitag (11.12.) bis Sonntag (13.12.) folgte.
   Die Spionageabwehr (HA II) sollte während des Besuchs mit der Sicherung der DDR-Botschaften im Ausland und der ausländischen diplomatischen Vertretungen in der DDR betraut werden. Bürger, die westliche Botschaften bzw. die Ständige Vertretung der Bundesrepublik in Ost-Berlin aufsuchten, seien systematisch zu erfassen. Generalmajor Günther Kratsch übernahm die Führung und Leitung des »Operativen Einsatzstabes« (OES), der auch, in engem Zusammenwirken mit der zuständigen Stelle im DDR-Außenministerium, für die operative Betreuung der Medien zuständig war. Die

Jugendhochschule »Wilhelm Pieck« am Brandenburgischen Bogensee war als Pressezentrum vorgesehen. Dort standen am Ende 587 akkreditierten Journalisten sage und schreibe 182 MfS-Mitarbeiter gegenüber. Kurzum: Die Journaille war fest im Griff.

Mit all diesen Vorsichtsmaßnahmen ging einmal mehr die Order einher, vermeintlich subversive Kräfte während des Schmidt-Besuchs gezielt unter Kontrolle zu stellen. Dafür wurden 25 Hauptamtliche MfS-Mitarbeiter im Range eines Hauptmanns und über 60 Inoffizielle Mitarbeiter (IM) abgestellt. Auch die äußerst wichtige Hauptabteilung III schaltete sich ins Geschehen ein. Sie war im MfS zuständig für »Funkaufklärung, Funkabwehr, Funkkontrolle und Funkgegenwirkung«, kurzum für den »elektronischen Kampf«. Wie das »MfS-Lexikon« dokumentiert, oblag es dieser Spähtruppe, die Funk- und Fernmeldeverbindungen der Bundesrepublik nebst West-Berlin anzuzapfen und möglichst viele verwendbare Gesprächsinhalte abzuschöpfen. Von besonderem Wert bei diesen Abhöraktionen waren, wie sich versteht, Informationen aus der Bundesregierung, den Landeskabinetten, den Parteien und Medien, der Bundeswehr, der Rüstungsindustrie, den Führungsgremien der NATO, den westdeutschen Geheimdiensten und der Polizei. Außerdem versuchte die Funkabwehr, illegale Funksprüche aus der DDR aufzufangen.

Chef dieser Abteilung III war der langjährige Leiter und Erfinder der »elektronischen Kampfführung«, Generaloberst Horst Männchen, der für den Schmidt-Besuch vom 11. bis 13. Dezember 1981 wiederum einen eigenen elfseitigen Maßnahmeplan entwickelt hatte. Er wurde am 3. Dezember 1981 vorgelegt. Männchen koordinierte, so die recht umständliche Beschreibung des Kommandos, den »Einsatz der Kräfte und Mittel zur Durchsetzung von Geheimhaltung, Ordnung und Sicherheit im Funkwesen der DDR, für die Gewinnung von Informationen sowie zur Überwachung der funkelektronischen Lage in den territorialen Handlungsräumen der

Aktion ›Dialog‹«. Ein wenig einfacher gesagt: Der Generalmajor wachte über den »Prozess der Informationsgewinnung« und verfügte, wer alles abgehört werden sollte. Es müssen viele gewesen sein. In der Anlage zu seinem Maßnahmenplan stellte Männchen ein Bataillon von insgesamt 1.761 »zur Verfügung stehenden Kräften« in Aussicht. Gleichzeitig wurden die Arbeitsfrequenzen des Bundeskanzlers und seiner Begleitung dokumentiert. Ob sich der gewaltige Aufwand an Menschen und Logistik auch nur annähernd gelohnt hat, wissen wir nicht.

Am 8. Dezember schließlich legte Erich Mielke einen letzten zusammenfassenden »Plan der Maßnahmen« vor, zum Zwecke der »Gewährleistung der Sicherheit während des Arbeitsbesuches des Bundeskanzlers der Bundesrepublik Deutschland in der Deutschen Demokratischen Republik«. Erich Honecker höchstpersönlich bestätigte das 31-seitige Dossier mit seiner Unterschrift. Das Dokument betonte noch einmal, dass die Gesamtleitung der Aktion »Dialog« in den Händen des Ministers für Staatssicherheit lag. Bei der MfS-Bezirksverwaltung Schwerin liefen die Vorbereitungen für Schmidts geplanten Abstecher nach Güstrow schon seit Ende November 1981 auf Hochtouren.

Vor Ort hat das MfS alles verfügbare Wissen in einem 17-seitigen Papier zusammengetragen, das umfangreich Angaben über die 39.500-Einwohner-Stadt Güstrow machte und ihren wirtschaftlichen Hintergrund beschrieb. Sogar der lokalen Sehenswürdigkeiten nahmen sich die Staatssicherheitsbehörden in kurioser Manier an. Nach derlei Präliminarien kam man zur Sache, zur Einschätzung der »politisch-operativen Lage« in der Stadt und im Kreisgebiet. Gemeldet wurden zehn laufende rechtswidrige Ersuchen auf Übersiedlung, 82 Personen, die »aufgrund besonders hoher gesellschaftswidriger Straftaten« unter staatliche Kontrolle gestellt waren, 43 Häftlinge und 76 Amnestierte.

Ausführlich fiel der »Aufklärungsbericht Güstrow Dom« aus, das Dossier über das Gotteshaus mit Barlachs Engelsgestalt »Der

Schwebende«, das Schmidt zu besuchen beabsichtigte. Der dortige Prediger Erich Michaelsen werde dem Staat loyal gegenüberstehen. Gleiches gelte für den Landessuperintendenten Sagert. Beim Jugendpfarrer Heiko Lietz sei das »Operative Aufklärungsergebnis« freilich ein anderes gewesen: Er verfüge über einen großen Anhängerkreis unter Jugendlichen und »Angehörigen der Intelligenz«, auf den er negativen Einfluss ausübe. Es gebe Hinweise, er habe mehrere Ausreisewillige bei der Abfassung ihrer rechtswidrigen Anträge auf Übersiedlung unterstützt. Die Führungen durch die Domkirche und die Gertruden-Kapelle würden aber vom Domprediger Michaelsen bewerkstelligt. Von ihm sei nichts Negatives zu erwarten.

Da wurde eine ganze Stadt durchleuchtet, zu guter Letzt im »Aufklärungsbericht zum Objekt Bahnhof Güstrow«, der genaueste Angaben über die Frequenz von 107 Personen- und 98 Güterzügen und über die rund 1.800 Reisenden täglich machte. Die Beschäftigtenzahl in den zugehörigen Betrieben, wie Betriebswerk, Bahnmeisterei, Hochbaumeisterei, Mitropa, Reichsbahnamt und Transportpolizei wurde mit 602 Personen beziffert. 43 von ihnen gehörten aus Stasi-Sicht zum »negativen Personenkreis« und seien fortan unter ständiger operativer Kontrolle zu halten.

Oberste Priorität beim hohen Besuch, so das MfS-Papier, habe die »konsequente Aufklärung und vorbeugende Verhinderung feindlicher Aktivitäten und die Gewährleistung der Sicherheit und Ordnung sowie eines jederzeit störungsfreien Verlaufs des Treffens«. In unverwechselbarer Stasi-Diktion verlangte der Verfasser von »allen Angehörigen der Diensteinheiten höchste revolutionäre Wachsamkeit, politische Klarheit, tschekistisch kluges und umsichtiges Handeln, ein Höchstmaß an Einsatzbereitschaft und Disziplin sowie eine enge und kameradschaftliche politisch-operative Zusammenarbeit mit allen Diensteinheiten des MfS«.

Federführend bei der Planung und Durchführung des Einsatzes in Güstrow war der gefürchtete MfS-Bezirksverwaltungschef von

Schwerin, Generalmajor Werner Korth, der Herr von über 3.000 Spitzeln. Nach der Wende haben ihn die DDR-Behörden noch inhaftiert. Später wurde gegen ihn wegen Freiheitsberaubung, Körperverletzung und eklatanter Verstöße gegen das Telefon- und Postgeheimnis ermittelt. Das Bezirksgericht Schwerin aber sprach ihn im Sommer 1991 lediglich der Untreue schuldig und verhängte eine Freiheitsstrafe von zwei Jahren und zehn Monaten ohne Bewährung. Außerdem wurden ihm illegaler Waffenbesitz und Korruption beim kostengünstigen Erwerb eines Hauses zur Last gelegt.

Während der Aktion »Dialog« leitete Korth den Operativen Einsatzstab (OES), dessen Sitzungsprotokolle penibel in den Akten abgeheftet sind. Die Nachrichtendienstler waren sich der Bedeutsamkeit ihrer Mission augenscheinlich bewusst. »Das MfS hatte noch nie eine politisch so brisante Aufgabe zu bewältigen, noch nie war ein so hoher Einsatz erforderlich wie jetzt und hier in Güstrow.« Das Stadtgebiet und die Umgebung wurden in einem Radius von sechs Kilometern vorsorglich zum Sperrgebiet erklärt. An allen Strecken und Objekten hatten Polizei und MfS offene Präsenz zu zeigen. Die Sicherungskräfte wurden angewiesen, sich am »Klatschen und Winken angemessen zu beteiligen«.

Der Weihnachtsmarkt werde am Tag des Besuchs zwischen 13 und 14 Uhr geschlossen und gereinigt. Die Verkaufsstände würden neu aufgefüllt. In dieser Zeit sei, unterstützt von der Volkspolizei, dafür zu sorgen, dass der Marktplatz von der Bevölkerung geräumt werde. MfS in Zivil solle dabei maßgeblich mitwirken. Die »Filtrierung des Publikums« am Markt habe bereits vor Schließung des Marktes, also spätestens um 13 Uhr, zu geschehen. Die Sperrung der Zufahrt nach Güstrow erfolge bereits ab 6 Uhr in der Früh. Eine Durchfahrt danach sei nur mit Sondererlaubnis möglich. Die Kontrollen in ankommenden Zügen würden aufgestockt. Zur Observation ausgeschriebene Personen seien vor Ankunft in Güstrow aus dem Zug zu nehmen, zurückzuweisen bzw. zu anderen Bahnhöfen, sogenannten Zuführungspunkten, zu verbringen.

Wenige Tage vor dem Großereignis begannen, so vermerken die Akten, 1.200 Kräfte des MfS mit der »Vorsicherung«. Auch hier wurde kein Detail vergessen. Die Auswechslung der Kräfte habe jeweils über Nacht zu erfolgen, die Präsenz bis zur Hauptsicherung sei dabei beständig zu steigern. Die Arbeitsplatzbeschreibung war klar umrissen:

- »Bildung beweglicher operativer Gruppen ohne Pkw
- von allen Personen, die sich an Kontrollpunkten verdächtig verhalten, Personalien festhalten, an Lagegruppe durchgeben
- befinden sich BRD-Bürger in diesem Bereich, erfolgt ebenfalls Sicherung«.

Eine Art MfS-Knigge versorgte die aus der ganzen Republik zusammengetrommelten Einsatzkräfte mit einschlägigen Benimmregeln.

- »dezentes Klatschen; Guten Tag an Generalsekretär/intimere Anrede von kleinen Gruppen von Arbeitern
- festlegen, wer wo ruft; keine gestellten Szenen
- Auswahl guter Genossen, Frauen und Jugendliche; maßgerechtes Publikum
- Regenvariante – betreten des Rathauses und Eintragung ins Gästebuch
- Ausgehend von der in der Vorsicherung festgestellten Stimmung unter der Güstrower Bevölkerung Schlussfolgerungen ziehen.
- Bewegung von ca. 700 Pressepersonen; große Freizügigkeit gewähren, eventuell Schaffung von Ausweichvarianten für das Parken der Pressefahrzeuge.
- Zur unmittelbaren persönlichen Absicherung des Generalsekretärs und seines Gastes sind zehn Mann der Sicherungsgruppe Bonn sowie eine Gruppe des Personenschutzes (PS) eingesetzt. Mitarbeiter der Sicherungsgruppe Bonn sowie unsere Genossen vom PS sind durch Abzeichen gekennzeichnet.«

Das MfS verstand sich, das zeigen die Dokumente über die letzten Vorbereitungen, geradezu als Sachwalter des Staatsprotokolls, der selbst an vermeintliche Kleinigkeiten dachte:

- »Notstromaggregate für Schloss und Barlach Gedenkstätte; Konzeption zur Absicherung der Energieversorgung liegt vom Direktor des Energiekombinats Nord vor.
- Maßnahmen zur Verlegung der Besuchszeiten und des Haupteingangs zum Kreiskrankenhaus.
- Bindung aller Ärzte im Kreiskrankenhaus durch Einrichtung eines Bereitschaftsdienstes.
- Beleuchtung Gertrudkapelle und defekte Beleuchtungskörper im Atelierhaus beseitigen.
- Postschließfächer leeren und nicht mehr belegen. Müllcontainer von den Straßen abziehen.
- Abnahme der Tankstelle durch Leiter des Sicherungsbereiches.
- Besetzung von Wohnungen nur dort, wo gute Legende möglich.
- Unangenehm auffallende Personen sind langsam in den hinteren Raum abzuschieben und sofort unseren Zuführungspunkten zu übergeben.«

Im Voraus geregelt war selbstverständlich auch der Aufmarsch der Presse. Bis 22 Uhr am Vortag von Schmidts Ankunft hatten sich – so Oberstleutnant Schaffer, HA II – 850 Korrespondenten und Techniker akkreditiert: 422 stammten aus der DDR, 358 aus dem Ausland. Und damit nicht genug der vom MfS erhobenen Statistik: Unter den angemeldeten ausländischen Korrespondenten und Technikern befanden sich 61 aus sozialistischen Ländern, 301 aus »kapitalistischen Industrieländern, davon 193 aus der BRD/West-Berlin«. Die Arbeitsmöglichkeiten im Pressezentrum Bogensee fanden, IM-Berichten zufolge, allgemein lobenden Anklang. In den Tagesberichten hatte der Leiter der Einsatzgruppe Presse, Oberstleutnant Schaffer, keinerlei besondere Vorkommnisse zu melden. Über eine »zuverlässige inoffizielle Quelle« war allerdings bekannt geworden, die Leitung der ARD habe entschieden, dass ihr ständig akkreditierter Korrespondent Fritz Pleitgen mit seinem Team beim Besuch nicht in Erscheinung trete. Diese Aufgabe werde dem Leiter des Bonner Hauptstadtstudios, Friedrich Nowottny, und seinem Mitarbeiterstab übertragen.

Das Pressezentrum war, wie vorgesehen, an allen Ecken und Enden mit Inoffiziellen Mitarbeitern bestückt, die, so ist es in den Akten festgehalten, vor allem »politisch operativ bedeutsame Pläne, Absichten und Aktivitäten« der Korrespondenten aus dem NSA (nicht-sozialistisches Ausland) genauestens registrierten. IMB »Oskar« und IMS »Claudia« hatten beispielsweise die Vertreter der Nachrichtenagenturen DPA und AP fest im Blick. IMS »Tauber« war auf die Mitarbeiter des ARD-Hörfunks und auf die Vertreter der Springer-Presse angesetzt. Kontaktperson (KP) »Karla«, IMS »Doris«, IMS »A. Meißner«, IM »Gunnar Möller«, KP »Max«, IM »Dirk Bär« und IM »Ricky« gelang es, sich unauffällig unter die Masse der Korrespondenten und Techniker zu mischen. Spektakuläres zutage gefördert haben sie nicht. Das schien aber nicht weiter gravierend. Die »Einsatzgruppe II der Hauptabteilung II« interessierte vor allem Atmosphärisches, wer mit wem ein Wort wechselte.

Dann endlich nahte der große Moment. Die Stasi protokollierte haarklein mit. Als der deutsche Bundeskanzler mit einer Boeing 707 auf dem Flughafen Berlin-Schönefeld einschwebte, waren die Staatsflaggen der BRD und der DDR gehisst. An der Gangway wurde er von Erich Honecker begrüßt. Eine Stewardess überreichte Blumen. Eskortiert von einer Wagenkolonne aus acht Volvos der Marke 264 TE – an der Spitze freilich ein Citroen, der mit den Standarten der beiden deutschen Staaten bestückt war –, ging es zur Residenz, dem »Jagdschloss Hubertusstock«. Die politischen Gespräche fanden dann am Döllnsee, im Gästehaus des Staatsrates statt, vor dem die Flaggen beider Länder wehten. Ehrenposten der

NVA – allesamt Unteroffiziere – hatten am Tor Aufstellung genommen.

Beim Dinner, das der Staatsratsvorsitzende zu Ehren des Bundeskanzlers gab, ebenso bei der Gegeneinladung am Abend darauf, wurden wie üblich Tischreden gehalten, die frei von jeder Überraschung waren. Schmidt brachte am Ende den Toast aus: »Herr Generalsekretär, ich trinke auf Ihr Wohl, auf das Wohl aller Deutschen und auf unseren gemeinsamen Frieden.« Honecker benötigte für seinen Trinkspruch ein wenig länger: »Erheben wir das Glas darauf, dass unsere Anstrengungen beitragen, die Früchte des Friedens und der friedlichen Zusammenarbeit zu bewahren, sie weiter zu mehren. Auf Ihr persönliches Wohl, Herr Bundeskanzler, und das Wohl aller hier Anwesenden! Auf das Wohl der Bürger der Deutschen Demokratischen Republik und der Bürger der Bundesrepublik Deutschland!«

Insgesamt 15 Stunden haben die Unterredungen gedauert. Neben den Vieraugengesprächen gab es Delegationsrunden, in denen etwa Bonns Wirtschaftsminister Otto Graf Lambsdorff und SED-Wirtschaftsexperte Günter Mittag miteinander konferierten. Egon Franke, der Chef des Ministeriums für innerdeutsche Beziehungen, dem die SED-Propaganda so spinnefeind war, parlierte mit DDR-Außenminister Oskar Fischer. Nach Auffassung des Historikers Detlef Brunner von der Universität Leipzig lag der Wert der Begegnungen vor allem darin, dass beide deutschen Staaten in angespannter politischer Lage – man denke an das am Abschlusstag des Treffens über Polen verhängte Kriegsrecht – ihre Gesprächs- und Verhandlungsbereitschaft unter Beweis gestellt hatten.

Zum Abschluss des Arbeitsbesuchs trafen sich Schmidt und Honecker zum gemeinsamen Frühstück im »Jagdschloss Hubertusstock«. Dann ging es, nach einer der Pressekonferenz des Bundeskanzlers in der Jugendhochschule »Wilhelm Pieck«, Seit an Seit mit Honecker gen Güstrow. Hier, in der Stadt an der Nebel, hatte der expressionistische und von den Nazis verfemte Bildhauer Ernst

Barlach, dessen Werk Schmidt verehrte, von 1910 bis zu seinem Tod 1938 gelebt und gewirkt. Der Direktor führte durch die Gedenkstätte. Es folgte die Besichtigung des Doms. Vor dem Portal: ein Termin für die Fotografen. Eifriges Händeschütteln mit dem Landesbischof, dem Landessuperintendenten, dem Domprediger, dem Kantor und schließlich mit dem Vorsitzenden des Kirchengemeinderates. Der Bundeskanzler hatte – so lesen wir im Protokoll der Stasi – sogar die Erlaubnis, die Dom-Orgel zu spielen. Ob er die Möglichkeit nutzte, ist unbekannt. Gegen 16 Uhr machte er sich auf den Fußweg zum Weihnachtsmarkt.

Wie im Voraus akkurat geplant, hatten auch hier die »Einsatzkräfte« das Kommando übernommen. Nach Augenzeugenberichten bildeten uniformierte Sicherheitskräfte entlang der Strecke einen dichten Kordon, dahinter Stasimitarbeiter in Zivil. Auf dem Marktplatz wurde ein Potemkinscher Weihnachtsmarkt mit Bevölkerung in Szene gesetzt. Die vermeintlichen Besucher, die da in Adventsstimmung schwelgten, waren zu weiten Teilen Diensthabende des Ministeriums für Staatssicherheit. Wer an die Fernsehbilder von damals zurückdenkt, wird sich erinnern, wie die Mienen des Kanzlers und seiner Begleitung ob dieses absurden Schauspiels versteinerten.

Zuvor hatte der Bundeskanzler den Staatsratsvorsitzenden zu einem Gegenbesuch in der Bundesrepublik eingeladen. Die Offerte wurde dankend angenommen, als Termin der Herbst 1982 ins Auge gefasst. Schmidt meinte, »Ort des Treffens könnte eventuell Hamburg« sein, da ein Besuch in Bonn nicht gleichgewichtig zu seiner jetzigen Visite in der Schorfheide sei. »Genosse Honecker«, ist zu lesen, »stimmte dem vorgeschlagenen Zeitpunkt und dem Ort des nächsten Treffens prinzipiell zu«. Doch bis zur deutsch-deutschen Wiederbegegnung sollte noch viel Zeit verstreichen. Honecker reiste erst 1987 in die Bundesrepublik. Da hieß der Kanzler Helmut Kohl.

Am Ende der vorweihnachtlichen Gespräche 1981 stand ein Akt der Höflichkeit, der den Lauschern des MfS nicht entging: Schmidt bat »den Genossen Honecker, bei seinem bevorstehenden Besuch in Moskau Genossen Breschnew beste Grüße zu übermitteln und ihm mitzuteilen, dass die sehr positive Bewertung des Breschnew-Besuchs in Bonn durch Schmidt seiner tiefsten inneren Überzeugung entspreche. Die BRD habe ihr Gewicht in ihrem Bündnis voll eingebracht. Genosse Honecker erklärte, er werde dies gern Genossen Breschnew übermitteln«.

Der Arbeitsbesuch endete, gänzlich im Plansoll, am 13. Dezember, 17 Uhr. Abschied auf dem Bahnhof von Güstrow. In Erinnerung blieb eine freundliche Geste: das Hustenbonbon, das der Generalsekretär dem Kanzler zum Abschied vom Bahnsteig aus ins Coupé reichte. Dann setzte sich der Sonderzug nach Hamburg in Bewegung.

Nach Einschätzung des »Zentralen Operativstabs« in der MfS-Zentrale war die Aktion »Dialog« ein voller Erfolg. Der Abschlussbericht vermerkte:

»Im Handlungsraum Güstrow wurde die politisch-operative Lage sicher beherrscht. Die umfangreichen Sicherungs-, Kontroll- und Absperrmaßnahmen bewirkten ein hohes Maß an Sicherheit und Ordnung. Auch unter den komplizierten Witterungsbedingungen lösten die eingesetzten Sicherheitskräfte alle Aufgaben diszipliniert, umsichtig und mit hoher Einsatzbereitschaft. Im Zusammenwirken mit der DVP erfolgte wegen ihres dekadenten Aussehens bzw. ihrer verdächtigen Verhaltensweise die vorbeugende Zuführung von 18 Personen. Entsprechende Überprüfungsmaßnahmen wurden eingeleitet.«

»Dekadentes Aussehen« und »vorbeugende Zuführung«: Da wurde die Stasi-Ideologie auf den Begriff gebracht und zur Bekräftigung gleich noch einmal wiederholt: »Im Berichtszeitraum hat die Zuführung von weiteren 21 Personen, von denen eine auf den

Fahndungslisten erfasst war, stattgefunden.« Nach Angaben des Bilanzberichts standen in den Tagen des Kanzlerbesuchs insgesamt 10.908 Personen im Blickfeld des MfS. Bei 4.481 Personen von ihnen seien Durchsuchungen und Kontrollen der Wohnungen erfolgt, 98 Ermittlungsverfahren eingeleitet, 81 Haftbefehle erlassen worden. In 4.811 Fällen habe man »Auflagen zur Verhinderung von Reisen in die aktionsbezogenen Territorien« erteilt und gegen »2.135 kriminell gefährdete oder aus dem Strafvollzug entlassene Bürger vorbeugende Maßnahmen« eingeleitet. Erwähnung fanden auch zwei anonyme Telefonanrufe mit der Androhung eines Sprengstoffanschlags gegen Strecken der Deutschen Reichsbahn sowie eine Morddrohung gegen den Genossen Erich Honecker. Urheber soll ein 29-jähriger vorbestrafter Heizer gewesen sein.

Bis heute aufschlussreich und verstörend ist die »Tabelle des Kräfteeinsatzes«, der im Rahmen der Aktion »Dialog« bewerkstelligt wurde. Die Zahlen überstiegen die kühnsten Schätzungen und Phantasien. Generalmajor Geisler und Oberst Stefan geben die kaum fassbare Gesamtzahl der Einsatzkräfte mit 35.083 an. Davon gehörten 13.873 dem MfS-Wachregiment (MfS/WR) und 21.210 dem Ministerium des Innern (MdI)an. Die Zahl der Reservekräfte betrug 4.700. Für annähernd alle Beteiligten waren es Tage der Lebenszeitvernichtung. Ein kafkaeskes Großmanöver, das allumfassende Staatskontrolle demonstrierte:

- »Sicherung der Fahrtstrecken auf der Schiene: 872 MfS/WR-Angehörige, 5.755 MdI-Männer – gesamt 6.627 Personen.
- Sicherung der Fahrtstrecke auf der Autobahn: 4.520 MfS/WR-und 12.580 MdI-Angehörige – gesamt 17.100 Personen.
- Flughafen Berlin-Schönefeld (Ankunft): 795 MfS/WR und 870 MdI – gesamt 1.665 Personen.
- Güstrow (Stadtzentrum, Dom, Barlach-Gedenkstätte): 4.833 MfS/WR- und 270 MdI-Angehörige – gesamt 5.103 Personen.
- IPZ Bogensee: 498 MfS/WR und 480 MdI – gesamt 978 Personen.

- Gästehaus Dölln: 410 MfS/WR und 680 MdI -Männer – gesamt 1090 Personen.
- Jagdschloss Hubertusstock: 421 MfS/WR und 510 MdI-Angehörige – gesamt 931 Personen.
- Sonstige (Unterkunftsobjekte, diplomat. Vertretungen, Massenmedien u.a.): 1.524 MfS und 65 MdI-Angehörige – gesamt 1.589 Personen.«

Mielke persönlich soll die Mammut-Aktion »Dialog« überwacht haben. Dessen Ansehen bei Erich Honecker und den übrigen Mitgliedern des SED-Politbüros muss mit dem perfekten Aufmarsch seiner Stasi-Truppen im Dezember 1981 noch einmal erheblich gestiegen sein. Seine unumschränkte Macht als Geheimdienstchef blieb Mielke bis zum Mauerfall erhalten. Helmut Schmidt hat nie sonderliches Interesse an seinen MfS-Akten gezeigt. Es hat ihn letztlich einen feuchten Kehricht gekümmert, was die Tschekisten in jahrzehntelanger Sammelwut über ihn zusammengetragen hatten. Warum das so war? Dieses Geheimnis hat er mit ins Grab genommen.

11. Affären im Auswärtigen Amt: Die Akte Genscher

Länger als der Mann mit dem gelben Pullunder hat kein zweiter Bundesminister amtiert: Von 1969 bis 1974 war er Innenminister im Kabinett Brandt, anschließend unter den Kanzlern Schmidt und Kohl bis 1992 fürs Auswärtige Amt verantwortlich: Hans-Dietrich Genscher, 1927 in Reideburg nahe von Halle an der Saale geboren, 1952 in den Westen geflohen, war eine Schlüsselfigur der Bonner Republik. Seine 20 Ministerjahre standen, nur konsequent, unter besonderer Beobachtung der Ost-Berliner Auslandsspionage. Der HVA gelang es auf besonders perfide Art und Weise, Spione in Genschers Umfeld zu platzieren.

Der erste Eintrag der SIRA-Teildatenbank datiert vom 9. April 1970. Ein nicht genannter Agent informierte da über die »Auswertung des Erfurter Treffens durch führende Bonner politische Kreise«, also über die Begegnung von Stoph und Brandt. Erst knapp 19 Jahre später, am 18. Mai 1989, werden die insgesamt 1.911 Einzelinformationen enden, mit dem Bericht eines nicht mehr identifizierbaren IM »Orion« über die Wahlkampfvorbereitungen der FDP für die kommende Bundestagswahl.

Die 799 Blatt starke Stasiakte Genschers und die »Rosenholz-Dokumente« bieten auf den ersten Blick keine besonderen Überraschungen. Interessant aber ist: Die Sammelwut der Tschekisten begann schon 1956. In einem Reisebericht eines gewisssen »L« wird der wissenschaftliche Assistent der Bonner FDP-Bundestagsfraktion Gentzscher (sic!) folgendermaßen beschrieben: »Ungefähr 1,75 – 1,78 m groß, von kräftiger Statur, hat dunkles glatt gekämmtes Haar, das schon sehr licht ist. Sein ziemlich rundliches Gesicht hat eine gesunde Farbe. G. trägt keine Brille. Sein Alter wird auf 30 Jahre geschätzt. Er geht gut gekleidet. (Dunkler Straßenanzug).«

Genschow, auch Gentzscher genannt, habe Kontakte zwischen FDP und LDPD auf unterster politischer Ebene eingefordert. Auch um die Freilassung von politischen Gefangenen, unter denen sich auch ein Volkskammerabgeordneter der LDPD befände, habe er sich bemüht. Dieser Genschow sei vor allem vom Ehrgeiz getrieben, durch die Aufnahme von Kontakten mit der LDPD das »Los der Ostzonenbewohner zu erleichtern«. Das große Interesse des Mannes gelte einer Amnestie für politische Häftlinge – und zwar in beiden deutschen Staaten.

Die Aktenstücke widmen sich immer wieder seiner »Republikflucht« am 20. August 1952. Ein handschriftlicher Vermerk dokumentiert den Versuch der HVA-Hauptabteilung II, einen IM in Genschers Umfeld einzuschleusen. Das sei notwendig, denn nicht zuletzt ein Zitat aus einem Referat vor der »Liberalen Gesellschaft« in Stuttgart zum Thema »Deutschland in der Weltpolitik – damals und heute« mache den FDP-Aufsteiger suspekt. Der habe wörtlich erklärt: »Für die Deutschlandpolitik ist der 13.8.1961 ein einschneidendes Datum geworden. Über die berechtigten und notwendigen Anklagen gegen die Brutalität und die Unmenschlichkeit der kommunistischen Sperrmauer hinaus, wird in der Bundesrepublik allzu leicht versäumt, zu analysieren, was die kommunistischen Maßnahmen an diesem Tage offenbart und welche politische Wirkungen sie erzeugt haben.«

Die Personen-Einschätzung erwähnt Genschers Redebeitrag während einer Bundestagsdebatte zur Situation der NATO: »Wir sind nicht bereit, das Sicherheitssystem der NATO aufzugeben, solange man uns nicht ein besseres anbietet, in dem wir ebenfalls heimisch sein können.« Am Ende des Dossiers lesen wir, dass

Genscher den »Entwurf über eine Nichtverjährung von Naziverbrechen« unterschrieben habe. Leider sei kein Material über seine Zeit in der HJ, seine Tätigkeit als Luftwaffenhelfer und im Reichsarbeitsdienst vorhanden.

Über seine Mitgliedschaft in der NSDAP aber wusste das MfS augenscheinlich Bescheid. Die Aufnahme erfolgte am 20. April 1944, unter der Registriernummer 10 123 636. Das Berliner Bundesarchiv hat mir 2018 eine Kopie von Genschers Mitglieds-Karteikarte übersandt. Nach Aussage des ehemaligen Bundesaußenministers geschah die Aufnahme per Sammelantrag, ohne sein Mitwissen. Nach Auffassung von Experten – etwa der Historiker Michael Buddrus und Armin Nolzen – war dies allerdings nicht möglich. Jeder Antrag auf NSDAP-Mitgliedschaft musste persönlich gestellt werden. In Genschers Stasiakte – und nur dort – befindet sich übrigens auch der bereits erwähnte zweiseitige Bericht eines ungenannten Spitzels über das »Document-Center der USA in Westberlin«. Da heißt es wörtlich: »In diesem Zusammenhang wurde weiterhin bekannt, daß Außenminister Scheel seit 1939 Mitglied der NSDAP war und 1941 zum Oberleutnant der fasch. Luftwaffe befördert wurde. Innenminister Gentscher (sic!) FDP wurde am 20.4.1944 von der HJ in die NSDAP übernommen.« Jahre später, in einem handschriftlichen Vermerk vom 4. September 1970, wird eine Information der Abteilung »Zentrale Auswertungs- und Informationsgruppe« (ZAIG) zitiert, die belege, dass Innenminister Genscher – laut Unterlagen des Document Centers – am 20.4.1944 von der HJ in die NSDAP übernommen wurde. Auch das beweist die frühe Kenntnis des MfS über Genschers politische Vergangenheit.

Dieses Herrschaftswissen aber hat die für »Aktive Maßnahmen« und Desinformation zuständige HVA-Abteilung niemals genutzt. Scheel und Genscher wurden, im Gegensatz zu zahlreichen Politikern aus der Union, geschont. Jüngste Forschungen ergaben, dass beide in ihren Ministerjahren das Angebot der Amerikaner ausschlugen, das Berlin Document Center in deutsche Regie zu überführen und dem Bundesarchiv zu unterstellen. Wollten die beiden FDP-Politiker damit ihre eigene NSDAP-Mitgliedschaft vertuschen? Ich selbst habe 1988 eine Biografie über Genscher geschrieben und ihn später mehrfach um Auskunft von den Vorgang gebeten. Ich habe stets eine abschlägige Antwort bekommen, nur Ausflüchte und Lügen.

Genschers Stasiakte enthält ein treffliches Psychogramm, datiert aus frühen Jahren, als er noch Parlamentarischer Geschäftsführer der FDP-Bundestagsfraktion war. Quelle ist der damalige MdB William Borm, der vom MfS unter der Registriernummer 4604/60 als IM »Olaf« geführt wurde. Der FDP-Politiker zählte zu den HVA-Top-Informanten. Auch mit seiner Charakterstudie Genschers hat er der Stasi zu unverhofften Erkenntnissen verholfen: »Zur Zeit ist G. eifrig bestrebt, sein Image in Partei und Öffentlichkeit dadurch aufzupolstern, dass er fast täglich in Presse und Fernsehen von sich reden macht.« Borm habe gebeten, auf G. dahingehend einzuwirken, diese Publikationsfreudigkeit nicht zu überdrehen und selbst ›politischer‹ und weniger ›verbindlich-nichtssagend‹ in seinen Äußerungen zu werden.«

Am Ende wagte IM »Olaf« alias William Borm in Sachen Genscher gar eine Prognose: »Der persönliche Lebensstil ist ganz von der Karriere bestimmt. Neigungen irgendwelcher Art sind nicht bekannt. G. ist eine der wesentlichsten Figuren seiner Partei; sein Einfluss ist im Steigen begriffen. In der Gesamtentwicklung dürfte er sich im nützlichen Sinne entwickeln«. Als der Hallenser 1969 dann zum Bundesminister des Inneren avancierte, lieferte die HVA augenblicklich ein achtseitiges Dossier, das wiederum auf Informationen einer »zuverlässigen Quelle« beruhte. Der Liberale mache all seine Entscheidungen davon abhängig, ob sie seiner Partei oder seiner politischen Laufbahn schaden würden. Politische Fragen ordne er der eigenen Karriere unter.

Mit der Übernahme des Bundesaußenministeriums und der Berufung zum Vizekanzler wurde der amtierende FDP-Vorsitzende für die DDR-Auslandsspionage noch interessanter. Eine neuerliche Einschätzung, datiert vom Mai 1974, skizziert abermals Genschers Positionen. Er wolle den Ausbau der Beziehungen der Bundesrepublik zum NATO-Bündnispartner USA und die westeuropäische Integration vorantreiben. Das sei für ihn eine unverzichtbare Grundlage für weitere Fortschritte in der Ost- und Deutschlandpolitik. Das bemerkenswert sachkundige Neun-Seiten-Papier bescheinigte ihm überdies ein »überdurchschnittliches Arbeitsvermögen, bei gleichzeitigem schnellen Erfassen und analytischen Verarbeiten von Problemen, durch geschicktes Taktieren bei komplizierten politischen Situationen, Organisationstalent und durch eine gewisse Fähigkeit, politische Richtungen, Entwicklungen, Strömungen und Entscheidungen rechtzeitig zu erkennen«. Gegenüber seinen Mitarbeitern fände er den richtigen Ton und sei in der Lage, Kontakte zu knüpfen. Vor allem aber: Ihm nahestehende Kreise sähen in Genscher, wie gehabt, einen Politiker-Typus, der bei allen Entscheidungen bedenke, ob sie seiner Partei und seiner politischen Karriere nutzen würden.

Wir wissen nicht, wie Hans-Dietrich Genscher auf die Eilmeldung seines liebsten Radiosenders, des Kölner Deutschlandfunks, reagierte, dass am 15. Mai 1976 eine Sekretärin aus dem Vorzimmer eines Bonner Ministerialdirigenten verhaftet worden sei. Es bedarf keiner großen Fantasie, um sich vorzustellen, dass er sich sofort an die Verhaftung von Günter Guillaume zwei Jahre zuvor erinnert sah. Diesmal aber schien es noch ärger: Denn nun war sein eigener politischer Verantwortungsbereich betroffen. Die Nachrichtenagenturen tickerten, dass die Fremdsprachensekretärin Helga Berger in ihrer Bonner Wohnung wegen mutmaßlich geheimdienstlicher Agententätigkeit vorläufig festgenommen worden sei. Aufgrund des Haftbefehls eines Ermittlungsrichters am Bundesgerichtshof Karlsruhe wurde sie in Untersuchungshaft verbracht, fünf

Tage später ihr Arbeitsverhältnis vom Auswärtigen Amt fristlos gekündigt.

Helga Berger, am 19. April 1941 in Pirmasens geboren, hatte bis zu ihrer Verhaftung eine steile Karriere als Spionin für den DDR-Geheimdienst hingelegt. Nach der Mittleren Reife bestand sie 1961 die Kaufmannsgehilfenprüfung. Es folgte ein Sprachkurs in Paris. Danach war sie mehrere Jahre Auslandskorrespondentin in einer chemischen Fabrik. Nachdem die große Liebe zu einem Pfälzer zerbrach, brauchte sie einen Ortswechsel und bewarb sich erfolgreich auf eine Zeitungsannonce des Auswärtigen Amtes. Am 1. Oktober 1965 wurde Berger in Bonn als Fremdsprachenstenotypistin eingestellt und zugleich förmlich, gemäß der »Verordnung gegen Bestechung« und Geheimnisverrat«, auf die »gewissenhafte Diensterfüllung und die Wahrung der Gesetze sowie auf unbedingte Amtsverschwiegenheit« verpflichtet. Außerdem erhielt sie die obligatorische »besondere Ermahnung zur Geheimhaltung« des Auswärtigen Amtes und zu besonderen »Dienstpflichten in Bezug auf Geheimhaltung und Unbestechlichkeit.« Wörtlich hieß es: »Kontakte zu fremden Nachrichtendiensten sind ausnahmslos strafbar.«

Die 24-jährige Frau aus Pirmasens landete zunächst im »Kirchenreferat« der Kulturabteilung des Auswärtigen Amtes und bezog ein möbliertes Zimmer in Bonn, das ihr vom Ministerium – Dienstherr damals: Gerhard Schröder (CDU) – vermittelt worden war. Eines Abends nach Dienstschluss im März 1966 wurde Helga Berger, als sie ein Café am Bonner Marktplatz verließ, von einem jungen Mann angesprochen, der sich nach dem Weg zum Theater erkundigte. Er stellte sich als »Peter Krause« vor und bat um ein Wiedersehen. Die beiden verabredeten sich und bummelten gemeinsam durch die Stadt. Der neue Begleiter erzählte, er sei vor Kurzem aus Südafrika nach Deutschland zurückgekehrt, habe derzeit keinen festen Beruf, wolle aber »etwas schreiben« und recherchiere darum in verschiedenen Bibliotheken – auch an der Universität Bonn.

Wie die Ermittlungsbehörden Jahre später heraufanden, war dieser »Peter Krause« ein Hauptamtlicher Mitarbeiter des MfS. Seine wahre Identität konnte niemals in Erfahrung gebracht werden. Nachweisbar war allerdings, dass der Mann schon lange vorher in die Bundesrepublik eingeschleust worden war. In der Nähe von Bonn hatte er ein möbliertes Zimmer gemietet, ohne sich je polizeilich zu melden. Sein Auftrag war klar formuliert: sich in der Bundesrepublik zu akklimatisieren und zu gegebener Zeit eine junge Frau für eine nachrichtendienstliche Ausspähungstätigkeit zu gewinnen.

Helga Berger passte perfekt in sein Beuteprofil. Die Treffen häuften sich und wurden intensiver. Schnell waren die beiden per Du. Dieser »Peter Krause« hinterließ, wo immer er auftrat, einen sympathischen und verlässlichen Eindruck. Er sprach von einer gemeinsamen Zukunft. Die Auftragsamoure entwickelte sich nach Plan. Die beiden unternahmen Wochenendausflüge nach Frankfurt, Wiesbaden oder Trier. »Peter«, offenbar ein Gentleman mit Geld, lud sie im Juni 1966 gar zu einem mehrwöchigen Italien-Urlaub ein. Wenn es freilich um seine Vergangenheit, seine Herkunft und seine Lebensumstände ging, hielt sich der junge Mann bedeckt. Bei ihren Besuchen bei den Eltern in Pirmasens konnte Helga über den Mann an ihrer Seite wenig erzählen, was den Vater misstrauisch machte. Aus Sorge um seine Tochter beauftragte er ein Detektiv-Unternehmen. Das aber hat wenig zutage gefördert.

Auf der gemeinsamen Italienreise informierte Helga ihren »Peter« über die Nachforschungen, die ihr Vater hatte anstellen lassen. Sichtlich verstimmt eröffnete er ihr, dass er Angehöriger des britischen Geheimdienstes SIS (Secret Intelligence Service) sei, für den er in der Bundesrepublik unter dem Namen Peter Krause arbeite. Der clevere DDR-Geheimdienstler argumentierte, zwar seien England und die Bundesrepublik Verbündete, doch sei man im Ausland nach den Erfahrungen der jüngsten Geschichte gegenüber Deutschland noch immer skeptisch und lasse daher die politischen

Entwicklungen von Geheimagenten beobachten. Außerdem soll »Peter« angedeutet haben, dass er dem Vermächtnis seiner Eltern folge, die im Nationalsozialismus sehr gelitten hätten.

Wenn sie beide weiter zusammenbleiben wollten, müsse sie seine Tätigkeit für den SIS akzeptieren, mehr noch: sich ebenfalls zur Mitarbeit entschließen. Nach Recherchen der Anklagebehörde hegte Helga keinerlei Zweifel an der Mission ihres Freundes im Dienste der Queen. Sie erklärte sich ergo ohne Zögern noch am selben Tag zur Mitarbeit bereit, ohne zu wissen, welche Tätigkeit genau man von ihr erwartete. Maßgeblich muss gewesen sein, dass sie von einer gemeinsamen Zukunft mit ihrem »Peter« träumte. Sie wollte, sie konnte ihn nicht verlassen. Noch am Urlaubsort ließ sie der Angebetete eine Erklärung unterschreiben, in der sie sich verpflichtete, für den britischen Geheimdienst tätig zu sein und hierüber Stillschweigen zu bewahren.

Außerdem soll sie, so die späteren Erkenntnisse der Karlsruher Anklagebehörde, versprochen haben, ihre Bekanntschaft mit ihm künftig vor jedermann geheim zu halten und ihren Verwandten und Bekannten gegenüber zu erklären, er habe sich von ihr getrennt und sei wieder nach Südafrika zurückgekehrt. Diese Legende hat Helga Berger offenkundig strikt aufrechterhalten.

Der ausgebuffte Agent »Krause« hatte, geradezu lehrbuchmäßig, auf den Geheimdienst-Trick der »falschen Flagge« gesetzt. Eine direkte Anwerbung für das MfS wäre, nicht zuletzt wegen Helgas Erziehung in einem streng konservativen Elternhaus, mit Gewissheit aussichtslos gewesen. Nur die tolldreiste Geschichte, »Peter« diene dem Geheimdienst einer befreundeten Macht, bot die Chance, die Quelle »Komtess« – wie sie bald vom MfS geführt wurde – emotional wie erotisch an ihren »Romeo« zu binden und in materielle Abhängigkeit zu bringen.

Unterdessen waren für Helga Berger in der Ost-Berliner MfS-Zentrale die Karteikarten F-16 und F-22 angelegt worden, die der

Stasiunterlagenbehörde als »Rosenholz«-Dokumente seit 2003 – sieben Jahre nach Bergers Verhaftung – zur Verfügung stehen. Demnach wurde sie im August 1966 unter der Nummer XV 2091/66 von ihrem späteren Führungsoffizier Werner Roitzsch registriert. Ihren Decknamen »Komtess« hat sie vermutlich niemals erfahren. Ob die Ost-Berliner Schlapphüte mit den ersten Informationen dieser »Komtess« tatsächlich etwas anfangen konnten, darf bezweifelt werden. Ihre Schilderungen des Innenlebens ihrer Behörde boten wenig Substanzielles: Die Sekretärin berichtete über den Ablauf eines Arbeitstages und die Organisation des internen Botendienstes. Immerhin: »Peter« fertigte eine Skizze von der Einrichtung ihres Dienstzimmers an. Schon interessanter waren sicherlich die Charakterisierungen ihrer Mitarbeiter, Informationen über ihre persönlichen Eigenheiten und Schwächen, ihre Schulden oder Affären.

Im Januar 1967 – Außenminister war nun Willy Brandt – wurde Helga Berger in die westdeutsche Handelsvertretung in Warschau versetzt, wo sie in der Administration als Schreibkraft des Kanzlers der Handelsvertretung Verwendung fand. Sie war, so die späteren Erkenntnisse der Düsseldorfer Richter, zur Bearbeitung von Verschlusssachen bis zum Geheimhaltungsgrad »Geheim« bevollmächtigt und habe eine entsprechende Belehrung erhalten.

Es vergingen Monate, bis »Peter« erstmals zu Besuch nach Polen kam. Während des Stelldicheins informierte »Komtess« den Geliebten über ihre neuen Kollegen und Bekannten. So ging es in Abständen von vier bis acht Wochen. Dabei erhielt die Angestellte im Auswärtigen Amt regelmäßige Geldzuwendungen von 50 Dollar monatlich, die sie mit dem Decknamen »Nova« auch verlässlich quittierte. Schon bald logierte »Peter Krause« nicht mehr im Hotel, sondern in einem größeren Einzimmer-Apartment in der Warschauer Innenstadt.

Im Januar 1968 wechselte »Komtess« ins Vorzimmer des Leiters der Handelsvertretung, des Gesandten Dr. Heinrich Böx, Mitglied der CDU, vor seiner Diplomatenlaufbahn Germanist. Erstmals brachte sie ihrem »Peter« nun dienstliche Diktate mit, las ihm daraus vor und übertrug die ihm wichtigen Passagen auf einer Schreibmaschine. Darüber hinaus hielt sie Dokumente aus ihrem Arbeitsbereich bereit. Die hatte sie, in einer Tragetasche unter Illustrierten oder ihrem Strickzeug verborgen, nach Dienstschluss aus der Botschaft geschleust. »Peter« fotografierte die Papiere, Seite für Seite, mit seiner Minox-Kamera ab. Am nächsten Morgen brachte »Komtess« die Unterlagen dann unauffällig an ihren Arbeitsplatz zurück. Seit sie Erste Sekretärin des Vorsitzenden der Handelsvertretung war, hatten Umfang und Bedeutung des Verratsmaterials erheblich zugenommen. Jetzt lief der gesamte Schriftverkehr, nebst Fernschreibverkehr, zwischen Heinrich Böx und dem Auswärtigen Amt in Bonn über ihren Schreibtisch.

Unterdessen hatte sich, über die rein berufliche Zusammenarbeit hinaus, zwischen Helga Berger und ihrem Vorgesetzten – 40 Jahre älter, verheiratet, zwei erwachsene Töchter – ein engeres, auch intimes Verhältnis entwickelt. »Peter« schien das wenig zu stören. Ihren Jahresurlaub verbrachte »Komtess« weiterhin an seiner Seite, ob nun in Neapel oder auf Ischia, und lieferte ihm getreulich alles, was sie irgendwie beschaffen konnte. Darunter auch die Papiere über die deutsch-polnischen Kontaktgespräche über die Aufnahme diplomatischer Beziehungen zwischen Polen und der Bundesrepublik. Sie verriet, so die Karlsruher Ankläger, sogar den deutschen Entwurf einer gemeinsamen Gewaltverzichtserklärung, Arbeitspapiere, Sprechzettelentwürfe und Stellungnahmen der deutschen Delegation.

Die Verhandlungen endeten am 7. Dezember 1970 mit der Unterzeichnung des »Vertrages zwischen der Bundesrepublik und Polen über die Grundlagen der Normalisierung ihrer gegenseitigen Beziehungen«, kurz: des Warschauer Vertrages. Helga Bergers Verrat war gewaltig. Mit der Preisgabe von geheimen Unterlagen hatte sie ihre Position im Vorzimmer, dies war auch die Auffassung der

Anklagebehörde, in hohem Umfang missbraucht. Dabei war sie doch eigens zur Verschwiegenheit verpflichtet worden.

Am 1. Oktober 1970 kehrte sie ins Auswärtige Amt nach Bonn zurück und trat ihren Dienst im Büro des Staatssekretärs Sigismund von Braun an. Erneut war sie zum Umgang mit Verschlusssachen bis zur Stufe »Geheim« autorisiert. »Peter« folgte ihr prompt in die Bundesrepublik und ließ sich in Dortmund nieder. Hier fanden fortan die meisten der Treffen statt. Ab Januar 1971 entlohnte »Peter« seine »Komtess« mit stolzen 500 DM pro Monat.

Nach kurzer Unterbrechung traf sich das Paar ab Dezember 1972 wieder regelmäßig, im Abstand von vier Wochen bis drei Monaten. Sie berichtete über Persönlichkeit, Werdegang, Fähigkeiten und Auftreten ihrer Vorgesetzten, nannte Namen und Funktionen und hortete Material, das sie, wie gehabt, in einer Plastiktüte nach Hause trug. Sie brachte »Peter«, wann immer sie sich trafen, die Schriftstücke zur gefälligen Auswertung mit. Nach ihrer Rückkehr aus Dortmund schaffte sie die Dokumente wieder zurück ins ab 1974 von Hans-Dietrich Genscher geleitete Ministerium.

Der Schwerpunkt ihrer Spionagetätigkeit lag nun auf Staatssekretärs- und Ministervorlagen, etwa zur Europapolitik. Bedeutsam waren dabei vertrauliche »Analysen der europäischen politischen Möglichkeiten«. Das MfS erfuhr fortan aus authentischer Quelle von internen Problemen der Europäischen Gemeinschaft. Von höchstem Interesse für den DDR-Geheimdienst war zudem ein Strategiepapier, das sich mit der Frage befasste, wie die EG dem RGW, dem »Rat für gegenseitige Wirtschaftshilfe«, einem Zusammenschluss sozialistischer Staaten, begegnen solle. Weitergeleitet hat »Komtess« auch die »Blauen und gelben Dienste«. Das waren amtsinterne Aufzeichnungen, Stellungnahmen und Sonderbeiträge zu Grundsatzfragen der Bonner Außenpolitik. Die Auflage betrug nur 200 Exemplare, die nach Lektüre vernichtet werden sollten.

Gelegentlich überbrachte Helga ihrem »Peter« allerdings auch Ware zweiter Wahl, wozu gewiss die jeweils neuesten Fernsprechverzeichnisse zählten. Interessanter waren da schon die zweimal jährlich erscheinenden Organigramme des Auswärtigen Amtes, die sogenannten Geschäftsverteilungspläne, die zugleich über sämtliche Personalveränderungen informierten. Hinzu kamen Hauserlasse, amtsinterne »Mitteilungsblätter« und Listen über die »Besetzung der Auslandsvertretungen der Bundesrepublik Deutschland«.

Die SIRA-Teildatenbank 12 weist für »Komtess« alias Helga Berger 445 Einzelinformationen aus. Bei einer Spionagetätigkeit von knapp zehn Jahren waren das im Schnitt beinahe 50 Verratsfälle pro Jahr. Für das MfS hat sich der erhebliche operative und materielle Aufwand gelohnt. Insgesamt 39.000 DM soll sie erhalten haben. Überdies wurde sie im Laufe der Jahre mit einer Reihe von penibel aufgelisteten Geschenken bedacht: Schmuck, ein Silber- und ein Porzellanservice, Glas und Keramik, Schallplatten, Bücher und Bildbände. Schätzwert, alles in allem: etwa 10.500 DM. Die westdeutschen Ermittlungsbehörden stellten die Präsente am 15. Mai 1976, dem Tag ihrer Verhaftung, in der Wohnung von Helga Berger sicher. Sie zeigte sich geständig und schilderte bei den Vernehmungen ihre nachrichtendienstliche Tätigkeit in allen Einzelheiten. Sie beharrte allerdings darauf, dass sie bis zuletzt geglaubt habe, der britische Geheimdienst sei ihr Auftraggeber gewesen und nicht etwa das MfS.

Am 2. November 1977 fällte das Oberlandesgericht Düsseldorf sein Urteil: »Die Angeklagte wird wegen geheimdienstlicher Agententätigkeit in einem besonders schweren Fall in Tateinheit mit Verletzung des Dienstgeheimnisses und mit Bestechlichkeit zu einer Freiheitsstrafe von 5 – fünf – Jahren kostenpflichtig verurteilt.« Bei der Strafzumessung müsse zugunsten der Angeklagten berücksichtigt werden, »dass sie auf raffinierte und skrupellose Art, und zwar gegen ihre innere Überzeugung, nachrichtendienstlich verstrickt worden sei. Ihr Führungsmann ›Peter‹ habe es verstanden, die damals erst 24 Jahre alte Angeklagte mit großem Geschick an sich zu binden, indem er – zur Vorbereitung einer späteren nachrichtendienstlichen Ansprache – gezielt ein Liebesverhältnis mit ihr einging und dabei bewusst die Hoffnung auf eine gemeinsame Zukunft in ihr erweckte.« Das anhängige Ermittlungsverfahren gegen den Diplomaten Böx wegen nachrichtendienstlicher Tätigkeit wurde eingestellt. Er starb 2004 im Alter von 99 Jahren. Die Spionin aus Liebe lebt seit ihrer Haftentlassung in der Pfalz. Ihr Rückblick aufs Leben dürfte an Bitterkeit kaum zu übertreffen sein.

Ähnlich wie Helga Berger wurde auch der Amtsinspektor im Bundesaußenministerium Herbert Kemper »unter fremder Flagge« für den DDR-Geheimdienst angeworben, dem er rund 20 lange Jahre diente. Kemper, 1941 im westfälischen Metelen geboren, wollte eigentlich Priester werden. Von der Mutter streng katholisch erzogen, besuchte er, der früh den Vater verloren hatte, eine Klosterschule. Nach der Mittleren Reife verpflichtete er sich beim Bundesgrenzschutz, den er 1967 nach achtjähriger Dienstzeit im Rang eines Oberwachtmeisters verließ. Auf eine Zeitungsanzeige hin bewarb er sich beim Auswärtigen Amt, wurde genommen, arbeitete in der Administration und unterschrieb, wie es gang und gäbe war, die folgende Erklärung: »Ich habe die besondere Ermahnung zur Geheimhaltung des Auswärtigen Amtes vom 23.8.1954 zur Kenntnis genommen. Die dienststrafrechtlichen und strafrechtlichen Folgen der Verletzung meiner Dienstpflichten in Bezug auf die Geheimhaltung dienstlicher Vorgänge und das Verbot der Geschenkannahme sind mir bekannt.« Mindestens einmal im Jahr wurde Kemper ausdrücklich auf diese Verpflichtung zur Verschwiegenheit hingewiesen.

Im Oktober 1968 folgte sein erster Auslandseinsatz in der Prager Handelsvertretung. Dort hatte er die Posteingänge zu registrieren und die Dienstakten zu verwalten, etwa Anfragen deutscher Firmen, die in der ČSSR nach Wirtschaftskontakten suchten. In der Prager »Esplanade-Bar« lernte er zwei Männer kennen, die sich als Mitarbeiter des weltweit agierenden US-Konzerns ITT ausgaben.

Schon bald entwickelte sich eine freundschaftliche Beziehung. Kemper erzählte von seiner Tätigkeit in der deutschen Handelsvertretung. Die vermeintlichen Geschäftsmänner »Siegfried« und »Günter« erklärten, ihr Unternehmen wolle Wirtschaftsbeziehungen zur ČSSR anknüpfen. insbesondere im Bereich des Fernsprechverkehrs. Alles nur Tarnung! Die beiden waren nicht für ITT im Bundesstaat New York unterwegs, sondern von der HVA in Ost-Berlin: Fritz T., alias »Siegfried Brodak« und Harald L., alias »Günter Schmidt«.

Die beiden baten Kemper um einen Gefallen. Er möge ihnen ein paar Unterlagen besorgen. In gutem Glauben stellte der Bedienstete der Prager Handelsvertretung den beiden einen Ordner zur Verfügung, der etwa Anfragen anderer Unternehmen enthielt. »Siegfried« verschwand für kurze Zeit und brachte dann den Aktenordner zurück. Dafür erhielt Kemper 100 DM. Dieser Tauschhandel wiederholte sich mehrfach. Als Kemper wegen eines Verkehrsunfalls in eine finanzielle Bredouille geriet, half »Siegfried« mit einem »Darlehen« über 4.000 DM aus, das der Schuldner nie zurückzahlen musste. Stattdessen stellte er weiteres Material zur Verfügung.

Die MfS-Zentrale hatte derweil, am 19. Mai 1969, die entsprechenden »Rosenholz«-Dokumente angelegt. Kemper erhielt den Decknamen »Harry«. Der Vorgang wurde unter der Registriernummer XV 381/69 erfasst. Im Juni 1972 übernahm er die Registratur in der deutschen Botschaft Daressalam, der Hauptstadt Tansanias. Der dort von ihm verwaltete Schriftverkehr betraf die wirtschaftlichen, politischen und kulturellen Beziehungen. In Abständen von gut einem halben Jahr bekam Kemper dann Besuch von »Siegfried« oder »Günter« – manchmal auch von beiden. Dabei übergab er den Tschekisten Filmmaterial, auf dem er, mithilfe einer ihm zur Verfügung gestellten Kleinstbildkamera der Marke Minox, wichtige Korrespondenzen aus seinem Geschäftsbereich abgelichtet hatte. Im Gegenzug erhielt er ein Honorar von jeweils 500 DM.

Im August 1976 – Hans Dietrich Genscher amtierte seit rund zwei Jahren als Außenminister – folgte die nächste Station. Kempe wurde an die deutsche Botschaft nach Accra versetzt. Auch in Ghana verloren ihn »Siegfried« und »Günter« nicht aus den Augen. Alle sechs Monate traten sie den weiten Weg nach Westafrika an. IM »Harry« – mittlerweile mit einer Olympus-Kamera ausgerüstet, deren Filme 72 Bilder festhalten konnten – lieferte in bewährtem Umfang. Das Honorar von jeweils 500 DM blieb unverändert.

An der Gage änderte sich nichts, als Kemper 1979 nach Bonn zurückbeordert wurde, wo er nun in der Registratur des Fernmeldereferats im Auswärtigen Amt tätig war. »Siegfried« und »Günter« kamen, wie gehabt, im Halbjahres-Rhythmus in die Hauptstadt am Rhein, wo sie IM »Harry« bereits mit Informationen über die technische Ausstattung seines Arbeitsplatzes erwartete: Gerätenummern angeschaffter Fernmeldegeräte, durchgeführte Reparatur-Maßnahmen – von sonderlichem Belang war das für die Stasi vermutlich nicht. »Na, endlich!«, dürften darum »Siegfried« und »Günter« gejubelt haben, als sie erfuhren, dass »Harry« demnächst an einen sensiblen Ort versetzt werden sollte: in die Stockholmer Registratur der deutschen Delegation auf der »KVAE«, der »Konferenz über Vertrauensbildung und Abrüstung in Europa«.

Dort war er von Januar 1984 bis zum November 1986 mit der Aufgabe betraut, die eingehenden, zumeist als Verschlusssache eingestuften Schriftstücke zu registrieren und abzuheften: Fernschreiben, Tages- und Wochenberichte, die den Stand der Gespräche und die Verhandlungsziele umrissen. Jetzt setzten sich »Siegfried« oder »Günter« alle zwei bis drei Monate in Bewegung. »Harry« hatte in Schweden fette Beute gemacht und brisante Dokumente abfotografiert. Die Entlohnung schnellte in die Höhe. Für jeweils vier ausgehändigte Filme kassierte er nun in der Regel 3.000 DM in bar, obwohl er ausschließlich Material mit dem Vermerk »Verschlusssache – nur für den Dienstgebrauch« weiterzuleiten bereit war. Als »VS-vertraulich« oder »VS-geheim« eingestufte Dokumente blieben tabu.

Im November 1986 wurde Kemper, mittlerweile zum Amtsinspektor aufgestiegen, aufs Neue versetzt und übernahm die Registratur der deutschen Delegation bei den Verhandlungen der »Konferenz über Sicherheit und Zusammenarbeit in Europa« (KSZE) in Wien. Für die Stasi war der neue Arbeitsplatz noch ein ganz großer Coup. »Harry« fotografierte klammheimlich die Delegationsberichte und erhielt dafür von seinen Kumpanen 4.000 DM. Der Judaslohn stieg fast inflationär.

Im Mai 1987 kehrte der verlässliche Verräter nach Stockholm zurück und zeichnete nun verantwortlich für die Registratur der deutschen Botschaft. Nach späteren Recherchen der Ermittlungsbehörden zahlte das MfS dem Spitzel allein während seiner Zeit in der diplomatischen Vertretung an der Skarpögatan ein Honorar von mindestens 27.000 DM. Cash und logischerweise schwarz. Längst gehörte »Günter« beinahe zur Familie der Kempers. Er gratulierte zu Geburtstagen, tauchte bei Festen auf und stellte im Haushalt seine handwerklichen Fähigkeiten unter Beweis.

Aus Sicht der Stasi entwickelte sich die Quelle trefflich. Kurz vor der Pensionierung wurde der Amtsinspektor gar in die Ständige Vertretung der NATO nach Brüssel entsandt. Hier hatte der Bedienstete des Auswärtigen Amtes vor allem Dokumente zu erfassen, die als »VS-NfD« eingestuft waren. In gewohnter Weise nahm er die Berichte mit nach Hause und fotografierte sie ab. Die letzte Übergabe von mindestens zwei Filmen mit je 72 Aufnahmen fand im Oktober 1989 auf einem westfälischen Campingplatz statt. Nach dem Mauerfall sind sich Kemper und »Siegfried« noch einmal begegnet. Der bewährte Lieferant wurde im Dezember 1989 in Brüssel noch einmal mit 2.000 DM bedacht, ohne im Gegenzug Materialien zu liefern. Eine kleine Weihnachtsgratifikation zum Abschied. Dann riss der Kontakt ab. Nach eigenen Angaben hat Herbert Kemper, alias IM »Harry«, bis ultimo der Legende vertraut, einzig dem amerikanischen ITT-Konzern zu dienen. War der Beamte tatsächlich so blauäugig – oder ließ er sein Gewissen bereitwillig mit stattlichen Geldzuwendungen betäuben?

Nach der Auflösung des MfS im März 1990 suchten einige frühere Mitarbeiter der HVA Kontakt zum BND oder zum Verfassungsschutz, um die eigene Haut zu retten. Manche packten dabei, wie noch zu zeigen sein wird, umfänglich aus. So wurde den Bundesbehörden auch Kempers langjähriger Spionage-Einsatz bekannt. Ein Ermittlungsrichter am Bundesgerichtshof verfügte im August 1990 die Wohnungsdurchsuchung. Der langjährige Zuträger kam in Haft, wurde dann aber fürs Erste verschont. Erst Jahre später, am 1. Dezember 1995, verurteilte ihn das Landgericht Münster wegen Bestechlichkeit zu einer Freiheitsstrafe von einem Jahr und acht Monaten, deren Vollstreckung freilich ausgesetzt wurde.

Was dem Gericht nicht bekannt war: Den entsprechenden SIRA-Daten zufolge hatte IM »Harry« in seiner zwanzigjährigen Spionagezeit 432 Einzelinformationen aus vier Botschaften der Bundesrepublik in Europa, Afrika und bei der NATO in Brüssel geliefert. 260 der abfotografierten Dokumente erschienen der Stasi dermaßen wichtig, dass Kempers Informationen umgehend an die SED-Spitze und an die Geheimdienste der sozialistischen Bruderländer, namentlich an die Sowjetunion, weitergeleitet wurden.

Das seit 1974 von Genscher verwaltete Außenamt, das zeigen die Fälle von IM »Komtess« und IM »Harry« exemplarisch, stand unter Rundum-Beobachtung des MfS. – Ein Schlüsseldokument hierfür ist die streng geheime »Auskunft über die Lage in der FDP vor dem Bremer Parteitag 1979«. Das 18-seitige Papier in einer Auflage von nur zehn Exemplaren wanderte direkt zu den Spitzen des SED-Politbüros. Kenntnisreich analysierte der Bericht die »Haltung der FDP-Führung in wichtigen außenpolitischen Fragen« sowie die »Taktik der Parteiführung bei der Sicherung der parlamentarischen Existenz«. Ein ungenannter, offensichtlich mit Umsicht platzierter Spion informierte aus unmittelbarer Nähe über die manifeste Führungsschwäche der FDP-Spitze, insbesondere die Genschers. Die Differenzen zwischen der Partei-Elite und den Mitgliedern ließen sich, steht da zu lesen, nicht länger verbergen, genauso wie der Dissens zwischen dem rechten und dem linksliberalen Lager innerhalb der Liberalen. Die Gegner schienen kaum versöhnlich: Auf der linken Seite Gerhart Baum, auf der rechten Otto Graf Lambsdorff. Und in der Mitte Genscher, der vor allem an der Stabilisierung seiner Position als Parteivorsitzender interessiert sei. Einmal mehr zeigt sich, wie dicht sich die Spitzel an die Fersen des FDP-Vorsitzenden und seiner Parteifreunde zu heften vermochten.

Besuche in der DDR nehmen in Genschers Stasiakte breiten Raum ein. Am Anfang steht eine detailfreudige »Dokumentation über den Aufenthalt des Bundesministers des Innern Genscher in der DDR (11. 4. – 13.4.1974)«, konkret in den Bezirken Erfurt und Halle. Zunächst werden Recherchen über seine verwandtschaftlichen Verhältnisse in der DDR angestellt und »Bekannte bzw. Personen, die Genscher aus der Zeit bis 1952 kennen«, eruiert. Aus ideologisch gefestigter MfS-Perspektive wird die politische Entwicklung Genschers beschrieben, die Wertschätzung, die er in der Bundesrepublik von »reaktionären Kräften« bekomme. Als Bundesinnenminister erhalte er höchstes Lob von den Massenmedien. Dabei sei sein »Sicherheitsprogramm« in erster Linie ein »Instrument zur Niederhaltung aller demokratischen Kräfte der Bundesrepublik«, was sich unter anderem in dem Umstand spiegele, dass die Polizei in den nächsten Jahren um weitere 15.000 Mann verstärkt werden solle. Das Ganze hat Züge einer Groteske: Der Überwachungsstaat DDR zeigt mit ausgestrecktem Finger auf den Nachbarn jenseits der Mauer. Dort würden Genscher und seine Mannen daran arbeiten, die Telefonüberwachung auszudehnen und die Polizei mit Infanteriewaffen auszurüsten. Auch der Bundesgrenzschutz (BGS) werde mit modernsten (auch schweren) Waffen, Pioniergeräten und Hubschraubern bestückt und so von einem grenzüberwachenden Organ in eines mit polizeilichen Befugnissen umgewandelt. Diese auf Straßenkämpfe trainierte Spezialeinheit sei jederzeit zur Zerschlagung politischer Demonstrationen und zur Streikbekämpfung bereit. Das ebenfalls Genscher unterstellte Bundesamt für Verfassungsschutz habe vergleichbare Funktionen zu erfüllen:

- »Aufklärung und Unterdrückung demokratischer Kräfte im Innern der BRD und
- mit Hilfe geheimdienstlicher Mittel und Methoden subversive Aktionen gegen die DDR zu organisieren und durchzuführen«.

Der designierte FDP-Parteichef, heißt es schließlich, wolle bis 1976 an der sozialliberalen Koalition festhalten, habe allerdings betont, dass man Koalitionsfragen niemals zum Dogma erheben solle. Dessen ungeachtet regierte die FDP sogar nach den Bundestagswahlen 1980 weiterhin mit den Sozialdemokraten. Am 8. Dezember 1980 erfuhr MfS-Major Friedwald Gäbel über die Protokollabteilung des DDR-Ministeriums für Auswärtige Angelegenheiten, dass »der Vizekanzler und Außenminister Genscher den Leiter der Ständigen Vertretung der BRD in der DDR, Gaus, am 8.12.1980 besuchen« wolle und als Privatperson mit einem Tagesvisum über die Grenzübergangsstelle Bornholmer Straße einreisen werde. Dem »Zentralen Operativstab« in Berlin lagen inoffizielle Hinweise vor, dass Genscher und eine kleine Entourage (»Wolfgang Lüders, Senator für Wirtschaft und Verkehr von Berlin-West, und sein Büroleiter«), eventuell auch gemeinsam mit Gaus, den Berliner Weihnachtsmarkt besuchen wollten. Zur »politisch-operativen Sicherung« führte die Bezirksverwaltung Berlin einen Sondereinsatz durch. Ob Hans-Dietrich Genscher den Weihnachtsmarkt tatsächlich besuchte, lässt die Stasiakte unerwähnt.

Rund ein halbes Jahr später, vom 14. bis 16. Mai 1981, reiste der Minister anlässlich der Silberhochzeit seines Cousins erneut in die Händelstadt Halle. Ehefrau Barbara hat ihn begleitet. Diesmal war der Leiter der MfS-Bezirksverwaltung, Generalmajor Schmidt, mit der »politisch-operativen Sicherung« des Aufenthaltes betraut. Für den Sondereinsatz mit dem Codenamen »Renner« hatte er den Personenschutz zu organisieren und engmaschig aufgestellte

Wachposten entlang der Fahrtstrecke vom Grenzübergang Wartha nach Halle und retour zu beordern. Vor allem aber galt es, die »politisch-operative Kontrolle über alle feindlich-negativen Personen« zu bekommen. Höchste Priorität habe die »Verhinderung des Einsatzes unzuverlässiger Personen bei der Betreuung Genschers«, insbesondere im Interhotel »Stadt Halle«. Die Zielvorgabe war in unverwechselbarem Stasi-Jargon gehalten: »Einsatz geeigneter IM/GMS zur operativen Kontrolle der in und an den Handlungsräumen aufhältigen Person sowie zur Betreuung des Gastes und der ihn begleitenden Person«. Unerlässlich sei die »Verhinderung des Auftretens von Demonstrativtätern, von Sympathiekundgebungen und Kontakten«.

Fortan fuhren die Eheleute Genscher alljährlich in die alte Heimat. Im Rahmen meiner Recherchen für die Genscher-Biografie erhielt ich sogar eine Einladung, die beiden am 22. Dezember 1987 in Halle zu treffen. Wiederum lief die Aktion unter dem Kennwort »Renner«. In Genschers Stasiakte stieß ich auf meinen eigenen Namen.

Der Spitzel als Buchhalter-Seele! Als Genscher die Grenzübergangsstelle Bahnhof Friedrichstraße passierte, gab sein Beobachter zu Protokoll, dass der Minister am 10. Juli 1984 um 16:56 Uhr mit der S-Bahn aus Richtung Lehrter Bahnhof gekommen und dem ersten Wagen, dem Dienstabteil, entstiegen sei. In seiner Begleitung seien »insgesamt 18 männliche Personen festgestellt worden, davon drei mit Fototechnik ausgerüstet«. Dem Bericht waren 13 Lichtbild-Aufnahmen beigefügt, die aus ziemlicher Entfernung geschossen sein mussten.

Wenige Tage später war Genscher, seit zwei Jahren dem Kabinett Kohl als Außenminister zugehörig, zu einem offiziellen Besuch in der UdSSR. Der Aktenbericht stammt aus russischen Quellen und wurde ins Deutsche übersetzt. Genscher versicherte die Treue der Bundesregierung zum Moskauer Vertrag und das Interesse, in den Beziehungen beider Länder eine »neue Seite aufzuschlagen«. Die russische Seite zeigte sich zufrieden: »Insgesamt erscheinen uns die Gespräche mit Genscher nützlich. Sie schaffen günstigere Voraussetzungen für die Einbeziehung der BRD in den sachbezogenen Dialog zu den aktuellsten Richtungen der Abrüstung und Sicherheit.«

Flüssig lesbar und sehr realistisch ist ein »streng geheimes« Papier vom August 1986. Thema sind die »aktuellen Aktivitäten und Positionen von BRD-Außenminister Genscher in den Grundfragen der Ost-West-Beziehungen«. Das Fazit: Genscher entwickele öffentlichkeitswirksame bi- und multilaterale Aktivitäten, im Rahmen der NATO und gegenüber den sozialistischen Staaten. Er wolle den Nachweis führen, dass er selbst, aber auch die Regierung der Bundesrepublik, einen aktiven und positiven Beitrag zur Friedenssicherung und Rüstungsbegrenzung leisten könnten.

Am 11. Juni 1988 reiste Genscher erneut in die DDR, diesmal zur 7. Internationalen Jahreskonferenz des New Yorker »Instituts für Ost-West-Sicherheitsstudien«, abgehalten in Potsdam. Erstmals wurde, so die Akte, verfügt »dass am Grenzübergang eine Befragung nach Waffen und Munition nicht durchzuführen« sei. Das akkurate Stasi-Protokoll dokumentiert, dass Genscher und die in seinem Pkw mitreisenden Personen in nur drei Minuten abgefertigt wurden, »wobei nach der Identitätskontrolle alle Grenzübertrittsdokumente entsprechend den Passkontrollregimebestimmungen im Abfertigungsschalter mit einem Passkontrollstempel versehen und wieder ausgehändigt« worden seien. »Anschließend wurde Genscher durch einen Mitarbeiter der HA PS begrüßt und bis zur Grenzübergangsstelle Glienicker Brücke geleitet.« Dort habe er dann auf seine Begleitfahrzeuge gewartet.

In den Stasidokumenten aus den 1980er-Jahren finden sich Insider-Informationen zuhauf, ob nun über Genschers Reaktionen auf die Flick-Parteispendenaffäre oder die komplizierte Situation der FDP. Die Berichte zeugen von einem engmaschigen Spitzelnetz, auf das auch ein Geheimdienstpapier aus Prag von anno 1989 hindeutet.

»Im Rahmen der operativen Arbeit«, heißt es da, seien »Meinungs-
äußerungen Genschers zur Kenntnis gelangt, die im Zusammenhang mit den durch ihn geführten Gesprächen mit den in der BRD-
Botschaft in Prag aufhältigen DDR-Bürgern stehen«.

Fakt ist: Genscher wurde über Jahre von der MfS-Hauptabteilung
III (Funkaufklärung und Funkabwehr) bespitzelt. Der Informationsbedarf schien schier unermesslich und umfasste:
- »alle Gespräche des Genscher
- alle Gespräche, die zur Identifizierung der sonstigen Nutzer dieses Anschlusses und deren Kontakte dienen
- bedeutsame Hinweise zur Außenpolitik der BRD«.

Leider sind nahezu alle Telefonate, die einst unter der Bonner Ruf-
nummer 0228/82636 geführt, mitgeschnitten und abgetippt wurden, der großen HVA-Vernichtungsaktion zum Opfer gefallen.
Nach Auskunft der Stasiunterlagenbehörde existieren aber noch
etliche Roh- und Zusammenfassungen der Hauptabteilung III. Sie
dürfen aber gemäß Stasiunterlagengesetz nicht verwendet werden.
   Am Ende des 567 Seiten starken Aktenkonvoluts findet sich eine
historisch aufschlussreiche Information über Genschers Gespräche
in der Ungarischen Volksrepublik am 9. Juni 1989. Anlass war die
Eröffnung des Büros der FDP-nahen Friedrich-Naumann-Stiftung
in Budapest. Dort hat der Parteichef der Liberalen auch Ministerpräsident Nemeth, den ungarischen Staatsminister Pozsgay und
den Generalsekretär der Ungarischen Sozialistischen Arbeiterpar-
tei (MSZMP), Károly Grósz, den Vorgänger Nemeths, getroffen.
Vermutlich war der Autor des Stasiberichts bei allen Unterredungen dabei. Er vermochte, höchst substanziell, die wichtigsten
Äußerungen der Beteiligten zu referieren. Das Dokument landete
umgehend bei Erich Mielke. Es hat in Ost-Berlin vermutlich die
Alarmglocken läuten lassen. Genschers habe unter anderem erklärt, »die UdSSR werde nicht umhinkönnen, sich zu ihrem Namen

zu bekennen, nämlich zu einer Union von Republiken. 50 Prozent
ihrer Probleme wären dann gelöst. Die DDR sei das komplizierteste
Problem. Früher oder später werde auch sie sich bewegen. Ein
Stück des Schlüssels dazu läge in Prag. Die BRD sei nicht an einer
Destabilisierung der DDR interessiert. Es gäbe nur einen Ausweg.
Die DDR müsse sich selbst attraktiver machen.«

Im letzten Absatz heißt es: »Die Information ist wegen äußerster
Quellengefährdung nur zur persönlichen Kenntnisnahme bestimmt.« Diese Einschätzung des ungenannten MfS-Offiziers entsprach der höchsten Geheimhaltungsstufe des DDR-Nachrichtendienstes.

Wenige Monate später war die Mauer gefallen, Genschers Her-
zenswunsch in Erfüllung gegangen. Bei den Zwei-plus-Vier-Ver-
handlungen zur außenpolitischen Absicherung der deutschen Einheit sollte der Bundesaußenminister bald eine zentrale Rolle spielen.

12. Das Spinnennetz der Bonner Diplomaten

»Das Auswärtige Amt ist von uns blendend besetzt. Dort sitzen drei wichtige Kundschafter«, erinnerte sich Werner Großmann 2001 in seinem Buch »Bonn im Blick. Die DDR-Aufklärung aus der Sicht ihres letzten Chefs«.

Mit seiner kühnen Behauptung, das MfS habe lediglich ein Trio von Top-Agenten ins Bundesaußenministerium eingeschleust, hatte er reichlich tiefgestapelt. In Wahrheit gab es weit mehr dieser für Ost-Berlin operativ tätigen Spitzenkräfte. Sie wurden zum Teil nie identifiziert. Viele »Kundschafter des Friedens« konnten allerdings im Nachhinein entdeckt werden, weil sie ein Überläufer nach der Wende verriet.

Im Februar 1990 meldete sich der Oberst des MfS Dr. Werner Roitzsch beim West-Berliner Landesamt für Verfassungsschutz. Der Sechzigjährige gab sich als Angehöriger der HVA zu erkennen und »erkundigte sich, ob er in einem künftig vereinten Deutschland berufliche Chancen habe«. Nach den Erkenntnissen der Karlsruher Ermittlungsbehörde wies sich Roitzsch mit seinem Dienstausweis als hauptamtlicher MfS-Offizier aus und legte zwei vom MfS angefertigte Falsifikate des angeblich fälschungssicheren Bundespersonalausweises auf den Tisch.

Nach einigem Zögern nannte der hochrangige HVA-Offizier vier Agenten, die in der Bundesrepublik Deutschland für die HVA spioniert hatten. Daraufhin wurde Roitzsch dem Bundesamt für Verfassungsschutz (BFV) in Köln überstellt. Was dort genau passierte, lässt sich nicht verlässlich belegen.

Nach Angaben seiner als »Streng vertraulich! Nur für den Dienstgebrauch!« angelegten Kader-Karteikarte wurde Roitzsch am 8. November 1931 im sächsischen Döbeln geboren. Nach der Volksschule
und der höheren Handelsschule besuchte er die »Arbeiter-und Bau-
ern-Fakultät« (ABF) in Leipzig und studierte anschließend von 1952
bis 1955 an der Berliner Humboldt-Universität Philosophie (Mar-
xismus-Leninismus). Später wurde er von der »Juristischen Hochschule des MfS« (JHS) in Potsdam zum Dr. jur. promoviert.

SED-Mitglied seit Juli 1950, machte der Sachse nach seinem Eintritt ins MfS, im März 1955, beim DDR-Geheimdienst steile Karriere: vom Leutnant, Oberleutnant, Hauptmann, Major, Oberstleutnant bis zum Oberst (seit 1983). Auch was sein Gehalt betraf,
konnte der MfS-Offizier zufrieden sein. Als zuletzt Stellvertretender Leiter der Abteilung VI (Operativer Reiseverkehr) gehörte er
mit 1850 Mark monatlich zu den Spitzenverdienern in der DDR.
Für sein tschekistisches Engagement erhielt er, wie seine Kaderkar-
teiakte verzeichnete, neben wiederholten Geldgeschenken zehn
Auszeichnungen und Belobigungen des MfS: den Kampforden »Für
Verdienste um Volk und Vaterland« in Silber, den »Vaterländischen
Verdienstorden« in Silber bis hin zur »Medaille der Waffenbrüder-
schaft« in Gold. Letztere bekam er noch am 8. Februar 1989 vom
Minister für Staatssicherheit Erich Mielke persönlich verliehen.

Roitzsch hatte umfassende Kenntnis des Spitzelsystems. Er, der
mit den Spitzen der HVA eng zusammenarbeitete, war seit 1983
dafür zuständig, Materialien für die »Kundschafter des Friedens«
vor Ort zusammenzustellen. Doch in all dem unterschied er sich
nur graduell von vielen anderen in den Diensten des MfS. Spektakulär hingegen war seine Entscheidung, die Seiten zu wechseln. Als
ihn das MfS noch Anfang 1990 in die Sowjetunion zum KGB locken wollte, machte er sich aus dem Staub – und packte aus.

Einer der drei Top-Agenten im Auswärtigen Amt, auf die Werner
Großmann in seinen Memoiren angespielt hatte und die Roitzsch

an das Bundesamt für Verfassungsschutz verriet, war der »Vortragende Legationsrat« Dr. Hagen Blau. Der West-Berliner, Jahrgang 1935, hatte sich 1960 vom MfS anwerben lassen. Gemäß der »Rosenholz«-Unterlagen war er damals Student an der Freien Universität Berlin. Eifrig diskutierte er in dieser Zeit mit den »Genossen« über die Adenauer-Politik, der er aus ideologischer Sicht höchst kritisch gegenüberstand. Da kamen die Avancen der Staatssicherheit durchaus gelegen. Unter der Registriernummer XV 6427/60 wurde der Deckname »Merten« eingetragen. Blau stammte aus gutbürgerlichem Hause. Nach dem Abitur begann der begabte Journalistensohn ein Studium der Ethnologie, Soziologie und Politikwissenschaft. Später widmete er sich der Japanologie und der Sinologie. Aus politischer Überzeugung trat er dem »Sozialistischen Deutschen Studentenbund« (SDS) und den Wilmersdorfer Sozialdemokraten bei. Von der SPD-nahen Friedrich-Ebert-Stiftung erhielt er ein Stipendium für seine Promotion zum Dr. phil. 1961 begann er seine Diplomatenlaufbahn im Bonner Auswärtigen Amt.

Unter dem damaligen Außenminister Gerhard Schröder (CDU) wurde er zunächst Hilfsreferent im Kultur- und Protokollreferat der deutschen Botschaft in Tokio. Als Willy Brandt – dem Blau in Sachen politischer Einstellung deutlich näherstand als den Vorgängern von der CDU – 1966 Außenminister wurde, arbeitete Hagen Blau im Bonner Pressereferat. In der Amtszeit von Walter Scheel erfolgte seine Ernennung zum »Vortragenden Legationsrat«. Während der langen Genscher-Ära schließlich arbeitete Blau in unterschiedlichen Funktionen an den deutschen Botschaften in Kairo, London, Tokio und Wien. Von 1986 bis 1990 war er ständiger Vertreter des deutschen Botschafters in Colombo, Sri Lanka.

Die Arbeit in dem vom Bürgerkrieg gebeutelten Sri Lanka erforderte besonderes Fingerspitzengefühl – gerade was die deutsch-deutschen Beziehungen betraf. Aufgrund des bewaffneten Konflikts flüchteten Mitte der Achtzigerjahre viele, auch mit Unterstützung der DDR. Schon als die Flugzeuge gen Ost-Berlin abhoben, war klar: Diese Asylbewerber würden nicht im angeblich so fortschrittlichen sozialistischen Staat bleiben. Nein, die DDR schob sie – oft am Bahnhof Friedrichstraße – ohne großes Aufhebens ab. Transitfreiheit in einem isolierten Land. Da es sich bei der Grenze zwischen Ost- und West-Berlin aus westdeutscher Sicht lediglich um eine Demarkationslinie und nicht um eine Staatsgrenze handelte, war eine Ablehnung nicht möglich und eine Kontrolle der Einreisenden selten. Erst aufgrund massiver Proteste seitens der Bonner Regierung und durch eine Erhöhung des zinslosen Überziehungskredits für die notorisch klamme DDR konnten die Unstimmigkeiten beseitigt werden – eine auch für die Diplomatie herausfordernde Situation.

Gleichzeitig spionierte er fast 30 Jahre als IM »Merten« für den DDR-Geheimdienst. Werner Großmann hat ihn in seinen Erinnerungen über den grünen Klee gelobt: »Seine Talente, die ihm diese diplomatische Karriere ermöglichen, prägen auch Hagens Berichte an uns. Sie sind sachlich, präzise, analytisch und mit dem Impetus geschrieben, der Bundesrepublik nicht zu schaden. Ohnehin weigert er sich, Angaben über einzelne Persönlichkeiten aus seinem Umfeld zu liefern. Er sieht sich nicht als Spion. Er will mit seiner Arbeit dafür sorgen, dass der Kalte Krieg nicht zum Heißen eskaliert, dass die Politik dem Menschen dient, dass Ost und West sich annähern. Nur deshalb beschaffte er Materialien, die er unter anderem in den BRD-Botschaften in die Hand bekam.«

Während seines Engagements in London nahm Blau regelmäßig an den »Verhandlungen über die gegenseitige Verminderung von Streitkräften und Rüstungen und damit zusammenhängende Maßnahmen in Europa« der Westalliierten mit der Sowjetunion teil. Da der KGB stets zeitnah über Blaus Berichte an die HVA unterrichtet wurde, war es möglich, die sowjetische Position und Taktik an den Interna auszurichten. Ein gewichtiger Vorteil. Ebenso plauderte Blau über die Verhandlungen mit Großbritannien bezüglich des

Verbleibs in der EG, denn schon kurze Zeit nach dem Beitritt 1972 stand die britische Mitgliedschaft schon wieder zur Disposition.

Blau war also ein wichtiger Informant aus diplomatischen Kreisen. Entsprechend hofiert wurde er von den Ost-Berliner Schnüfflern: Mehrfach hat sich Großmann mit IM »Merten« im Ausland getroffen, bevorzugt in Stockholm. Mit von der Partie war bei den Treffen gelegentlich auch der Obrist Werner Roitzsch, jener Mann, der seinen Freund Hagen Blau 1990 verraten sollte.

Am 15. November 1990 wurde Blau vom OLG Düsseldorf »wegen geheimdienstlicher Agententätigkeit in Tateinheit mit Bestechlichkeit« zu einer Freiheitsstrafe von sechs Jahren verurteilt. Nach Verbüßung von zwei Dritteln soll er vorzeitig entlassen worden sein. Einmal mehr gilt: Hätten die Karlsruher Anklagebehörde und die Richter am OLG gewusst, wie groß der Verratsumfang tatsächlich war, wäre das Strafmaß anders ausgefallen. Denn die Jahre nach dem Urteil entschlüsselten SIRA-Daten weisen Blau 1.564 Einzelinformationen nach. 338 seiner Berichte gelangten an die SED-Spitze und an den KGB. Sie enthielten durchweg als »geheim« deklarierte Informationen über seine jeweiligen Auslandseinsätze. Schwerpunkt war vor allem die Bonner Asienpolitik, die auf steigendes Interesse bei der DDR-Auslandsaufklärung stieß. Der letzte Eintrag datiert vom 13. März 1989.

In einem Interview, das ich 2005 mit Blau für die ARD-Fernsehdokumentation »Das Spinnennetz« führte, hat er sich zu seinem jahrzehntelangen Verrat geäußert: »Um irgendetwas zu tun, etwas zu tun, von dem ich selbst überzeugt war, dass es nützlich war, dass es dienlich war, den sogenannten Gegner davon zu informieren, auch zu unterrichten, auch zu beraten, was möglich ist und was nicht möglich ist. Und damit auch der Erhaltung des Friedens auf deutschem Boden zu dienen. Dieses werde ich nicht bereuen, nicht bedauern, sondern bin in gewisser Weise stolz darauf, ein kleines Rädchen in der deutsch-deutschen Auseinandersetzung gewesen zu sein.«

Der Spion Hagen Blau war der Prototyp eines Überzeugungstäters, von denen es in der Bundesrepublik eine Menge gab. Auf ein sogenanntes Operativgeld hat er keinen Wert gelegt, lehnte jegliches Honorar des MfS ab. IM »Merten« sah in der DDR schlicht den besseren deutschen Staat.

Der zweite Agent, den der Überläufer Roitzsch ans Messer lieferte, hieß Ludwig Pauli, Oberamtsrat im Auswärtigen Amt. Die Generalbundesanwaltschaft hat ihm darum in ihrer Anklageschrift vom 15. Januar 1991 vorgehalten, sich in der Zeit von 1966 bis Anfang 1990 »der geheimdienstlichen Agententätigkeit in Tateinheit mit Bestechlichkeit schuldig gemacht zu haben«. Das OLG Düsseldorf folgte dem und verurteilte Pauli 1992 zu einer Haftstrafe von vier Jahren. Seinen Agentenlohn von über 100.000 DM musste er zurückzahlen.

Die Akte des 1930 in Danzig geborenen Ludwig Pauli wurde nach den »Rosenholz«-Unterlagen im Januar 1952 unter der Registriernummer XV/15905/60 angelegt. Dokumentiert ist der Deckname »Adler«. Unter welchen Umständen der junge Mann im Berlin der Fünfzigerjahre angeworben wurde, lässt sich nicht eindeutig klären. Fest steht, dass er 1955 eine dreijährige Ausbildung im Gehobenen Staatsdienst begann. Nach den Ermittlungsakten der Karlsruher Generalbundesanwaltschaft hatte er für seine Zusammenarbeit mit dem MfS politische Gründe. Zugleich aber – und das unterscheidet ihn von Blau – kassierte Pauli stattliche Honorare. Empfänglich war IM »Adler« besonders für Geschenke mit Sammlerwert: antike Stühle, Münzen, Bilder und Beistelltische.

»Der etwas füllige, dunkelblonde Oberamtsrat im Außenamt ist Anfang 40, als ich ihn kennenlerne«, heißt es in Großmanns Memoiren.

»Er arbeitet schon lange für die HVA. Er ist ruhig, verlässlich, ein bisschen verträumt und sehr musisch veranlagt. Zu jedem

Treffen schenkt er mir eine Schallplatte mit klassischer Musik. Er hängt sehr an seiner Mutter, hat kaum Freunde und nur selten eine Frau. Seine eigentlichen Bezugspersonen sind die Instrukteure der HVA. Ein besonders freundschaftliches Verhältnis verbindet ihn mit Bernhard Schorm, dem verantwortlichen Leiter unseres Referats Auswärtiges Amt.«

Bald hat IM »Adler« das Fotografieren und Entwickeln von Dokumenten erlernt. Die einschlägigen Geheimdiensttricks beherrschte er in Perfektion. Er benutzte »tote Briefkästen« in Interzonenzügen, um sein Material nach Ost-Berlin weiterzuleiten und wurde im Laufe seiner 23-jährigen Spionagetätigkeit für das MfS mit zahlreichen Orden und Medaillen ausgezeichnet.

Die Bundesrepublik Deutschland hat Ludwig Pauli 1961 zum Beamten auf Lebenszeit ernannt und nach Belgrad an die »Schutzmachtvertretung für deutsche Interessen« entsandt. Dann ging es Schlag auf Schlag: 1970 die Abordnung nach Edinburgh als Leiter der Passstelle. Seine Einsätze als Konsularmitarbeiter, später auch in Palermo, Liverpool und Salzburg, spiegeln sich in 1.192 Einzelinformationen. Von ihnen gingen 270 direkt an die SED-Spitze und an die befreundeten Geheimdienste. Von diesen untrüglichen, in der SIRA-Teildatenbank dokumentierten Belegen seiner Spionagetätigkeit hatten Staatsanwälte und OLG-Richter zum Zeitpunkt der Verurteilung wieder mal keine Kenntnis. Das war das Riesenglück so vieler Agenten der DDR-Auslandsspionage.

Werner Großmann hat auch seinem Top-Spion Pauli ein kleines Denkmal gesetzt: »Ängstlich ist er nie, und ihm passiert auch nichts. Seine Informationen sind für andere Kundschafter oft überlebenswichtig. Im konsularischen Bereich kennt er die Personalien von vielen Mitarbeitern des Bundesnachrichtendienstes und erfährt viel über ihre Aktivitäten, besonders während seiner Tätigkeit in Salzburg. Wir können auf geplante Aktionen des BND rechtzeitig reagieren. In einigen Fällen warnen wir unsere sowjetischen

Partner. Von ihnen geplante Aktionen in Österreich und der BRD hatte der Bundesnachrichtendienst bereits aufgeklärt.« – Was genau Pauli dort erspitzelte, kann allerdings nicht mehr ermittelt werden.

Ende Juni 2005 habe ich seinen Verräter Werner Roitzsch in Berlin getroffen. Bei einem Cappuccino in einem Café neben der Staatsoper Unter den Linden versuchte ich, den ehemaligen Obristen für ein Fernsehinterview zu gewinnen. Meine Dokumentation »Das Spinnennetz« war abgedreht, allerdings ohne auch nur einen hauptamtlichen MfS-Mann vor die Kamera bekommen zu haben. Auch meine letzte Hoffnung, Werner Roitzsch, winkte ab.

Nach Hagen Blau (IM »Merten«) und Ludwig Pauli (IM »Adler«) war Dr. Klaus von Raussendorff der dritte Spion, den Werner Roitzsch hat auffliegen lassen. Am 9. April 1990 wurde er in Paris vorläufig festgenommen und am 20. Juni 1991 »wegen geheimdienstlicher Agententätigkeit in Tateinheit mit Bestechlichkeit zu einer Freiheitsstrafe von sechs Jahren kostenpflichtig verurteilt«.

Als Sohn eines Prokuristen bei Krupp am 5. Januar 1936 in Essen geboren, hat von Raussendorff an der Universität Hamburg ein Studium der Geschichte und Germanistik begonnen und an der FU Berlin fortgesetzt. An der Universität Bonn hat er schließlich im Juni 1960 die wissenschaftliche Prüfung für das Lehramt an höheren Schulen bestanden, wollte dann aber doch kein Pauker werden und bewarb sich beim Auswärtigen Amt, wo er am 1. April 1961 als Beamter auf Widerruf zum Attaché ernannt wurde. Seine praktische Ausbildung erhielt von Raussendorff an der Botschaft in Beirut. Im Mai 1964 bestand er, so später die Generalbundesanwaltschaft, die Prüfung für den höheren Auswärtigen Dienst. Nun war er Legationssekretär, der zunächst im Pressereferat des Auswärtigen Amtes eingesetzt wurde. Nächste Station war die Botschaft in Freetown, Sierra Leone. Hier erhielt er seine Ernennungsurkunde zum Beamten auf Lebenszeit.

Nach einer weiteren Zwischenstation im indonesischen Djakarta kehrte von Raussendorff 1972 in die Bonner Zentrale des Auswärtigen Amtes zurück. Zu seinen Aufgabenbereichen gehörten die Themen »Westeuropäische Union«, »Beneluxländer« und »Europarat«. Fünf Jahre später ging es für ihn nach Frankreich, als bundesrepublikanischer Vertreter bei der »Organisation für wirtschaftliche Zusammenarbeit und Entwicklung« (OECD) in Paris. Nun beschäftigte er sich mit Umwelt- und Energiepolitik, auch das war sicher für die DDR von Interesse. Zwar war das Land selbst nicht Mitglied der OECD, stand aber in wirtschaftlichen Beziehungen mit mehreren ihrer Mitglieder.

1986 wurde von Raussendorff ständiger Vertreter des Botschafters bei der UNESCO in Paris. Dort hat ihn die Polizei 1990 verhaftet. Denn der Diplomat hatte einen Zweitjob: Nach Recherchen der Karlsruher Bundesanwaltschaft hat schon der Student von Raussendorff 1960 eine Verpflichtungserklärung zur Mitarbeit bei der Stasi unterschrieben. Auch dieses Dokument wurde, wie so vieles, in der Nachwendezeit vernichtet. Erhalten geblieben ist aber, dank der Überlassung der »Rosenholz«-Dokumente durch die Amerikaner, die Erfassungskarte F-16. Sie wurde von einem MfS-Mitarbeiter am 31. Juli 1957 mit der Registriernummer XV 13864/60 angelegt. Die F-22-Karteikarte dokumentiert dann Raussendorffs Decknamen »Brede«. Sein Statistikbogen – mit persönlichen Angaben über den IM – führt auf, dass er 1957 in der DDR auf »ideologischer Basis« von Mitarbeitern des MfS angeworben wurde. Außerdem ist vermerkt, dass er verheiratet sei, Englisch und Französisch spreche und eine Wohnung sowie einen PKW besitze. In der Rubrik »Zuverlässigkeit und Sicherheitsprobleme« heißt es: »Geeignet für Sonderaufgaben«, »Keine verwandtschaftl. Verbindungen DDR/Soz. Länder«. Kurz und knapp werden die Möglichkeiten der Kontaktaufnahme umrissen: »Einseitiger KW-Funk, Deckadresse in der DDR, Chiffre, Instrukteurverbindung«.

Vom ersten Tag seiner Verpflichtung anno 1960 bis zur Auflösung des DDR-Geheimdienstes 1990 wurde IM »Brede« operativ von ein und demselben Führungsoffizier betreut: Bernhard Schorm, fünf Jahre älter als IM »Brede«, später Oberst und langjähriger Leiter des für die Ausspähung des Auswärtigen Amtes zuständigen Referats I.2 der HVA. Der einstige Absolvent der Parteihochschule der KPdSU erhielt für seine Dienste das formidable Monatsgehalt von 1.850 DDR-Mark.

HVA-Mann Schorm hat IM »Brede«, alias Klaus von Raussendorff, auch in die Techniken des Geheimdienstes eingewiesen. Er lernte die Handhabung des sogenannten A 3-Funks, der den DDR-Agenten über Kurzwelle mit Zahlengruppen verschlüsselte Instruktionen erteilte. Der IM besorgte sich auf Kosten des MfS ein Radio der Marke »Grundig Satellit 2000«, das später durch ein »Sony«-Gerät ersetzt wurde. »Brede« bekam spezielle Warncodes zugeteilt, die ihn »bei der Gefahr einer Enttarnung mittels entsprechender Codesätze zu bestimmten abgestuften Reaktionen wie etwa »Einstellung der Informationsbeschaffung«, »Wahrnehmung eines außerplanmäßigen Treffs« oder sogar »Flucht in die DDR« veranlassen sollten.

Bereits 1962 hatte von Raussendorff einen Mann namens »Paul« kennengelernt, der fortan ausschließlich als Kurier und Instrukteur für IM »Brede« eingesetzt wurde. »Paul« war Lehrer in Ost-Berlin und, zunächst im Nebenberuf, IM. Die beiden haben sich meist zweimal pro Jahr in Düsseldorf, Köln oder Essen getroffen. Dabei übergab der Diplomat seinem MfS-Verbindungsmann, so die späteren Ermittlungen der Anklagebehörde, zumeist mehrere belichtete Minox-Filme, die getarnt in einer Streichholzschachtel steckten. Im Gegenzug erhielt von Raussendorff neues, eigens vom MfS hergestelltes Belichtungsmaterial, gegebenenfalls neues technisches Gerät und seine Honorarzahlungen. In den Siebzigerjahren wurde als zusätzlicher Verbindungsweg ein sogenannter rollender »toter Briefkasten« gewählt. Von »Paul« instruiert, hatte der IM sein Material dann – nach bewährtem Schema – in einer bestimmten Toilette eines Transitzugs zu deponieren. Mit der Festanstellung von

IM »Paul« als Hauptamtlicher Inoffizieller Mitarbeiter (HIM) wurde die Verbindung noch einmal aufgewertet und intensiviert. Treffen fanden fortan in etwa vierteljährlichen Abständen statt.

1985 soll IM »Brede« in Ost-Berlin im sogenannten WEGA II-Verfahren nachgeschult worden sein, das es den DDR-Agenten ermöglichte, hochwertige Aufnahmen auf speziell präparierten Dokumentenfilmen anzufertigen. Das vom MfS vorbereitete Rohmaterial überbrachte ihm weiterhin Instrukteur »Paul«. In welchem Land auch immer Klaus von Raussendorff eingesetzt war: Die Tschekisten scheuten weder Mühe noch Geld, um sich mit ihrer Spitzenkraft zu treffen. Der Aufwand der Unternehmung »Brede« war immens. Siebzehn Jahre lang beschäftigte der DDR-Geheimdienst einen ausschließlich für IM »Brede« zuständigen, durch die Kontinente jettenden Instrukteur. Wie wichtig der Agent von Raussendorff für das MfS war, zeigt der Umstand, dass HVA-Chef Markus Wolf den Bonner Diplomaten wiederholt persönlich empfing.

Der Top-Spion im Bonner Auswärtigen Amt erhielt nach Zeugenaussagen eine Reihe von Auszeichnungen. Und das nicht ohne Grund. Bei seinen mindestens 70 Treffs mit IM »Paul« und mehreren Obristen hat der Spitzel, über seine mündlichen Berichte hinaus, mindestens 130 Filme mit etwa 7.000 Aufnahmen geliefert. Dafür soll er, so spätere Ermittlungen, einen Lohn in Höhe von mindestens 100.000 DM erhalten haben. Das letzte konspirative Treffen, mit der Übergabe von zwei Dokumentenfilmen, fand im Oktober 1989 statt.

Laut der entschlüsselten SIRA-Teildatenbank lieferte IM »Brede« 686 Einzelinformationen. Davon erschienen den MfS-Auswertern 252 so wichtig, dass sie das Material direkt an die SED-Spitze und die befreundeten Geheimdienste weiterleiteten. In notgedrungener Unkenntnis der SIRA-Daten hat das Oberlandesgericht Düsseldorf den Agenten Dr. Klaus von Raussendorff 1992, wie erwähnt, zu einer Freiheitsstrafe von sechs Jahren und zur Übernahme der Prozesskosten verurteilt.

Der Überzeugungstäter von Raussendorff hält bis heute an seiner ideologischen Einstellung fest. Er ist sich keiner Schuld bewusst, wie er in mehreren Publikationen, etwa 2007 in der »Antiimperialistischen Korrespondenz« freimütig bekannte:

»Ja, ich war Spion. Mögen Historiker herausfinden, ob und wie wir DDR-Kundschafter in der besonderen Situation des Kalten Krieges und der deutschen Zweistaatlichkeit der Sache des Friedens und des Sozialismus gedient haben. Ich jedenfalls bin davon angesichts der gefährlichen Entwicklung nach der vorläufigen Niederlage der Arbeiterklasse mehr denn je überzeugt. Ich musste mich damals nicht verstellen, um für die BRD als Diplomat zu fungieren.«

Doch das vom HVA-Obristen Werner Roitzsch verratene Agententerzett war nur die Spitze des Eisbergs. Am 1. Dezember 1993 bekam die 39-jährige Vortragende Legationsrätin im Auswärtigen Amt, Lilli Pöttrich, Besuch von Beamten des Bundeskriminalamtes. Sie teilten ihr mit, dass der Karlsruher Generalbundesanwalt gegen sie ein Ermittlungsverfahren »wegen Verdachts geheimdienstlicher Agententätigkeit eingeleitet« habe. Sie wurde auf ihre Rechte als Beschuldigte hingewiesen. Es sei ihr freigestellt, sich mit einem Rechtsbeistand ihrer Wahl zu beraten. Sie möge aber zur Vernehmung und zur weiteren Erörterung des Tatvorwurfs in die BKA-Dienststelle nach Meckenheim mitkommen. Lilli Pöttrich kam dieser Bitte freiwillig nach und war bereit, sich zur Sache zu äußern.

Die Entscheidung, sagte sie später, sei ihr nicht leichtgefallen, auch weil ihre Aussage unter Umständen andere belasten konnte. Trotzdem hat sie bei der Vernehmung so genau wie möglich über ihre Beziehung zum DDR-Geheimdienst berichtet: Als Mitglied des Sozialistischen Hochschulbundes (SHB) habe sie 1975 an einer Studienfahrt nach Potsdam teilgenommen. Einige Wochen später seien zwei junge Männer in ihrer Wohnung in Frankfurt/Main erschienen und hätten sich als Mitarbeiter eines DDR-Meinungs-forschungsinstituts vorgestellt. Man verabredete sich in Ost-Berlin. Dort wurde nicht lange um den heißen Brei herumgeredet. Ob sie zur Mitarbeit für das Ministerium für Staatssicherheit bereit sei? Aufgrund ihrer damaligen politischen und ideologischen Einstellung stimmte sie dem Ansinnen zu und unterzeichnete kurze Zeit später eine handschriftliche Verpflichtungserklärung und einen Beitrittsantrag zur SED. Als Decknamen wählte sie »Angelika«.

Bei ihrer Vernehmung durch das BKA erklärte Lilli Pöttrich, die unterdessen einen Bonner Anwalt konsultiert hatte, dass man schon beim ersten Treffen in Ost-Berlin übereingekommen sei, sie ins Auswärtige Amt einzuschleusen. Sie sollte darum zunächst ihren Studienort wechseln und sich an der Uni Köln einschreiben. Wenig später erhielt die Jurastudentin in einer konspirativen Wohnung in Ost-Berlin eine nachrichtendienstliche Unterweisung und erlernte die Benutzung von Chiffrierunterlagen und Geheimschreibmitteln sowie die Dokumentenfotografie. Für ihre Reisen nach Ost-Berlin erhielt sie einen gefälschten West-Berliner Personalausweis.

Ihre Führungsoffiziere, Instrukteure, Kuriere und sonstigen Gesprächspartner konnte die Beamtin im Auswärtigen Amt stets nur mit ihren Decknamen benennen. Identitäten, Adressen, Geburtsdaten kannte sie nicht. Sehr konkret erinnerte sie sich aber an die Treffpunkte und Termine. Auskunft gab Lilli Pöttrich zudem über die erhaltenen Hilfsmittel wie Chiffriermaterial, Radiogerät, eine Minox-Kamera und mehrere kleine Behälter für den Transport der Filme. Auch über eine Deckadresse in Ost-Berlin habe sie verfügt und Kenntnis von mehreren Telefonnummern ihrer Kontaktpersonen gehabt.

In der Anfangszeit hat Lilli Pöttrich nach eigenen Angaben monatlich 100 DM Aufwandsentschädigung erhalten. Mit ihrem Eintritt ins Außenamt 1982 habe sie gebeten, die Barzahlungen einzustellen und das Honorar auf ein Konto beim MfS anzuweisen, damit sie, im Falle einer notwendigen Flucht in die DDR, vor Ort über Geld verfüge. Aus Sicherheitsgründen fanden seit diesem Zeitpunkt auch keine Treffen in Ost-Berlin mehr statt, sondern nur noch im europäischen Ausland.

Detailliert hat Lilli Pöttrich das Ausmaß der von ihr an das MfS gelieferten Informationen eingestanden. Es dürfte sie also kaum verwundert haben, dass ihr die Staatsanwältin am Ende der Vernehmung die vorläufige Festnahme verkündete. Sie werde anderntags dem Ermittlungsrichter am Bundesgerichtshof zwecks Haftprüfung vorgeführt. Per Unterschrift bestätigte Lilli Pöttrich, dass sie ihre Angaben freiwillig und ohne Ausübung von Zwang gemacht habe. Die Angaben im Vernehmungsprotokoll seien korrekt. Wegen ihrer Aussagebereitschaft wurde ihre Haft bis zum Prozessauftakt ausgesetzt.

Wer war und ist diese Lilli Pöttrich, die beim MfS zur IM »Angelika« wurde? Ihre offizielle Laufbahn scheint gradlinig. Geboren am 3. November 1954 in Wiesbaden als Tochter eines Arbeiters und Gewerkschaftsfunktionärs der »IG Bau-Steine-Erden«, besuchte sie eine katholische Volksschule. Nach dem Abitur 1973 begann sie an der Johann Wolfgang Goethe-Universität Frankfurt das Studium der Rechtswissenschaften und wechselte dann – auf Geheiß ihres MfS-Führungsoffiziers – an die Uni Köln. 1979 legte sie beim dortigen OLG Köln das erste juristische Staatsexamen mit der Note »voll befriedigend« ab. Als Referendarin absolvierte sie im Sommersemester 1980 ein Ergänzungsstudium an der Hochschule für Verwaltungswissenschaften in Speyer. Im November 1981 bestand sie das zweite juristische Staatsexamen und bewarb sich – wie vom MfS geplant – beim Bonner Auswärtigen Amt.

Dort wurde Lilli Pöttrich im April 1983 als Beamtin auf Widerruf in den Vorbereitungsdienst für die Laufbahn des höheren Auswärtigen Dienstes übernommen und bis 1985 in der Bonner Zentrale im Referat für europäische Wirtschafts- und Währungspolitik ausgebildet. Im November 1986 – Hans-Dietrich Genscher amtierte, wie gehabt, als Außenminister – erfolgte ihre Versetzung als Presse- und Kulturreferentin an die deutsche Botschaft in Dhaka, Bangladesch. Von November 1988 bis September 1990 war sie CoCom-Referentin an der deutschen Botschaft in Paris. Daraufhin kehrte sie in die Bonner Zentrale zurück. Dort ließ sie sich allerdings bald beurlauben, trat für ein Jahr in die Dienste der SPD-Bundestagsfraktion und leitete dort die Arbeitsgruppe EG. Dann schickte sie das Auswärtige Amt als »Ständige Vertreterin des Leiters« in die deutsche Botschaft in Alma Ata, Kasachstan. Im Oktober 1993, Wochen vor ihrer Verhaftung, wurde sie als Leiterin des Generalkonsulats nach Sibiu (Hermannstadt) in Rumänien beordert.

Ihre dienstlichen Beurteilungen fielen höchst positiv aus. Die internen Bewertungen erfolgten nach einem Punktesystem. Dabei rangierte die begabte Diplomatin in der vorgegebenen Skala stets zwischen Fünf und Sieben. Meist war sie der Bestnote Sieben näher als der Fünf. Um ihrer Person, ihrer Leistung gerecht zu werden, sei eine Bewertung ihrer Vorgesetzten aus dem Jahr 1988 zitiert:

»Frau Pöttrich ist eine intelligente, selbstbewusste, unabhängige und in die Zukunft blickende junge Frau, die offensichtlich fähig und entschlossen ist, aus dem Leben viel herauszuholen und sich dabei ihren Risiken und Schwierigkeiten zuversichtlich zu stellen. Sie zeigt lebhaftes Interesse an Menschen, der politisch-gesellschaftlichen Entwicklung, Kunst und Literatur wie überhaupt eine wache, intelligente und vorurteilslose Neugier auf ihre Umgebung. Ihre Fähigkeit zu sozialem Kontakt wirkt unerschöpflich, ohne dass ein kontemplativ-nachdenkliches Element ihrer Persönlichkeit ganz zu fehlen scheint. Temperament- und humorvoll und, bei großer Toleranz, mit scharfem Blick für menschliche Schwächen und die Pointe einer Situation, ist sie eine anregende Gesprächspartnerin, die ihre Meinung selbstbewusst, jedoch undogmatisch und ohne

Rechthaberei vertritt. Nicht leicht zu beeinflussen und zu überzeugen, ist sie Gegenargumenten, die ihr einleuchten, sofort zugänglich. Sie bringt bei alledem ihre Präsenz fühlbar, jedoch ohne aufdringliche Munterkeit, häufig sogar mit Zurückhaltung zur Geltung, aus der sie indessen sofort heraustritt, wenn etwas ihr Interesse oder ihren Widerspruch reizt. Sie ist, soweit ich es beobachten konnte, für Mitarbeiter und Untergebene eine gerechte, faire und gute Kollegin, die jedoch keinerlei Anlehnungsbedürfnis zeigt. Frau Pöttrich ist unsentimental und spricht nicht über ihre persönlichen Angelegenheiten, ohne dabei verschlossen oder gar abweisend zu wirken.

Insgesamt bildet Frau P. das Bild einer modernen jungen Frau, die den ihren Neigungen und Fähigkeiten voll entsprechenden Beruf gefunden hat, in dem sie sich ersichtlich wohlfühlt und der ihr über die reine Arbeit hinaus Selbstvertrauen und Lebenszuversicht gibt.

Wie die Schilderung ihrer Leistungen in ihrem ersten Auslandsjahr und ihrer Persönlichkeit zeigt, ist Frau Pöttrich vielseitig ›einsetzbar‹ und für den Auswärtigen Dienst und seine speziellen Anforderungen eminent geeignet. Das Auswärtige Amt hat mit ihr einen guten Griff getan.«

Die rundum positiven, ja geradezu begeisterten Einschätzungen über Jahre dokumentieren, dass Lilli Pöttrich eine Ausnahme-Diplomatin war. Doch leider galt Vergleichbares auch für ihre steile Karriere bei der Stasi. Ihre herausragenden, perspektivreichen Leistungen als Spionin haben sie für die DDR-Staatssicherheit so wertvoll gemacht. Im Zuge ihrer Vernehmungen durch die bundesdeutsche Justiz hat Pöttrich nur einmal ihren Decknamen »Angelika« erwähnt. Den hatte zuerst ein gewisser Rudi am 3. Juli 1976 in ihre F-22-Karteikarte unter der Registriernummer XV 494/76 eingetragen. Hinter diesem »Rudi« verbarg sich Helmut N., Jahrgang 1930. Eigentlich Lehrer, war er später Hauptmann des DDR-Geheimdienstes. Er hat

»Angelika« schon früh mit seinen Vorgesetzten Oberst Ralf-Peter Devaux und Oberst Bernhard Schorm bekanntgemacht. Die Agentin verkehrte im MfS also auf höchster hierarchischer Ebene. Die beiden Obristen scheuten keine Mühen und Kosten, um Lilli Pöttrich hin und wieder im europäischen Ausland zu treffen.

Rasch beherrschte sie alle geheimdienstlichen Techniken. Von Beginn an stand ein Kurier der MfS-Zentrale parat, der Ost-Berliner Kontaktmann »Hans«, alias Hans Müller. Solange sie Studentin war, überbrachte IM »Angelika« ihm Angaben über ihr universitäres und persönliches Umfeld, über Kommilitonen, Professoren, Freunde und Nachbarn. Alle drei Monate traf sie sich mit ihrem Geheimkurier in Düsseldorf, Darmstadt, Essen, Wuppertal, Hamburg oder Aachen und übergab ihm Filmaufnahmen von handschriftlich angefertigten Einschätzungen. Im Dezember 1981 lernte sie ihren neuen Führungsoffizier Frank Richter kennen, mit dem sie bis 1988 engsten Kontakt pflegte.

In dieser Zeit unterlief ihr ein Missgeschick, das ihre Agentenkarriere um ein Haar beendet hätte. Auf der Rückreise hatte Lilli Pöttrich in West-Berlin ihren von der Stasi perfekt gefälschten Personalausweis verloren, der auf den Namen Mull-Rimke ausgestellt war. Die Fälschung wäre aufgeflogen. Noch in der Nacht kehrte sie in die DDR zurück und bekam dort in Windeseile ein abermals gefälschtes Reisedokument.

Im Sommer 1983 konnte Pöttrich ihren Ost-Berliner Auftraggebern ein Foto präsentieren, das sie, umrahmt von Kollegen, als Absolventin des Attaché-Lehrgangs Nummer 38 zeigte. Einer Diplomatenkarriere – wie Ost-Berlin sie erhofft hatte – stand nichts mehr im Wege. Fortan traf sich IM »Angelika« mit ihrer Führungscrew in Ungarn, Jugoslawien oder Italien. Immer dabei: ihr Führungsoffizier Hauptmann Frank Richter, Kurier Hans Müller, gelegentlich auch Referatsleiter Oberst Ralf-Peter Devaux.

Aus dem Auswärtigen Amt trug die Spionin heraus, was immer ihr in ihrem Arbeitsbereich von Relevanz schien: vertrauliche

Papiere, Protokolle über internationale Wirtschafts- und Währungsfragen zum Beispiel. Sie fotografierte das Material zu Hause ab und ließ die Filme dann über Kontaktmann Krause nach Ost-Berlin befördern.

Für ihre konspirativen Treffen mit »Angelika« wählten die Ost-Berliner Agentenführer in den Achtzigerjahren zumeist malerische Orte: 1984 Kreta, 1985 Valencia und Madrid. Im Sommer 1986 ging es nach Lissabon. Dort konnte sie die angereisten Tschekisten von ihrem geplanten ersten Auslandseinsatz unterrichten. Die Abordnung nach Bangladesch war in den Augen der Geheimdienstler allerdings eine herbe Enttäuschung. Was ließe sich aus Dhaka denn schon berichten? In Lissabon wurde darum eine vorübergehende zweijährige Trennung vereinbart. Dennoch hielt Lilli Pöttrich Kontakt zu den vertrauten Genossen und flog nach Thailand, um in Bangkok ihren Instrukteur Hans Müller zu treffen. 1988 verabredete sich IM »Angelika« dann mit einem MfS-Abgesandten in Florenz. Dort ging die für den DDR-Geheimdienst lange Durststrecke zu Ende.

Diplom-Jurist Lothar Giese, seines Zeichens Hauptmann der HVA, hatte mittlerweile »Angelikas« langjährigen Führungsoffizier, den Major Frank Richter, abgelöst. Auch in Bonn drehte sich das Personenkarussell weiter. Zwar war es Lilli Pöttrich nicht gelungen, wie vorgesehen, nach Moskau zu wechseln. Sie wurde an die Botschaft nach Paris versetzt, was durchaus im Sinne der DDR-Geheimpolizei war. Im Dezember 1988 trat sie dort ihren Dienst an – und spielte ihre Doppelrolle weiter.

Als stellvertretende Leiterin des sogenannten CoCom-Referats hatte sie Einblick in die Tätigkeit des hochbrisanten Koordinationsausschusses für multilaterale Ausfuhrkontrollen. Das international besetzte Gremium wachte darüber, dass die technologische Vorherrschaft der westlichen Industrienationen gegenüber den Ostblockländern erhalten blieb und dem Ostblock bestimmte Güter nicht zur Verfügung gestellt wurden. Die Verbotslisten vermerkten zum Beispiel militärische Ausrüstung, Nutzbarkeiten bei der

Gewinnung von Kernenergie, Computer und Werkzeugmaschinen. IM »Angelika« informierte ihre Auftraggeber in Ost-Berlin vorab über Produkte, die entweder zum Kauf freigegeben wurden oder illegal beschafft werden konnten. Das führte zu einem erheblichen Informationsvorsprung für die DDR und ihre Bruderländer.

Doch das Doppelleben forderte zunehmend seinen Tribut. Die Bonner Diplomatin, die zugleich DDR-Staatsbürgerin und SED-Mitglied war, fühlte sich in ihrer Rolle zunehmend unwohl. Sorgen machten ihr vor allem die Sicherheitsbestimmungen und ständigen Kontrollen in der Botschaft. Die Gefahr, ertappt zu werden, beunruhigte sie. Lilli Pöttrich hatte Angst.

Im Sommer 1989 reiste sie zum Treff nach Sevilla. Der DDR-Geheimdienst wollte die Zusammenarbeit unbedingt intensivieren. »Angelikas« Mitarbeit in der deutschen CoCom-Delegation hatte die Offiziere des MfS geradezu elektrisiert. Sie erwarteten reiche Beute und planten mit Lilli Pöttrich bis ins kommende Jahrtausend. Die von ihr gesammelten Erkenntnisse versprachen Dimensionen zu erreichen, die mit nur einem Verbindungsmann nicht mehr zu bewerkstelligen waren. Darum sollte sie künftig das Kölner Ehepaar Claudia und Walter K. – IM »Laika« und IM »Bison« – bei der Überstellung des Verratsmaterials unterstützen. IM »Angelika« empfand die Erweiterung der geheimdienstlichen Zusammenarbeit als spürbare Aufwertung ihrer Tätigkeit.

Der Fall der Berliner Mauer am 9. November 1989 fuhr den DDR-Spitzeln in der Bundesrepublik und ihren Kontaktpersonen wie ein Schock in die Glieder, auch IM »Angelika«, ihren Führungsoffizieren Richter und Giese, den Obristen Devaux und Schorm. Die Spezialisten fürs Tarnen und Täuschen, fürs Lügen, Betrügen und Verraten wussten um ihr nahes Ende.

Im Februar 1990 wurde in Aachen noch einmal ein Treffen mit »Angelika« arrangiert, das letzte von über 60 im In- und Ausland. Die entschlüsselten SIRA-Dokumente weisen der Agentin 38 bedeutsame Eintragungen nach, von denen 34 an die SED-Spitze und den sowjetischen Geheimdienst weitergegeben wurden. Ein Personendossier existiert nicht.

1995 »wegen geheimdienstlicher Agententätigkeit« zu einer Freiheitsstrafe von zwei Jahren auf Bewährung verurteilt, wurde sie nach einem siebenjährigen Berufsverbot als Anwältin zugelassen. Sie steht bis heute zu ihrem Agentenleben. Im Jahr 2005 hat sie sich in meiner ARD-Fernsehdokumentation »Das Spinnennetz«, zu der ein gleichnamiges Begleitbuch erschien, umfänglich über ihre Vergangenheit geäußert.

Lilli Pöttrich gehörte zu den Top-Agenten des MfS. Über den tatsächlichen Schaden allerdings, den sie und ihre Mitstreiter Kemper, Blau, Pauli oder von Raussendorff angerichtet haben, lassen sich kaum verlässliche Angaben machen. Gesichert aber ist: Die hier dokumentierten Fälle sind nur einige von sehr, sehr vielen.

Roberto Welzel, der Sachgebietsleiter an der Berliner Stasiunterlagenbehörde, recherchierte jenseits der vier Top-Spione in Diensten des Außenamts allein unter dem Personenhinweis »Genscher« weitere 182 mit Klar- und Decknamen bekannte Stasi-Zuträger, denen 1.911 Eingangs- und Ausgangsinformationen zugeordnet werden konnten.

Bei den persönlichen Einlassungen über Genscher führt der Bonner Journalist Rudolf Maerker, alias IM »Max« mit 142 Spitzelberichten das Ranking an. Es folgten, statistisch gesehen, 20 weitere IM, die eine zweistellige Anzahl von Geheim-Informationen lieferten. Bei den weiteren 260 Quellenausdrucken mit Registriernummer und Verweis auf Genscher befinden sich nach Angaben der Stasiunterlagenbehörde Informationen ohne Nennung einer Quelle. Zahlen in schwindelerregender Höhe!

Dem Observationsobjekt »Genscher« galt freilich nicht allein wegen seiner Funktion als Außenminister und als FDP-Parteivorsitzender das besondere Augenmerk des MfS. Aus der Sicht der SED-Ideologen war und blieb er ein Abtrünniger, der die DDR einst illegal verlassen hatte.

13. Helmut Kohl – umzingelt von Verrätern

Auf dem Höhepunkt der Kanzlerschaft Kohls beschloss der Bundestag im November 1991 mehrheitlich das sogenannte Stasiunterlagengesetz, das die Akteneinsicht durch Bürger, Wissenschaftler und Journalisten regelte. Helmut Kohl allerdings war der Meinung, es sei besser, die Hinterlassenschaften der DDR-Staatssicherheit dem Reißwolf zu übergeben, als sie den Opfern zur Verfügung zu stellen. Er befürchtete Mord und Totschlag. Er glaubte, das Erbe der Staatssicherheit werde nur Unheil in der Bevölkerung anrichten. Auch seine zwei Besuche in der damaligen Gauck-Behörde überzeugten ihn wenig von der Notwendigkeit, die Geschichte der flächendeckenden Überwachung durch den SED-Staat zu erforschen. Dass vor allem Opfer der SED-Diktatur genau wissen wollten, wie das System des Geheimdienstes funktionierte, schien Kohl ziemlich gleichgültig zu sein.

In der Sitzung der Enquete-Kommission zur »Überwindung der Folgen der SED-Diktatur im Prozess der deutschen Einheit« äußerte sich Kohl am 4. November 1993 laut Protokoll.: »Die Stasi-Akten sind insofern ein Ärgernis, das sage ich ganz offen, obwohl ich das dem Rechtsstaat verpflichtet nicht sagen dürfte, weil sie heute die ganze Atmosphäre vergiften und weil niemand ganz genau weiß, was da Liebedienerei in dem Bericht ist und was den Tatsachen entspricht. Und so kommt dieser ganze üble Geruch hoch, und wir müssen sehr aufpassen, dass er unser Leben heute nicht vergiftet. Es ist sozusagen meine Einlassung. Wenn ich völlig frei entscheiden könnte, wüsste ich, was mit den Akten geschehen müsste. Wir haben keine Freude daran, spätere Historiker werden auch keine haben.«

Für Hannelore Kohl war die Haltung ihres Mannes immer ein wenig undurchsichtig. Das galt erst recht für die zähe juristische Auseinandersetzung, die er von 2000 bis zum März 2002 gegen die Bundesrepublik führte, um – letztlich erfolgreich – die Behörde an einer Weitergabe seiner Akten an Wissenschaftler und Journalisten zu hindern.

Warum kämpfte ihr Mann so vehement gegen die Veröffentlichung seines Konvoluts? Er hatte es zweimal vorgelegt bekommen und zumindest das Wichtigste gelesen. Gab es illegal mitgeschnittene Telefonaufzeichnungen, die ihn diskreditierten und die darum unbedingt unter Verschluss gehalten werden sollten? Hatte er etwas zu verbergen? In einem Rechtsstreit zwischen Kohl und der Bundesrepublik Deutschland zwischen 2000 und 2002 um die Freigabe seiner Stasiunterlagen für Journalisten und Forscher paukte der frühere Bundeskanzler vor Gericht ein rigides Verbot durch: Ohne sein Einverständnis durfte die Behörde keine Unterlagen für Forschungszwecke oder an die Presse weitergeben. Heute entscheidet seine Witwe als Alleinerbin.

Am 23. März 2005 beantragte ich für einen Fernseh-Dokumentarfilm nebst einem Begleitbuch, die Stasiunterlagen über alle Bundeskanzler und Bundesminister vom ersten Kabinett Adenauer 1949 bis zur Ära Kohl, als die DDR und ihr Geheimdienst untergingen, einzusehen. Der Altkanzler wusste um meine Recherchen. Nach der Novellierung des Stasiunterlagengesetzes musste die Berliner Behörde für sämtliche Personen, deren Akten ich einsehen wollte, ein Benachrichtigungsverfahren einleiten. 66 ehemalige Bundesminister und Bundesministerinnen wurden angeschrieben. Alle hatten sie über die Herausgabe zu entscheiden. Und alle haben sie zugestimmt. Auch Helmut Kohl hatte keinerlei Einwände – sein Büroleiter Ulrich Pohlmann gab die Einsichtnahme per Schreiben vom 6. Dezember 2007 an die Stasiunterlagenbehörde frei. Also wurden zu seiner Person zunächst 1.071 Kopien ausgehändigt: Informationen aus verschiedenen MfS-Diensteinheiten sowie Ausdrucke der SIRA-Dateien.

Penibel dokumentiert sind seine sechs privat veranlassten DDR-Reisen vor seiner Kanzlerschaft und die vier privaten Besuche danach. Breiten Raum in den Akten umfasst seine Begegnung mit Erich Honecker 1987 in Bonn. Abgeheftet sind auch offizielle und frei verfügbare Verlautbarungen, Regierungserklärungen und Zeitungsartikel, bevorzugt mit äußerst kritischem Inhalt, publiziert von »Spiegel«, »Zeit« oder »Stern«. Parallel erhielt ich die MfS-Konvolute über Kohls Vorgänger und deren Ministerrunden.

Am 10. Dezember 2007 übersandte Roberto Welzel von der Stasiunterlagenbehörde zusätzlich 345 Duplikate und sieben Foto-Reproduktionen aus Kohls Akten. Weitere Dokumente folgten, darunter über 100 Kaderkarteikarten zu HVA-Führungsoffizieren, deren IMs unter anderem auch über Helmut Kohl berichtet hatten. Hinzu kamen Unterlagen von mehreren Dutzend Stasimitarbeitern, die den Pfälzer bespitzelt hatten. Die Zahl sollte sich im Lauf meiner Recherchen noch erhöhen.

Der Dienstälteste in dem verschworenen Kreis der Verräter war Hans-Adolf Kanter, geboren 1925, verstorben 2010. Der Wirtschaftsberater, ein einflussreicher Mitarbeiter des Flick-Konzerns und CDU-Mitglied, sprudelte wie kaum eine andere Quelle in Bonn. Kanter saß in keinem Ministerium, trug keine politische Verantwortung, war aber als Lobbyist des zweifelhaft agierenden Konzerns, der ab 1981 in die sogenannte Flick-Affäre um illegale Parteispenden verwickelt war, höchst effektiv. Er soll, behaupteten Markus Wolf und sein einstiger Stellvertreter Werner Großmann, der fleißigste Inoffizielle Mitarbeiter der HVA gewesen sein, über den die DDR-Auslandsspionage in Bonn je verfügte. Die vollmundige Einschätzung mag ein wenig übertrieben sein, aber von hohem Gewicht fürs MfS war der Agent gewiss.

Der Metzgerssohn aus Plaid bei Koblenz hatte in einer Foto-Drogerie eine kaufmännische Lehre absolviert, bevor er sich 1943 als Kriegsfreiwilliger zur deutschen Wehrmacht meldete, um nicht zur SS eingezogen zu werden. Nach einem Einsatz gegen »Partisanen« auf dem Balkan und viermonatiger Kriegsgefangenschaft wurde Kanter, nach eigenem Bekunden auf Geheiß der Amerikaner, zu Aufräumarbeiten im Konzentrationslager Dachau herangezogen. Für ihn ein Schlüsselerlebnis. Die Bilder der mit Leichen vollgehäuften Eisenbahnwaggons brannten sich ihm für immer ins Gedächtnis. Der Leitgedanke »Nie wieder Krieg« prägte ihn fortan. Er wollte sich politisch engagieren und wurde in der Friedensbewegung aktiv. Als Vorstandsmitglied der später in der Bundesrepublik verbotenen Freien Deutschen Jugend (FDJ) arbeitete er in Rheinland-Pfalz gleichzeitig als Landesvorsitzender des Bundes Europäischer Jugend (BEJ).

Von der FDJ ging's in die CDU, zunächst zur Jungen Union. Welch Metamorphose! Seit 1953 war Kanter Mitglied im Landesvorstand der rheinland-pfälzischen Union und nahm bald schon verschiedene Aufgaben auf kommunaler Ebene wahr. Er pflegte Kontakte zu einflussreichen Landespolitikern seiner Partei, wie Willibald Hilf, Heinz Schwarz, dem Europaparlamentarier Egon Klepsch oder der Bundestagsabgeordneten Roswitha Verhülsdonk. Besondere Beziehungen unterhielt er zu den CDU-Sozialausschüssen und nahm an ihren Jahresversammlungen teil, ohne jedoch Mitglied zu sein.

1950 hatte Kanter in Marienberg/Rheinland-Pfalz das sogenannte Europahaus gegründet, eine Begegnungsstätte für junge Menschen aus ganz Europa. Nach eigenen Angaben war ihm die Idee in Dachau gekommen, beim Gespräch mit überlebenden Häftlingen unterschiedlichster Nationalitäten. In diesem »Europahaus« im grünumrankten Westerwald-Kurort fanden fortan Seminare, Tagungen und Vorträge mit jährlich bis zu 2.000 Teilnehmern statt, auch aus kommunistischen Staaten. 1967 trat Kanter als Leiter der

Einrichtung verbittert zurück. Der Bundesrechnungshof hatte ihm vorgeworfen, eine dem Europahaus zudachte Spende zweckentfremdet zu haben. Das Strafverfahren endete nach fünf Jahren mit einem Freispruch durch das Amtsgericht Betzdorf/Sieg.

Adolf Kanter machte sich während des Prozesses als Wirtschaftsberater selbstständig und eröffnete im Dezember 1970 sein Bonner Büro für Finanz- und Wirtschaftsberatung, das er drei Jahre später auf die Gebiete Immobilienberatung sowie die Vermittlung von Krediten und Versicherungsverträgen erweiterte. Zur selben Zeit übernahm er, aufgrund einer Erbschaft, den Pontes-Verlag, der schwerpunktmäßig Bücher über die europäische Einigungspolitik veröffentlichte und den Hintergrunddienst »Die Europäische Sicht« herausgab.

Schon als Mitglied der FDJ und als Leiter des Europahauses in Marienberg hatte Kanter gelegentlich Kontakt zu jungen Kommunisten aus der DDR und aus Osteuropa. So habe er auch, sagte er später aus, den damaligen Mitarbeiter des Ministeriums für Staatssicherheit, Hauptmann Siegfried Wagner, kennengelernt, mit dem er sich seit etwa 1952 immer wieder traf. Im Rahmen des »deutsch-deutschen Meinungsaustauschs« übergab er dem Mann aus Ost-Berlin zunächst frei zugängliche Dokumente. Nach Einschätzung der Ermittlungsbehörde muss Kanter der geheimdienstliche Charakter der Begegnungen bald bekannt gewesen sein. Zwar hat er zu keiner Zeit eine Verpflichtungserklärung unterschrieben, aber gleichwohl 1967 einmalig 15.000 DM vom MfS kassiert, als er in finanziellen Schwierigkeiten steckte.

Seine HVA-Personenkartei wurde am 22. April 1952 unter der Registriernummer XV/18249/60 angelegt. Die Vorgangskartei verzeichnet den Decknamen »Fichtel«. Der Statistikbogen benennt ihn als A-Quelle, die auf ideologischer Basis durch einen IM aus dem Operationsgebiet angeworben worden sei. Nach Definition des MfS beschaffte eine solche A-Quelle Informationen durch Abschöpfung.

Mitte der 1950er-Jahre installierte die HVA eine Kurier-Verbindung. Die nach Düsseldorf übergesiedelte Elfriede S. mit dem sinnfälligen Decknamen »Schubert« traf sich nun regelmäßig mit IM »Fichtel«, der ihr Berichte diktierte oder umfangreiches schriftliches Material übergab. Das Stenografierte schrieb Frau S. mit der Schreibmaschine ab, die übergebenen Unterlagen fotografierte sie. Die belichteten Filme leitete sie über »tote Briefkästen« an ihre Führungsleute bei der HVA weiter.

Von 1962 bis zur Auflösung des DDR-Geheimdienstes stand der Instrukteur Dr. Werner K. dem MfS zu Diensten – und war für die Spionageergebnisse Kanters zuständig. Der Wirtschaftswissenschaftler war lange Zeit Mitarbeiter im »Verband Deutscher Konsumgenossenschaften« (VdK) in der DDR. Genauer besehen war er IM, ab 1975 HIM, also Hauptamtlicher Inoffizieller Mitarbeiter. K. trat, so spätere Recherchen der Anklagebehörde, unter der Deckidentität eines freiberuflichen Werbefachmanns aus der Schweiz auf, der für westdeutsche Handelsunternehmen tätig sei und sich als »Hans Frank« vorstellte, also – es ist nicht zu fassen – unter dem Namen des berüchtigten, 1946 in Nürnberg zum Tode verurteilten Nazis, des »Schlächters von Polen«. Stasi-intern hieß er allerdings André. Zwischen ihm und Hans-Adolf Kanter entwickelte sich rasch eine engere freundschaftliche Verbindung, die sich für Mielkes Mannen auszahlen sollte.

Denn zum 1. Januar 1974 trat Kanter in die Friedrich Flick KG ein, für die er bereits seit dem 1. Mai 1973 im Rahmen eines Honorarvertrags beratend tätig gewesen war. Nun fungierte er zunächst als Handlungsbevollmächtigter, dann als Prokurist und schließlich als stellvertretender Leiter des Bonner Konzern-Büros. »Wesentliche Aufgabe dieses Büros war es«, so resümierte später das OLG Koblenz, »Kontakte zu politischen Einrichtungen wie den Parteien, Bundestagsfraktionen, Ministerien und ausländischen diplomatischen Vertretungen sowie zu gesellschaftlichen Gruppen wie Gewerkschaften und Kirchen zu pflegen, ihnen gegenüber bis hin zur Einflussnahme bei wirtschaftlich relevanten Gesetzesvorhaben die Interessen des Unternehmens zu vertreten und die in Düsseldorf ansässige Konzernspitze über die politischen Vorgänge in Bonn zu unterrichten«. Kanter selbst nannte das Büro die »politische Stabsabteilung« des Konzerns und verstand sich als »Dolmetscher zwischen Politik und Wirtschaft«. Er verfügte über beste Kontakte, insbesondere zu den Unionsparteien. Von wesentlicher Bedeutung für die Anstellung im Flick-Konzern war allerdings seine persönliche Beziehung zu Eberhard von Brauchitsch, Geschäftsführer der Flick AG und Hauptbeteiligter in der Flick-Spenden-Affäre. 1981 erfolgte die Auflösung des Bonner Flick-Büros.

Mit der Beschäftigung im Bonner Büro des Flick-Konzerns nahm die Zahl der geheimdienstlichen Treffen von Kanter und K. erheblich zu. IM »Fichtel« stellte seinem MfS-Kurier sogar ein Gästezimmer nebst Schlüssel zur Verfügung. Allerdings gab es eine längere Unterbrechung der Verbindung, weil Dr. K., alias Hans Frank, zwischenzeitlich ins Visier des Verfassungsschutzes geraten war. 1985 wurde der Kontakt wiederaufgenommen und endete erst im Jahr 1989.

Bis dahin standen konspirative Wohnungen in Ost-Berlin für Treffen mit mindestens drei Führungsoffizieren, dem Kurier und mehreren MfS-Hierarchen zu Verfügung. Anwesend war einmal auch Generaloberst Werner Großmann, damals Stellvertreter von Markus Wolf. Weitere Begegnungen fanden in Warschau, Belgrad, Wien und Algier statt. Zum 50. Geburtstag erhielt Pferdenarr IM »Fichtel« vom MfS ein Ross aus Meißner-Porzellan. Im Februar 1989 trafen sich Kanter und »Hans Frank« in Ost-Berlin zum letzten Mal. Eine für Anfang 1990 geplante Reise K.s in die Bundesrepublik kam nicht mehr zustande.

Das in rund 30-jähriger Spitzeltätigkeit von IM »Fichtel« zusammengetragene Material dürfte mehrere Aktenordner gefüllt haben. Auch sie wurden in der Wendezeit vernichtet. Aber die SIRA-Teildatenbank 12 dokumentiert allein für die Zeit von 1974 bis Ende 1984 1.854 Einzelinformationen. Davon gingen immerhin 116 wegen ihrer Brisanz direkt an die SED-Spitze und an befreundete Geheimdienste. Fraglos hatten »Fichtels« Informationen für das MfS erheblich an Bedeutung gewonnen, seitdem sich Kanter im Bonner Flick-Büro speziell um die Kontakte des Konzerns zur CDU/CSU und FDP und zu den akkreditierten Auslandsvertretungen kümmerte.

IM »Fichtel« konnte zudem beispielsweise über die rheinland-pfälzische Landespolitik, über seine Mitarbeit in der CDU, über seine Teilnahme an einer Tagung der CDU-Sozialausschüsse berichten – und selbstverständlich über den von 1969 bis 1976 amtierenden Mainzer Ministerpräsidenten Helmut Kohl, den er persönlich kannte und den er mit gutem Grund als den kommenden Mann der Christdemokraten betrachtete.

Als Kohl dann 1976 tatsächlich Oppositionsführer der Unionsfraktion wurde, dürften Ost-Berlins Schlapphüte davon geträumt haben, dass Kanter eines Tages in einem CDU-Kabinett eine perspektivreiche Position bekleiden könnte. Das entsprach der üblichen MfS-Strategie, über den Tag hinaus auf Personen zu setzen, die eine nützliche Fortentwicklung zu nehmen versprachen. Im Fall des IM »Fichtel« sollte sich das allerdings als Fehleinschätzung erweisen. Die hohen Erwartungen des MfS erfüllten sich nicht. Kohl hatte zu Kanter immer ein äußerst distanziertes Verhältnis. Das war den MfS-Offizieren offensichtlich entgangen.

Doch auch als Flick-Gesandter in Bonn war Kanter von hohem Wert. Dank seiner Freundschaft mit Eberhard von Brauchitsch hatte Kanter die Chance, Einblick in politische wie wirtschaftliche Interna zu nehmen und Erkenntnisse über den Einfluss der Industrie auf die bundesdeutsche Politik zu gewinnen.

Der Bonner Lobbyist mit Journalistenausweis hatte Zugang zu sämtlichen Geschäftsberichten der Unternehmen des Flick-Imperiums, auch zu Mitteilungen der erweiterten Geschäftsführung. Das MfS erhielt so Kenntnis von konzerninternen Vorgängen und Dokumenten, auch wenn sie eigentlich der Vertraulichkeit unterworfen waren. Im Zuge seiner Tätigkeit nahm Kanter Einblick in die Vergabe von Geldern an Politiker und Parteien, insbesondere zur Unterstützung im Wahlkampf. Bei Spenden bis zu einer Höhe von 10.000 DM hatte er ein Vorschlagsrecht. Jeweils am Jahresbeginn präsentierte er der Konzernspitze einen Katalog all derer, die aus seiner Sicht zu bedenken waren. Das Gesamtvolumen bewegte sich dabei zwischen 100.000 und 200.000 DM. Sobald die Liste genehmigt wurde, tätigte IM »Fichtel« die entsprechenden Überweisungen.

An der Zuteilung größerer Zuwendungen war Kanter nicht beteiligt. Aber er hatte selbstverständlich Kenntnis davon. Er wusste auch, dass die Bestechungsgelder gelegentlich, nach außen verschleiert, über gemeinnützige Einrichtungen an Parteien und Politiker flossen. So erhielt der Flick-Konzern unrechtmäßig vom Fiskus einen Großteil der Spendengelder erstattet.

Details über die Spendenpraxis des Flick-Konzerns oder gar über Zahlungen direkt an Helmut Kohl sind in den Dokumenten nicht zu finden. Gleichwohl informierte IM »Fichtel« über alles, was er zu diesem Thema in Erfahrung bringen konnte. Der Spitzelbericht Nummer 250 beispielsweise widmete sich der »Zusammenarbeit des Flick-Konzerns mit der CDU/CSU«. Nummer 274 meldete: »Flick-Konzern beginnt mit massivem Einfluss auf Führungskräfte von CDU und CSU in Vorbereitung der Bundestagswahl 1976«. Information 315 des IM »Fichtel« firmierte unter der Überschrift. »Einflussnahme eines BRD-Konzerns auf den Bundestagswahlkampf 1976«. Nummer 319 nannte sich schlicht »Wahlkampfunterstützung«. In diesem Stil ging es weiter.

- 374: »Unterstützung des Wahlkampfes der CDU durch Monopole«.
- 394: »Finanzielle Zuwendungen eines CDU-orientierten Konzerns an Multiplikatoren und Vertrauensleute«
- 463: »Über die Einflussnahme der Führungsspitze des Flick-Konzerns auf die Politik in der BRD«.

- 496: »Führungsspitze eines BRD-Konzerns aktiviert Einflüsse auf Spitzenpolitiker von CDU und FDP«.
- 1738: »Position Kohls zu den Beziehungen DDR-BRD und zum Besuch Honeckers in der BRD«.
- 1774: »Verdeckte Parteienfinanzierung«
- 1775. »Material des BKA zu UdSSR-Reise Kohls«
- 1786: »Treffen Honeckers mit Strauß«
- 1798: »Personen der engen Umgebung des BRD-Kanzlers«.

Die Exempel der Schamlosigkeit ließen sich fortsetzen.

Als die Spendenaffäre ruchbar und das Bonner Flick-Büro aufgelöst wurde, reduzierten sich Kanters Kontakte zu den führenden Politikern erheblich. Er beriet nun freiberuflich vornehmlich Unternehmen mittlerer Größe. Aber auch die Kenntnisse, die er hierbei über seine Klienten erlangte, gab er an die HVA weiter.

Abgesehen von der erwähnten Einmalzuwendung zog Kanter aus seiner Agententätigkeit keine nennenswerten finanziellen Vorteile. Ob der Top-Agent nach dem Zusammenbruch der DDR verraten wurde, ist unbekannt. Es dauerte jedenfalls einige Zeit, bis er am 14. April 1994 aufgrund eines Haftbefehls des Ermittlungsrichters am Bundesgerichtshof vorläufig festgenommen, freilich bereits andern Tags vom Vollzug der U-Haft verschont wurde. Das Oberlandesgericht Koblenz verurteilte ihn am 10. April 1995 schließlich »wegen geheimdienstlicher Agententätigkeit zu einer Freiheitsstrafe von zwei Jahren«. Deren Vollstreckung wurde zur Bewährung ausgesetzt. Verhängt wurde zudem eine Bußgeldzahlung von 20.000 DM als Rückholung eines Teils des unrechtmäßig erworbenen Vermögens. Hinzu kamen die Kosten des Verfahrens.

Einmal mehr stellt sich die Frage, ob das Strafmaß anders ausgefallen wäre, hätten die Richter des OLG Koblenz Einblick in die Unterlagen der SIRA-Datenbank nehmen können. Einem Außenstehenden ist das Urteil jedenfalls kaum zu vermitteln. Nach

Expertenmeinung hätten Länge, Masse und Intensität des Verrats ein deutlich höheres Strafmaß zur Folge haben müssen.

IM »Fichtel«, alias Hans-Adolf Kanter, war nur einer, der über Helmut Kohl berichtete. Davon zeugen 1.710 mir vorliegende Aktenkopien, deren Informationen über Helmut Kohl von einer halben Hundertschaft an Spitzeln zusammengetragen wurden. 17 von ihnen konnten nicht namentlich ermittelt werden, oder die vorhandenen Unterlagen waren, gemäß der gesetzlichen Vorgaben, für eine eindeutige Zuordnung nach dem Stasiunterlagengesetz nicht ausreichend.

Die SIRA-Teildatenbank verzeichnet für den Zeitraum von 1973 bis 1989 unter den Namen »Kohl« oder »Kohl.Helmut« insgesamt 1.513 Eingangsinformationen. Vor dem Beginn seiner Kanzlerschaft 1982 wurden 75 Berichte direkt an die SED-Spitze und an die Geheimdienste der Bruder-Parteien weitergeleitet, danach, bis 1989, waren es 196.

Wer steckte hinter den Informanten? Die Herausgabe der Akten durch die Stasiunterlagenbehörde über die so unterschiedlichen Verräter macht es möglich, Näheres in einem Schnelldurchlauf zu erfahren. Besonders eifrig etwa war IM »Tanne«, alias Georg F. Der 1923 in Nürnberg geborene Journalist war lange Zeit Chefredakteur des »Fränkischen Echo«. Der bestens vernetzte und stets gut informierte Franke lieferte nach den SIRA-Unterlagen exklusive Einzelinformationen über das schwierige Verhältnis zwischen Helmut Kohl und Franz Josef Strauß.

Fleißiger noch war ein IM namens »Beermann«, alias Erich S. Wie der Gütersloher Beamte, Jahrgang 1926, in die Nähe von Helmut Kohl gelangte und mehr als 160 Einzelinformationen über den NATO-Flugplatz Gütersloh, das Innenleben der CDU und ihr Binnenverhältnis zur CSU an den DDR-Geheimdienst lieferte, muss offenbleiben.

Als IM »Erwin«, alias Gerd S., wurde seit 1970 ein CDU-Mitglied und Mitarbeiter der »Karl-Arnold-Stiftung e. V.« geführt, die sich seit ihrer Gründung 1959 der politischen Bildung widmet. Nach abgebrochenem Studium der Politologie und Chemotechnik organisierte S. im Auftrag der Stiftung Gruppenreisen in die DDR. Als Mitglied des Bonner Stadtparlaments und des Kreistags pflegte er nach eigenen Angaben gute Kontakte zu allen wichtigen CDU/CSU-Politikern. Das belegen die dechiffrierten Dokumente der SIRA-Teildatenbank. Die letzte Einzelinformation von IM »Erwin«, Registriernummer XV/132/70, schildert und bewertet Kohls Kabinettsumbildung vom 17. Mai 1989. Der 1944 in Greifswald geborene Agent soll niemals zur Rechenschaft gezogen worden sein.

Wo wir nur hinschauen: Spione! IM »Kuhnert«, 1930 in Leipzig als Klaus E. geboren, wurde Mitte der Sechzigerjahre angeworben und auf die West-Berliner CDU angesetzt. Die von 1977 bis 1987 registrierten 167 Einzelinformationen dokumentieren eine besondere Nähe zur Bundes-CDU und damit auch zu Helmut Kohl. Ein wenig aus dem Rahmen fällt die Akte mit der Registriernummer XV/3961/65: Deckname »Franz Josef«, hinter dem sich Ludwig P. verbarg. Der begann seine Tätigkeit für das MfS zunächst als NPD-Funktionär. Später trat er der West-Berliner CDU bei. Die 148 Einzelinformationen des 1942 in Ruhpolding geborenen Handelsvertreters über die CDU-Spitzenfunktionäre in der Frontstadt waren höchst relevant. 37 wurden an die SED-Spitze weitergeleitet, darunter auch Berichte über die Aktivitäten Kohls in der geteilten Stadt.

Schon früh hat sich die DDR-Staatssicherheit um Unterstützung aus Kreisen der Wissenschaft bemüht. Gottfried K., Jahrgang 1929, lehrte und forschte am Ost-Berliner »Institut für Internationale Politik und Wirtschaft« (IPW). Bei der Stasi war er IM »Cantor«. Bereits als Student an der Humboldt-Universität hatte K. Mitte 1956 erste einschlägige Kontakte zur Staatssicherheit geknüpft. Als Wissenschaftler gehörte er zu den gern gesehenen Gästen in der Ost-Berliner Botschaft der USA in der DDR und war mit den Diplomaten bestens vernetzt. Aus erster Hand erhielt der MfS-Spion Informationen über die deutsch-deutschen, deutschamerikanischen und die amerikanisch-russischen Beziehungen. Im Zeitraum von 1980 bis 1989 lieferte der Agent 401 Einzelinformationen, von denen 146 auf den Schreibtischen der SED-Spitze landeten. Die Politik Kohls nahm dabei breiten Raum ein. Doch trotzdem ist Top-Spion K. bislang in keinem wissenschaftlichen Werk über den DDR-Geheimdienst erwähnt.

Jenseits des Atlantiks, in der diplomatischen Vertretung der DDR in Washington, arbeitete Heinz-Joachim Switalla als Zweiter, ab 1982 als Erster Botschaftssekretär. Unter dem Decknamen IM »Siegel« war er zugleich für die Stasi aktiv. Aus der amerikanischen Metropole hat er zwischen 1976 und 1987 insgesamt 407 Einzelinformationen von hoher Qualität geliefert. 157 Ausgangsinformationen hatten große Brisanz und wurden den Spitzengenossen in Ost-Berlin vorgelegt.

DDR-Botschafter Professor Rolf Sieber hatte seinen Zweiten Sekretär bereits 1978 vielsagend positiv beschrieben: »Genosse Switallas Hauptaufgabe besteht von Beginn an in der Informations- und Analysetätigkeit ... Gleichzeitig gelang es ihm, eine effektive Kontaktarbeit zu Vertretern des US-Außenministeriums, anderer staatlicher Institutionen und dem außenpolitischen Forschungszentrum aufzubauen und regelmäßig durchzuführen. Seine Fähigkeit, Kontaktpartner durch das persönliche Gespräch aufzuschließen und für die gezielte Informationsgewinnung zu nutzen, hat sich ständig erhöht und kann als sehr gut entwickelt bewertet werden. Die erfolgreiche Kontaktarbeit von Genosse Switalla trug wesentlich mit dazu bei, dass die Auslandsvertretung ihren Informationsverpflichtungen gegenüber der Zentrale hinsichtlich Qualität und Aktualität zunehmend nachkommen konnte«. Das hätten die Schlapphüte nicht trefflicher formulieren können.

Sie lauschten überall: An Universitäten, in Fernseh- und Zeitungsredaktionen. Spätestens in der Kohl-Ära hatte sich das MfS ein

Agentennetz geschaffen, das sich über nahezu alle Bereiche der bundesrepublikanischen Gesellschaft spannte. Auch in den Kirchen war der Geheimdienst des selbst atheistisch orientierten SED-Staates bestens vertreten.

Im Vatikan etwa versah IM »Antonius«, alias Dr. Alfons W. seinen Dienst. Über Jahre war er Redakteur in der römischen Gemeinschaftsredaktion der katholischen Nachrichten-Agentur (KNA) – und zugleich unermüdlicher DDR-Spitzel in der Hochburg des Papismus. Sein MfS-Statistikbogen vermerkt, er sei 1967 im Operationsgebiet auf ideologischer Basis von einem DDR-IM angeworben worden. Unter der Registriernummer XV/205/68 sind eine Deckadresse in der DDR und eine Instrukteurverbindung vermerkt. Alles, was deutsche Politiker mit dem Papst und Vertretern der römischen Kurie besprachen, meldete der gläubige IM umgehend nach Ost-Berlin. Helmut Kohls Audienzen beim Papst seit den 1970er-Jahren ebenso wie Geheimberichte über die Beziehungen zwischen dem Vatikan und der Bundesrepublik und über die Einschätzung der Friedensbewegung. Insgesamt mehr als 100 Berichte!

Das war angesichts des schwierigen Verhältnisses zwischen katholischer Kirche und DDR kein Wunder. Schließlich bestand der Vatikan darauf, die Bistumsgrenzen so beizubehalten, wie sie historisch gewachsen waren – deutsche Teilung hin oder her. Zudem war der mächtiger werdende deutsche Kardinal Ratzinger – der spätere Papst Benedikt XVI. – wahrlich kein Freund der DDR-Oberen. Noch wichtiger: Papst Johannes Paul II. selbst, gebürtiger Pole und offener Unterstützer der Solidarność-Bewegung, dürfte das Interesse der HVA geweckt haben.

Ab 1984 hat W. als Leiter der bischöflichen Pressestelle von Trier seine Spionagetätigkeit bis zum Mai 1989 unvermindert fortgesetzt. Die Auskünfte über das Verhältnis der Bonner christlich-liberalen Koalition zur katholischen Kirche schienen durchaus von Interesse. Mehr als 30 Einzelinformationen von IM »Antonius« haben die

MfS-Leute zu den Akten genommen. Als bundesdeutsche Verfassungsschützer dem frommen Maulwurf auf die Schliche kamen, hat ihm der vatikanische Arbeitgeber seine Sünden vergeben. Er durfte im Dienst seiner Kirche verbleiben. Strafrechtlich geschah nichts. Lediglich eine milde Geldstrafe!

Selbstverständlich hat sich das MfS auch bei den Protestanten umgeschaut: Seit 1973 predigte Gottfried B. in der Johanniskirche in Röttgen bei Bonn. Der Gottesmann, Jahrgang 1938, engagierte sich bei der dortigen CDU und wurde Vorsitzender des evangelischen Arbeitskreises. Zugleich aber wurde er als IM »Baum« von der DDR-Staatssicherheit geführt, und das schon seit jungen Jahren. Sein Stasi-Statistikbogen von 1961 dokumentiert, unter der Registriernummer XV/3000/60, die Anwerbung im Jahr 1960. Ein Jahr später erfolgte, vermutlich auftragsgemäß, seine Übersiedlung in den Westen. Die SIRA-Teildatenbank weist über 120 Einzelinformationen aus, von denen 27 an die SED-Spitze gelangten. Offenkundig hat er der HVA auch Erkenntnisse zur Tätigkeit »gegnerischer« Nachrichtendienste geliefert. Nähere Einzelheiten kennen wir allerdings nicht. In erster Linie aber vermochte Busch aufgrund seines Engagements im evangelischen Arbeitskreis der CDU kenntnisreich aus dem Innenleben der Partei zu berichten. Der Kanzler und Bundesvorsitzende stand dabei bis zuletzt im Mittelpunkt.

Selbst in die CDU-nahe Konrad-Adenauer-Stiftung (KAS) konnte das MfS eine Spionin einschleusen: Annahild M. Der Stasimitarbeiter Günter Meyling hat die Studentin unter der Registriernummer XV/1643/75 erfasst. Ihr Deckname: »Hilde«. Die Dokumente weisen ihr 216 Einzelinformationen nach, die von den weltweiten Aktivitäten der KAS handeln. Zwölf Jahre lang, von 1977 bis zum Mai 1989, hat die ledige Sekretärin geliefert, allein bis zum September 1987 waren es 65 Informationen. Wie den »Rosenholz«-Unterlagen zu entnehmen ist, nutzte sie Geheimschreibmittel und eine persönliche Kurier- und Instrukteurverbindung. Ihre Vita, die Umstände ihrer Anwerbung und der geschickten Platzierung in der Stiftung sind unbekannt. Offenkundig aber ist, dass es dem MfS einmal mehr gelang, eine intelligente Sekretärin als Verräterin zu gewinnen.

Der Historiker Georg Herbstritt hat in seinen Forschungen einen weiteren Dreh- und Angelpunkt der DDR-Auslandsspionage untersucht: die Ständige Vertretung der DDR in der Bundesrepublik, beheimatet in der Bonner Godesberger Allee 18. Sie beherbergte auch eine Stasi-Residentur, die unter dem Codenamen »Park« alle nur erdenklichen Informationen sammelte. Eine Quelle etwa war die Kontaktperson »Graete«. Dabei handelte es sich nach Erkundungen von Roberto Welzel um einen männlichen Beamten aus Bonn, Jahrgang 1931, der »in Bezug auf das Bundeskanzleramt« seit 1986 abgeschöpft wurde. Unter der Registriernummer XV/3140/82 liegen 16 Einträge zum »Objekt Bundeskanzleramt« vor. Die Informationen von »Graete« betrafen etwa Wolfgang Schäubles Berufung zum Chef des Kanzleramtes, Reaktionen des Bonner Machtzentrums auf den XI. Parteitag der SED und Schlussfolgerungen daraus für das künftige Verhalten gegenüber der DDR. Aus der Ständigen Vertretung in Bonn verpfiffen wurden auch die Vorbereitungen des Honecker-Besuchs 1987.

Über den gleichen Kanal lieferte ein IM namens »Belin« zwischen 1977 und 1984 in toto 390 Einzelinformationen aus dem erst von Schmidt, dann von Kohl geführten Kanzleramt. Schwerpunkte der Spionage dieses Spitzels, dessen Klarname nie ermittelt werden konnte, waren die Ost-West-Beziehungen, insbesondere das Verhältnis zwischen BRD und DDR. Die genaue Beobachtung der Regierung Kohl/Genscher stand im Zentrum von »Belins« fleißiger Spionagetätigkeit. Insgesamt nahm die Zahl der für die Residentur »Park« erstellten Berichte zwischen 1984 und 1989 erheblich zu, was auch auf den vermehrten Einsatz von elektronischen Spionageangriffen zurückzuführen ist. Die Klarnamen der Zuträger sind nicht mehr zu ermitteln.

Sie haben Helmut Kohl auf Schritt und Tritt beschattet: als CDU-Bundesvorsitzenden seit 1973, als Vorsitzenden der CDU/CSU-Bundestagsfraktion zwischen 1976 und 1982 sowie als Kanzler seit 1982. Dabei kamen – die Zahl macht fassungslos – 320 Spione zum Einsatz. Nur 70 von ihnen – also nicht einmal ein Viertel – konnten im Nachhinein mit Deck- und Klarnamen identifiziert werden. Von 139 ließen sich nur die Decknamen ermitteln. Die Dimension der DDR-Spionage in Sachen Kohl belegen überdies die unversehrt erhaltenen Kaderkarteikarten von 115 HVA-Führungsoffizieren, die über ihre IM, zumindest zeitweilig, mit dem CDU-Granden befasst waren.

Zu den zähesten der auf Kohl angesetzten Spione zählte wohl der 1943 in Celle geborene Lutz Kuche. Der Sohn eines Prokuristen wurde bei einem Verwandtenbesuch in Magdeburg von einem MfS-Mitarbeiter angesprochen. Ohne eine förmliche Verpflichtung zu unterzeichnen, erklärte er sich zu einer Zusammenarbeit mit der DDR-Staatssicherheit bereit. Der Inoffizielle Mitarbeiter gab sich selbst den Namen »Bakker«, mit dem er fortan auch seine Honorare quittierte. Geld war für ihn das Hauptmotiv der geheimdienstlichen Tätigkeit.

Sein Führungsoffizier Siegfried Gottschalk, der nur als »Siegfried« in Erscheinung trat, hat »Bakker« überredet, in Bonn Politische Wissenschaften, Zeitgeschichte und Soziologie zu studieren. Ein zweijähriges Zeitungsvolontariat hatte er zu diesem Zeitpunkt bereits abgeschlossen. Auf ausdrücklichen Wunsch »Siegfrieds« trat Kuche 1966 der Bonner NPD bei. 1970 wurde er zum Bundesvorsitzenden des »Nationaldemokratischen Hochschulbundes Deutschlands« (NHB), der Studentenorganisation der NPD, gewählt. In dieser Funktion gehörte er bis Ende 1974 auch dem Bundesvorstand der »Nationaldemokraten« an und war so mit allen Interna der Partei und ihres Personals vertraut. Das MfS gewann dank »Bakker« umfängliches Wissen über die rechtsradikale Partei.

Das ließ sich propagandistisch nutzen, zeigte aber auch auf, wo sich extreme Linke und Rechte ideologisch trafen: im Kampf gegen die westlichen Demokratien, zumal gegen die USA. Alle vier Monate lieferte Kuche das Verratsmaterial per Pkw oder Zug nach Ost-Berlin. Dafür erhielt er stattliche Honorare.

1975 trat Kuche aus der NPD aus, um – als eine Schamfrist von einem Jahr verstrichen war – Mitglied in der CDU zu werden. Nach Magisterexamen und dem vergeblichen Versuch, bei dem renommierten Bonner Politikwissenschaftler und Historiker Karl Dietrich Bracher zu promovieren, war er von 1980 bis 1985 Chefredakteur der Zeitschrift des Dachverbandes der deutschen Zeitungs- und Zeitschriftenverleger. 1987 wechselte IM »Bakker« ins Bonner Büro des »Rheinischen Merkur«, einer überregional erscheinenden konservativen Wochenzeitung.

Für seine Reisen in die DDR verfügte er schon seit 1969 über einen gefälschten Pass. In der Folgezeit wurde er mit verschlüsseltem Funkverkehr vertraut gemacht und mit Geheimschreibmitteln ausgestattet. Ab 1980 – so die späteren Erkenntnisse der Karlsruher Anklagebehörde – war er eingegliedert in ein System von Kurieren und Instrukteuren, die ihn im Schnitt ein- bis zweimal monatlich aufsuchten, um Dokumente oder auf Kassette diktierte Informationen zu übernehmen. Spätestens seit 1970 erhielt IM »Bakker« ein Monatssalär von 2.000 DM, das sich in den Achtzigerjahren noch erhöhen sollte. Insgesamt hat Lutz Kuche bis 1989 über 850.000 DM Agentenlohn kassiert und war damit vermutlich der bestbezahlte Spion in den Diensten des MfS.

Sein vorrangiges Zielobjekt seit 1975 waren die Unionsparteien. Als Bonner Journalist und CDU-Mitglied hatte sich IM »Bakker« intensive Kontakte zu konservativen Kollegen und zum rechten Flügel der Union aufgebaut. Seine nicht mehr einsehbaren, sondern lediglich unter Kurzüberschriften verschlagworteten Berichte über Kohl und sein Kabinett wurden im MfS hochgeschätzt und entsprechend fürstlich honoriert. Statt der ursprünglichen Treffen in

Ost-Berlin wurden die Termine mit Kurieren und Instrukteuren nun zunehmend in den Kölner und Düsseldorfer Raum verlegt. Die letzte belegte Begegnung datiert vom 22. November 1989.

Nach Ermittlung und Anklage der Karlsruher Bundesanwaltschaft wurde Lutz Kuche im Juni 1995 vom OLG Düsseldorf »wegen geheimdienstlicher Agententätigkeit zu einer Freiheitsstrafe von zwei Jahren und sechs Monaten verurteilt«. Angeordnet wurde der »Verfall«, also die Abschöpfung aus dem unrechtmäßig erlangten Vermögen Kuches, in Höhe von 200.000 DM. Für die Dauer von drei Jahren wurden ihm die Fähigkeit, »öffentliche Ämter zu bekleiden und Rechte aus öffentlichen Wahlen zu erlangen, sowie das Recht, in öffentlichen Angelegenheiten zu wählen oder zu stimmen, aberkannt«. Kuche hatte die Kosten des Verfahrens zu tragen.

Nach Erkenntnissen der Karlsruher Anklagebehörde hatten seine Berichte bereits im Juni 1987 das gigantische Ausmaß von 35 Bänden erreicht. Auch sie alle wurden in der Wendezeit bis auf wenige Ausnahmen vernichtet. Erhalten geblieben sind allerdings, wie so oft, die Dokumente der SIRA-Teildatenbank. Stumme Zeugen, die sage und schreibe 756 Einzelinformationen belegen. Von ihnen hatten weder Ankläger noch Richter Kenntnis.

In den Akten des Jahres 1982 taucht zudem ein bisher unbekannter Deckname auf: »Friedrich«, erfasst mit der Registriernummer XV/213/73. Wer oder was verbarg sich dahinter? Einmal mehr half Roberto Welzel von der Stasiunterlagenbehörde bei der Lösung des Rätsels. »Friedrich«, so lernte ich, war kein Mensch, sondern eine Mission. Unter dieser Chiffre wurden die Abhörprotokolle der Hauptabteilung III des MfS gesammelt und der Auslandsspionage (HVA) überantwortet. Die HA III war »Zentrales Organ des elektronischen Kampfes (ELOKA) des MfS«. Ihr oberstes Ziel lautete, mit technischen Mitteln möglichst viele Informationen aus »feindlichen Nachrichtenbeziehungen« zu gewinnen, in erster Linie aus Funk- und Fernmeldeverbindungen der Bundesrepublik

Deutschland. Von Interesse dabei waren vor allem Erkenntnisse aus dem Kreis der Bonner Bundesregierung, der Parteien, der Bundeswehr, der Rüstungsindustrie, der Polizei, des Verfassungsschutzes und des Bundesnachrichtendienstes.

Die Späher folgten bei ihren Einsätzen sogenannten Zielkontrollaufträgen, die das MfS, insbesondere die HVA, mit der jeweiligen Telefonnummer, dem Benutzernamen und mit Angaben über den Informationsbedarf versehen hatte. Helmut Kohl war der erste Bundeskanzler, für den ein solcher Auftrag vorlag. »Streng geheimen« Dokumenten zufolge wurde Kohl seit 1982 rund um die Uhr abgehört: im Kanzleramt, am Autotelefon, in der Ludwigshafener Privatwohnung. Stasimitarbeiter haben die Gespräche, je nach Informationsbedarf, mitgeschnitten, ausgewertet und die Erkenntnisse der HVA zur weiteren Verwendung übersandt. Was diese »Zielkontrollaufträge« umfassten, ist dokumentiert. Für den Anschluss im Bonner Kanzleramt 0228/224549, das C-Netz 22-04171 oder seine einstige Ludwigshafener Privatnummer 0621/68001 galt es, etwa die folgenden Angaben zu sichern:

- »alle Gespräche des Kohl
- Hinweise zum Persönlichkeitsbild
- Meinung zu Politikern, allen Parteien, besonders zu Strauß
- Interna aus dem Bundeskanzleramt
- Aktivitäten innerhalb der CDU und der CDU/CSU Bundestagsfraktion
- Internas [sic!] aus den Kreisen der CDU
- Aktivitäten gegen die SPD/FDP
- Angaben zu Sekretärinnen
- alle anfallenden Gespräche.
- geplante Vorgehensweise des Kohl im Rahmen seiner Regierungs- und Parteifunktion
- Hinweise zu gegen die soz. Staaten gerichtete Aktivitäten.

Über die Inhalte der abgehörten Telefonate gibt die Stasiunterlagenbehörde aufgrund der strengen Bestimmungen des entsprechenden Gesetzes keinerlei Dokumente heraus.

Kein noch so fleißiger Bonner IM wäre in der Lage gewesen, die elektronisch erlangten Informationen über den Kanzler zu toppen. In einem MfS-Papier vom Februar 1989 sind neben dem Kanzleramt 18 Bundesminister, 27 Parlamentarische Staatssekretäre bzw. Staatsminister und 26 beamtete Staatssekretäre mit Namen, Adresse und Telefonnummern verzeichnet. Jeder von ihnen war durch die Hauptabteilung III für eventuelle »Zielkontrollaufträge« anzapfbar.

Verantwortlich für die elektronische Spionage von 1966 bis zum Ende des Jahres 1989 war Dr. Horst Männchen, Generaloberst, geboren 1935 im sächsischen Berggießhübel. Der Sohn eines Eisengießers wuchs in einem kommunistisch geprägten Elternhaus auf, machte 1953 sein Abitur und ließ sich noch am Tag seiner Schulentlassung vom Ministerium für Staatssicherheit als Operativer Mitarbeiter im Dienstgrad eines Gefreiten verpflichten. 1960 begann er an der Ingenieurschule Mittweida ein Fernstudium der Hochfrequenztechnik. Nach den Angaben seiner Kaderkarteikarte, die am 16. Juni 1953 angelegt wurde, war er seit 1957 Mitglied der SED und beherrschte Russisch, Englisch und Latein.

Ein Jahr später: eine einschneidende, für so manche Karriere bei der Staatssicherheit so charakteristische Blessur. Nach einem unter Alkoholeinwirkung verursachten Verkehrsunfall verlor Horst Männchen seinen linken Arm und wurde vom MfS entlassen, im Februar 1963 jedoch wieder eingestellt. Das provozierte Dankbarkeit. Jetzt durchlief er im Eiltempo sämtliche Offiziersdienstgrade und wurde 1979 zum Generalmajor befördert. Das Sorgenkind avancierte zum Musterschüler. Er absolvierte an der juristischen Hochschule des MfS ein Fernstudium, das er 1968 als Diplom-Jurist abschloss. Mit einer Arbeit über die Funkaufklärung – bezeichnenderweise über Funkspionage – wurde er 1974 promoviert.

Konsequent setzte er von nun an die Theorie in die Praxis um. Die von ihm befehligte Hauptabteilung III betrieb ihre »Aufklärung« vornehmlich auf den Richtfunkstrecken, die zwischen West-Berlin und dem Bundesgebiet das Territorium der DDR überquerten. Hierfür hatte das MfS ein System von Erfassungsstützpunkten entlang der innerdeutschen Grenze, um Berlin und auf dem Gebiet der damaligen ČSSR installiert. Abgehört wurden zudem leitungsgebundene Fernmeldeverbindungen zwischen der DDR und der Bundesrepublik, einschließlich West-Berlin. Die Aufklärung umfasste ebenso den Fernschreib- und Telefaxverkehr.

Der Kontrolle der Hauptabteilung III unterlagen des Weiteren, soweit erfassbar, die mobilen B- und späteren C-Netze sowie die Funkfernsprechnetze bundesdeutscher Sicherheitsbehörden. Als Ergänzung verfügte die HA III über zusätzliche Erfassungsstützpunkte in der Ständigen Vertretung der DDR in Bonn und deren handelspolitischer Abteilung in Düsseldorf, zeitweise auch in der Handelsmission der UdSSR in Köln. Sogar Nachrichtenverbindungen via Satellit, vorrangig zwischen der Bundesrepublik und den USA, konnten die Spezialisten von der HA III vereinzelt abschöpfen. Auch am bundesdeutschen Verfassungsschutz, der Wirtschaft und dem Journalismus zeigte sich die »funkelektronische Aufklärung« der DDR ungemein interessiert.

Voller Stolz schwärmte Generalmajor Männchen im Juli 1987 gegenüber Mielkes Stellvertreter, Generalleutnant Wolfgang Schwanitz, von der Effizienz der »spezifischen Informationsgewinnung und -verarbeitung«. So seien im 1. Halbjahr 1987 insgesamt 170.246 Ausgangsmaterialien (Vorjahr: 164.036) aus den Quellen der Linie III gewonnen worden, die man selbstverständlich auch den Bruderorganen zu Verfügung gestellt habe. Männchen wurde für seine Dienste reichlich belohnt, dekoriert mit dem »Vaterländischen Verdienstorden in Silber«, dem »Banner der Arbeit« und dem »Kampforden in Bronze«, später in Silber und Gold. Von der NVA erhielt er die »Medaille der Waffenbrüderschaft in Gold«, eine

»Ehrenurkunde des KGB« und von der ČSSR die »Medaille zur Festigung der Waffenbrüderschaft«. 2.300 Mark (Ost) hat er seit 1980 monatlich verdient, zuletzt als Vollinvalide sogar 4.312 Mark bezogen.

Belegt ist, dass – Stand Anfang November 1989 – etwa 100.000 Fernmeldeanschlüsse in der Bundesrepublik und West-Berlin unter der »Zielkontrolle« von Männchens Hauptabteilung III standen, die in der Lage war, bis zu 5.000 Nachrichtenverbindungen gleichzeitig zu verfolgen. Die astronomische Zahl sprengt jede Fantasie. Möglich wurde das durch hochtechnisierte Gerätschaften, die von einem schweizerischen Staatsangehörigen und einem West-Berliner Bürger, beides IM, aus der Bundesrepublik beschafft worden waren.

Alle diese Informationen haben wir den Aussagen von Horst Männchen zu verdanken, dem Generalmajor, der das Bundesamt für Verfassungsschutz in Köln im Januar 1991 detailliert, mündlich wie schriftlich, über seine 36-jährige hauptamtliche Tätigkeit für den DDR-Geheimdienst unterrichtet hat. Über die Inhalte der Tonbänder, die 1989 ohne vorherige Auswertung sofort vernichtet worden waren, schwieg er allerdings.

Bei seinen ehemaligen Mitstreitern galt Männchen trotzdem bis zu seinem Tod im Januar 2008 als verachtenswerter Verräter. Gegenüber der Ermittlungsbehörde war der ehemalige Generalmajor 1991 mit sich und seiner Geheimdienst-Vergangenheit hart ins Gericht gegangen:

»Möchte betonen, dass ich mich ständig als Soldat gefühlt habe, gebunden an meinen Fahneneid und an die besonderen Verpflichtungen, die mir als MfS-Angehöriger auferlegt waren. Während meines aktiven Dienstes war ich außerdem der Überzeugung, dass ich einer guten Sache diene, und zwar im Interesse meines Vaterlandes. Die Bundesrepublik Deutschland war für mich aufgrund meiner Erziehung und der seitens der SED geleisteten Überzeugungsarbeit immer der Klassenfeind. Im Übrigen war ich auch stolz auf die Errungenschaften der DDR. Der Staat DDR hat mich gebildet, ihm verdanke ich meinen beruflichen Aufstieg. Dies führte zu einem Gefühl der Dankbarkeit diesem Staat gegenüber ...

Im Nachhinein betrachtet muss ich sagen, einer falschen Sache gut gedient und ihr zu allem Überfluss auch noch meine Gesundheit geopfert zu haben. Schuldig fühle ich mich meinen früheren Mitarbeitern gegenüber, die ich zu dieser falschen Sache angeleitet habe und die heute wegen ihrer aktiven Tätigkeit im MfS auf der Straße liegen. Ich stehe loyal zu der jetzigen Bundesrepublik Deutschland und will nach Kräften verhindern, dass dieser Staat Schaden leidet.«

14. Kohl und seine Kabinette

Alles wie gehabt! Auch während Helmut Kohls Kanzlerschaft galt das Augenmerk der DDR-Staatssicherheit keineswegs allen Ressorts. Die Ministerien für Wirtschaft, Landwirtschaft, Arbeit, Jugend, Familie und Gesundheit, Verkehr, für das Post- und Fernmeldewesen, Raumordnung, Bauwesen und Städtebau spielten höchstens eine untergeordnete Rolle in den 40 Jahren DDR-Spionage. Deren Augenmerk galt dem Außen-, Verteidigungs-, Innen- und dem Innerdeutschen Ministerium.

Mit besonderem Interesse hat das MfS dabei die Geschehnisse im Bundesinnenministerium verfolgt, mitsamt den zugehörigen Behörden, dem Bundeskriminalamt, dem Bundesamt für Verfassungsschutz und dem Bundesgrenzschutz. Dabei war es den Tschekisten recht gleichgültig, wer gerade an der Spitze des Ressorts stand und welcher Partei er angehörte. Ob nun Hans-Dietrich Genscher, Werner Maihofer, Gerhart Baum, Jürgen Schmude oder zuletzt der CSU-Mann Friedrich Zimmermann: Mit Personalien beschäftigte sich die DDR-Auslandsspionage allenfalls am Rande. Es zählte allein die effiziente Platzierung verlässlicher Verräter, die Zugang auch zu als »Geheim« eingestuften Dokumenten hatten.

Dabei stand das Bundeskriminalamt (BKA) in besonderem Fokus. Dort betrieb das MfS einen geradezu abenteuerlichen personellen wie materiellen Aufwand. Über 80 »Kundschafter des Friedens« hat die SIRA-Teildatenbank im BKA registriert. Absolute Top-Spionin war dabei IM »Ulla«, Klarname Ute B., geführt unter der

Registriernummer XV/320/71. Die gelernte Industriekauffrau wurde zum 1. Januar 1971 bei der Fahrbereitschaft des Bundeskriminalamtes angestellt. Ihre erste Einzelinformation stammt vom 9. April 1980, die letzte vom 24. August 1989. In den mehr als neun Jahren lieferte die beharrlich wühlende Maulwürfin insgesamt 888 Beiträge.

Die steile Spionagekarriere der damals 22-jährigen Ute, wohnhaft in einem Vorort von Bonn, begann 1969 im Restaurant des Kaufhauses Hertie in Bad Godesberg. Dort lernte sie den Kellner Johann B. kennen, der von seinem Aussehen und Auftreten her offensichtlich geeignet schien, erfolgreich Frauenbekanntschaften zu machen, »um sie geheimdienstlich zu verstricken«, wie es in der Anklageschrift hieß. Doch einstweilen passierte nichts. Johann wandte sich anderen Aufgaben zu.

Die Halbwaise B., 1940 in Bad Reichenhall geboren, war in einer Pflegefamilie aufgewachsen und wurde später adoptiert. Sein Ersatzvater, der wegen seiner kommunistischen Überzeugung in einem Konzentrationslager gesessen hatte, war Funktionär der KPD. Das prägte den Jugendlichen ideologisch. Die »Weltjugendfestspiele« im Dienste des Kommunismus, die er 1951 mit seinem Adoptivvater in Ost-Berlin erlebte, haben auf Johann großen Eindruck gemacht und seine Sympathie für die DDR geweckt. Nach einer Kellnerlehre arbeitete er in bayerischen Spitzenhäusern und bei der Deutschen Schlaf- und Speisewagengesellschaft. Später heuerte er bei mehreren europäischen Reedereien als Schiffssteward an.

Bei einem kurzen Aufenthalt in der DDR lernte er auf der Herrentoilette einer Bahnhofsgaststätte einen ebenfalls aus Bayern stammenden Mann kennen, der mittlerweile in Freiberg, unweit von Dresden, lebte. Er lud den Steward ein, ihn bei seinem nächsten Urlaub doch einmal in Sachsen zu besuchen. Im Oktober 1967 folgte B. dann dieser Offerte. Er lernte auch »Rudis« Freunde kennen, die Johanns Sympathien für den DDR-Sozialismus spürten. Also redeten sie bald Klartext. Denn sie waren Mitarbeiter des MfS.

Johann B. erklärte sich grundsätzlich zu einer Zusammenarbeit mit dem DDR-Geheimdienst bereit. Die »Rosenholz«-Unterlagen dokumentieren, dass B.s F-16-Karteikarte mit der Registriernummer VX/1665/68 und die F-22-Karte mit dem Decknamen »Steward« am 18. Oktober 1968 aufgelegt wurden. Sein Auftrag lautete, er solle sich in Bonn oder der näheren Umgebung niederlassen, um dort die Bekanntschaft einer in einem Bonner Ministerium tätigen Frau zu machen.

Dieser IM »Steward« war ein gut aussehender Mann. Auftragsgemäß verdingte er sich als Kellner im Hotel »Godesburg«. Dann übernahm er auf Empfehlung seines Führungsoffiziers im Frühjahr 1969 die Bonner Gaststätte »Beim Peter«. An der Pacht beteiligte sich das MfS mit einem stattlichen Zuschuss von mindestens 2.000 DM. Es dauerte nicht lange, bis Johann B. dort eine Angestellte aus dem Verteidigungsministerium kennenlernte: Ute. Die Dinge nahmen ihren Lauf. Silvester 1969 wurde Verlobung gefeiert, an der auch der zuständige MfS-Instrukteur »Mike« aus Freiberg teilnahm. Auf einer einwöchigen Kopenhagen-Reise sollte die Verlobte unter »falscher Flagge«, also unter der Legende, ihr Verlobter arbeite im Auftrag einer französischen Rüstungsfirma, für Mielkes Agentennetzwerk gewonnen werden, um fortan Informationen aus ihrem Arbeitsbereich zu beschaffen. Doch die Rheinländerin trotzte der Umwerbung. Auch ein Bündel Geldscheine, immerhin 500 DM, konnte sie nicht überzeugen. Im Februar 1970 gab sie ihrem Johann die Verlobungsringe zurück. Damit war die Amoure beendet, nicht aber Johanns Mission.

IM »Steward« gelang es, den schlummernden Kontakt zu Ute wieder zu intensivieren – in wahrlich rasantem Tempo. Schon im Sommer 1970 verlobte sich B., diesmal auf einer Urlaubsreise nach Ungarn, aufs Neue. Unterdessen hatte sich Ute beim Bundeskriminalamt in Bonn-Bad Godesberg beworben und wurde dort zum 1. Januar 1971 eingestellt. Alles war nach den Wünschen und Plänen des MfS verlaufen.

Doch zuvor gab es eine von der Stasi organisierte »Nachverlobungsfeier« in Ost-Berlin. Dabei gelang es B.s Führungsoffizier, dem Kurier und einem Vertreter der MfS-Hierarchie die Bonnerin für das MfS zu gewinnen. Das soll – wie das OLG Düsseldorf später feststellte – einzig aus Liebe zu ihrem Verlobten geschehen sein. Die Arbeitsteilung zwischen den beiden war eindeutig geregelt: Ute sollte Dokumente aus dem Bundeskriminalamt beschaffen, Johann B. den Kontakt mit der Staatssicherheit pflegen und Treffen für die Materialübergabe organisieren. 1972 heiratete das Paar.

Utes Erfassungsdokumente datieren vom 20. November 1970. Registriernummer XV/320/71. Deckname: »Ulla«. Sie wurde in Ost-Berlin in der Handhabung des einseitigen, verschlüsselten Agentenfunks, im Dechiffrieren der über Kurzwelle übermittelten Zahlenkolonnen unterwiesen. Ihr Partner erhielt einen sogenannten Schnellgeber, mit dem er wichtige Informationen aus dem Bundeskriminalamt, etwa aktuelle Fahndungsnotierungen ohne zeitliche Verzögerung an seine Ost-Berliner Führungsstelle weiterleiten konnte. Beide waren sie mit den gängigen Hilfsmitteln wie Container, Aktentasche und Feuerlöscher ausgestattet.

Ute B. konnte geheime Unterlagen in einer normalen Einkaufstasche aus ihrem Büro mit nach Hause nehmen. Kontrollen sollen nicht stattgefunden haben. Ehemann Johann fotografierte dann. Am Folgetag ging das Material auf gleichem Weg ins BKA zurück. Johann B. war mit dem üblichen fototechnischen Gerät vertraut und besorgte den Transport der Filme in die DDR auf dem Schienenweg, mittels rollender »toter Briefkästen«.

Neben recht großzügig rollender bemessenen Geldbeträgen zwischen 200 und 400 DM im Monat wurden die beiden mit Sachgeschenken zu Weihnachten und Geburtstagen bedacht. Das OLG Düsseldorf hat einen Agentenlohn von insgesamt mindestens 130.000 DM errechnet. Hinzu kamen Verdienstmedaillen und der »Kampforden in Bronze«, verbunden mit Geldprämien bis zu

1.000 DM. Im Gegenzug lieferte IM »Ulla«, so das OLG Düsseldorf, unter anderem Listen mit BKA-Fahrzeugkennzeichen, zivilen Tarnkennzeichen, dazu Organigramme, Telefonverzeichnisse des BKA und des Bundesinnenministeriums. Mehr noch: Auf den Schreibtischen des MfS landeten als »VS-Vertraulich« eingestufte Wochenberichte der Abteilung Staatsschutz im BKA, Ergebnisprotokolle von Abteilungsleiterbesprechungen, Anschriftenverzeichnisse von Bediensteten, Personallisten, Alarmregelungen, Richtlinien zur Führung von Verschlusssachen, Hausmitteilungen oder die Protokolle von Arbeitskreisen und -tagungen.

Die Angst aufzufliegen – insbesondere immer dann, wenn die Enttarnung eines anderen Agenten bekannt wurde –, soll nach Auffassung des Gerichts bei Ute B. zu massiven Alkoholproblemen geführt haben. Die beiden baten ihre Auftraggeber mehrfach, sie aus ihrer nachrichtendienstlichen Mitarbeit zu entlassen. Aber mit großer Überredungskunst, generöser Entlohnung und der damit verbundenen Möglichkeit, teure Reisen zu unternehmen, konnte das Ehepaar zur Fortsetzung der Verratstätigkeit bewegt werden. Johann B.s ursprüngliche ideologische Motivation spielte nun kaum eine Rolle mehr. Letztlich waren es nur noch ökonomische Gründe, die den Ausschlag für die Aufrechterhaltung der nachrichtendienstlichen Verbindung gaben.

Das OLG Düsseldorf stellte fest, dass es mindestens alle drei Monate zu regelmäßigen Zusammenkünften mit den jeweils zuständigen Instrukteuren kam. Die Treffs im Kölner oder Bonner Raum und dem angrenzenden Ausland, in Luxemburg oder dem Elsass, dienten der Übergabe schriftlicher Dokumente aus dem Bundeskriminalamt. Ermittelt wurden insgesamt 104 solcher Treffen. Das Ehepaar reiste grundsätzlich mit falschen Pässen auch wenn es nach Holland, Frankreich, Österreich, Dänemark, Jugoslawien, Ibiza oder Zypern ging. Am 8. Dezember 1989 trafen die Eheleute in Rothenburg ob der Tauber letztmalig ihren MfS-Führungsoffizier. Der instruierte sie, ihre Agententätigkeit einzustellen und alle

Hilfsmittel zu vernichten. Eine fast 20-jährige Agententätigkeit fand ein jähes Ende.

Am 26. November 1990 wurden die beiden Agenten vorläufig festgenommen. Wie es dazu kam, ob das Paar verraten wurde, ist unbekannt. Im Juli 1992 verurteilte das Oberlandesgericht Düsseldorf Ute B. »wegen geheimdienstlicher Agententätigkeit in Tateinheit mit Bestechlichkeit zu einer Freiheitsstrafe von vier Jahren«. Für die Dauer von drei Jahren wurde ihr das Wahlrecht aberkannt. Ihr Mann Johann wanderte gleich für fünf Jahre in den Knast – und dies, obwohl die Richter damals keinen Zugriff auf die SIRA-Dateien hatten, die unter der Registriernummer XV/320/71 für IM »Ulla« bis zum Juli 1989 die stolze Zahl von 612 Einzelinformationen dokumentieren.

Ob Friedrich Zimmermann, Innenminister im Kohl-Kabinett von 1982 bis 1989, über das Ausmaß der Spionage von Ute und Johann B. erschüttert war, wissen wir nicht. In seiner Stasiakte von knapp 170 Seiten sind die Verratsfälle während seiner Amtszeit nicht dokumentiert, obwohl der christlich-soziale Hardliner vom MfS schon seit Mai 1960 unter der Registriernummer 6004/60 als »Spionageobjekt« geführt wurde. Die Akte hat Rolf Wagenbreth angelegt, der spätere Chef der HVA-Abteilung X, die für »Aktive Maßnahmen und Desinformation« zuständig war.

Der MfS-Personalbogen, der alle wichtigen Lebens- und Berufsdaten des Politikers enthielt, vermerkt ganz am Rande, dass Zimmermann ab 1943 »Mitglied der NSDAP« war. Die Unterlagen im Bundesarchiv bestätigen dies. Seine Karteikarte belegt, dass Friedrich (»Fritz«) Zimmermann, die Aufnahme am 24. Dezember 1942 beantragte und exakt ein Jahr später, am 24. Dezember 1943, unter der Mitgliedsnummer 9 532 916 in die Partei aufgenommen wurde. Warum der DDR-Geheimdienst, anders als in früheren Fällen, diese Erkenntnis nicht für Propagandazwecke nutzte, bleibt rätselhaft. Seine Reisen in die DDR im Zeitraum von 1982 sind dagegen als

Aktion »Keule« – nomen est omen! – immer wieder präzise dokumentiert.

Nach Angaben der Stasiunterlagenbehörde wurden von Juni 1977 bis zum Mai 1989 über »ZIMMERMANN« 270 Einzelinformationen erfasst. Lediglich 19 von ihnen gingen als Ausgangsinformationen an die Spitze des Mielke-Imperiums und der SED. Das Ministerium an sich hingegen wurde deutlich intensiver observiert. 62 Inoffizielle Mitarbeiter mit Decknamen und 42 unbekannte Spitzel lieferten vom September 1974 bis zum Oktober 1987 insgesamt 547 Einzelinformation über das Innenresort. Auffallend dabei ist die Zunahme von Berichten, die durch das Abhören von Telefonen, über die »Funkaufklärung«, zustande kamen.

Das BKA, das die beiden B.s beharrlich im Visier hatten, war wichtig für das Agentennetzwerk in Ost-Berlin. Von noch größerem Interesse freilich war das Bundesamt für Verfassungsschutz (BfV) mit Sitz in Köln, das ebenso dem Bundesministerium des Innern unterstellt war und ist. Der deutsche Inlandsnachrichtendienst sieht, nach eigenem Verständnis, seine »wichtigste Aufgabe« in der »Sammlung und Auswertung von Informationen für Bestrebungen gegen die freiheitlich demokratische Grundordnung und die Spionageabwehr«. Wie sehr Mielke und Wolf auf Informationen aus gerade dieser Behörde erpicht waren, lässt sich exemplarisch an drei Fällen illustrieren, die sich während der Kanzlerschaft Helmut Kohls und der Amtszeit Zimmermanns ereigneten.

Die Kollegen vom Deutschlandfunk (DLF) staunten nicht schlecht, als im Juni 1991 der Ehemann einer freien Mitarbeiterin verhaftet wurde. Als Inoffizieller Mitarbeiter des Ministeriums für Staatssicherheit soll er 17 Jahre Spitzelberichte über den Verfassungsschutz geliefert haben. Deckname: »Pirol«. Dahinter verbarg sich der Journalist Peter Caspar Wolter, 1947 in Münster geboren.

Wolters Stasiakte mit der Registriernummer XV/2904/78 umfasst lediglich 22 Seiten, die als Überreste zu verstehen sind. Die

Dokumente der Stasiunterlagenbehörde aber belegen eindeutig »Pirols« hartnäckige Spionagetätigkeit. Erfasst sind 108 Einzelinformationen. Aus den Unterlagen für den späteren Prozess vor dem OLG Düsseldorf wissen wir einiges über seine Vita: Er war Sohn eines Malers und Bildhauers und bereits in frühester Kindheit mit kommunistischen Idealen vertraut. Das Schicksal seines Vaters, der seit Anfang der Dreißigerjahre der KPD angehörte und emigrieren musste, um der Verfolgung durch die SA zu entgehen, hat Peter Wolter geprägt.

Nach vierjährigem Wehrdienst studierte er Publizistik in Münster und Berlin. 1976 bestand er die Magisterprüfung. Der Studiosus engagierte sich in der DKP und in der SEW, der »Sozialistischen Einheitspartei Westberlins«. In dieser Zeit – so die Erkenntnisse der Düsseldorfer Richter – lernte Wolter in Ost-Berlin einen »Uli« kennen, von dem er annehmen musste, dass es sich bei ihm und seinen ihn begleitenden Kollegen »Karl« und »Heinz« um Geheimdienstleute handelte. Ob nun aus Abenteuerlust oder aufgrund seiner Gesinnung erklärte er sich zu einer nachrichtendienstlichen Zusammenarbeit bereit. Am 1. September 1977 begann Wolter ein Volontariat bei der Deutschen Presseagentur in Düsseldorf und wechselte später zum Deutschen Depeschendienst nach Bonn, dann, 1981, zur Nachrichtenagentur Reuters. Anfang 1989 wurde er von Bonn nach Hamburg versetzt.

Schon zu Volontärszeiten war IM »Pirol« im Umgang mit dem chiffrierten A3-Funk unterwiesen worden. Von 1980 bis 1984 soll er, so das OLG Düsseldorf, auf diesem Wege montags gegen 22 Uhr über ein Radiogerät der Marke »Sony« Durchsagen von Zahlengruppen erhalten haben, die er dank entsprechender Listen zu decodieren vermochte. Später empfing er, jeweils zu einer vorgegebenen Sendezeit, Funksprüche über den sogenannten A1-Morsefunk, deren Entschlüsselung er mithilfe einer Trainingskassette erlernt hatte.

Mit seinen Führungsoffizieren traf sich IM »Pirol« zunächst in Abständen von sechs bis neun Monaten, vorwiegend in Ost-Berliner konspirativen Wohnungen, später dann alle zwei Monate in Dänemark, Belgien, den Niederlanden, in Kassel, Köln, Hamburg oder Bremen. Ende der Siebzigerjahre erklärte sich Peter Wolter auf Drängen seiner Führungsleute und nach anfänglichem Zögern bereit, Kontakt zu seinem Onkel Dr. Helmut R. aufzunehmen, der den Sprachendienst des Kölner Bundesamtes für Verfassungsschutz leitete. IM »Pirol« erhielt die Weisung, von seinem Onkel Informationen aus dem BfV zu beschaffen. Das OLG Düsseldorf fand heraus, dass Wolter in der Folgezeit alle paar Monate seinen Onkel an seinem Kölner Arbeitsplatz aufsuchte. R. hatte unter anderem die Aufgabe, fremdsprachige Berichte sowie andere Schriftstücke befreundeter Nachrichtendienste zu übersetzen und die vorgelegten Fassungen zu redigieren. Er soll seinem Neffen, der journalistisches Interesse vorgab, über all das bereitwillig Auskunft gegeben haben. IM »Pirol« gewann so Einblick in Akten des Verfassungsschutzes, machte sich Notizen und soll während der Gespräche sogar ein eingeschaltetes Diktiergerät unter seiner Jacke verborgen haben.

Doch damit nicht genug: Dem cleveren Agenten gelang es, Dienst-Akten kurzfristig in sein geparktes Fahrzeug zu schaffen und dort zu fotografieren. Anschließend brachte er sie seinem Onkel zurück. Die Richter am OLG gingen davon aus, dass Wolter bis zu 35 Vorgänge fotografiert hat. Die Filme und die Bandaufnahmen übergab der IM entweder bei Führungstreffen oder händigte sie seinen jeweiligen Instrukteuren aus. Gelegentlich benutzte Wolter auch auftragsgemäß einen rollenden »toten Briefkasten«, in der Toilette eines Interzonenzugs.

Unter den erspitzelten Dokumenten befand sich durchaus Brisantes: der Bericht über einen MfS-Mitarbeiter, der sich aus der DDR abgesetzt hatte; ein Spionageverdacht gegen einen Journalisten und gegen einen DDR-Bürger. Erkenntnisse des amerikanischen Geheimdienstes im Zusammenhang mit der Festnahme einer DDR-Bürgerin wanderten dank IM »Pirol« ebenso nach Ost-Berlin wie eine Liste von Fahrten sowjetischer Botschaftsfahrzeuge. Ende des Jahres 1986 verweigerte Dr. R. seinem Neffen allerdings weitere Akteneinsicht mit der Begründung, er könne dies aus Loyalität zu seinem Arbeitgeber nicht länger verantworten. Außer ein wenig Behördenklatsch, den IM »Pirol« von seinem Onkel gelegentlich noch erfuhr, versiegte damit die Quelle aus dem Bundesamt für Verfassungsschutz. Überlegungen des MfS, Dr. R. durch Erpressung zur geheimdienstlichen Mitarbeit zu bewegen, wurden verworfen.

»Pirols« letztes konspiratives Treffen fand im Januar 1990 in Schwerin statt. Ihm wurde eine tröstliche Nachricht überbracht: Sämtliche Unterlagen der HVA seien vernichtet. Er, Wolter, habe nichts zu befürchten. Das war glatte Desinformation. Das OLG Düsseldorf hat ihn im März 1995 kostenpflichtig zu zwei Jahren Haft verurteilt, die allerdings zur Bewährung ausgesetzt wurden. In der Begründung heißt es, der Journalist Peter Wolter habe »von Anfang 1978 bis Anfang 1990 bewusst und gewollt für den Geheimdienst einer fremden Macht, die HVA des MfS der ehemaligen DDR, eine geheimdienstliche Tätigkeit gegen die Bundesrepublik Deutschland ausgeübt, die auf die Mitteilung von Tatsachen, Gegenständen und Erkenntnissen gerichtet war«. Ein eher mildes, von Beobachtern gelegentlich kritisiertes Urteil, das allerdings ohne Kenntnis der 182 entschlüsselten, zum Teil überaus sensiblen Verratsdokumente der SIRA-Teildatenbank erging.

Nach der juristischen Aufarbeitung des Falls von IM »Pirol« verlor Dr. Helmut R. seine Arbeitsstelle beim BfV. Das gegen ihn eingeleitete Strafverfahren wurde allerdings gegen Zahlung einer Geldbuße von 6.000 DM eingestellt. Das verstehe, wer will. War dieser bundesdeutsche Verfassungsschützer wirklich dermaßen gutgläubig oder blauäugig?

Als meine Frau und ich 1988 in die Köln-Lindenthaler Scheffelstraße zogen, fanden wir rasch, ganz in der Nähe, unsere neue Stammkneipe in der Bachemer Straße 233. Der »Krieler Dom«, geführt vom leider früh verstorbenen Pächter Bernd Kranz, bot gutbürgerliche Küche. Dazu gab es kühles Kölsch vom Fass. Am großen holzgeschnitzten Tresen diskutierten wir die aktuelle Kommunalpolitik und natürlich die Höhen und Tiefen des 1. FC Köln. In der lebhaften Runde fiel uns ein schweigsamer Gast auf, der grundsätzlich rechts am Ende des Tresens saß. Blicke erwiderte er selten. Bei Ankunft und Aufbruch kein einziges Wort, allenfalls ein seltsames Nicken. Die meisten Gäste im »Kieler Dom« kannten sich mit Namen, wussten, welchen Job der andere hatte. Über diesen Herrn von stattlicher Statur aber wussten wir nichts.

Erst aus der Presse erfuhren wir im Oktober 1990, wer dieser Stammgast war: Joachim Moitzheim, Kölner, Jahrgang 1929, Doppelagent für das Ministerium für Staatssicherheit und das Bundesamt für Verfassungsschutz. In Markus Wolfs Erinnerungen »Spionagechef im geheimen Krieg« ist nachzulesen, dass dieser Moitzheim von der HVA geführt worden war und als 19-Jähriger in sowjetischer Kriegsgefangenschaft die antifaschistische Frontschule besucht hatte. Nach dem Krieg sei er, so weiter, von einem ehemaligen Mitgefangenen für das MfS angeworben worden. Der Jesuitenschüler war nach Wolfs Erinnerungen auf eigenen Wunsch der SED beigetreten und hatte sich im Scherz sogar schon eine Grabstelle unweit einer Ost-Berliner konspirativen Wohnung ausgesucht.

Moitzheims Stasiakte besteht aus 95 Seiten. Dabei handelt es sich um nicht vernichtete Überreste. Nach den »Rosenholz«-Unterlagen wurde seine F-22-Erfassungs-Karte am 1. März 1957 unter dem Decknamen »Wieland« angelegt. Dokumentiert sind 86 Einträge in der SIRA-Teildatenbank 12 und 57 Einträge in der SIRA-Teildatenbank 14. Zu den letzteren zählen Informationen der Abteilung IX/C der HVA, die für Gegenspionage und deren Auswertung zuständig war. Die Einzelinformationen beginnen im Dezember 1980 mit der »Klärung allgemeinen Verdachts und Sicherheitsüberprüfung« und enden am 10. September 1984 mit dem »Sachverhalt: Tel-Überwachung«. In den einzelnen Informationen wimmelt es nur so von

Begriffen wie »Sicherheitsüberprüfung«, »Verhaftung«, »Doppelagent«, »Selbststeller«, »Datenschutz«, »Überprüfung, »Festnahme«, »Fahndung«, »Abwehr«, »Bearbeitung DDR-Bürger«, »Ermittlungsmethoden MfS« oder »Personalpolitik«.

Nach späterer Feststellung des OLG Düsseldorf arbeitete Moitzheim mehr als 30 Jahre mit dem MfS zusammen. Im Oktober 1957 unterzeichnete er eine Verpflichtungserklärung. Motiv für seinen Entschluss sei neben der Aussicht auf finanzielle Zuwendungen seine in der sowjetischen Kriegsgefangenschaft begründete ideologische Übereinstimmung mit den Zielen der kommunistischen Gesellschaftslehre gewesen.

Im Auftrag des MfS soll IM »Wieland« zunächst einen in der Abteilung Staatsschutz des Polizeipräsidiums Köln beschäftigten Kriminalhauptmeister unter »falscher Flagge« abgeschöpft haben, nämlich unter dem Deckmantel, an Informationen für das Ost-Büro der SPD interessiert zu sein. Bis zu dessen Tod im Jahr 1976 soll »Wieland« den beim MfS unter dem Decknamen »Erdmann« registrierten Kriminalbeamten geführt haben. Von besonderem Interesse waren die jeden Monat neu aufgelegten Fahndungsbücher des Bundeskriminalamtes, des Hauptzollamtes und des Bundesverwaltungsamtes. Diese Materialien habe IM »Wieland« selbst bis etwa 1965 monatlich in einem Koffer nach Ost-Berlin gebracht. Später ging Moitzheim dazu über, die 1.000 Seiten starken Fahndungsbücher in der Wohnung von »Erdmann« zu fotografieren. Die Filme, etwa 25 bis 30 pro Lieferung, deponierte er in einem »toten Briefkasten«, kurz: »TBK«, der in einem Waldstück in Köln-Königsforst versteckt war. Von dort übernahm dann eine Kurierin den Transport des Verratsmaterials von Köln nach Ost-Berlin. Mit gefälschtem Reisepass unternahm IM »Wieland« zahlreiche Auslandsreisen und traf seine Führungsleute in Ungarn, Jugoslawien, der Tschechoslowakei oder in Österreich.

1977 lernte IM »Wieland« den im Bundesamt für Verfassungsschutz tätigen Amtsinspektor Heinz C. (MfS-Deckname »Schmitz«, späterer BfV-Deckname »Fäller«) kennen. 1978 beauftragten ihn seine Ost-Berliner Hintermänner, C. »unter falscher Flagge« für eine vermeintliche Tätigkeit im Dienste der CIA anzuwerben. In der Folgezeit lieferte IM »Schmitz« über seinen Residenten IM »Wieland« jedes Vierteljahr die im BfV-internen »Nadis«-Computer codiert abgespeicherten Daten von etwa 40 in sicherheitsempfindlichen Bereichen tätigen Personen ab. Mit den gleichfalls übermittelten Dechiffrierungs-Codes konnte die HVA die verschlüsselten Zahlenkombinationen problemlos dechiffrieren. C. aber hatte sich frühzeitig seiner Behörde offenbart.

Im Februar 1980 wurde Moitzheim alias IM »Wieland« von den BfV-Angehörigen Tiedge und Kuron, die unter den Decknamen »Tappert« und »Kluge« auftraten, auf seine Tätigkeit für das MfS angesprochen, ohne dass dabei aber C. enttarnt wurde. Vor die Alternative gestellt, den Strafverfolgungsbehörden übergeben zu werden oder künftig als Doppelagent (CM) für das BfV zu arbeiten, wählte Moitzheim letzteren Weg. Er räumte die Anwerbung von C. ein und berichtete von sich aus über die nachrichtendienstlichen Verbindungen, von denen die Sicherheitsbehörden der Bundesrepublik bis dahin keine Kenntnis hatten. Das BfV ließ den Vorgang als Gegenoperation »Keilkissen« weiterlaufen.

Moitzheim, der im BfV nun als CM »Keil« geführt, wurden ein Monatsgehalt von 1.500 DM, zusätzlich Urlaubs- und Weihnachtsgeld sowie Beihilfen im Krankheitsfall in Aussicht gestellt. In der Folgezeit setzte Moitzheim seine wöchentlichen Treffs mit C. fort, traf sich darüber hinaus aber einmal im Monat mit Klaus Kuron alias »Kluge«. Dem BfV-Mann berichtete er über die im Rahmen seiner Spionage für das MfS gewonnenen Erkenntnisse, insbesondere über die Führungspersonen, Instrukteure und konspirativen Objekte, die er kennengelernt hatte.

Als Hansjoachim Tiedge, im Bundesamt für Verfassungsschutz zuständig für die Abwehr der DDR-Spionage, im August 1985 in die DDR überlief, schaltete das Kölner Bundesamt Joachim

Moitzheim als aktiven Mitarbeiter ab. Es zahlte jedoch sein Gehalt weiter. Auch die HVA verlor das nachrichtendienstliche Interesse an IM »Wieland«. Er hielt aber seine Verbindung zum MfS aufrecht und traf sich jährlich mit seinen Führungsleuten in Wien, Ost-Berlin und Zagreb. Wie das OLG Düsseldorf ermittelte, hat Moitzheim von Oktober 1957 bis Ende 1989 insgesamt 306.900 DM vom DDR-Geheimdienst erhalten. Die Quittung bekam er 1992: Das Düsseldorfer Oberlandesgericht verurteilte den »Counterman« – wie Doppelagenten im Geheimdienst-Jargon heißen – zu einer zweieinhalbjährigen Freiheitsstrafe, ohne Pardon und ohne Bewährung.

Mit welchen Gefühlen muss uns dieser Mann in den Jahren 1988 und 1989 beinahe wöchentlich im »Krieler Dom« begegnet sein? Niemals haben wir ihn alkoholisiert, niemals mit Freunden, niemals in Frauenbegleitung angetroffen. Nach seiner Verhaftung 1990 ward er nie mehr gesehen. Wie gerne hätte ich mit ihm über sein schillerndes Leben gesprochen.

Von den drei hier exemplarisch beschriebenen Fällen aus dem Bundesamt für Verfassungsschutz ragt der Verrat des Regierungsamtsrats Klaus Kuron einsam heraus. In der BfV-Abteilung IV war er in einem besonders sensiblen Bereich tätig, in der Spionage- und Sabotageabwehr. Nach Einschätzung des OLG Düsseldorf hatte Kuron im BfV die Rolle eines sogenannten Beschaffers. Er war mit Verdachtsfällen auf allen Gebieten der Spionage, speziell durch das Ministerium für Staatssicherheit, insbesondere durch die HVA, befasst. Seine Aufgabe bestand darin, aktuelle Erkenntnisse über Struktur, Arbeitsweise und Zielrichtung des Ost-Berliner Nachrichtendienstes zu gewinnen und dessen Operationen zu enttarnen, soweit sie sich gegen oberste Bundesbehörden, Parteien oder Gewerkschaften richteten. Zu Kurons Aufgabenbereich gehörte, im Rahmen der sogenannten Gegenoperationen, auch das Führen von Agenten, die ursprünglich für die DDR spioniert hatten, dann aber vom BfV abgeworben worden waren. Er hatte, so das OLG

Düsseldorf, bei der Spionageabwehr eine Schlüsselstellung inne und legte durch seinen Verrat weite Teile der bundesdeutschen Spionageabwehr lahm.

Wer ist dieser Klaus Kuron? Kindheit und Jugend im Krieg und in der Nachkriegszeit verliefen unspektakulär. Mittlere Reife auf einem mathematisch-naturwissenschaftlichen Gymnasium. In Zeiten des Kalten Krieges eröffnete der Bundesgrenzschutz (BGS) im Weltmeisterschaftssommer 1954 eine adäquate Berufsperspektive. Nach der Grundausbildung folgten Bundespasskontrolldienst, Kurse in Funk-, Funkfernschreib- und Schlüsseldienst in der Polizeihauptfunkstelle Bonn. Als Oberwachtmeister im BGS wurde Kuron im Juni 1962 vom Bundesamt für Verfassungsschutz zur Vorbereitung für eine Laufbahn im gehobenen Dienst übernommen und noch im selben Jahr zum Beamten auf Widerruf ernannt. Seit 1969 war er Beamter auf Lebenszeit und machte Karriere: Regierungsinspektor, Regierungsamtmann, Regierungsamtsrat und schließlich, 1984, Regierungsoberamtsrat.

Hausbau, vier Söhne in Ausbildung: Kurons finanzieller Spielraum wurde enger und enger. In dieser Situation entschloss sich der Bundesbeamte, dem Ministerium für Staatssicherheit eine Zusammenarbeit anzubieten. Im September 1981 schrieb er einen Brief an Markus Wolf, den mächtigen Chef der HVA. Nach Erkenntnissen des OLG Düsseldorf bot er eine Kooperation unter folgenden Bedingungen an:
- »finanzielle Absicherung der Familie im Falle einer Festnahme,
- Zahlung eines monatlichen Nettogehalts in Höhe der derzeitigen Nettobezüge,
- anfängliche »Sicherheitszahlung« in Höhe des dreifachen Jahresnettogehaltes,
- Zusage, keine exekutiven Maßnahmen gegen von ihm als geheimer Mitarbeiter des BfV genannte Personen zu ergreifen,
- keine Weitergabe von Informationen an andere Nachrichtendienste des Warschauer Paktes ohne seine ausdrückliche Zustimmung,

– Treffs ausschließlich mit Offizieren der HVA, nicht mit Inoffizi-
ellen Mitarbeitern (IM) des MfS,
– Besprechung der Einzelheiten bei einem zu vereinbarenden
Treff.«

Gleichzeitig gab sich Kuron als Angehöriger des BfV zu erkennen,
ohne allerdings seinen Namen oder sein Arbeitsgebiet zu nennen.
    Das Schreiben unterzeichnete er mit dem Namen »Berger«. Das
sollte später bei der HVA sein Deckname werden. Dann warf er den
Brief in den Briefkasten der Ständigen Vertretung der DDR in
Bonn. Die HVA begann bald darauf mit geheimdienstlichen Über-
prüfungen. Ob das Angebot wirklich ernst gemeint war? Das
Prozedere zog sich. Im Juni 1982 dann traf Kuron mit einem MfS-
Mann namens »Günter« zusammen, seinem späteren Führungsoffizier Gunther Nehls, der sich als stellvertretender Bereichsleiter der
HVA vorstellte. Die Begegnung diente dazu, die Motive des west-
deutschen Verfassungsschützers zu ergründen und mit gebotener
Vorsicht ein Vertrauensverhältnis aufzubauen. Kuron beschrieb
seine Aufgaben im BfV, schilderte die Zusammenarbeit mit Kollegen und berichtete über einige der von ihm geleiteten Gegenoperationen bei der Ostspionage.
    Weitere Treffen folgten, bei denen mehrere 1.000 D-Mark ihren
Besitzer wechselten. Zugleich nahm die von langer Hand minutiös
geplante Begegnung zwischen Kuron und Markus Wolf konkrete
Züge an. Am 12. Oktober 1982 war es so weit. Am Parkeingang des
Schlosses Schönbrunn in Wien wurde Kuron von seinem Führungsoffizier Nehls erwartet, der ihm einen auf den Namen »Gerhard Häusler« ausgestellten DDR-Diplomatenpass übergab. Dann
ging es mit einer Limousine der Wiener DDR-Botschaft nach Bra-
tislava. Dort stand startbereit eine Maschine der Interflug, die nach
Kurons Eintreffen in Richtung Dresden abhob.
    In einer Villa des MfS sind sich dort Kuron und Wolf das erste
Mal begegnet. Zunächst sprach man über Persönliches, über die

familiären Verhältnisse und den beruflichen Werdegang. Dann wiederholte Kuron seine bereits übermittelten Grundbedingungen für eine künftige Zusammenarbeit. Markus Wolf akzeptierte sämtliche Forderungen, auch die Zahlung einer Einstiegssumme von 150.000 DM. Vereinbart wurden zudem weitere Treffen im westlichen Ausland und eine Informationsübermittlung mittels »High-Density-Technik« (also in pionierhaftem HD) über ein Decktelefon. Eine schriftliche Verpflichtung Kurons erfolgte nicht.

Im Zuge des Treffens in Dresden lieferte Kuron, wie erwünscht, Informationen über zurückliegende Operationen und Verdachtsfälle, die er in einem Taschenrechner mit Datenbank gespeichert hatte. Die Zusammenkunft endete mit einem gemeinsamen Abendessen und einem anschließenden Lichtbildvortrag, in dem Wolf den neuen »Kundschafter« auf die landschaftlichen Schönheiten der DDR aufmerksam machte. Man einigte sich auf persönliche Treffen alle zwei Jahre.

Zu Kuron existiert keine Personenkarteikarte der HVA– wahrscheinlich aus Gründen der ganz besonderen Geheimhaltung –, sondern nur eine Karte der Spionageabwehr HA II. Auch Einträge in der SIRA-Teildatenbank 12 fehlen. Dafür konnte die Teildatenbank 14 mit 1.360 Einzelinformationen entschlüsselt werden, die das gesamte Verrats-Spektrum des IM »Berger«, später IM »Stern«, von 1982 bis 1989 dokumentieren.

Die Treffen mit Kurons nunmehr zwei Führungsoffizieren fanden 1983 in Österreich und Tunesien statt. IM »Berger« lieferte umfassend: Er verriet nicht nur Doppelagenten und das Vorgehen der bundesdeutschen Spionageabwehr, um gegnerische Spitzel zu entlarven, sondern gab auch Telefonnummern und Kennwörter weiter. Dabei bestand er darauf, dass niemand aufgrund seiner Informationen verhaftet würde – zum Ärger der Staatssicherheit. Die musste sich bis 1985 gedulden, als ein weiterer hochrangiger BfV-Mitarbeiter für die DDR tätig wurde: Hansjoachim Tiedge floh sogar in die DDR. Ihm konnte man nun glaubhaft das Ausplaudern der Namen unterstellen, Kurons Doppelspiel war also geschützt. Schon im April 1984 war es zu einer erneuten Spitzenbegegnung von Kuron und Wolf gekommen. Der für die HVA außerordentlich wichtig gewordene IM »Berger« entschied sich für eine Einschleusung über die innerdeutsche Grenze im Harz. In Braunlage wurden dem Ehepaar Kuron von einem MfS-Mann Tarnanzüge übergezogen. Dann stiegen die drei in Begleitung eines Offiziers der DDR-Grenztruppen an einer präparierten Stelle über den Metallgitter-Grenzzaun und verwischten ihre Fußspuren. Ein Offizier brachte die Gruppe zu einem getarnten Zelt, in dem sie etwa eine Stunde warten mussten, bis sichergestellt war, dass niemand ihren Grenzübertritt bemerkt hatte. Dann ging es per Pkw in Richtung Magdeburg zu einem bei Colditz gelegenen Jagdhaus.

Nach zweijähriger intensiver Zusammenarbeit schien es Markus Wolf an der Zeit, sich in besonderer Weise erkenntlich zu zeigen. In einer Feierstunde wurde IM »Berger« der »Väterliche Verdienstorden in Bronze« verliehen. Die Auszeichnung war mit der Übergabe von 5.000 DM verbunden. Außerdem durfte das Ehepaar Kuron mit finanzieller Unterstützung für den Kauf einer Ferienwohnung in Spanien rechnen. Anschließend wurden die Kurons auf dem gleichen Weg, auf dem sie gekommen waren, ins Feindesland zurückgeschleust. Im Laufe der Jahre 1984 und 1985 fanden die Begegnungen in Belgien und mit einer gemeinsamen Urlaubsreise auf die Seychellen ihre Fortsetzung.

Nach dem skandalumwitterten Übertritt des alkoholkranken und verarmten BfV-Top-Manns Hansjoachim Tiedge im August 1985 änderte die HVA die interne Registriernummer Kurons und ordnete sie – die Gründe wurden bereits genannt – nunmehr Tiedge zu. Regierungsoberamtsrat Kuron wurde von der HVA fortan unter dem Decknamen »Stern« geführt. Zwischen 1985 und dem Juli 1989 traf IM »Stern« seine Führungsoffiziere Nehls und Engelmann weiterhin regelmäßig. Mit von der Partie war stets Kurons Ehefrau, die in die Spionageaktivitäten ihres Mannes eingeweiht war. So verabredete man sich, im Schnitt zweimal jährlich, auf bundesdeutschem Terrain, in Belgien, Luxemburg, Österreich oder Spanien. Diese Begegnungen dauerten etwa drei bis vier Stunden und fanden in Restaurants, Parks oder am Strand statt. Die HVA-Männer bekamen von IM »Stern« mündliche Informationen, die sie entweder unmittelbar nach dem Treff auf Band sprachen oder sich von Kuron vor Ort aufs Diktafon sprechen ließen. Manchmal, obgleich nur selten, erhielten sie auch Filme, codierte Aufzeichnungen und verschlüsselte, auf Mikrokassetten gespeicherte Dokumente. Der letzte Treff, bei dem IM »Stern« Verratsmaterial übergab, fand am historischen 9. November 1989 im österreichischen Dornbirn statt.

Wie das Düsseldorfer OLG eruierte, nutzte Kuron anfangs einen Kleincomputer der Marke »SHARP«, mit dem er die gespeicherten Informationen auf Mikrokassetten überspielte und diese dann dem Kurier oder dem Führungsoffizier übergab. Die Technik wurde von Jahr zu Jahr verfeinert. So verwendete die HVA etwa eine neue Software, mit der die digitale Speicherung von codierten Zahlengruppen möglich war. Durch die Nachrichtenübermittlung mit HD-Technik konnte Kuron die HVA bis Oktober 1989 in Abständen von etwa zwei Wochen laufend mit aktuellen Informationen versorgen. Für die Übermittlung seiner Funksprüche benötigte der Superagent gerade einmal drei Sekunden. Aus Sicherheitsgründen, insbesondere um eine mögliche Telefonüberwachung zu umgehen, benutzte IM »Stern« dabei das öffentliche Telefonnetz.

Das Düsseldorfer Oberlandesgericht fand zudem heraus, dass Kuron vier Ost-Berliner Decktelefonnummern zur Verfügung standen. Die vereinbarten Routineanrufe erfolgten an jedem letzten Donnerstag des Monats um 18 Uhr. Schon Mitte 1984 hatte er, damals noch IM »Berger«, eine A3-Verbindung zugeteilt bekommen. Der Empfang erfolgte mit einem handelsüblichen Radiogerät. Ab Sommer 1986 verfügte er, nunmehr als IM »Stern«, über einen Aufbewahrungscontainer in Gestalt eines Kleidersacks, in dessen Trageschiene ein Geheimversteck eingenäht war. Als weiteres

Medium der Übermittlung geheimer Informationen diente ab 1987 ein elektronisches Notizbuch der Marke »CASIO SF 4000«, in dem der IM teils nachrichtendienstlich relevante Informationen speicherte. Bei den Treffs wurde das Gerät dann jeweils gegen ein anderes, unbespieltes ausgetauscht. In die Gehäuserückplatten hatte Kuron ein Loch gebohrt, damit sich der Inhalt im Notfall über die Reset-Taste mit nur einem Knopfdruck löschen ließ.

Insgesamt hat Klaus Kuron von 1982 bis 1989, wie das OLG Düsseldorf errechnete, mindestens 692.000 DM Agentenlohn erhalten. Reisespesen wurden stets zusätzlich erstattet. Auch Kurons Ehefrau durfte sich über Geld und andere Geschenke freuen. Beide mussten nie eine Quittung unterschreiben.

Im Gegenzug lieferte Klaus Kuron, so das Oberlandesgericht, dem MfS Papiere über Papiere, die am Ende 13 Aktenordner mit jeweils rund 250 Blatt füllten. Sie alle fielen der Vernichtungsaktion der HVA zum Opfer. Hätte man sie untersuchen können, hätten sie Auskunft über Arbeitsweise und Erkenntnisse der Spionageabwehr des BfV gegeben, die nur einem begrenzten Personenkreis zugänglich sein sollten.

Nach dem Mauerfall war Klaus Kuron begreiflicherweise um seine Sicherheit besorgt. Bei den letzten Treffen mit dem MfS im Dezember 1989 und im Januar 1990 ging es daher einzig und allein um die Zusicherung, dass sämtliche Akten, die Informationen über ihn oder über von ihm geliefertes Material enthielten, vernichtet würden. Sein Führungsoffizier Engelmann schlug ihm als Ultima Ratio eine Flucht nach Südafrika oder Südamerika vor. Kuron schloss die Möglichkeit nicht aus, sich in die damalige UdSSR abzusetzen.

Obwohl per Regierungsbeschluss die operative Tätigkeit des MfS zum 31. März 1990 eingestellt worden war, kam es noch zu zwei weiteren Treffen zwischen Kuron und seinem Führungsoffizier, Anfang April im österreichischen Bludenz und im August in Bad Kleinkirchheim in Kärnten. Auch hier stand eine mögliche Flucht in die damalige UdSSR im Vordergrund. Außerdem soll es Gerüchte gegeben haben, wonach sich ein hochrangiger ehemaliger HVA-Mann – Karl-Christoph Großmann – den Bundesbehörden offenbaren wollte. Gemeint war der frühere Leiter des Bereichs A der Abteilung IX der HVA, Karl Großmann, der Kuron aus langjähriger Spionagezusammenarbeit persönlich kannte.

Wie im OLG-Urteil dokumentiert, fuhr Kuron am 5. Oktober 1990 mit seinem Pkw nach Berlin, bewaffnet mit seiner »Beretta«-Pistole. Sein mitgenommenes Gepäck reichte für drei bis vier Wochen. In der einstigen Hauptstadt der zwei Tage zuvor untergegangenen DDR traf er seinen ehemaligen Führungsoffizier Engelmann, der in der Zwischenzeit die sowjetische Garnison in Karlshorst aufgesucht hatte. Bei einem KGB-Offizier bat Engelmann um Beistand für seinen Agenten, der sich in größter Not befinde und sich darum absetzen wolle. Der KGB-Mann sagte Unterstützung zu. Verschiedene Fluchtmöglichkeiten wurden erörtert. Kuron vertrat die Ansicht, dass es das Beste sei, sofort zu HVA-Oberst Großmann zu fahren, um ihn entweder von seinem Vorhaben des Verrats abzubringen oder ihn umgehend zu erschießen. Da aber niemand Großmanns Adresse kannte, musste der Plan aufgegeben werden. Also entschloss sich Kuron zur Flucht in die Sowjetunion. Daraufhin wurde er ins militärische Sperrgebiet von Karlshorst gefahren. Zuvor hatte er seine Frau gebeten, mit dem nächsten Flugzeug nach Berlin zu kommen.

Alles schien geregelt. In letzter Minute aber vollzog Kuron einen Sinneswandel. Die ungewisse Altersversorgung und der Gedanke an seine Familie bewegten ihn, von seiner Frau bestärkt, dazu, von seinem Fluchtvorhaben Abstand zu nehmen. So wurde das Ehepaar Kuron am 7. Oktober 1990 nach West-Berlin gebracht. Von dort fuhren die beiden im eigenen Fahrzeug ins niedersächsische Königslutter. Dort nahm Kuron telefonisch Kontakt zu seiner Dienststelle auf. Die Kölner BfV-Zentrale entsandte augenblicklich einen Mitarbeiter. Ihn soll Kuron mit den Worten empfangen haben: »Ich bin der Maulwurf, den Sie lange suchen.« Anschließend offenbarte er die Details seiner jahrelangen Spionagetätigkeit für die HVA und begleitete seinen Kollegen im Pkw nach Köln. Dort wurde er schon von Beamten des BKA erwartet und verhaftet.

In den Augen der Anklagebehörde war Kuron »von Beruf Verräter«. Er habe einen »Pakt mit dem Wolf geschlossen«, als »Selbstanbieter« mit dem »gefährlichsten« nachrichtendienstlichen Gegner kollaboriert und die Bundesrepublik wissentlich in höchste Gefahr gebracht. 1992 wurde er vom Oberlandesgericht Düsseldorf »wegen Landesverrats in Tateinheit mit Bestechlichkeit zu einer Freiheitsstrafe von zwölf Jahren kostenpflichtig verurteilt« und ihm für die »Dauer von fünf Jahren das Recht aberkannt, in öffentlichen Angelegenheiten zu wählen oder zu stimmen«. Angeordnet wurde zudem der Verfall, also die Einziehung des Geldbetrages von 692.000 DM – des gesamten Lohns, den Kuron vom MfS erhalten hatte. Es war das höchste Strafmaß, dass je in einem deutsch-deutschen Spionageprozess gefällt wurde. Nach Meinung des damaligen Chefs des Bundesamtes für Verfassungsschutz, Gerd Boeden, war es die größte Spionageaffäre in der Geschichte der Bundesrepublik. Auch Markus Wolf bezeichnete IM »Stern« alias Klaus Kuron, neben Günter Guillaume und Gabriele Gast, als einen seiner Top-Spione. 1998 wurde Kuron nach acht Jahren vorzeitig aus der Haft entlassen.

Neben dem Bundeskriminalamt und dem Bundesamt für Verfassungsschutz ist der Bundesgrenzschutz (BGS), seit 2005 in »Bundespolizei« umbenannt, die dritte Behörde, die dem Bundesinnenministerium untersteht. Ursprünglich hatte der BGS nur den Auftrag der Grenzsicherung, erhielt im Lauf der Jahre aber Kompetenzen für kriminalpolizeiliche Ermittlungen. Neben dem Schutz der innerdeutschen Grenze gehörte die polizeiliche Überwachung der Außengrenzen zu Lande, zu Wasser und aus der Luft zu seinen primären Aufgaben. Hinzu kam der Schutz von Verfassungsorganen des Bundes und von Bundesministerien. In Zeiten des Kalten Krieges war der BGS eine fast militärisch ausgerüstete Schutztruppe, die nach eigenem Verständnis im Falle eines Krieges auch bei inneren Unruhen eingreifen sollte.

Für die DDR-Auslandsspionage war der Bundesgrenzschutz von ähnlich hoher Bedeutung wie das BKA und das BfV. Für die Zeit ab 1969 – als die bis heute teils verfügbare SIRA-Datenbank geschaffen wurde – ließen sich 19 auf den BGS angesetzte Inoffizielle Mitarbeiter ermitteln. Acht Inoffizielle Mitarbeiter konnten mit Decknamen, Klarnamen und Registriernummer identifiziert werden. Bei den elf anderen gelang es immerhin, Decknamen und Registriernummer zu ermitteln. Insgesamt lieferten die Maulwürfe 106 Einzelinformationen.

Zu den Top-Spitzeln dieser Riege gehörte Alexander Dahms. Der Polizeidirektor im Bundesgrenzschutz, geboren am 7. Januar 1942 in Breslau, war Sohn eines Schauspielers und einer Balletttänzerin. Seine Kindheit in den Kriegswirren – der Vater Soldat, die Mutter dienstverpflichtet – verbrachte Alexander bei der Großmutter. Sie floh mit ihrem kleinen Enkel in den Westen und landete in Niedersachsen. Als sie 1948 starb, wurde der Sechsjährige bei einer Nenntante untergebracht. Nach dem Abitur 1963 begann er an der Universität Bonn ein Studium der Psychologie und Soziologie, wechselte aber schon bald auf Jura über.

Schon als Gymnasiast beschäftigte ihn die Frage nach der Kriegsschuld. Alexander Dahms zeigte sich zunächst für rechtsradikale Ideen empfänglich. Er wurde Mitglied der Jugendorganisation der »Deutschen Reichspartei« (Junge Kameradschaft), trat aber 1961 wegen antisemitischer Tendenzen einiger Mitglieder wieder aus und entdeckte für sich im Zuge einer politischen Neuorientierung die Vorzüge des Sozialismus.

Wie die Richter am OLG Koblenz später ermittelten, war Dahms erst Mitarbeiter im »Bund der Verfolgten des Naziregimes«, dann, 1969, Gründungsmitglied und Vorsitzender der »Gesellschaft junger Juristen zur Pflege der deutsch-israelischen Freundschaft«. Außerdem soll er von 1970 bis 1973 Assistent des rheinland-pfälzischen CDU-Bundestagsabgeordneten Elmar Pieroth gewesen sein, eines Parteifreunds von Helmut Kohl. Nachdem er beide Staatsexamina bestanden hatte, bemühte sich Dahms vergebens um eine Anstellung im Bundesaußenministerium. Erfolgreich hingegen war seine Bewerbung im Bundesinnenministerium.

Ab 1. März 1973 wurde er, zunächst im Angestelltenverhältnis, bei der Grenzschutzdirektion Koblenz beschäftigt und ein Jahr später zum Regierungsrat ernannt. Der Jurist durchlief die Regelbeförderung vom Oberregierungsrat zum Regierungsdirektor und wurde nach Angaben des OLG Koblenz mit Wirkung vom 18. Mai 1983 in den Polizeivollzugsdienst des Bundes übernommen. Seitdem war er, bis zu seiner Verhaftung 1990, als Polizeidirektor im BGS-Dezernat I »Grenzpolizeiwesen« tätig. Von Juli 1973 an soll Alexander Dahms zum Umgang mit Verschlusssachen bis zum Verschlusssachengrad »Geheim« befugt gewesen und regelmäßig über die daraus resultierenden Pflichten belehrt worden sein.

Dahms Karriere nahm ohne offensichtlichen Fehl und Tadel ihren Lauf. Wie aber kam es zur Zusammenarbeit mit dem DDR-Geheimdienst? Um die Verhältnisse im »real existierenden Sozialismus« kennenzulernen, hatte er auf Empfehlung eines Onkels im Frühjahr 1962 als Schüler Ost-Berlin besucht und die Bekanntschaft eines Mitarbeiters der Zeitschrift »Junge Welt« gemacht, des Zentralorgans der Freien Deutschen Jugend (FDJ). Weitere Aufenthalte in der DDR folgten. Stets kümmerte sich der Ost-Berliner Journalist um den westdeutschen Pennäler, der die Verhältnisse in der DDR als derart positiv empfand, dass er eine Übersiedlung ins Auge fasste. Er wollte aktiv beim Aufbau einer sozialistischen Gesellschaft mithelfen.

Im Frühjahr 1963 machte Dahms sich erneut nach Ost-Berlin auf, um nunmehr Einzelheiten seiner Übersiedlung und seines beruflichen Werdegangs in der DDR – er wollte Journalist werden – zu besprechen. In einer konspirativen Wohnung traf er zwei Mitarbeiter des Ministeriums für Staatssicherheit. Sie beglückwünschten ihn zu seiner Entscheidung, am Aufbau des Sozialismus mitwirken zu wollen, und beteuerten, dass seine journalistische Laufbahn in der DDR gesichert sei. Allerdings habe man eine wichtige und ehrenvolle Aufgabe mit ihm zu besprechen. Die Schlapphüte forderten Dahms unverhohlen auf, sich für eine geheimdienstliche Tätigkeit zu verpflichten und begründeten dies mit dem Argument, dass der Platz eines wahren Kommunisten an der vordersten Front im Operationsgebiet sei. Dort könne für den Aufbau des Sozialismus besonders wertvolle Arbeit geleistet werden. Nach anfänglichem Zögern soll sich der junge Mann aus Bonn zur Zusammenarbeit mit dem MfS bereit erklärt haben. Nach Auffassung des Koblenzer OLG hat er dies bei einem späteren Treffen im selben Jahr auch schriftlich erklärt.

Nach Erkenntnissen der Berliner Stasiunterlagenbehörde wurde die Erfassungskarte von Alexander Dahms bereits am 19. Januar 1963 unter der Registriernummer XV/1360/63 angelegt. Auf der F-22-Karte ist unter dem Datum des 18. Mai 1963 der Deckname »Dämon« eingetragen.

105 Seiten umfasst die nur in geringen Teilen erhaltene Stasiakte des IM »Dämon«, alias Alexander Dahms. Sie beginnt mit Berichten der Quelle »Duo« über erste Kontakte mit dem Gymnasiasten, der damals, im Juni 1962, noch unverhohlen rechtsradikale Positionen vertreten habe. Darüber informieren mehrere Seiten eines Dossiers. Es folgen Einzelinformationen aus den 1970er-Jahren, die »im Interesse der Sicherheit der Quelle nicht publizistisch ausgewertet werden« sollten. Erhalten sind auch Informationen aus dem Jahr 1986, die aus Bonner Sicht die Haltung der DDR in der sogenannten Asylantenfrage interpretierten.

Die Sachlage war folgende: Mitte der Achtziger-Jahre hatten Menschen aus verschiedensten Ländern festgestellt, dass sich der Kalte Krieg auch für ihre Asylanliegen nutzen ließ. Weit mehr als

100.000 Personen aus Afrika und Asien wählten den Weg über die DDR, um in der Bundesrepublik Asyl zu beantragen. Während in der Bundesrepublik die gesellschaftliche Debatte zwischen dem heute ebenfalls bekannten »Wir schaffen das!« und dem unbotmäßigen »Grenzen schließen!« tobte, verdiente die DDR kräftig mit den Migranten. Sie ließ nämlich bereitwillig Menschen einreisen, um sie umgehend über die innerdeutsche Grenze in Berlin nach West-Berlin und damit in ein Gebiet mit bundesrepublikanischem Recht zu befördern. Dort mussten die Ankommenden lediglich angeben, sie wollten Asyl beantragen, dann galt ein Bleiberecht bis zum Verfahrensabschluss. In der DDR lachte man sich ins Fäustchen – vielleicht auch IM »Dämon« selbst. Nun würde die Bundesrepublik sicher auch ihrerseits auf einer Grenzsicherung bestehen – und damit den Status quo des geteilten Deutschland anerkennen.

Von Anfang an sah das MfS im IM »Dämon«, dem zugesichert wurde, im Falle des Scheiterns seiner Spionagetätigkeit jederzeit in die DDR übersiedeln zu können, einen sogenannten Perspektivagenten. Einen jungen Mann mit Zukunft also. Bei weiteren Treffen in Ost-Berlin, die ab 1963 rund dreimal jährlich stattfanden, wurde er nachrichtendienstlich geschult, in Geheimschreibverfahren unterwiesen: im Umgang mit dem einseitigen Funkverkehr, dem Chiffrieren und Dechiffrieren, in der korrekten Nutzung »toter Briefkästen«. Er lernte die für ihn zuständigen MfS-Angehörigen »Bernhard« und »Werner« kennen, Letzterer war Werner P., der IM »Dämon« bis 1984 als Instrukteur betreute. Unter »Bernhard« firmierte der Oberst Bernhard Schorm, der schon hinreichend bekannte Leiter des Referats 2 der Abteilung I der HVA.

Seit der Anstellung bei der Grenzschutzdirektion Koblenz am 1. März 1973 traf sich IM »Dämon« – intern vom MfS mittlerweile im Rang eines Majors geführt – etwa alle drei Monate mit seinem Instrukteur »Werner« zur Materialübergabe, meist in oder nahe bei Bonn. Er war aus Sicht des MfS zur Top-Quelle geworden. Dahms lieferte, wie die Koblenzer Richter später herausfanden, Unterlagen über Fahndungsmethoden und Grenzkontrollen, Amtshilfeersuchen des Bundesnachrichtendienstes und der Verfassungsschutzbehörden sowie Erkenntnisse zum neuen fälschungssicheren Bundespersonalausweis. Viele Materialien waren als Verschlusssachen eingestuft. Dazu gehörten:

- Unterlagen über das Aufgabengebiet der Grenzschutzdirektion, Geschäftsverteilungs- und Organisationspläne, das Telefonverzeichnis des Grenzschutzeinzeldienstes.
- Richtlinien über Grenzkontrollen, Unterlagen zur Organisation der Bekämpfung von Illegalen.
- Fälschungssicherer Bundespersonalausweis, Dokumente über das automatische Lesegerät, das an den Grenzübergangsstellen eingeführt werden sollte und für das MfS von besonderem Interesse war.
- Mitteilungen über Ergebnisse der Amtsleiter-Tagungen, Unterlagen über Verbrechensangelegenheiten, Asylfragen und die Entwicklung des Ausländerrechts sowie Materialien zur polizeilichen Fortbildung.

IM »Dämon« wurde mit dem Gebrauch eines sogenannten Schnellgebers vertraut gemacht, der es möglich machte, Nachrichten mithilfe elektronischer Impulse binnen Sekunden via Telefon zu übermitteln. Die konspirativen Treffen fanden nun in ganz Europa statt: Jugoslawien, Österreich, Italien oder Griechenland. 1985 wurde die Materialübergabe von einem neuen Instrukteur namens »Gerhard« durchgeführt und die Verbindung durch ein sogenanntes Eurosignal ausgebaut.

Dahms Hauptmotiv für seine Agententätigkeit resultierte, so seine späteren Richter am OLG Koblenz, primär aus ideologischen Überzeugungen, sozialistischen Idealen. Parallel kassierte er aber auch Agentenlohn, der zwischen 1963 und 1990 mindestens 60.000 DM betragen haben soll. Auch bei den Verleihungen von Treuemedaillen in Bronze, Silber und Gold gab es jeweils

Vergütungen bis zu 500 DM. Das MfS hatte für IM »Dämon« in der DDR sogar ein Konto eingerichtet, auf dem laufende Gehaltszahlungen von 1.000 bis 2.000 Ostmark eingingen, was seinem Dienstgrad als Major bzw. Oberleutnant entsprach.

Im Frühsommer 1989 kam es dann zum letzten Inlandstreffen zum Zwecke der Materialübergabe. Die Folgebegegnungen im November 1989 und Januar 1990 dienten nur noch der Abwicklung. IM »Dahms« erhielt seine offizielle Entpflichtung. Gleichzeitig wurde ihm versichert, dass seine Personalunterlagen vernichtet worden seien. Er brauche sich nicht zu sorgen. Eine trügerische Verheißung zum Abschied.

Am 10. April 1990 wurde Alexander Dahms vorläufig festgenommen und am 1. März 1991 vom Oberlandesgericht Koblenz »wegen geheimdienstlicher Agententätigkeit in Tateinheit mit Bestechlichkeit und Verletzung des Dienstgeheimnisses zu einer Freiheitsstrafe von sechs Jahren und sechs Monaten verurteilt«. Für die Dauer von fünf Jahren wurde ihm die Fähigkeit aberkannt, »öffentliche Ämter zu bekleiden und Rechte aus öffentlichen Wahlen zu erlangen und das Recht, in öffentlichen Angelegenheiten zu wählen oder zu stimmen«. Außerdem hatte Dahms die Kosten des Verfahrens zu tragen.

Die Bilanz im OLG-Urteil war schonungslos: Der Angeklagte habe von Februar 1963 bis 1990 Spitzelberichte für die DDR-Auslandsspionage verfasst und bei etwa 80 Treffen seinen Instrukteuren jeweils zwei bis drei belichtete Filme mit je 36 Aufnahmen, insgesamt also mindestens 5.500 DIN-A4-Seiten aus dem Bereich der Grenzschutzdirektion Koblenz übergeben. So habe IM »Dämon« – urteilten die Richter – das MfS in die Lage versetzt, »Planungen aus dem Bereich der Grenzschutzdirektion zu erfassen und längerfristige Maßnahmen im Hinblick auf die Sicherung eigener Verbindungswege in die Bundesrepublik Deutschland zu treffen«. Auf diese Weise sei es dem MfS möglich gewesen, sein Agentennetz in der Bundesrepublik zu erhalten und, mehr noch, es weiter auszubauen.

Die erst später entschlüsselten SIRA-Dokumente benennen, etwa für das Jahr 1988, den Umfang des von IM »Dämon« begangenen Verrats recht präzise: »Informationen zum Rechts- und Verwaltungsregime, zur Sicherung des grenzüberschreitenden Reiseverkehrs und des allgemeinen Aufenthalts- und Bewegungsregimes sowie zum personenbezogenen Ausweis- und Dokumentenregime unter besonderer Beachtung der EDV-Anwendung und des Datenverbundes des Operationsgebietes«. 278 Einzelinformationen hat Alexander Dahms, nach Erkenntnissen der Stasiunterlagenbehörde, nach Ost-Berlin weitergeleitet. Sie beginnen am 13. Dezember 1979 und enden am 28. September 1989 mit IM »Dämons« Rapport über »Verstärkte Kontrollen an BRD-Landstraßenübergängen zur DDR«.

Die Quellenausdrucke für die Teildatenbank 14 beziffern gar 309 Einzelinformationen von IM »Dämon« alias Alexander Dahms. Was wäre geschehen, wenn das Oberlandesgericht diese Dokumente zur Verfügung gehabt hätte? In seinen Erinnerungen schrieb der letzte Chef der HVA, Werner Großmann, über Dahms: »Wir erfahren von ihm nicht nur Interna aus seiner Dienststelle, sondern auch aus dem Bundesinnenministerium, dem Bundesnachrichtendienst, dem Bundesverfassungsschutz und der Europäischen Union, vor allem in Vorbereitung des Schengener Abkommens. Mit seinen Informationen können wir unser IM-Netz besser sichern.« An anderer Stelle verrät Großmann, dass der Polizeidirektor Alexander Dahms wie drei andere, bereits beschriebene »Kundschafter« vom ehemaligen MfS-Obersten Werner Roitzsch an das Bundesamt für Verfassungsschutz verraten wurde.

Das Bundesministerium des Innern nebst seinen höchst sicherheitsrelevanten Behörden war freilich nur eines der Schlüsselressorts, auf das sich die DDR-Staatssicherheit während Helmut Kohls Kanzlerjahren von 1982 bis 1989 in besonderem Maße konzentrierte. Ein anderes war das Bundeskanzleramt mit seinem Leiter

Wolfgang Schäuble, der seit 1984 amtierte. Seine 144 Blatt umfassende Stasiakte wurde bereits 1972 angelegt. Neben einem ausführlichen Konvolut von Pressestimmen findet sich ein realistisches Personen-Dossier, das darum ausgiebig zitiert sei: »Schäuble ist ein ehrgeiziger, zielstrebiger Politiker. Er ist karrierebewusst, betonte jedoch mehrfach, dass er mit der Politik nicht verheiratet sei und sich jederzeit auch eine andere berufliche Laufbahn vorstellen könne ...«

Durch sein geduldiges, fleißiges und wenig auffälliges Wirken in der Fraktion empfahl sich Schäuble allmählich für bedeutendere Aufgaben. Sein politisches Talent bestätigte er erstmals im Untersuchungsausschuss der Steiner/Wienand-Bestechungsaffäre. In der Folgezeit konzentrierte er sich auf wirtschafts-, finanz- und steuerpolitische Fragen und gewann durch seine Arbeitsergebnisse auf diesen Gebieten zunehmend Achtung in der CDU/CSU-Fraktion. Aufgrund seiner Fähigkeiten, konzeptionell zu arbeiten, präzise und effektvoll zu formulieren und perspektivisch zu denken, wurde Schäuble vom CDU-Vorsitzenden und damaligen Oppositionsführer Kohl als einer seiner Redenschreiber ausgewählt. Diese Aufgabe erfüllte er zur vollen Zufriedenheit Kohls. Insbesondere gelang es ihm, die wirtschaftspolitische Problematik attraktiv darzustellen, wie er es z. B. mit der Parteitagsrede für Kohl 1981 in Hamburg demonstrierte. Schäuble profilierte sich immer mehr als Typ jenes Politikers, den Kohl besonders schätzt, der immer gut gelaunt ist, geräuschlos und effektiv arbeitet sowie treu ergeben seinen Dienst tut. So gestaltete sich das Verhältnis beider immer enger ... Es wird in der Union erwartet, dass Schäuble das Ansehen des Kanzleramtes in der Öffentlichkeit wieder erhöhen kann, indem er ein Bild der Ordnung, Geschlossenheit und Zielsicherheit seiner Arbeit vermittelt ... Auf dem Gebiet der Deutschlandpolitik, für die er in seiner neuen Funktion ebenfalls zuständig ist, besitzt er keine eigenen praktischen Erfahrungen. Er wird jedoch der Gruppe der jüngeren, realistischeren CDU-Politiker zugerechnet, die gegenüber der DDR eine sachliche und berechenbare Politik betreiben wollen. In bisherigen Gesprächen mit DDR-Politikern im Auftrage von Kohl habe er seine Bemühungen um einvernehmliche Regelungen mit der DDR und seine Bereitschaft zur Modifizierung von unhaltbaren Rechtspositionen angedeutet. Im Einzelnen halte er die Aufnahme von Kontakten zur Volkskammer der DDR für eine lösbare Aufgabe und sei weiterhin am Zustandekommen eines Besuchs des Gen. Honecker in der BRD interessiert.«

Da schien es nur konsequent, dass sich die aus Ost-Berlin entsandten Spione für diesen Mann besonders interessierten, erst recht, wenn er die eigenen Gefilde, den Osten Deutschlands, bereiste. Insgesamt sechsmal hat Wolfgang Schäuble in seiner Zeit als Chef des Bundeskanzleramtes die DDR besucht: im Dezember 1984, im Januar 1985, im Mai 1986, im Oktober 1987, im Oktober 1988 und schließlich im Januar 1989. Das MfS hat die jeweilige Ein- und Ausreise vorab jeweils haarklein geregelt. Exemplarisch dafür ist etwa ein Stasipapier vom August 1987, das verfügte, dass bei der Delegation Schäuble keine Zollkontrolle durchzuführen sei. »Keine Befragung der Persönlichkeit und ihrer Begleitung nach Waffen und genehmigungspflichtigen Gegenständen«, hieß es da wörtlich. Über die Inhalte der Gespräche Schäubles mit SED-Generalsekretär Honecker, mit DDR-Außenminister Oskar Fischer oder Vertretern der evangelischen Kirche ist in Schäubles Stasiakten keine Zeile zu finden. Gleiches gilt für mehrere Unterredungen mit DDR-Unterhändler Alexander Schalck-Golodkowski, die sich den Vorbereitungen des Honecker-Besuchs 1987 in der Bundesrepublik widmeten.

Die SIRA-Teildatenbank dokumentiert immerhin 104 Einzelinformationen. Sie spiegeln die unterschiedlichsten Facetten der deutsch-deutschen Beziehungen zwischen Dezember 1984 und Mai 1989. Auffallend ist, dass sich unter der Registriernummer XV/3140/82/BAR – sie steht für die Berichte aus der Ständigen Vertretung der DDR in Bonn – ungewöhnlich viele Einzelinformationen finden. Diese dürften in den Achtzigerjahren hochbrisant gewesen sein. Auch mitgeschnittene Telefongespräche aus Bonner Ministerien wurden in der Ständigen Vertretung wohl gesammelt – natürlich nicht offiziell. Aber neben einer politischen und einer Konsularabteilung gab es eben auch einen Raum, den das MfS betrieb. Dort lagerten Tonbandgeräte, Empfänger und andere technische Geräte, um Gespräche mit Politikern und Wirtschaftsgrößen aufzuzeichnen und nach Ost-Berlin zu übertragen. Bemerkenswert scheint der Umstand, dass die sogenannte Funkaufklärung – das heißt die Informationsgewinnung durch Telefonmitschnitte – in der Dienstzeit Schäubles erheblich zugenommen hat, wie die Vermerke unter der Registriernummer XV/213/Friedrich beweisen.

Ähnliches ist bei Gerhard Stoltenberg, von 1982 bis April 1989 Bundesminister der Finanzen, zu beobachten. Auch in seinem Fall wurden die meisten IM-Berichte über die Ständige Vertretung der DDR in Bonn generiert und über die »Funkaufklärung« gewonnen. Stoltenbergs Akte ist umfangreich. Über 500 Blatt. Rund die Hälfte allerdings sind Pressestimmen, die eigentlich in jedem Zeitungsarchiv einzusehen waren. Außerdem werden Stoltenbergs zahlreiche DDR-Besuche dokumentiert, die er als schleswig-holsteinischer Ministerpräsident von 1971 bis 1982 unternahm. Auch als Bundesfinanzminister zeigte der gelernte Historiker ausgeprägtes Interesse am zweiten deutschen Staat. Er reiste 1983, 1985 und 1986 in die DDR. Nähere Informationen wurden vom MfS minutiös dokumentiert. Sieben Wochen nach seinem Wechsel vom Finanz- in das Verteidigungsressort fuhr Stoltenberg vom 8. bis 11. Juni 1989 letztmalig in die DDR, diesmal in die Bezirke Leipzig, Halle, Potsdam, Rostock und Schwerin. Die Stasi verfolgte das Geschehen in einer Geheimdienstoperation namens »Brücke«. Wenige Wochen nach der manipulierten Kommunalwahl vom Mai 1989 und wenige Monate vor dem Mauerfall wurde die Visite des neuen bundesdeutschen Verteidigungsministers im Kabinett Kohl wie gewohnt überaus korrekt abgewickelt.

Die Spitzelberichte, in denen der Name Stoltenberg auftaucht, beginnen am 8. Oktober 1982 mit einer Information des hinlänglich bekannten IM »Bakker«, alias Lutz Kuche. Titel des Geheimdienstreports: »Zu personellen und inhaltlichen Aspekten der jetzigen Bundesregierung aus Unions-Sicht«. Der letzte Eintrag datiert vom 11. Mai 1989. Er ist verfasst von IM »Krüger« alias Alfred Völkel/ Karl Wienand: »Probleme der derzeitigen Regierungskoalition in Bonn.«

Ein siebenseitiges Dossier »Alles zur Person« analysiert Vita und Wesen des Ministers: »Stoltenberg wird allgemein als intelligenter, ruhiger Mann charakterisiert, der keine Fehler besitzt, die seine politische Wirksamkeit beeinträchtigen würden. Sein Auftreten ist immer der Situation angemessen und selbst bei Provokationen bleibt seine Reaktion stets korrekt. Sein Charakter bedingt, dass er selbst im Umgang mit Freunden spröde und befangen wirkt. Obwohl er eine fühlbare Distanz aufrecht hält, wird er nicht als arrogant eingeschätzt. In Kreisen der CDU schätzt man die rhetorische Begabung Stoltenbergs, mit der er zwar keine enthusiastischen Reaktionen auslösen vermag, die aber die Fähigkeit zu logischer Erkenntnis anspricht. Die rationelle Zeiteinteilung und sein breites Wissen sind Gründe für seinen als optimal eingeschätzten Arbeitsstil.« Leider bleibt der Name des offensichtlich kundigen Verfassers in der Akte unerwähnt.

Von Bedeutung für das MfS war auch der Mann, der von 1984 bis 1988 in Kohls Kabinett das Bundesministerium für Wirtschaft im Kabinett Kohl verwaltete und ab 1985 das Amt des FDP-Bundesvorsitzenden bekleidete, bis er 1988 als EU-Kommissar nach Brüssel ging: Martin Bangemann. Der korpulente Politiker war eine der zentralen HVA-Zielpersonen der Bonner Republik. Seine 154 Seiten umfassende Stasiakte wurde erst im August 1984, wenige Tage nach seinem Eintritt in die Bundesregierung, unter der Registriernummer XV/2873/62 angelegt. Wieder schlug ein anonymer

Biograf der Stasi zu und schrieb über den frischgebackenen Bundesminister:

»Bangemann wird als ein dynamischer Führungstyp beschrieben, zuweilen auch als ein ›Mann der Aktion und des aktuellen Augenblicks‹, der nicht planmäßig und zielstrebig arbeite. Bangemann gilt als überzeugender Redner mit brillanter Rhetorik. Er liebt die freie Rede und weigert sich gelegentlich, nach vorgelegten Manuskripten zu sprechen. Er reagiert oft emotional und spontan. Seine offene Sprache schadet ihm mitunter und wird als Zeichen seiner Unberechenbarkeit angesehen … Bangemann hat den Ruf eines ehrgeizigen und karrierebewussten Politikers. Er leistet ein hohes Arbeitspensum und ist gleichzeitig um vielseitige Publizität bemüht. Bangemann strahlt nach außen zumeist Zufriedenheit und Wohlwollen aus. Er gilt mit seinen fünf Kindern als treusorgender Familienvater, der sich zum Beispiel die Sonntage für die Familie reserviert. In seiner begrenzten Freizeit versucht er verschiedenen Interessen nachzugehen. Er liest gern philosophische Werke (Kant), aber auch Gedichte. Als Ausgleich beschäftigt er sich mit Gartenarbeit. Bangemann ist ein Sprachtalent, er soll italienisch, französisch und englisch perfekt sprechen und sich in einer Reihe weiterer Sprachen verständigen können. Er ist in der Lage, altgriechische und römische Literatur im Original zu lesen. Aufgrund von Zeitmangel musste er den vor Jahren mit Vorliebe betriebenen Segelsport aufgeben. Bangemann ist ein Liebhaber italienischer Küche.«

In der Stasiakte des FDP-Vorsitzenden und Bundeswirtschaftsministers Bangemann finden sich fünf DDR-Reisen dokumentiert. Dabei spielten seine Besuche der Leipziger Messen und Treffen mit Günter Mittag, Mitglied des Politbüros und Sekretär des ZK der SED, eine wichtige Rolle. Die Gesprächsinhalte wurden allerdings nicht protokolliert. Dies gilt auch für eine Begegnung mit Honecker im März 1985.

Am 7. August 1987, so ist der Akte zu entnehmen, hat sich Bangemann mit dem DDR-Devisenbeschaffer Alexander Schalck-Golodkowski in Berlin getroffen. Ein dreiseitiges Protokoll hielt die wichtigsten Themen der Unterredung fest: die »Bildung einer gemischten Wirtschaftskommission« oder die »Lieferung von Elektroenergie zwischen der DDR und der Bundesrepublik unter Einbeziehung von Berlin-West«. Das Dokument unterschrieben hat Schalck-Golodkowski, der neben seiner offiziellen Funktion als Leiter des geheimen Bereichs »Kommerzielle Koordinierung« im DDR-Außenhandelsministerium für das MfS seit 1967 als »Offizier im besonderen Einsatz« unterwegs war.

Unter dem Decknamen »Frühling« hat die DDR-Staatssicherheit im März 1986 einen zweitägigen Aufenthalt Bangemanns in den Bezirken Magdeburg, Leipzig und Ost-Berlin genauestens observiert. Der Besuch galt auch einem Wiedersehen mit seiner Geburtsstadt Wanzleben. Im Schlussbericht eines Oberst Wilke heißt es:

»Von der Grenzübergangsstelle aus fuhr der Fahrzeugkonvoi auf direktem Weg nach Wanzleben, Bezirk Magdeburg. Nach Ankunft auf dem Marktplatz um 10:25 Uhr unternahm Dr. Bangemann und seine Begleitung zu Fuß einen Rundgang im Stadtzentrum, wobei er unter anderem auch seine ehemalige Schule von außen besichtigte. Während seines Rundgangs sprach Dr. Bangemann wahllos einzelne Passanten auf der Straße an, begrüßte sie mit Handschlag und führte kurze belanglose Gespräche. Seitens der eingesetzten Sicherungskräfte wird eindeutig eingeschätzt, dass die Kontaktbestrebungen ausschließlich von Dr. Bangemann ausgingen und offensichtlich der Imagepflege dienen sollten. Eine politisch-operative Relevanz konnte bisher nicht festgestellt werden. An der vollständigen Identifizierung der angesprochenen Bürger der DDR wird durch die Abteilung VIII und VI der Bezirksverwaltung Magdeburg in Zusammenarbeit mit der Kreisdienststelle Wanzleben gearbeitet.«

Auch seine Reise als Vizepräsident der EG-Kommission am 1. November 1989 ins bereits vom Untergang gezeichnete Ost-Berlin ist in der Akte noch einmal penibel dokumentiert. Bangemann sei über die Grenzübergangsstelle Bornholmer Straße eingereist und »bevorzugt und zollkontrollbefreit« abgefertigt worden. Er war einer Einladung von Gerhard Beil gefolgt, dem DDR-Minister für Außenhandel. Beim Besuch stand ebenso ein Treffen mit Konsistorialpräsident Manfred Stolpe und dem Oberkirchenrat beim Bund der evangelischen Kirche, Martin Ziegler, auf dem Programm.

Allein für seine Zeit als Wirtschaftsminister von 1984 bis 1988 belegen die SIRA-Daten 261 Einzelinformationen, die – wie meist – über die Spionagetätigkeit in der Ständigen Vertretung der DDR in Bonn (XV/3140/82/BAR) oder über die Funkaufklärung (XV/213/73/FRIEDRICH) gewonnen worden waren. Außerdem finden sich ungewöhnlich viele Spitzelberichte der Quelle XV/2873/62/ANNA. Dahinter steckte, einmal mehr, eine spektakuläre Spionage-Geschichte: der Fall Johanna Olbrich, der Chefsekretärin Bangemanns, die zugleich jener IM »Anna« war.

Wer verbarg sich hinter dieser Frau? Wie geriet sie in die Fänge des DDR-Geheimdienstes? Wir wissen: Sie wurde am 26. Oktober 1926 im niederschlesischen Lauban geboren. Ihre Lehrerausbildung in Oberschlesien musste sie Anfang 1945 abbrechen und floh nach Sachsen. Nach Abschluss ihres pädagogischen Examens wurde sie Schulleiterin an verschiedenen Volksschulen im Kreis Zwickau und absolvierte ein Fernstudium. Von 1960 bis 1964 arbeitete Olbrich dann im Ministerium für Volksbildung als Hauptreferentin für deutsche Sprache und Literatur. Die ideologisch gefestigte Kommunistin war im Herbst 1946 der SED beigetreten, wurde Parteisekretärin und absolvierte die Bezirksparteischule der SED. Sie war Mitglied der »Gewerkschaft Unterricht und Erziehung«, des »Demokratischen Frauenbundes Deutschlands« (DFD) und der »Gesellschaft für Deutsch-Sowjetische Freundschaft« (DSF).

Johanna Olbrichs Zusammenarbeit mit dem MfS begann 1964, als sie sich bereit erklärte, ihre Wohnung für nachrichtendienstliche Treffen zur Verfügung zu stellen. Sie lernte einen Mitarbeiter der Staatssicherheit kennen, der ihr vorschlug, außerhalb der DDR für die HVA tätig zu werden. In seinem späteren Urteil hielt das OLG Düsseldorf fest, dass sich Johanna Olbrich bald darauf zur Zusammenarbeit mit der HVA bereit erklärte. Ausschlaggebend für den Entschluss sei der Wunsch der marxistisch geprägten Lehrerin gewesen, einen eigenen Beitrag zu Frieden und Völkerverständigung zu leisten. Der Vorgang wurde am 2.5.1962 angelegt.

Nach einjährigem Parteilehrgang kehrte sie nicht mehr an ihren Arbeitsplatz im Ministerium zurück. Bekannten, Freunden, vor allem ihrer Familie gegenüber verbreitete Johanna Olbrich fortan die Legende, dass sie in den Auswärtigen Dienst eingetreten und nach Nordkorea versetzt worden sei. Zur Glaubhaftmachung schrieb sie in Ost-Berlin handschriftliche Briefe, die dann in Nordkorea abgestempelt wurden. Dieses Prozedere aber war zeitaufwendig. Darum hat das MfS, so heißt es, die koreanischen Briefmarken und Poststempel kurzerhand gefälscht.

IM »Anna« durchlief eine umfassende nachrichtendienstliche Schulung und entdeckte das neue Lehrfach Geheimdienstkunde: Nachrichten zu ent- und verschlüsseln, Dokumente mithilfe der Mikrat-Kamera zu fotografieren, den einseitigen A3-Funk zu empfangen, sogenannte Container und »tote Briefkästen« zu handhaben. Außerdem belegte sie Kurse in Schreibmaschineschreiben und in Stenografie. 1966 hatte sich IM »Anna« mit den Lebensumständen und biografischen Daten einer ursprünglich in West-Berlin lebenden Frau namens Sonja Lüneburg vertraut zu machen. Unter deren Personalien sollte sie in die Bundesrepublik eingeschleust werden. Die echte Sonja Lüneburg war in die DDR übergesiedelt und in die Psychiatrische Klinik Berlin-Buch eingewiesen worden.

Ende 1966 begann Johanna Olbrichs Einschleusung in die Bundesrepublik. Sie nahm einen Umweg über Frankreich und Großbritannien. Dann bewarb sie sich unter ihrem Alias-Namen Sonja Lüneburg auftragsgemäß beim Versicherungskonzern DAS. Ihr West-Berliner Reifezeugnis hatte das MfS gefälscht. So fand Sonja Lüneburg schließlich eine Anstellung im Schadensbüro der DAS-Versicherungs AG in Hamburg.

Mitte 1969 – so die späteren Erkenntnisse des OLG Düsseldorf – kündigte sie dort und annoncierte, wie vom MfS gewünscht, in Bonner Tageszeitungen wegen einer neuen Arbeitsstelle. Unter den zahlreichen Offerten befand sich auch ein Angebot aus dem Büro des FDP-Bundestagsabgeordneten und Europaparlamentariers William Borm. IM »Anna« zog von Hamburg in die Hauptstadt und wurde zum 1. Juli 1969 eingestellt. Der prominente FDP-Bundespolitiker war bekanntlich seit Ende der Sechzigerjahre ebenfalls geheimdienstlicher Mitarbeiter der HVA (IM »Olaf«). Er hatte jedoch keine Kenntnis davon, dass seine neue Sekretärin eine von Ost-Berlin eingeschleuste Agentin war. Umgekehrt wusste auch Sonja Lüneburg alias Johanna Olbrich nichts über die nachrichtendienstliche Verstrickung ihres Vorgesetzten.

Wie das OLG feststellte, spähte Sonja Lüneburg 16 Jahre lang vor allem die Führungsgremien der FDP und deren politische Vorstellungen und Ziele aus. Sie lieferte der MfS-Zentrale in Ost-Berlin während dieser Jahre fortlaufend Informationen über ihren jeweiligen Arbeitsplatz. Nach Beendigung der Tätigkeit für William Borm erhielt IM »Anna« eine Anstellung in der FDP-Bundesgeschäftsstelle und wurde 1974 Chefsekretärin von Generalsekretär Martin Bangemann. Als der von 1979 bis 1984 Vorsitzender der Liberalen und Demokratischen Fraktion im Europäischen Parlament wurde, ging sie mit nach Brüssel. Bei der zweiten Direktwahl zum Europäischen Parlament im Juni 1984 verlor die FDP allerdings sämtliche

Mandate. Also folgte Sonja Lüneburg ihrem Chef nach Bonn, um für ihn in seiner neuen Funktion als Bundeswirtschaftsminister weiterzuarbeiten.

Auf diesen Posten waren ihr zahlreiche Informationen zugänglich, die durchaus von Interesse für die DDR sein konnten. Denn sie lieferte jahrelang Telefonlisten, Sitzungsprotokolle, Stimmungs- und Personalberichte aus der FDP und ab 1984 aus dem Wirtschaftsministerium sowie Ausschussunterlagen liberaler Europaabgeordneter an die Kontaktpersonen von der HVA. Politisch bekannte, von ihren Spitzeleien betroffene Meilensteine der deutsch-deutschen Entspannungspolitik waren die zwischen 1963 und 1973 verabschiedeten Ostverträge, allen voran das Transitabkommen und der Grundlagenvertrag. In ihren Erinnerungen notierte Johanna Olbrich alias Sonja Lüneburg dazu, sie habe »einen aktiven Beitrag bei der Gestaltung einer erfolgreichen Politik der DDR gegenüber der Bundesrepublik geleistet«. Wem ihre Sympathien galten, war klar.

Während ihrer Agententätigkeit hatte IM »Anna« mit einer Vielzahl von Hauptamtlichen und Inoffiziellen Mitarbeitern des MfS zu tun. Das OLG ging von 15 bis 20 Personen aus. Führungstreffen bis 1985 fanden mindestens einmal pro Jahr statt, meist in Ost-Berlin oder in anderen Orten der DDR sowie in Wien, Salzburg und Belgrad. Dabei lernte Sonja Lüneburg auch HVA-Chef Markus Wolf und seinen Vertreter Werner Großmann kennen. Für ihren Einsatz in der Bundesrepublik soll IM »Anna« ein Monatsgehalt von 700 DDR-Mark auf ein Sperrkonto überwiesen worden sein. Ihr Guthaben dort belief sich 1985 auf rund 100.000 DDR-Mark.

Gegenüber ihrer Bonner Dienststelle als Griechenland-Urlaub deklariert, hielt sich Sonja Lüneburg Ende Juli 1985 für einen längeren Zeitraum in der DDR auf. Wie die Düsseldorfer Richter festhielten, reiste sie anschließend auftragsgemäß auf dem Luftweg über Athen und Rom wieder in die Bundesrepublik ein. Bei einem Zwischenstopp in Rom vergaß die Spionin allerdings in einem Taxi ihre Handtasche, in der sich neben einem größeren Bargeldbetrag auch der gefälschte Lichtbildausweis befand, mit dem sie von Griechenland nach Italien eingereist war. Daraufhin soll sie, so das OLG, mit ihrem auf den Namen »Lüneburg« ausgestellten Personalausweis in die Bundesrepublik eingereist sein.

Nachdem IM »Anna« ihre Führungsstelle über den Zwischenfall in Kenntnis gesetzt hatte, fällte die HVA eine schwerwiegende Entscheidung. Nach Erkenntnissen des OLG erhielt Johanna Olbrich einen Anruf ihres Instrukteurs, der sie aufforderte, sich mit ihm am 3. August 1985 in Lübeck zu treffen. Wie befohlen, fuhr sie mit ihrem Pkw nach Köln, stellte ihn in der Garage des Kölner Hauptbahnhofs ab und fuhr mit dem Zug nach Lübeck. Dort traf sie den Instrukteur und eine zweite, ihr unbekannte männliche Person, die als Schleuser vorgesehen war. Per öffentlichem Nahverkehr ging es zu einem Waldgebiet, dann weiter per pedes zu einem nahe der DDR-Grenze gelegenen Fluss. Das Trio setzte mit einem bereitstehenden Boot über und erreichte ohne Schwierigkeiten das Staatsgebiet der DDR. Anschließend wurde IM »Anna« in einem Ost-Berliner Gästehaus des MfS untergebracht, wo sie erfuhr, dass sie nicht mehr in die Bundesrepublik zurückkehren würde.

In der Folgezeit hielt sie in der DDR Vorträge über ihre nachrichtendienstliche Tätigkeit. Markus Wolf zeichnete sie mit dem »Vaterländischen Verdienstorden in Gold« aus und belohnte sie mit einer Geldprämie von 10.000 DDR-Mark. Nach ihrer Flucht hatte ein Ermittlungsrichter beim Bundesgerichtshof 1986 Haftbefehl erlassen. Am 11. Juni 1991 wurde Johanna Olbrich festgenommen und gegen Auflagen und Zahlung einer Kaution vom Vollzug der Untersuchungshaft verschont.

Nach langer Recherche verurteilte das Oberlandesgericht Düsseldorf Johanna Olbrich am 17. März 1994 kostenpflichtig »wegen geheimdienstlicher Agententätigkeit zu einer Freiheitsstrafe von zwei Jahren und sechs Monaten«. In der Revision soll die Strafe zur Bewährung ausgesetzt worden sein. Einmal mehr konnten die Erkenntnisse der Stasiunterlagenbehörde über das Ausmaß der jahrelangen Spionage nicht berücksichtigt werden. Die SIRA-Teil-datenbank 12 – bekanntlich erst 1998 entschlüsselt – weist Johanna Olbrich von Juni 1975 bis Juli 1985 insgesamt 513 Einzelinformationen nach. Als Chefsekretärin des Bundeswirtschaftsministers und FDP-Parteichefs Martin Bangemann lieferte sie vom 27. Juni 1984 bis kurz vor ihrer Flucht 28 Spitzelberichte ans MfS. Die letzte Information stammte vom 22. Juli 1985 – es waren Protokolle der Präsidiumssitzung der FDP vom März und Mai des aktuellen Jahres.

Im Februar 2004 wohnte ich im Rahmen von Dreharbeiten für eine ARD-Dokumentation der Beisetzung Johanna Olbrichs auf dem Zentralfriedhof Friedrichsfelde in Berlin bei. Ihre letzte Ruhe fand sie innerhalb der Gedenkstätte der Sozialisten. Markus Wolf nahm Abschied von seiner Spitzenagentin. Obristen und Generäle der HVA verneigten sich vor Johanna Olbrich, die in der Bundesrepublik Sonja Lüneburg geheißen hatte. Markus Wolfs Trauerrede glich einer Huldigung an die West-Agentin, die 16 Jahre lang die Führungsgremien der FDP und damit zahlreiche Bonner Minister ausgespäht hatte.

15. Militärspionage in den Achtzigern

Seit eh und je war die Bundeswehr ein vornehmliches Ziel der DDR-Auslandsspionage. Bereits im Vorläufer des Bundesverteidigungsministeriums, dem Amt Blank, war bekanntlich der eine oder andere Top-Spitzel platziert. Das hat sich auf der Hardthöhe fortgesetzt, bis in die Ära Kohl, die unter besonders intensiver Beobachtung des Ost-Berliner Agentennetzwerks stand. Als Manfred Wörner, der Stuttgarter Jurist und Starfighter-Pilot, der es immerhin auf über 150 Flugstunden gebracht hatte, 1982 im Kohl-Kabinett das Amt des Bundesministers der Verteidigung übernahm, stürzten sich alte wie neue Spione der HVA weniger auf den neuen Minister als auf sein Amt.

Eine in den »Rosenholz«-Dateien überlieferte F-16-Kartei war für Wörner, den damaligen Regierungsassessor, bereits am 29. Juli 1965 unter der Registriernummer 9826/60 angelegt worden. Seine äußerst magere Stasiakte enthält bekanntes biografisches Material aus dem Munzinger-Archiv und endet mit einer eigenen, »streng geheimen« Kurzeinschätzung aus dem Jahr 1976: »Die von Wörner vertretene wehrpolitische Konzeption sieht langfristig die Bildung einer einheitlichen Streitmacht eines westeuropäischen Bundesstaates vor, die atomar ausgerüstet sein müsste. Darüber hinaus sei das Bündnis Westeuropas mit den USA ein weiterer politisch gleichgewichtiger und militärisch stärkerer Pfeiler für die Sicherheit der Allianz. Wörner forderte vor allem, das Sicherheitsverständnis über den militärischen Bereich hinaus zu entwickeln. Er vertrat in diesem Zusammenhang die Auffassung, dass der ideologische Kampf in der Auseinandersetzung der Systeme an Bedeutung gewinne und die Außenpolitik der UdSSR langfristig dazu geführt habe, dass im Westen die Wachsamkeit gegenüber der Gefahr des Kommunismus nachgelassen habe. Es gehe deshalb darum, eine einheitliche offensive Plattform zur Auseinandersetzung mit dem Kommunismus zu schaffen.«

Für seine Zeit als Bundesverteidigungsminister verzeichnet die SIRA-Teildatenbank 215 Einzelinformationen: Spitzelberichte vom 29. Oktober 1982 bis zum 8. Oktober 1987. Sie beschreiben Wörners Einschätzungen der Verteidigungspolitik Bonns sowie der NATO und heften sich an die Spuren seiner vielen Auslandsreisen. Die Organisation des Ministeriums wird nachgezeichnet, die Haltung leitender Offiziere in verteidigungspolitischen Fragen, die Sitzungen des Verteidigungsausschusses. Auch die berüchtigte Kießling-Affäre von 1984 und die umstrittene Rolle Wörners dabei kommen zur Sprache. Der Leser erfährt von Konflikten mit Generälen und durchaus brisant – von Forderungen nach einer Ablösung Kohls als Bundeskanzler. Aus Brüssel berichtete ein Spion von einer Geheimsitzung der NATO. In den Berichten tauchen eine Reihe altbekannter Spitzel auf: IM »Schwarz«, alias Gerhard Baumann, IM »Bakker« alias Lutz Kuche oder IM »Max« alias Rudolf Maerker. Auch die Funkaufklärung lieferte verlässlich.

Der BStU-Experte Stephan Konopatzky und seine Mitarbeiter entschlüsselten aus der SIRA-Teildatenbank 12 von Mai 1973 bis Mai 1989 insgesamt 1.160 das Verteidigungsministerium betreffende Eingangs- und 114 Ausgangsinformationen, die an die SED-Spitze und an die Geheimdienste der Warschauer-Pakt-Staaten gingen. Das Verratsmaterial wurde von 99 identifizierten Spionen und 45 Spitzeln ohne namentliche Zuordnung geliefert. Am effektivsten war dabei IM »Rödel«. Klarname: Wolf-Heinrich Prellwitz. Der Bürosachbearbeiter auf der Hardthöhe wurde am 2. November 1933 in Kleinkalwen/Ostpreußen geboren und starb am 19. Februar 2016 in Swisttal bei Bonn. Die »Rosenholz«-Dokumente für den »Zivilangestellten« Prellwitz wurden am 8. Januar 1968 unter der Registriernummer XV/483/68 angelegt. Die F-22-Karteikarte dokumentiert seinen Decknamen.

Der Bauernsohn aus Ostpreußen, drittältestes von sechs Kindern, flüchtete bei Kriegsende mit seinem ältesten Bruder in Richtung Westen und fand in Fliesteden bei Köln eine neue, provisorische Heimat. Der Vater war 1942 an der Ostfront gefallen, die Mutter 1944 mit den übrigen Kindern nach Westpreußen geflohen und musste dort nach dem Einmarsch der sowjetischen Truppen Zwangsarbeit verrichten. Erst 1948 gelang es ihr, nach Westdeutschland überzusiedeln. Nach dem Volksschulabschluss wurde Prellwitz Lehrling im Steinkohlebergbau und legte 1951 die Knappenprüfung ab. Nachdem er in den Haushalt der Mutter zurückgekehrt war, absolvierte er in Köln eine Lehre als Speditionskaufmann, die er erfolgreich abschloss. Danach schlug sich Prellwitz als Zolldeklarant, als Aushilfsexpedient in einer Asphaltfabrik und als Sachbearbeiter in der Grundstücksabteilung einer Versicherung durch. Nirgends hielt es ihn lange.

Bereits im Frühjahr 1960 hatte sich Prellwitz beim Bundesministerium der Verteidigung in Bonn beworben, wo er zum 1. Januar 1961 als Bürohilfskraft Anstellung fand, in einem Referat, das zur Rüstungsabteilung gehörte. Bei Dienstantritt wurde er per Handschlag auf die gewissenhafte und uneigennützige Erfüllung seiner Dienstobliegenheiten verpflichtet. Bestechlichkeit und Geheimnisverrat galten als besonders schwere Verstöße.

Ab 1966 war Prellwitz Hilfssachbearbeiter und später Bürosachbearbeiter. Immer wieder wechselte er die Referate. Wie die Richter des OLG Düsseldorf später feststellten, wurde Prellwitz regelmäßig darauf hingewiesen, »dass er über militärische Geheimnisse strengstes Stillschweigen zu bewahren habe und sich ständiger Umsicht und Wachsamkeit gegenüber der Tätigkeit gegnerischer Nachrichtendienste und möglicher Anbahnungsversuche ihrer Agenten befleißigen müsse«.

Prellwitz aber befand sich in recht beengten wirtschaftlichen Verhältnissen, da er von seinem nicht eben hohen Gehalt eine vierköpfige Familie ernähren musste und sich wegen seines Hausbaus verschuldet hatte. Ein bis heute nicht identifizierter Bundesbürger aus seinem persönlichen Umfeld muss einem MfS-Mitarbeiter den Tipp gegeben haben, dass Prellwitz für eine lukrative »Nebenbeschäftigung« durchaus empfänglich wäre und so zu einer Mitarbeit für den DDR-Geheimdienst gewonnen werden könnte. Nur konsequent schickte das MfS seinen Hauptamtlichen Inoffiziellen Mitarbeiter (HIM) Kunadt Anfang 1968 mit dem Auftrag nach Bonn, Kontakt mit Prellwitz aufzunehmen, sich möglichst mit ihm anzufreunden und ihn, gegen Entgelt, zur Beschaffung von Unterlagen aus seinem Arbeitsbereich zu bewegen. Gesagt, getan. Der Agent brachte in Erfahrung, dass Prellwitz eine bestimmte Karnevalsveranstaltung in einem Kölner Lokal besuchen wollte. Er besorgte sich eine Eintrittskarte, machte seine Zielperson am Tresen ausfindig und kam mit Prellwitz ins Gespräch. Beide Männer fanden sich auf Anhieb sympathisch, fassten ein Wiedersehen ins Auge und trafen sich im Privathaus des Perspektivagenten in Witterschlick. HIM Kunadt trat dabei als »Waldemar Kempendorf« auf, seines Zeichens Kasseler Geschäftsmann aus der Metallbranche, und erwähnte, er habe Verbindungen zu einer finanzkräftigen Gruppe französischer Lobbyisten, die an Informationen und Unterlagen aus dem Bonner Verteidigungsministerium interessiert seien und die für derartige Lieferungen auch Geld bezahlen würden. Im Zuge einer Reihe weiterer Zusammenkünfte, die im Abstand von einigen Wochen stattfanden, erklärte sich Prellwitz – nach Erkenntnissen des OLG Düsseldorf – schließlich zur vorgeschlagenen und gut honorierten Kooperation »unter falscher Flagge« bereit. Bei den gewünschten Dokumenten handelte es sich um offenes Material von seinem Arbeitsplatz wie etwa Telefonverzeichnisse, Geschäftsverteilungs- und Stellenpläne, die Kunadt in seinem Hotelzimmer fotografierte und dem notorisch klammen Bundeswehrangestellten am folgenden

Morgen zurückgab. Ab Anfang 1969 fotografierte IM »Rödel« die Verratsdokumente mit einer Minox-Kamera eigenständig bei sich zu Hause, im Hobbykeller oder manchmal auch im Gästezimmer. Die Unterlagen transportierte er in seiner Aktentasche. Kontrollen beim Verlassen oder Betreten des Dienstgeländes, so die Erkenntnis des Düsseldorfer OLG, gab es nicht. Das belichtete Filmmaterial brachte Kunadt entweder selber in die DDR oder nutzte einen rollenden »toten Briefkasten« in der Toilette eines Interzonenzuges. Die Filme wurden dann in Ost-Berlin abgeholt.

Von Anfang an soll IM »Rödel« Zweifel gehabt haben, ob es sich bei seinen Auftraggebern wirklich um die von Kunadt genannte »Französische Lobbyistengruppe« handelte. Die Vorstellung, möglicherweise für die DDR-Staatssicherheit oder den Geheimdienst eines anderen Ostblockstaates zu arbeiten, war Prellwitz zwar unangenehm. Nach den späteren Erkenntnissen der Düsseldorfer Richter nahm er diese Gefahr jedoch wegen der in Aussicht gestellten und auch schon in nicht unerheblicher Höhe gezahlten Geldbeträge billigend in Kauf.

Allerdings bemühte sich das MfS, »Rödels« Zweifel an der Existenz der »Französischen Lobbyistengruppe« auszuräumen. Zu diesem Zweck wurde ein Treffen mit einem weiteren Stasimitarbeiter arrangiert, der sich als »René Gateau« vorstellte und behauptete, er lebe in Paris und leite die Lobbyistengruppe, für die Prellwitz die Unterlagen beschaffe.

Bis Ende 1980 trafen sich Prellwitz und Kunadt alias »Waldemar Kempendorf« zwecks Materialübergabe und mündlicher Berichterstattung in der Regel in Abständen von etwa vier bis sechs Wochen in Köln, Düsseldorf, Dortmund, Aachen oder Koblenz. Inzwischen war eine recht enge Freundschaft entstanden. Man traf sich oft auch zu Hause in Witterschlick. Prellwitz' Ehefrau wusste nichts von der nachrichtendienstlichen Tätigkeit ihres Mannes. Sie sah in »Kempendorf«, den die Kinder »Onkel Waldemar« nannten, einen Freund ihres Mannes.

Im Laufe der Jahre wechselten sich mehrere MfS-Mitarbeiter ab, die durchschnittlich achtmal pro Jahr an verschiedenen Orten der Bundesrepublik das Verratsmaterial des IM »Rödel« – der von seinem Decknamen allerdings keine Kenntnis hatte – in Empfang nahmen.

Wie das OLG Düsseldorf ermittelte, war der Bürosachbearbeiter Prellwitz mit dem Vorsortieren und Verteilen der eingehenden Post, dem Anlegen und Führen von Handakten, der Verwahrung von Handbüchern sowie mit der Organisation von Sitzungen, Dienstreisen und Gemeinschaftsveranstaltungen befasst. Vor allem oblag ihm die Aufgabe, die für das Referat bestimmten Verschlusssachen zu verwalten. Gegen Quittung nahm er den entsprechenden Vorgang entgegen, trug ihn in das von ihm geführte Kontrollbuch ein und leitete ihn dann an den vorgesehenen Empfänger weiter. Auf diese Weise wurden bis 1982 fast 600 Verschlusssachen pro Jahr von Prellwitz bearbeitet. Danach waren es noch immer rund 350 Dokumente per annum.

In den Achtzigerjahren war der Top-Spion mit einer vom MfS eigens für die Dokumentenfotografie entwickelten Kleinstkamera – interne Bezeichnung »Venus Z« – ausgestattet worden. Die mitgelieferten Spezialfilme hatten Platz für 60 Aufnahmen. Bei den Treffs, die bis 1989 andauerten, übergab IM »Rödel« den MfS-Kurieren im Schnitt jeweils mindestens zehn Filme. Nach Berechnungen des OLG Düsseldorf hat der Agent seit Anfang 1969 mindestens 56.160 DIN-A4-Seiten nach Ost-Berlin weitergeleitet. Seit Erhalt der neuen Kamera, die keine besondere Ausleuchtung der Schriftstücke mehr erforderte und leicht in einem Taschentuch zu verbergen war, fotografierte der Bürosachbearbeiter die Dokumente in seinem Dienstzimmer auf der Hardthöhe. Dabei kam ihm die Gleitarbeitszeit entgegen. Er blieb abends einfach länger im Amt als die Kollegen im Referat. Kamera und Filme bewahrte der Spion meist in Zigarettenschachteln auf, die er in seiner Schreibtischschublade deponierte.

Verschwiegene Zusammenkünfte im Ausland, etwa in Amsterdam, Graz, Innsbruck, Salzburg oder Lüttich, dienten der Stasi in erster Linie dazu, die Motivation des IM zu stärken. Dabei hatte sich Wolf-Heinrich Prellwitz seit Langem damit arrangiert, vermutlich für einen östlichen Geheimdienst zu arbeiten. Er wollte die sichere und ergiebige Nebenerwerbsquelle keinesfalls verlieren. Im Schnitt – so die Addition des OLG Düsseldorf – erhielt IM »Rödel« in den 21 Jahren seiner Verratstätigkeit 3.000 DM pro Treff. Bei angenommenen 168 Terminen seit Anfang 1969 schlug dies mit rund 500.000 DM zu Buche. Zusätzlich wurden die Kosten für Anreise, Übernachtung und Verpflegung in Form großzügig bemessener Spesen erstattet. Schon bald allerdings nahm die HVA-Zentrale eine Änderung des Entlohnungsmodus vor, weil IM »Rödel« im Anschluss an die Treffs gewöhnlich Bars oder Nachtlokale aufsuchte und dort große Teile seiner Gage verjubelte. Fortan wurden ihm nur noch kleinere Beträge in bar ausgezahlt. Der Rest ging auf ein Nummernkonto in der Schweiz, über das Prellwitz bei Bedarf verfügen konnte. Dazu fuhr ein MfS-Mitarbeiter in die Schweiz, hob den benötigten Betrag ab und überbrachte dem IM das Geld beim nächsten Treff. Auf diese Weise soll Prellwitz mindestens 320.000 DM für die Modernisierung seines Hauses, die Anschaffung von Autos oder für Urlaubsreisen erhalten haben. Die OLG-Richter bilanzierten, dass er insgesamt mindestens 820.000 DM Agentenlohn kassiert habe.

Das letzte Treffen mit einem MfS-Kurier, bei dem IM »Rödel« noch einmal fotografierte Unterlagen übergab, fand im Dezember 1989 in Köln statt. Der für den 20. Januar 1990 bereits vereinbarte Termin ist aus bekannten Gründen entfallen – das MfS stand unmittelbar vor seiner Auflösung, die Besetzung der Zentrale in der Normannenstraße tat ihr Übriges. Weitere Kontakte danach gab es nicht mehr. Am 15. April 1991 wurde Wolf-Heinrich Prellwitz festgenommen. Wie es dazu kam, ob er verraten wurde oder ob den Sicherheitsbehörden ein Fahndungserfolg gelang, ist unbekannt.

Im anschließenden Prozess vor dem OLG Düsseldorf gab es, wie das Gericht befand, einen »sorgfältig abwägenden und äußerst zuverlässigen Zeugen«: Dr. Heinz Busch, Militärwissenschaftler und zuletzt Oberstleutnant des MfS. Als Leiter einer Auswertungsabteilung der HVA war er jahrelang auch mit der Sichtung und Analyse des von »Rödel« gelieferten Materials befasst. In seinem bislang unveröffentlichten Buch »Die Militärspionage der DDR« gelangt Busch zu dem Ergebnis, dass dieser IM über viele Jahre die einzige bedeutsame Quelle war, die direkt hochwertiges Material aus dem Verteidigungsministerium lieferte, nicht nur aus dem engeren Rüstungsbereich, sondern auch zu Belangen der Streitkräfteentwicklung. Dazu gehörten wichtige militärpolitische und strategische Dokumente, Geheimunterlagen über konkrete Rüstungsvorhaben der Bundesrepublik und ihrer Verbündeten sowie die Darstellung von Leistungsparametern einzelner Waffen, mit weitreichenden Schlussfolgerungen für die Bundeswehr und die NATO.

Außerdem verriet »Rödel« Informationen der Bundeswehrführung über Militärpolitik, die Streitkräfte und die Ausrüstung von Mitgliedsstaaten des Warschauer Paktes, der Volksrepublik China und Jugoslawiens. »Rödels« Lieferungen enthielten, so Busch, Dokumente über die Entwicklung, Einführung und Kampfwertsteigerung des fliegenden Waffensystems »Tornado« und der dazugehörigen Bordbewaffnung. Auch die Entwicklungsplanung und die Sicherungsvorhaben für den Kampfpanzer »Leopard 2« oder für die Panzerabwehr-Hubschrauber 1 und 2 wurden nach Ost-Berlin durchgestochen. Nicht länger geheim blieb zudem eine Reihe von Dokumenten der NATO-Luftrüstungsgruppe und des NATO-Luftverteidigungs-Ausschusses. Von kaum minderem Interesse dürften Untersuchungsberichte von NATO und Bundeswehr gewesen sein, die sich der Fluggeräteentwicklung im Warschauer Pakt widmeten. Nach Einschätzung des Militärwissenschaftlers und Insiders Busch lieferte »Rödel« seit Anfang der Siebzigerjahre zunehmend militärpolitische und militärstrategische Grundsatzdokumente, etwa die

Jahrespläne der Bundeswehr und Lageberichte der zuständigen Führungsorgane. Busch bestätigte: Dieser IM war eine der wichtigsten Langzeitquellen der HVA auf dem Feld der Militärspionage.

Am 21. Mai 1992 hat das OLG Düsseldorf den Angeklagten Wolf-Heinrich Prellwitz daher »wegen Landesverrats in Tateinheit mit Bestechlichkeit zu einer Freiheitsstrafe von zehn Jahren kostenpflichtig verurteilt«. Ihm wurde »auf die Dauer von fünf Jahren das Recht aberkannt, in öffentlichen Angelegenheiten zu wählen oder zu stimmen.« Außerdem wurde der Verfall, sprich: die Vermögensabschöpfung eines Geldbetrages von 820.000 DM, des vermutlichen Salärs für die Spitzeldienste, angeordnet. Die Revision von Prellwitz gegen das Urteil hat der Bundesgerichtshof am 17. November 1992 als unbegründet verworfen. Das Sündenregister des hochdotierten MfS-Zuträgers war in der Tat beträchtlich. Roberto Welzel, der Sachgebietsleiter in der Berliner Stasiunterlagenbehörde, stellte zu IM »Rödel« 234 Einträge der SIRA-Teildatenbank 11 bereit, 1.413 Eingangs- und 369 Ausgangsinformationen in der Teildatenbank 12 sowie 43 Einträge in der Teildatenbank 14. Hinterlassenschaften eines Maulwurfs, der ohne Unterlass sein Werk verrichtete.

Auf den ersten Blick scheint der Spionagefall des IM »Christian« alias Dr. Walter Liewehr weniger bedeutsam. In den Erinnerungen der einstigen HVA-Spitze taucht sein Fall nirgendwo auf. Gleichwohl hat es auch dieser Verrat in sich. Der Sohn eines Ingenieurs wurde am 6. Mai 1954 in Kaiserslautern geboren und wuchs im Hessischen auf. Weil die Mutter schwer krank war, wurde er auf ein Internat in der Nähe von Marburg geschickt. Dort machte er 1973 sein Abitur. Nach dem Tod seines Vaters 1974 begann Walter Liewehr ein Physikstudium an der Universität Marburg, das er, nachdem auch seine Mutter verstorben war, mit seiner Waisenrente und mit BAföG finanzierte. 1978 wechselte er an die Uni Bonn und schrieb dort 1983 am Institut für Angewandte Physik seine

Diplomarbeit über »Laserspektroskopie an Wasserstoffatomen«. Note: »sehr gut«. Nach späteren Erkenntnissen des OLG Düsseldorf arbeitete Liewehr von 1983 bis 1986 als wissenschaftliche Hilfskraft im Kernforschungszentrum Karlsruhe (FZK, später KfK). Während dieser Zeit trieb er seine Dissertation an der Uni Heidelberg voran. Im Dezember 1989 erlangte er dort die Doktorwürde. Ab Februar 1986 fand der Pfälzer eine Anstellung als wissenschaftlicher Mitarbeiter bei der Forschungsgesellschaft für Angewandte Naturwissenschaften e.V. (FGAN). Sein Arbeitsplatz war das Forschungsinstitut für Hochfrequenzphysik (FHP) in Wachtberg bei Bonn, das von der Bundeswehr mit Aufträgen bedacht und finanziert wurde.

Wie konnte der hochbegabte Physikstudent in die Fänge des DDR-Geheimdienstes geraten? Die Geschichte begann viel früher: mit einem Artikel in der »Frankfurter Allgemeinen Zeitung« 1976, der die Möglichkeit aufzeigte, als westdeutscher Student die Leipziger Messe kennenzulernen, ohne selbst mit Messegeschäften befasst zu sein. So lernte Liewehr in Leipzig einen MfS-Mitarbeiter kennen, der sich – das Muster scheint vertraut – als Angehöriger eines Forschungsinstituts ausgab. Mit geschickter Fürsorglichkeit nahm sich IM »Werner«, der MfS-Offizier Werner Hoffmann, des Marburger Studenten an. Man war bald per Du miteinander und erwog die Uni Leipzig als möglichen Studienort. Es folgten Besuche in Weimar und Erfurt, auch im ehemaligen Konzentrationslager Buchenwald. Liewehr war beeindruckt und ließ sich von »Werner« nach Ost-Berlin einladen. Nach Einschätzung des OLG Düsseldorf fühlte sich der Student vor allem von dem Argument angesprochen, dass die Bürger in Ost und West zusammenhalten müssten, damit ein Atomkrieg auf deutschem Boden verhindert würde.

Als der junge Mann Wochen später mit »Werner« in Ost-Berlin zusammentraf, wurde er in einem Zimmer einer konspirativen Wohnung untergebracht. Nach drei Tagen ließ »Werner« die Katze aus dem Sack und offenbarte seine Zugehörigkeit zum MfS.

Zugleich lernte der Student einen weiteren MfS-Mitarbeiter namens Manfred Lohs kennen, der sich als Vorgesetzter von »Werner« vorstellte. Liewehr war von diesem fast 25 Jahre älteren MfS-Angehörigen beeindruckt. Er sah in Manfred Lohs, so interpretierten später die Düsseldorfer Richter, einen väterlichen Freund. Nach dem frühen Tod seines Vaters und der langen unheilbaren Krankheit der Mutter vermittelten ihm die MfS-Leute ein Gefühl familiärer Geborgenheit. Oberst Lohs war sich seiner »Vaterrolle« – wie das Gericht festhielt – bei dem angehenden Physiker bewusst. Liewehr verfasste auf Bitten der MfS-Mitarbeiter handschriftlich einen ausführlichen Lebenslauf, in dem auch eine Absichtserklärung enthalten war, künftig für das MfS tätig zu sein.

Noch während seines Studiums fanden in den Jahren 1977 bis 1981 zwei bis drei Treffen pro Jahr in Ost-Berlin statt. Nach der Anstellung Liewehrs beim Karlsruher Forschungszentrum 1983 wurden die Begegnungen häufiger. Einige Male reiste er per Flugzeug über London und Kopenhagen nach Berlin. Richtig interessant für die Ost-Berliner Schlapphüte wurde der Physiker, als er 1986 beim mit der Bundeswehr eng verbandelten FGAN untergekommen war. Jetzt richtete der DDR-Geheimdienst eine Kurierverbindung ein, um Liewehrs Lieferungen in Köln, Bonn oder Innsbruck entgegenzunehmen. Leider fehlt in den »Rosenholz«-Dateien die Buchstabengruppe »La« bis Li«. So existieren zu Walter Liewehr und seiner Ehefrau Helga keine HVA-Angaben. Allerdings belegt eine aufgefundene Akte der Spionageabwehr, dass der IM unter der Registriernummer XV/298/78 und dem Decknamen »Christian« erfasst wurde.

Er probte das richtige Verhalten beim Grenzübertritt und erlernte Geheimschreibverfahren mit Durchschreibpapier. IM »Christian« erhielt persönliche Codes, Zahlenstreifen, eine Verschlüsselungstabelle und eine Reihe von Geheimcontainern, präparierte Portemonnaies, Pralinenschachteln und Notizblöcke. Die Richter des OLG Düsseldorf fanden später heraus, dass IM »Christian« ebenso über eine Spiegelreflexkamera der Marke »Minolta« zum Ablichten des Verratsmaterials verfügte. Sie wurde irgendwann durch eine Minikamera ersetzt, die in einem umgerüsteten Deostift untergebracht werden konnte. Somit war er in der Lage, auch an seinem Arbeitsplatz zu fotografieren. Im Sommer 1988 nutzte IM »Christian« zudem zwei oder dreimal einen rollenden »toten Briefkasten« (TBK) in einer Toilette des Interzonenzuges. Das Verratsmaterial für das MfS bestand ausschließlich aus Filmen. Die abgelichteten Dokumente konnte er ungehindert mit nach Hause nehmen. Auch seine Berichte hat er abfotografiert.

Sein »väterlicher Freund« Manfred Lohs ermunterte ihn, soziale Kontakte zu knüpfen, um nicht in Isolation zu geraten. So wurde IM »Christian« Mitglied der Bonner Burschenschaft »Cheruskia« und trat Anfang der Achtzigerjahre der FDP bei. Oberst Lohs versuchte, seinen Schützling von seiner geplanten Heirat abzubringen. Die Tschekisten befürchteten, so das OLG Düsseldorf, negative Auswirkungen auf sein Studium. Doch diesmal folgte IM »Christian« nicht.

Die SIRA-Teildatenbank 11 registrierte 109 Einzelinformationen des IM. Mal ging es um den sowjetischen Satelliten »Kosmos 1427« und dessen Abbildungsfähigkeit im Radar, ein anderes Mal um den 1987 havarierten sowjetischen Aufklärungssatelliten »Kosmos 1871«. Liewehr verriet Messdaten, die für die Europäische Raumfahrtagentur (ESA) bestimmt waren. Der Diplomphysiker übermittelte Absturzrisikoanalysen, die er in großer Anzahl erarbeitet hatte. Er lieferte 60 bis 80 Overheadprojektor-Folien zum Thema »Wärmebildtechnologie der 2. Generation«. Daraus waren die beteiligten Firmen ersichtlich. Das Verratsmaterial umfasste Informationen über Forschungsvorhaben und die Verteilung der Wissenschaftler auf einzelne Projekte. Auf besondere Anforderung seiner Hintermänner in Ost-Berlin überließ er dem MfS das Telefonverzeichnis der FGAN mit sämtlichen Namen und Vornamen der Mitarbeiter sowie Angaben ihrer Beschäftigungsstelle. Liewehr wurde im Januar

1987 vom Bundesminister der Verteidigung, Manfred Wörner, die Befugnis für den Zugang zu Verschlusssachen des Geheimhaltungsgrades »Geheim/US Secret/NATO Secret« erteilt.

Die 109 Einzelinformationen der SIRA-Teildatenbank 11 benennen »Erkenntnisse der Satellitenkontrolle«, vor allem aber Berichte aus dem äußerst sensiblen Bereich der Radartechnik. Die Themen sind klar umrissen: »Luftgestütztes Radarsystem«, »Satellitenaufklärung« »Radaraufklärung«, »Einfluss von Tarnmitteln im Radarbereich«, »Entwicklung zur Radarbilddarstellung«, »Radargestützte Hubschraubererkennung«, »Radarsignatur von Kampfpanzern«, »Ortung von Weltraumschrott« oder »Identifizierung von Waffensystemen«, »Radar-Fernaufklärung«. Einerseits hatte das MfS natürlich Interesse an der Radartechnologie der Gegenseite, andererseits erhoffte man sich Erkenntnisse, die dem Ausbau der eigenen Radarüberwachung dienlich sein konnten. Das OLG Düsseldorf hat in seinem Urteil die Brisanz des verratenen Materials hervorgehoben. Da die DDR sich nicht mit der Satellitenerkennung befasste, wurden die Dossiers vom MfS an den sowjetischen Geheimdienst weitergeleitet. Schon deshalb schätzten die HVA-Verantwortlichen die Dokumente als »besonders wertvoll« ein. IM »Christian« galt als kommende Spitzen-Quelle.

Zu den Spitzenverdienern allerdings gehörte der Bonner Spitzel nicht. Während des Studiums bekam er pro Treff 500 DM. Nach dem Wechsel zur FGAN erhöhte sich das nachrichtendienstliche Entgelt auf durchschnittlich 900 DM pro Übergabe. Nach Berechnungen des OLG hat der Agent während seiner zwölfjährigen Tätigkeit knapp 40.000 DM kassiert. IM »Christian« wurde mit den »Verdienstmedaillen der NVA in Bronze und Silber« und der »Treuemedaille der DDR in Bronze und Silber« ausgezeichnet. Kurz vor Torschluss, im Oktober 1989, verlieh ihm das MfS den »Orden zum 40. Jahrestag der DDR«.

Bei einem Treffen im November 1989 zeigte sich Walter Liewehr erstmals skeptisch gegenüber einer Fortsetzung seiner Geheimdienstarbeit. Dennoch fanden im Februar und April 1990 in Hamburg zwei weitere Begegnungen statt. Bei der letzten Zusammenkunft mit den langvertrauten MfS-Offizieren, Pfingsten 1990 in Ost-Berlin, trat »Ersatzvater« Manfred Lohs noch einmal in Erscheinung. Er riet IM »Christian«, der in Begleitung seiner Ehefrau angereist war, zu schweigen und alles zu vernichten, was auf seine Verbindung zum MfS hindeuten könnte. Er solle sich keinesfalls den Bonner Behörden stellen und eventuelle Anwerbungsversuche anderer östlicher Nachrichtendienste ablehnen.

Der Diplom-Physiker Walter Liewehr wurde am 3. Februar 1994 vom Oberlandesgericht Düsseldorf wegen geheimdienstlicher Agententätigkeit kostenpflichtig zu einer Freiheitsstrafe von drei Jahren verurteilt. Für die Dauer von drei Jahren wurde ihm »die Fähigkeit, öffentliche Ämter zu bekleiden und Rechte aus öffentlichen Wahlen zu erlangen sowie das Recht in öffentlichen Angelegenheiten zu wählen oder zu stimmen, aberkannt«.

Bei der Urteilsfindung wurde zu Liewehrs Gunsten berücksichtigt, dass er zum Zeitpunkt der Anwerbung jung und unerfahren gewesen sei und sich darüber hinaus durch Krankheit und Tod der Eltern in einer persönlich schwierigen Situation befunden habe. Auch müsse ihm – so die OLG-Richter – seine ursprüngliche Motivation, dem Frieden zu dienen, positiv angerechnet werden. Entlastend wirke ferner, dass es das MfS geschickt verstanden habe, seine labile Persönlichkeitsstruktur auszunutzen. Nur: Was wäre geschehen, wenn das OLG Düsseldorf 1994 im Besitz sämtlicher Quellenausdrucke der SIRA-Teildatenbanken gewesen wäre? Mit der Strafzumessung konnte der angeklagte Physiker letztlich zufrieden sein. Wie Verteidigungsminister Wörner über das Urteil dachte, wissen wir nicht. Von Kabinettschef Kohl allerdings ist bekannt, dass er nicht nur die Machenschaften des Mielke-Ministeriums, sondern auch die vielfachen Vertrauensbrüche in- und außerhalb der Bonner Ministerien verachtete.

Die Auslandsspionage des DDR-Geheimdienstes konnte, wie gezeigt, viele spektakuläre Erfolg für sich verbuchen. Der Abteilung IX, der Gegenspionage, ist es dennoch lange nicht gelungen, erfolgreich in einen »gegnerischen Dienst«, vor allem ins MAD, das Bundesamt für den Militärischen Abschirmdienst, einzudringen. Nach eigenem Verständnis hat das MAD den Auftrag, »für den Geschäftsbereich des Bundesministeriums der Verteidigung die Aufgaben einer Verfassungsschutzbehörde wahrzunehmen«. Kernaufgaben sind dabei »die Informationssammlung und Auswertung zu Zwecken der Spionage-/Sabotageabwehr und der Extremismus- bzw. Terrorismusabwehr«. Die Ost-Berliner Gegenspionage unternahm große Anstrengungen, um endlich umfassenden Einblick in Struktur, Tätigkeit und Methoden des Amtes zu gewinnen, man wollte wissen, mit welchen technischen Mitteln und personellen Ressourcen die Behörde möglichen MfS-Spionen auf die Schliche kommen konnte. Vorrangiges Ziel war es, eine Quelle innerhalb des MAD zu platzieren. Das misslang über Jahre. Doch dann kam Herbert Kloss, freier Journalist und Top-Agent, geboren 1949 in Höxter.

Nach späteren Recherchen des Oberlandesgerichts Düsseldorf hat er von 1975 bis weit in die 1980er-Jahre Spitzelberichte von intimer Kenntnis verfasst: über die Territorial- und Personalstruktur des MAD, über Arbeitsmethoden, Hilfsmittel und Verfahrensabläufe, über Personalien, innerdienstliche Verwendung, Arbeitsstellen, Wohnorte und Telefonverbindungen, gelegentlich sogar über äußere Kennzeichen, Gesundheitszustand, Hobbys oder Parteizugehörigkeit einer Vielzahl von MAD-Mitarbeitern. Kurzum: Er verriet alles, was er irgendwie über die Bundesoberbehörde in Erfahrung bringen konnte.

Herbert Kloss studierte nach dem Abitur 1967 Medienpädagogik, Soziologie und Erziehungswissenschaften. 1977 bestand er an der Pädagogischen Hochschule Rheinland mit der Gesamtnote »Gut« und durfte sich fortan Diplom-Pädagoge nennen. Noch während des Studiums hatte er 1972 als hauptberuflicher freier Mitarbeiter und Text- und Bildreporter beim Kölner Boulevardblatt »Express« angeheuert. Seit 1977 arbeitete Kloss dann vornehmlich als Freelancer für den Parteivorstand der SPD. Hier half er bei Layouts für Zeitschriften, Prospekten oder Plakaten und war mit der Planung und Durchführung von Pressekonferenzen betraut. Auch die einschlägige Berichterstattung wertete er aus. Zudem verfasste er sporadisch PR-Beiträge für das Wirtschaftsministerium des Landes NRW und für die Stadt Köln. Von Januar 1978 bis Ende 1982 betreute Kloss dann als verantwortlicher Redakteur beim Kölner Markus-Verlag die zweimal im Monat erscheinenden »Hochschulpolitischen Informationen« (HPI), für die er auch eigene Beiträge schrieb. 1983 wechselte er schließlich, wie das OLG Düsseldorf recherchierte, zur »Deutschen Welle« in Köln. Als Redakteur der »Hauptabteilung Öffentlichkeitsarbeit« widmete er sich unter anderem dem hausinternen »Deutsche-Welle-Report«. Am 1. September 1989 wurde er zum »gehobenen Redakteur« ernannt.

Schon seit Studientagen begeisterte sich Kloss für militär- und sicherheitspolitische Themen und arbeitete beispielsweise im Namen der SPD an einem Lexikon zur Sicherheitspolitik mit. Lange trug er sich mit dem Gedanken, über die Nationale Volksarmee der DDR zu promovieren. Das Vorhaben schien durchaus konkret. Nach Ermittlungen des OLG Düsseldorf machte er sich auf die Suche nach Archivmaterial und reiste Anfang 1977 nach Ost-Berlin. Hier traf der junge Mann auf bereitwillige Unterstützer. Einer von ihnen war Herbert Köhler, der bei der HVA das für die Ausspähung des MAD zuständige Referat leitete. Der überzeugte Wehrdienstverweigerer Kloss beeindruckte den Schlapphut, der in dem Westfalen augenblicklich einen Perspektivagenten entdeckte. Die Männer versicherten einander, dass sie beide gleichermaßen um die Erhaltung des Friedens in Europa besorgt seien. Köhler, der sich als Offizier der Nationalen Volksarmee ausgegeben hatte, sagte die selbstlose Unterstützung der Dissertation durch die NVA zu. Weitere Termine wurden vereinbart.

In den Akten des OLG ist festgehalten, dass der Journalist Herbert Kloss bereits 1970 ins Blickfeld der HVA geraten war und bei einem neuerlichen Treffen 1977 zur nachrichtendienstlichen Mitarbeit verpflichtet wurde. Die entsprechende »Rosenholz«-Datei, die dem Gericht bei dem 1993 abgeschlossenen Prozess noch nicht vorlag, wurde am 30. Dezember 1970 unter der Registriernummer XV/4157/70 vom MfS unter dem Decknamen »Siegbert« angelegt. Die F-22-Karteikarte weist Wolfgang Jost als MfS-Führungsoffizier seit 1974 aus.

Bei den konspirativen Begegnungen war bald schon keine Rede mehr von einer möglichen Dissertation. IM »Siegbert« erhielt den unmissverständlichen Auftrag, den MAD und die dort tätigen wichtigen Persönlichkeiten »abzuklären«, im Klartext: auszuspionieren. Zur Anbahnung entsprechender Kontakte beim MAD sollte er seine umfänglichen journalistischen Verbindungen nutzen. Langfristiges Ziel war die Anwerbung eines Spions, der direkt beim bundesdeutschen Abschirmdienst in Lohn und Brot stand.

Kloss konnte für seine Tätigkeit eine Deckadresse und eine spezielle Telefonnummer nutzen. Ein Invalidenrentner besorgte die Kurierverbindung. Verratsmaterial- und Geldübergabe fanden meist im Haus der Familie Kloss statt. Auch IM »Siegbert« standen die einschlägigen nachrichtendienstlichen Hilfsmittel wie Geheimschreibpapier und Container zur Verfügung. Zudem absolvierte er eine Ausbildung im einseitigen Agentenfunk. Als Pressefotograf verfügte er über eine hochwertige Fotoausrüstung. Instrukteurs- und Führungstreffen fanden ein bis zweimal jährlich in konspirativen Objekten in Ost-Berlin statt.

Absprachegemäß begann IM »Siegbert« 1977, Kontakte zu hochrangigen MAD-Offizieren zu knüpfen, um sie für tschekistische Zwecke »abzuschöpfen«. Bald schon sollte sich ein herzliches Verhältnis zu Oberst Heinz Kluss entwickeln, dem Leiter der

Pressestelle des MAD, der vorrangig für ein positives Bild des MAD in der Öffentlichkeit zu sorgen hatte. Die Kontakte rissen nicht ab, auch als Kluss Karriere im NATO-Hauptquartier in Brüssel machte.

Die »Kießling-Affäre«, die Ende 1983 die Medien der Bundesrepublik in Frontstellung gegen Minister Manfred Wörner brachte, bot IM »Siegbert« willkommenen Anlass, mit weiteren hochrangigen MAD-Offizieren ins Gespräch zu kommen, etwa mit dem ehemaligen Flottilladmiral Elmar Schmähling, der von 1982 bis 1983 Chef des MAD und anschließend Leiter des Amtes für Studien und Übungen der Bundeswehr war. Mit ihm telefonierte der Journalist von der »Deutschen Welle« über die Jahre mehrfach. Man traf sich auch persönlich. Einen ähnlich regen Meinungsaustausch pflegte IM »Siegbert« mit Oberst Oskar Schröder, dem Leiter der für die Sicherheitsüberprüfung zuständigen Abteilung, der sich in der »Kießling-Affäre« als Sündenbock abgestempelt sah und versetzt wurde. Auch deswegen schien er dem HVA-Spitzel ein geeigneter Abschöpfungskandidat zu sein. Wer sich zu Unrecht verfolgt sieht, plaudert nun einmal gern.

Unterdessen reiften in der Ost-Berliner MfS-Zentrale Überlegungen, aus Anlass des 30-jährigen Jubiläums des MAD eine gegen das Amt gerichtete »aktive Maßnahme« durchzuführen. Jetzt kam die Abteilung X der HVA ins Spiel, zu deren Aufgaben es gehörte, durch sogenannte Zersetzungsarbeit, zum Beispiel durch lancierte Publikationen, den politischen Gegner bis ins Mark zu treffen. Im Fall des MAD sollte das durch eine öffentlichkeitswirksame Zusammenstellung von Skandalen und Fehlern des bundesdeutschen Abschirmdienstes geschehen. Doch bald zeigte sich, dass die im MfS gesammelten Erkenntnisse für eine solche Operation nicht ausreichen.

So entwickelte der für derartige Sondereinsätze zuständige Offizier der HVA-Abteilung X, Dr. Herbert Bremer, den Plan, Herbert Kloss zu beauftragen, ein umfangreiches und möglichst qualifiziertes Sachbuchprojekt über den MAD in Angriff zu nehmen. Nach

Auffassung der DDR-Auslandsaufklärung bot die Unternehmung dem Agenten einen willkommenen Anlass, um auch mit dem Spitzenpersonal des MAD in ergiebige Abschöpfungsgespräche einzutreten. Unterstützt von Mitarbeitern seines Referats entwarf Bremer das Exposé sowie ein Inhaltsverzeichnis des Buches, das mit Herbert Kloss durchgesprochen wurde. Zudem konnte der ehemalige Lehrer und Journalist Falk Lost, zugleich HIM des MfS, für zeitgeschichtliche Studien und für die Literaturauswertung herangezogen werden. Nachdem die umfänglichen Vorarbeiten abgeschlossen und Rohentwürfe für das Buchprojekt erstellt waren, wandte sich Herbert Kloss im Oktober 1985 an die Leitung des MAD und bat, ihn bei dem Großprojekt zu unterstützen. Noch im Dezember 1985 kam die Zusage. IM »Siegbert« konnte nun, bis ins Jahr 1989, auf Weisung seiner Führungsoffiziere mit über 20 MAD-Angehörigen »offizielle Arbeitskontakte« aufnehmen und über sie eine Vielzahl von Interna des MAD abschöpfen.

Mehr noch: IM »Siegbert« trug aktiven und ehemaligen hochrangigen Angehörigen des MAD keck eine Mitarbeit an dem »Buchvorhaben« an. Über eine Co-Autorschaften hoffte der Spitzel, sich weitere Abschöpfkontakte zu sichern. Allerdings wollten keineswegs alle Angeschriebenen einen Beitrag zum geplanten Jubiläums-Sammelband beisteuern. Andere wiederum standen dem Projekt sehr aufgeschlossen gegenüber und sagten ihre Mitarbeit zu, wollten jedoch, um dienstliche oder disziplinarische Konflikte zu vermeiden, nicht namentlich in Erscheinung treten. Oberst Oskar Schröder verfasste auf Bitten von Kloss 1985 einen 48-seitigen Beitrag zum Thema »Die Sabotage- und Terrorismusabwehr des MAD«. Glück hatte der Spitzel auch bei Heinz Kluss, der sich auf 23 Seiten mit der »Bedrohung der Bundeswehr durch sicherheitsgefährdende Kräfte« auseinandersetzte. MAD-Oberst Joachim Krase widmete sich Grundsätzlichem. Sein Artikel hieß kurz und knapp: »Die Spionageabwehr«. Die damals federführenden MfS-Leute konnten dank der strengen inneren Konspiration nicht einmal feststellen, dass Krase bereits seit den Siebzigerjahren selbst IM der Spionageabwehr HA II war. Andere Mitarbeiter erklärten zwar ihre grundsätzliche Bereitschaft, bestanden aber darauf, dass die geplanten Beiträge und die verwendeten Unterlagen vor ihrer Veröffentlichung vom MAD geprüft würden.

Kloss übergab der MAD-Spitze einen Katalog mit 125 ausgetüftelten Fragen, von deren Beantwortung er sich aufschlussreiche Erkenntnisse erhoffte. Doch bei der Behörde gab es, wie das OLG ermitteln sollte, erhebliche Sicherheitsbedenken. Ein Staatssekretär etwa teilte dem Spitzel mit, er könne und dürfe keine Auskünfte geben, weil die Fragen auf die »Eingeweide« des Dienstes zielten. Ihre Beantwortung ergäbe ein regelrechtes »Röntgenbild« des Dienstes, wofür er gewiss »vom MfS 100.000 DM« bekommen würde. Die Aussage dürfte den Agenten erheitert haben. Er änderte seine Strategie und reichte im September 1986 einen allgemein gehaltenen 10-Fragen-Katalog ein, der vom MAD schon im Folgemonat beantwortet wurde.

Eine vom MAD autorisierte Selbstauskunft: Das war ein Volltreffer des MfS. Das beständig anwachsende Material bot einen verlässlichen Einblick in die Struktur und die Arbeitsweise des MAD. Die HVA hat daraus eine 50-seitige »Objektauskunft MAD 1985« destilliert. Die DDR-Auslandsspionage war nunmehr in der Lage, gezielte eigene Maßnahmen auf dem Gebiet der Anwerbung oder der Desinformation zu entwickeln.

Die Zusammenarbeit mit dem gegnerischen Abschirmdienst intensivierte sich zunehmend. Der Spitzel legte der Behörde immer neue Manuskriptseiten vor und bat um Überprüfung auf sachliche Richtigkeit. Zusätzlich absolvierte er eine Fülle von offiziellen Arbeitsbesuchen und führte mit leitenden MAD-Mitarbeitern zahlreiche Hintergrundtelefonate. Zwischen November 1989 und September 1990 fanden dann mehrere Endredaktionstermine statt. Dabei wurde der IM »Siegbert« auf Sachfehler oder missverständliche Formulierungen in einzelnen Kapiteln hingewiesen, die er zu korrigieren versprach. Das Buch erlangte freilich nie die angestrebte Druckreife und ist bis heute nicht erschienen. Der Auftraggeber im Hintergrund hatte sich schließlich zwangsaufgelöst.

Im Laufe der Jahre hat Herbert Kloss, so das OLG, eine ständig aktualisierte Kartei über Mitarbeiter des MAD und des Bundesverfassungsschutzes angelegt, die zuletzt insgesamt 272 Personen umfasste. Die zusammengetragenen Erkenntnisse leitete er nach Ost-Berlin weiter oder flocht sie ins Buchmanuskript ein: Personalia, insbesondere Um- oder Neubesetzungen, aber auch Informationen über Arbeitsweise, Stimmungslage sowie Pannen und Affären im Abschirmdienst. Er versorgte das MfS mit persönlichen Angaben zu einzelnen MAD- oder Verfassungsschutz-Angehörigen. Rund 200 Mitarbeiter hat er im Auftrag der DDR-Staatssicherheit ausgeforscht.

Politisch-ideologische Motive haben für den Spion Herbert Kloss gewiss eine wichtige Rolle gespielt. Gleichwohl dürfte ihm auch der Agentenlohn willkommen gewesen sein, der nach den Ermittlungen der Anklagebehörde von 1984 bis einschließlich Oktober 1989 immerhin 500 DM pro Monat betrug. Kloss' spätere Behauptung, er sei weder Agent noch inoffizieller Mitarbeiter des MfS gewesen, sondern habe von 1978 bis 1989 allein aus journalistischem Interesse Kontakte zum MfS unterhalten, hat die Richter des OLG Düsseldorf nicht überzeugen können.

Angeblich aufgrund eines Verrats wurde Herbert Kloss am 25. September 1991 vorläufig festgenommen und am 16. März 1993 vom OLG Düsseldorf »wegen geheimdienstlicher Agententätigkeit zu einer Freiheitsstrafe von drei Jahren und sechs Monaten kostenpflichtig verurteilt«. Auch wurde ihm für die »Dauer von drei Jahren die Fähigkeit, öffentliche Ämter zu bekleiden und Rechte aus öffentlichen Wahlen zu erlangen, sowie das Recht, in öffentlichen Angelegenheiten zu wählen oder zu stimmen, aberkannt«. Angeordnet wurde überdies der Verfall, also die Einziehung des Geldbetrages von 35.300 DM.

Für die Verhängung einer höheren Freiheitsstrafe fehlten dem Gericht im März 1993, wie letztlich in allen Spionageprozessen der Nachwendezeit, die so wichtigen SIRA-Unterlagen. Stephan Konopatzky und seine Kollegen konnten der Quelle »Siegbert« (XV/4157/70) später jedenfalls 224 Einzelinformationen zuschreiben. Deren Lieferung begann am 20. Januar 1980 und endete am 10. März 1989. Die Dateien hätten bei der Strafbemessung vermutlich ihre Wirkung nicht verfehlt.

Und doch, es gab einen Coup, der alle dagewesenen Dimensionen der HVA-Spionage sprengte, der schwerste, blamabelste Verratsfall in der Geschichte der NATO: Die Rede ist von Agent »Topas«, alias Rainer Rupp. MfS-Registriernummer XV/333/69. Der am 21. September 1945 im saarländischen Saarlouis geborene Diplom-Volkswirt war schon Ende der Sechzigerjahre als Student in Mainz vom MfS angeworben worden. Nach erfolgreichem Abschluss als Volkswirtschaftler im Frühjahr 1974 fand er an der Universität Brüssel eine Anstellung als wissenschaftlicher Mitarbeiter. Dann wechselte er zur Brüsseler Industriebank CFDIF. Seit dem 15. Januar 1977 arbeitete Rupp schließlich bis zu seiner Festnahme am 31. Juli 1993 als »Country Rapporteur« im Wirtschaftsdirektorat der NATO. Über seine Geheimhaltungspflichten war der mit Dokumenten bis zur höchsten NATO-Geheimhaltungsstufe »COSMIC Top Secret« betraute Angestellte selbstverständlich belehrt. Seine britische Ehefrau Ann-Christine, geborene Bowen, Jahrgang 1948, stand ebenfalls in den Diensten der NATO – und zugleich der HVA. Deckname »Kriemhild« oder »Türkis«. Registriernummer XV/144/71. Wie der ehemalige MfS-Oberst Heinz Busch in seinen unveröffentlichten Erinnerungen schrieb, bestand eine Besonderheit der Quelle »Topas« darin, dass ihr in den späten Sechzigerjahren eine ganze »Mobilmachungsresidentur« zugeteilt wurde. Das war eine Art Sonderkommando, zu dem unter anderem ein Agent als Funker, ein unter dem Namen »Peters« (auch »Balkon« und

»Isolde«) operierendes Luxemburger Ehepaar und zwei im Jahr 1982 von der HVA angeworbene Verwandte von »Topas« zählten – die bundesdeutschen Perspektivagenten Harold J. und Ulrich J. Edelsteine auch sie: IM »Smaragd« und IM »Rubin«.

Schon Anfang der Siebzigerjahre war Rainer Rupp nachrichtendienstlich geschult und in der Dokumentenfotografie ausgebildet worden. Er beherrschte den Empfang von Funksendungen, das Geheimschreibverfahren und den Umgang mit »toten« und rollenden »toten« Briefkästen. Unterlagen zum Entschlüsseln von Funksendungen sowie gefälschte bundesdeutsche Reisepässe für sich und seine Ehefrau bewahrte er in einem Spezialcontainer auf. Wie alle Spione der HVA verfügte Rupp über eine Fotoausrüstung, eine Spiegelreflexkamera, eine Super-8-Filmkamera und über präpariertes Filmmaterial. Laut Erkenntnissen des OLG Düsseldorf traf sich IM »Topas« mit seinem Instrukteur und Kurier »Kurt« bis Mai 1980 mindestens 103-mal in mehreren belgischen Städten, in Paris, Istanbul, Salzburg oder Düsseldorf zur Materialübergabe. Ab 1983 übergab er sein Verratsmaterial alle sechs bis acht Wochen – meist in einer Tuborg-Bierdose versteckt –, eine letzte Lieferung erfolgte im Dezember 1989.

Auf 25 Seiten hat das OLG Düsseldorf die kontinuierlich über zwölf Jahre aus dem NATO-Hauptquartier gestohlenen Dokumente der NATO aufgelistet. Zu den politisch wertvollsten zählten die Entwürfe der als »geheim« eingestuften Dokumente für die regelmäßigen Tagungen der NATO-Führungsgremien auf Ministerebene, aber auch für die Gipfeltreffen der Staats- und Regierungschefs. Die Quellenausdrucke der SIRA-Teildatenbank 12 dokumentierten 1.047 Einzelinformationen, darunter interne Papiere zu Kernproblemen des westlichen Bündnisses. Der letzte Spitzelbericht handelte von der »Situation im NATO-Generalsekretariat«.

An den Informationen über die NATO hatte nicht nur die DDR Interesse, vielmehr waren auch die Geheimdienste anderer Warschauer-Pakt-Staaten höchst interessiert, was das westliche Bündnis in der Annahme tat, das östliche habe »Aggressionsabsichten«, wie es Rainer Rupp in von Gesinnungsgenossen veröffentlichten »Selbstzeugnissen« formulierte. Umso freudiger wurden die Spitzelberichte aufgenommen, die beispielsweise über die Maßnahmen zur Krisenbewältigung, zivil-militärische Zusammenarbeit, Alarm-, Mobilmachungs- und Operationspläne, Konsultationspläne bei einem möglichen Kernwaffeneinsatz und vieles mehr Auskunft gaben.

Grundlage für die über 20-jährige engste Zusammenarbeit von Rainer Rupp mit dem DDR-Geheimdienst waren in erster Linie politisch-ideologische Motive. Finanzielle Erwägungen spielten eine sekundäre Rolle. Gleichwohl war der Agentenlohn keineswegs gering. Wie die Düsseldorfer Richter im Urteil ausführten, erhielt Rainer Rupp mit Beginn seiner Studienzeit in Brüssel 300 DM monatlich. Nach der Heirat 1972 bezog das Ehepaar Rupp pro Monat 2.000 DM. Ab 1980 wurde das Monatssalär auf 3.000 DM erhöht. Die Spitzen-Quelle im Brüsseler NATO-Hauptquartier erhielt 1986 zudem einen Zuschuss für einen Hauskauf. Dazu bekam IM »Topas« bei einem Instrukteurstreffen mal eben 200.000 DM in einer Bierdose zugesteckt. Zunächst war das Geld als Darlehen gedacht, dann wurde Rainer Rupp bei einem letzten Treffen Ende 1989 mitgeteilt, er dürfe den Darlehensbetrag behalten. Im Urteil steht, dass die HVA für die Eheleute Rupp insgesamt mindestens 530.000 DM reinen Agentenlohn aufgewandt hat. Außerdem wurde IM »Topas« mit mehreren Orden dekoriert.

Das Oberlandesgericht Düsseldorf hat Rainer Rupp im November 1994 wegen Landesverrats zu einer Freiheitsstrafe von zwölf Jahren verurteilt. Ann-Christine Rupp bekam wegen Beihilfe zum Landesverrat eine Freiheitsstrafe von einem Jahr und zehn Monaten, deren Vollstreckung zur Bewährung ausgesetzt wurde. Am Ende des OLG-Urteils vom 17. November 1994 heißt es, Rainer Rupp sei insgesamt 21 Jahre williger Mitarbeiter eines gefährlichen östlichen Nachrichtendienstes gewesen. Die große Fülle der von ihm gelieferten Informationen, vor allem die von ihm übermittelten Dokumente über die

NATO-Streitkräfteplanung, aber auch all die anderen, mehrere Aktenschränke füllenden Informationen hätten ihn zu einer Spitzen-Quelle gemacht. Dies sei nicht zuletzt an dem von der HVA für ihn betriebenen Aufwand deutlich geworden: regelmäßige Teilnahme auch des Abteilungsleiters an den Führungstreffs, Auswechslung der Instrukteure, Einrichtung zusätzlicher Kurierverbindungen und die Zuwendung hoher Geldbeträge.

Bis auf die von ihm abgelehnte Charakterisierung von Kollegen und Vorgesetzten habe Rupp alle Erwartungen seiner Führungsoffiziere erfüllt. Sein Verhalten sei von hoher krimineller Energie geprägt gewesen. Das MfS hat der harsche Richterspruch nicht mehr erreicht. Für die Auslandsaufklärung des DDR-Geheimdienstes war IM »Topas« alias Rainer Rupp die Krönung der eigenen Militärspionage, ein »Meisterstück des Agentenhandwerks«, wie es ein Experte formulierte. Für die NATO war es der Super-Gau.

Nachbemerkung

Trotz der nachvollziehbaren Empörung über die Ost-Berliner Drahtzieher, die eine systematische geheimdienstliche Unterwanderung befahlen und aus der Bundeshauptstadt Bonn einen gewaltigen Maulwurfshaufen zu machen suchten: Mit Beschluss vom 15. Mai 1995 stellte das Bundesverfassungsgericht fest, »dass diesbezüglich von Verfassung wegen ein Hindernis für Strafverfolgung bestehe«. Kurzum: Die Karawane der Spitzel der untergegangenen DDR war nicht länger zu belangen. Sämtliche Urteile wurden kassiert, auch das Urteil gegen den ehemaligen stellvertretenden Minister für Staatssicherheit und Chef der HVA, Markus Wolf. Das Oberlandesgericht Düsseldorf hatte ihn im Dezember 1993 unter anderem »wegen Landesverrats in Tateinheit mit Bestechung zu einer Gesamtfreiheitsstrafe von sechs Jahren kostenpflichtig verurteilt«. Das war nun hinfällig.

In der Folgezeit wurden emsig weiße Westen gewaschen und Kübel von dreckiger Wäsche öffentlich zur Schau gestellt. Einige Täter haben später als Prozesszeugen ihre Mitstreiter von einst schwerstens belastet. Andere schützten sich vor eigener Strafverfolgung durch Verrat. Schließlich gab es ehemalige HVA-Obristen, die mit den bundesdeutschen Sicherheitsbehörden zusammenarbeiteten und mit ihrem Herrschaftswissen halfen, zumindest ein wenig Licht in das Dunkel der DDR-Geheimdienstarbeit zu bringen.

Die Wut jener Top-Spione, die das MfS einst angeworben hatte und die ihre Strafe in bundesdeutschen Knästen absitzen mussten, ist zum Teil bis heute groß. Denn die geistigen Väter ihrer Taten, die

Führer und Verführer in Ost-Berlin, haben sich in der Nachwendezeit nur zu gern auf die »friedensfördernde« Mission des DDR-Geheimdienstes berufen. Sie hielten sich schadlos, gingen neuen Jobs im vereinigten Deutschland nach und logen sich durch die Talkshows, dass sich die Balken bogen: Sie hätten mit dem SED-Unrecht nichts zu tun gehabt. Mein langjähriges Studium von Akten, Anklageschriften und Urteilen ergab ein anderes Bild. Und eben dies wollte ich festhalten, wohl wissend, dass auch die Bundesrepublik über so manchen Agenten in der DDR verfügte. Aber das wäre Thema für ein anderes Buch.

Mich hat der unglaubliche personelle und vor allem finanzielle Aufwand der HVA-Spionage gegen die Bonner Republik oft fassungslos gemacht. Welch gefräßige Krake war dieser Geheimdienst! Kein Geringerer als der ehemalige HVA-Chef Markus Wolf hat vor einem Bundestags-Untersuchungsausschuss erklärt, dass der jährliche Finanzbedarf der HVA für operative Zwecke 1986, am Ende seiner Amtszeit, bei 17 Millionen DDR-Mark und 13,5 Millionen DM gelegen habe. Hat sich der horrende Einsatz wirklich rentiert?

Auch nach Sichtung von Zigtausend Aktenblättern bleiben offene Fragen: Welchen Sinn, welchen Erfolg hat die DDR-Auslandsspionage tatsächlich gehabt? Wie hoch mag der Informationszugewinn durch die »Kundschafter für den Frieden« für die SED-Spitze realiter gewesen sein? Was war fundierte Erkenntnis – und was nur Kaffeesatzleserei? Was konnten Ulbricht, Honecker, Mielke und die übrigen Spitzen des SED-Politbüros mit der Flut der erspähten Informationen aus dem Lager des Klassenfeindes anfangen, welche Rückschlüsse daraus ziehen? Sicherlich waren die DDR-Oberen durch bestimmte Informationen den bundesdeutschen Politikpartnern manchmal einen Schritt im Denken und Handeln voraus. Damit konnte die DDR-Spitze ihre eigene deutsch-deutsche Politik strategisch besser planen und gestalten.

Über weite Strecken unklar bleibt, wie groß der Schaden war, den die DDR-Spionage auf dem Terrain der Bundesrepublik, jenseits von schnell verrauchenden Propaganda- und Desinformations-Aktionen, anzurichten vermochte? Wie potenziell gefährlich war es für Bonn, wenn die Schnüffler des MfS herausfanden, wie es im Büro des Bundesverteidigungsministers Franz Josef Strauß ausschaute, wie groß die Konkurrenz unter den Mitarbeitern war, wie ausgelassen Geburtstage und Karneval in einem Bonner Ministerium gefeiert wurden? In den OLG-Urteilen der zahlreichen Spionageprozesse ist immer wieder die Rede vom »bewussten und gewollten Zusammenwirken für die HVA des MfS der DDR, eine geheimdienstliche Tätigkeit gegen die BRD ausgeübt zu haben, die auf Mitteilung und Lieferung von Tatsachen, Gegenständen und Erkenntnissen gerichtet war«. Vielleicht konnten die Richter auch nicht über das Schadensausmaß urteilen, vielleicht war das auch nicht ihre Aufgabe. Weder in den Anklagen der Generalbundesanwaltschaft noch in den Urteilen der Oberlandesgerichte fand ich stichhaltige Hinweise auf konkrete Auswirkungen der HVA-Spionage auf die Kabinette von Adenauer, Erhard, Kiesinger, Brandt, Schmidt oder Kohl. Über die Effektivität der 40 Jahre währenden Spionage des Ministeriums für Staatssicherheit werden und sollten Forscher noch lange rätseln – und streiten. Eine erste Bilanz liegt hiermit vor.

Literaturhinweise

Busch, Heinz: Die Militärspionage der DDR. Unveröffentlichtes Manuskript, Berlin 2001.

Der Deutsche Bundestag 1949 bis 1989 in den Akten des Ministeriums für Staatssicherheit (MfS) der DDR. Gutachten des BStU an den Deutschen Bundestag gemäß § 37 (3) des Stasiunterlagengesetzes. Berlin 2013.

Fricke, Karl Wilhelm: Die DDR-Staatssicherheit und Konrad Adenauer. In: Hockerts, Hans-Günter (Hg.): Das Adenauer-Bild in der DDR. Bonn 1996, S. 29-45.

Gassert, Philipp: Kurt Georg Kiesinger 1904 – 1988. Kanzler zwischen den Zeiten. München 2006.

Großmann, Werner: Bonn im Blick. Die DDR-Aufklärung aus der Sicht ihres letzten Chefs. Berlin 2001.

Herbstritt, Georg; Müller-Enbergs, Helmut (Hg.): Das Gesicht dem Westen zu ... DDR-Spionage gegen die Bundesrepublik Deutschland. Bremen 2003.

Herbstritt, Georg: Bundesbürger im Dienst der DDR-Spionage. Eine analytische Studie. Göttingen 2007.

Knabe, Hubertus: West-Arbeit des MfS. Das Zusammenspiel von »Aufklärung« und »Abwehr«. Berlin 1999.

Knabe, Hubertus: Die unterwanderte Republik. Stasi im Westen. Berlin 1999.

Konopatzky, Stephan: Möglichkeiten und Grenzen der SIRA-Datenbanken. Die Beispiele Günter Guillaume und Werner Stiller. In: Herbstritt; Müller-Enbergs: Das Gesicht dem Westen zu ... Bremen 2003, S. 112-132.

Lampe, Joachim: Die strafrechtliche Aufarbeitung der MfS-Westarbeit. Fortdauernde Lehren aus einem abgeschlossenen Kapitel deutscher

Justiz- und Zeitgeschichte. In: Herbstritt; Müller-Enbergs (Hg.): Das Gesicht dem Westen zu ... DDR-Spionage gegen die Bundesrepublik Deutschland. Bremen 2003, S. 359-366.

Müller-Enbergs, Helmut: Hauptverwaltung A – Aufgaben –Strukturen – Quellen (MfS-Handbuch). Hg.: BStU. Berlin 2011.

Müller-Enbergs, Helmut u. a. (Hg.): Wer war wer in der DDR? Ein Lexikon ostdeutscher Biografien. Berlin 2010.

Nationalrat der Nationalen Front des Demokratischen Deutschland; Dokumentationszentrum der Staatlichen Archivverwaltung der DDR (Hg.): Braunbuch. Kriegs- und Naziverbrecher in der Bundesrepublik und in West-Berlin. Staat, Wirtschaft, Verwaltung, Armee, Justiz, Wissenschaft. 3. Aufl., Berlin (Ost) 1968.

Neubert, Ehrhart: Ein politischer Zweikampf in Deutschland. Die CDU im Visier der Stasi. Freiburg 2002.

Potthoff, Heinrich: Bonn und Ost-Berlin 1969–1982. Dialog auf höchster Ebene und vertrauliche Kanäle. Darstellung und Dokumente. Bonn 1997.

Schwan, Heribert: Erich Mielke. Der Mann, der die Stasi war. München 1997.

Schwan, Heribert; Heindrichs, Helgard: Das Spinnennetz. Stasi-Agenten im Westen: Die geheimen Akten der Rosenholz-Dateien. München 2005.

Wilke, Manfred: Die SED und Konrad Adenauer. In: Hockerts, Hans-Günter (Hg.): Das Adenauer-Bild in der DDR. Bonn 1996, S. 13-28.

Wolf, Markus: Spionagechef im geheimen Krieg. Erinnerungen. München 1997.

Personenregister

Klarnamen

A., Georg 120 f.
Abelein, Manfred 191
Adenauer, Konrad 20, 28, **36 ff.**, **60 ff.**, 85
    f., 89, 108, 113 f., 368
Ahlers, Conrad 133 f.
Aly, Götz 98
Apel, Hans 167, **203 f.**

B., Gottfried 289
B., Grete 17 ff.
B., Johann 301
B., Ute 299, **302 ff.**
B., W. 167 f.
Bahr, Egon **139 f.**, 184, **190 f.**, 210
Bangemann, Martin 331 ff.
Barzel, Rainer Candidus 101, 104, **137**,
    140, 209
Baum, Gerhart 249, 299
Baumann, Gerhard 341
Beater, Bruno 76, 94, 107
Bechert 67
Behrendt, Heinz Karl 182
Berger, Helga 239 ff.
Berkhan, Karl Wilhelm 200
Bischoff, Charlotte 112
Bitter, Walter 62
Blank, Theodor **60 ff.**, 98, 340
Blau, Hagen **257 ff.**, 262
Boeden, Gerd 320
Borm, William **235**, 336
Bowen, Ann-Christine (→ Rupp,
    Ann-Christine) 361 ff.

Böx, Heinrich 240 f., 244
Bracher, Karl Dietrich 292
Brandt, Brigitte 138
Brandt, Rut 145
Brandt, Willy 52, 101, 104, 110, **118 ff.**,
    141 ff., 157, 171, 174 ff., **184**, 190, 210,
    217, 232, 240, 257
Bremer, Herbert 357 f.
Breschnew, Leonid 229
Bruce, David 48
Brunner, Detlef 227
Bucerius, Gerd 47
Buddrus, Michael 234
Bulganin, Nikolai 42
Busch, Heinz 165, 347, 361, 368

C., Elvi 30 ff.
C., Adeltraud 33
Callaghan, James 176
C., Heinz 310 f.
Chruschtschow, Nikita **46 f.**, 93

Dahlgrün, Rolf 84, 87
Dahms, Alexander 323 ff.
De Gaulle, Charles 45
Devaux, Ralf **271**, 273
Dietze, Manfred 217 ff.

E., Klaus 286
Ehmke, Horst 139 f., 144
Ehrenberg, Herbert 144
Eichmann, Adolf 54, 103

Decknamen

Sachregister